Hausheer / Geiser / Kobel

Das Eherecht
des Schweizerischen Zivilgesetzbuches

Das Eherecht des Schweizerischen Zivilgesetzbuches

Eheschliessung, Scheidung, Allgemeine Wirkungen der Ehe, Güterrecht

von

Heinz Hausheer

Dr. iur., Professor an der Universität Bern

Thomas Geiser

Dr. iur., Professor an der Universität St. Gallen

Esther Kobel

Dr. iur., Fürsprecherin

Zweite, überarbeitete und ergänzte Auflage

Stämpfli Verlag AG Bern · 2002

Zitiervorschlag: Hausheer / Geiser / Kobel, Eherecht, 2. Auflage, Rz xy

Die Deutsche Bibliothek - CIP-Einheitsaufnahme

Hausheer, Heinz:
Das Eherecht des Schweizerischen Zivilgesetzbuches : Eheschliessung,
Scheidung, allgemeine Wirkungen der Ehe, Güterrecht / Heinz Hausheer ;
Thomas Geiser ; Esther Kobel. - 2., überarb. und erg. Aufl.. - Bern :
Stämpfli, 2002
    (Stämpfli-Skripten zum schweizerischen Privatrecht)
    ISBN 3-7272-1507-0

© Stämpfli Verlag AG Bern · 2002

Gesamtherstellung: Stämpfli AG,
Grafisches Unternehmen, Bern
Printed in Switzerland

ISBN 3-7272-1507-0

Vorwort

Zur 2. Auflage

Seit nun mehr zweieinhalb Jahren ist das neue Scheidungsrecht in Kraft. Nach einem bisher nie erreichten Höchststand an Scheidungen im letzten Jahr unter dem alten Recht, haben die Gerichte – angesichts der Umstellungen zahlreicher Verfahren verständlicherweise – im Jahre 2000 unter dem neuen Recht vorerst merklich weniger Scheidungsurteile ausgesprochen. Die Scheidungsrate scheint sich indessen nach kurzer Zeit wieder der „gewohnten" Entwicklung anzunähern. Erstaunlich ist dabei nur, in wie vielen Einzelverfahren schon das Bundesgericht angerufen worden ist, das in kürzester Zeit zu zahlreichen Fragen Stellung nehmen konnte. Diese Rechtsprechung ebenso rasch in einem grösseren Gesamtzusammenhang sowohl den Studierenden als auch der Praxis zugänglich zu machen, hat früher als ursprünglich gedacht zu dieser zweiten Auflage des Stämpfli-Skipt's geführt, das sich offensichtlich einer gewissen Beliebtheit erfreut. Es soll nun auch Grundlage des gemeinsamen «Familienrecht Online» – Lehrangebotes der Universitäten Bern, Freiburg und St. Gallen werden, das im Rahmen eines grösseren, durch die Eidgenossenschaft angeregten Projektes «Virtueller Campus Schweiz» schon bald an die – allerdings vorerst unversitär begrenzte – Öffentlichkeit treten wird.

Die Überarbeitung ist von THOMAS GEISER und HEINZ HAUSHEER vorgenommen worden. Sie konnten dabei in verschiedener Hinsicht auf die Mithilfe der «Virtueller Campus Schweiz/Familienrecht Online – Spezialisten» CORNELIA ACHERMANN-WEBER, MARC HOFER und MICHAEL RÜFENACHT zählen, wofür Ihnen bestens gedankt sei.

Bern, im Juli 2002   Heinz Hausheer und Thomas Geiser

1. Auflage

Das Eherecht des Schweizerischen Zivilgesetzbuches (Art. 90 bis 251) ist durch zwei grosse Gesetzesnovellen vom 5. Oktober 1984 mit In-Kraft-Treten am 1. Januar 1988 und vom 26. Juni 1998 mit In-Kraft-Treten am 1. Januar 2000 vollständig erneuert worden. Es ist – wie das Familienrecht insgesamt – nicht nur schon recht *bald* nach der Vereinheitlichung des Bundesprivatrechtes zu Beginn dieses Jahrhunderts, sondern auch besonders *tiefgreifend* vom gesellschaftlichen Wandel ergriffen worden. Das dem ZGB von 1907 zu Grunde liegende Ehebild der "Hausfrauen-Ehe" hat in der Tat einer Vielzahl von nebeneinander und in der gleichen Ehe nacheinander gelebten Eheformen Platz machen müssen. Dazu hat einerseits die starke Zunahme der Ehedauer für den Fall beigetragen, dass die Ehe nicht durch die Scheidung aufgelöst wird und es sich auch nicht um eine "Alters-Ehe" handelt, und anderseits die Abnahme des Zeitaufwandes für die Kinderbetreuung sowie die vermehrte Berufstätigkeit der verheirateten Frauen. Gleichzeitig ist auch die Stabilität der Ehe zunehmend ins Wanken geraten, so dass nicht nur die Grundlagen und Folgen der Ehescheidung, sondern auch die Frage der Neuordnung familialer Beziehungen in den Rekombinationsfamilien eine bisher nicht gekannte Bedeutung erlangt haben.

Die seit dem 1. Januar 1988 eingetretenen Änderungen im Zusammenhang mit den Allgemeinen Wirkungen der Ehe und dem Ehegüterrecht haben inzwischen schon eine längere Periode der Bewährung hinter sich. Diesbezüglich gilt es vor allem die reichhaltige Rechtsprechung des Bundesgerichts nach zu zeichnen und auf bedeutsame, höchstrichterlich noch nicht beurteilte Kontroversen in der Lehre hinzuweisen. Mit den erst auf die Jahrtausendwende eintretenden tiefgreifenden Änderungen des Rechtes über den Eheschluss und die Scheidung wird dagegen in vielfacher Hinsicht Neuland betreten. Hier mögen die nachfolgenden Ausführungen dazu beitragen, die neuen Gesetzesbestimmungen verständlich zu machen und ihnen dabei etwas "Leben" zu vermitteln.

Das Skript wendet sich vorab an die Studierenden, denen das geltende Familienrecht zu vermitteln ist. Als erste Orientierungshilfe kann es darüber hinaus allenfalls auch der Praxis dienlich sein.

Bern, Herbst 1999   Heinz Hausheer, Thomas Geiser und Esther Kobel

Inhaltsverzeichnis

DIE EHESCHEIDUNG

§ 10   Die Ehescheidung   107

EHEGÜTERRECHT

INTERTEMPORALES RECHT UND INTERNATIONALES PRIVATRECHT

Abkürzungsverzeichnis

a.A.	anderer Ansicht
a.a.O.	am angeführten Ort
a.M.	anderer Meinung
aArt.	frühere Fassung des betreffenden Artikels (alt Artikel)
ABGB	Allgemeines Bürgerliches Gesetzbuch für Österreich vom 1. Juni 1811
Abs.	Absatz
AHV/IV	Alters-, Hinterlassenen- und Invalidenvorsorge
AHVG	BG über die Alters- und Hinterlassenenversicherung vom 20. Dezember 1946 (SR 831.10)
AJP	Aktuelle Juristische Praxis (St. Gallen)
AlVV	Verordnung vom 17.12.1951 zum Bundesgesetz über die Arbeitslosenversicherung (SR 837.11), ausser Kraft
AmtlBull	Amtliches Bulletin der Bundesversammlung
ANAG	BG über Aufenthalt und Niederlassung der Ausländer vom 26. März 1931 (SR 142.20)
Art.	Artikel
ASR	Abhandlungen zum schweizerischen Recht (Bern)
Aufl.	Auflage
AVlG	Bundesgesetz über die obligatorische Arbeitslosenversicherung und die Insolvenzentschädigung vom 25. Juni 1982 (SR 837.0)
BBl	Bundesblatt der Schweizerischen Eidgenossenschaft
Bd.	Band
BE	Bern
betr.	betreffend
BezGer	Bezirksgericht
BG	Bundesgesetz
BGB	Bürgerliches Gesetzbuch für das Deutsche Reich vom 18. August 1896
BGE	Entscheidungen des Schweizerischen Bundesgerichtes; amtliche Sammlung
BGer	Schweizerisches Bundesgericht
BGH	Bundesgerichtshof
BJM	Basler Juristische Mitteilungen (Basel)
BK	Berner Kommentar
BSG	Bernische Systematische Gesetzessammlung
Bsp.	Beispiel
Bst.	Buchstabe
BTJP	Berner Tage für die juristische Praxis
BüG	Bundesgesetz über den Erwerb und Verlust des Schweizer Bürgerrechts vom 29. September 1953 (Bürgerrechtsgesetz) [SR 141.0]
BV	Bundesverfassung der Schweizerischen Eidgenossenschaft vom 18. April 1999 (SR 101), i.K. seit 1.1.2000 bzw. (alte) Bundesverfassung der Schweizerischen Eidgenossenschaft vom 29. Mai 1874
BVerfG	Bundesverfassungsgericht
BVG	BG vom 25. Juni 1982 über die berufliche Alters-, Hinterlassenen- und Invalidenvorsorge (SR 831.441.1)

BVV3	Verordnung über die steuerliche Abzugsberechtigung für Beiträge an anerkannte Vorsorgeformen (SR 831.461.3)
bzw.	beziehungsweise
CC	Code civil suisse = ZGB
CCfr	Code civil français vom 21. März 1804
CCit	Codice civile italiano vom 16. März 1942
d.h.	das heisst
DBG	BG vom 14. Dezember 1990 über die direkte Bundessteuer (SR 642.11)
ders./dies.	derselbe/dieselbe(n)
Diss.	Dissertation
E.	Erwägung
ebd.	ebenda
EG	Eigengut
EG ZGB	Gesetz vom 28. Mai 1911 betreffend die Einführung des schweizerischen Zivilgesetzbuches (Kanton Bern) [BSG 211.1]
EGMR	Europäischer Gerichtshof für Menschenrechte
EGzZGB	Einführungsgesetz vom 3. Juli 1911/ 22. Juni 1942 zum Schweizerischen Zivilgesetzbuch (Kanton St. Gallen) [sGS 911.1]
Einl.	Einleitung
EMRK	Konvention zum Schutz der Menschenrechte und Grundfreiheiten vom 4. November 1950 (SR 0.101), ratifiziert am 28. November 1974.
ER	Errungenschaft
et. al.	et alii
etc.	et cetera
EuGVÜ	Europäisches Gerichtsstands- und Vollstreckungs-Übereinkommen
evtl.	eventuell
EVzZGB	Einführungsverordnung vom 14. Dezember 1945 zum Schweizerischen Zivilgesetzbuch (Kanton St. Gallen) [sGS 911.11]
f./ff.	und folgende (Seite/Seiten)
FamPra	FamPra.ch, Die Praxis des Familienrechts (Basel)
FamRZ	Zeitschrift für das gesamte Familienrecht (Bielefeld/Deutschland)
FS	Festschrift
FZG	BG über die Freizügigkeit in der beruflichen Alters-, Hinterlassenen- und Invalidenvorsorge vom 17. Dezember 1993 (Freizügigkeitsgesetz, SR 831.42)
GBV	Verordnung betreffend das Grundbuch vom 22. Februar 1910 (SR 211.432.1)
GestG	Bundesgesetz vom 24. März 2000 über den Gerichtsstand in Zivilsachen (Gerichtsstandsgesetz) [SR 272], i.K. seit 1.1.2001
gl.M.	gleicher Meinung
h.L.	herrschende Lehre
h.M.	herrschende Meinung
Hrsg.	Herausgeber
i.d.R.	in der Regel
i.e.S.	im engeren Sinn
i.K.	in Kraft
i.S.	in Sachen, im Sinne (der, des)
i.V./i.V.m.	in Verbindung (mit)
i.w.S.	im weiteren Sinn
inkl.	inklusive
insbes.	insbesondere

IPR	internationales Privatrecht
IPRG	BG über das internationale Privatrecht vom 18. Dezember 1987 (SR 291)
IVG	Bundesgesetz über die Invalidenversicherung vom 19. Juni 1959 (SR 831.20)
KGer	Kantonsgericht
KRK	UNO-Konvention über die Rechte des Kindes (SR 0.107)
KV	Kantonsverfassung
lit.	litera
LugÜ	Übereinkommen über die gerichtliche Zuständigkeit und die Vollstreckung gerichtlicher Entscheidungen in Zivil- und Handelssachen, abgeschlossen am 16. September 1988 in Lugano (SR 0.275.11)
mp	mietrechtspraxis, Zeitschrift für schweizerisches Mietrecht (Basel)
m.w.H.	mit weiteren Hinweisen
MSÜ/MSA	Haager Übereinkunft über die Zuständigkeit der Behörden und das anzuwendende Recht auf dem Gebiete des Schutzes von Minderjährigen vom 5. Oktober 1961 (SR 0.211.231.01)
MWA	Mehrwertanteil
N	Note(n), Randnote(n)
NAG	Bundesgesetz über Aufenthalt und Niederlassung der Ausländer vom 26. März 1931 (SR 142.20)
NR	Nationalrat
Nr.	Nummer
NStP	Die neue Steuerpraxis (Bern)
OG	BG über die Organisation der Bundesrechtspflege vom 16. Dezember 1943 (Bundesrechtspflegegesetz) [SR 173.110]
OGer	Obergericht
OR	Obligationenrecht vom 30. März 1911 (SR 220)
plädoyer	plädoyer (Zürich)
Pra	Die Praxis des Bundesgerichts (Basel)
recht	recht, Zeitschrift für juristische Ausbildung und Praxis (Bern)
resp.	respektiv(e)
Rz(n)	Randziffer(n)
S.	Seite(n)
SchKG	BG über Schuldbetreibung und Konkurs vom 11. April 1989 in der Fassung des BG vom 16. Dezember 1994 (SR 281.1)
SchlT ZGB	Schlusstitel zum Zivilgesetzbuch
SG	St. Gallen
sGS	Gesetzessammlung des Kantons St. Gallen
SJZ	Schweizerische Juristenzeitung (Zürich)
sog.	sogenannt(e/s)
SR	Systematische Sammlung des Bundesrechts
StG	Steuergesetz vom 21. Mai 2000 (Kanton Bern) [BSG 661.11] bzw. Steuergesetz vom 9. April 1998 (Kanton St. Gallen) [sGS 811.1]
StGB	Schweizerisches Strafgesetzbuch vom 21. Dezember 1937 (SR 311.0)
StrV	Gesetz vom 15. März 1995 über das Strafverfahren (Kanton Bern) [BSG 321.1]
SZS	Schweizerische Zeitschrift für Sozialversicherung und berufliche Vorsorge (Bern)
u.a.	unter anderem
u.U.	unter Umständen
UN	United Nations
usw.	und so weiter
UVV	Verordnung über die Unfallversicherung (SR 832.202)

v.a.	vor allem
VE	Vorentwurf
vgl.	vergleiche
z.B.	zum Beispiel
z.T.	zum Teil
ZBGR	Schweizerische Zeitschrift für Beurkundungs- und Grundbuchrecht (Wädenswil)
ZBJV	Zeitschrift des Bernischen Juristenvereins (Bern)
ZEG	Bundesgesetz vom 24. Dezember 1874 betreffend die Beurkundung und die Feststellung des Zivilstandes der Ehe
ZG	Zug
ZGB	Schweizerisches Zivilgesetzbuch vom 19. Dezember 1907 (SR 210); unter Berücksichtigung der Revision vom 26. Juni 1998 mit Inkrafttreten am 1.1.2000
Ziff.	Ziffer
ZPG	Zivilprozessgesetz vom 20. Dezember 1990 (Kanton St. Gallen) [sGS 961.2]
ZPO	Gesetz vom 7. Juli 1918 betreffend die Zivilprozessordnung für den Kanton Bern (BSG 271.1)
ZR	Blätter für Zürcherische Rechtsprechung (Zürich)
ZSR	Zeitschrift für Schweizerisches Recht (Basel)
ZStV	Zivilstandsverordnung vom 1. Juni 1953 (SR 211.112.1)
ZVW	Zeitschrift für Vormundschaftswesen (Zürich)
ZZW	Zeitschrift für Zivilstandswesen (Bern)

Allgemeine Literatur

BRÄM VERENA/HASENBÖHLER FRANZ, Zürcher Kommentar zum Schweizerischen Zivilgesetzbuch, Das Familienrecht, Teilband II 1c: Die Wirkungen der Ehe im allgemeinen (Art. 159-180 ZGB), Zürich 1998 (zit. ZK-BRÄM/HASENBÖHLER).

BÜHLER WALTER/SPÜHLER KARL: Berner Kommentar zu Art. 137-158 ZGB, Bd. II, 1. Abteilung, 1. Teilband, 2. Hälfte, Bern 1980 (zit. BK-BÜHLER/SPÜHLER).

DERS. (Hrsg.), Vom alten zum neuen Eherecht, Bern 1986.

DESCHENAUX HENRI/STEINAUER PAUL-HENRI/BADDELEY MARGARETA, Les effets du mariage, Bern 2000 (früher: DESCHENAUX/STEINAUER, Le nouveau droit matrimonial, Bern 1987).

DRUEY JEAN NICOLAS/BREITSCHMID PETER (Hrsg.), Güter- und erbrechtliche Planung, Bern 1999.

FLEINER-GERSTER THOMAS/GILLIAND PIERRE/LÜSCHER KARL (Hrsg.), Familien in der Schweiz, Freiburg 1991.

HANGARTNER YVO, Das neue Eherecht, Veröffentlichung des Instituts für Verwaltungskurse an der Hochschule St. Gallen, Neue Reihe, Bd. 26, St. Gallen 1987.

HAUSHEER HEINZ (Hrsg.), Berner Kommentar, Update zu Art. 181-251 ZGB, Bern 1999.

HAUSHEER HEINZ/REUSSER RUTH/GEISER THOMAS, Berner Kommentar zu Art. 159-180 ZGB, Bd. II, 1. Abteilung, 2. Teilband, 2. Auflage, Bern 1999 (zit. BK-HAUSHEER/REUSSER/GEISER).

HAUSHEER HEINZ/REUSSER RUTH/GEISER THOMAS, Berner Kommentar zu Art. 181-220 ZGB, Bd. II, 1. Abteilung, 3. Teilband, 1. Unterband, Bern 1992 (zit. BK-HAUSHEER/REUSSER/GEISER).

HAUSHEER HEINZ/REUSSER RUTH/GEISER THOMAS, Berner Kommentar zu Art. 221-251 ZGB, Bd. II, 1. Abteilung, 3. Teilband, 2. Unterband, Bern 1996 (zit. BK-HAUSHEER/REUSSER/GEISER).

HEGNAUER CYRIL/BREITSCHMID PETER, Grundriss des Eherechts, 4. A. Bern 2000.

HONSELL HEINRICH, VOGT NEDIM PETER, GEISER THOMAS: Kommentar zum Schweizerischen Privatrecht, Schweizerisches Zivilgesetzbuch, Art. 1-359 ZGB, Basel 1996 (zit. ZGB-AUTOR).

HONSELL HEINRICH, VOGT NEDIM PETER, GEISER THOMAS: Kommentar zum Schweizerischen Privatrecht, Schweizerisches Zivilgesetzbuch, Art. 360-456 ZGB, Basel 1999 (zit. ZGB-AUTOR).

KAUFMANN H. ALBERT/HUWILER BRUNO (Hrsg.), Das neue Ehe- und Erbrecht des ZGB mit seiner Übergangsordnung, Berner Tage für die juristische Praxis 1987 (BTJP), Bern 1988 (zit. BTJP 1987).

LEMP PAUL, Berner Kommentar zu Art. 159-251 ZGB, Bd. II, 1. Abteilung, 2. Teilband, Bern 1968 (zit. BK-LEMP).

NÄF-HOFMANN MARLIES UND HEINZ, Schweizerisches Ehe- und Erbrecht, Zürich 1998.

SCHNYDER BERNHARD, Die ZGB-Revision 1998/2000, Zürich 1999.

SPÜHLER KARL/FREI-MAURER SYLVIA: Berner Kommentar zu Art. 137-158 ZGB, Bd. II, 1. Abteilung, 1. Teilband, 2. Hälfte, Ergänzungsband, Bern 1991 (zit. BK-SPÜHLER/FREI-MAURER).

STAUFFER WILHELM/SCHAETZLE THEO/SCHAETZLE MARC: Barwerttafeln, 5. A. Zürich 2001.

STETTLER MARTIN/GERMANI LUCIA, Droit civil III, Effets généraux du mariage (Art. 159-180 CC), 2. A. Fribourg 1999.

TUOR PETER/SCHNYDER BERNHARD/SCHMID JÖRG, Das schweizerische Zivilgesetzbuch, 11. Auflage, Zürich 1995.

WERRO FRANZ, Concubinage, mariage et démariage, Bern 2000 (5. vollständig überarbeitete Auflage von DESCHENAUX/TERCIER/WERRO, Le mariage et le divorce, 4. A. Bern 1995).

Weitere ausgewählte Literaturhinweise finden sich jeweils zu Beginn der einzelnen Paragraphen.

Einleitung

§ 1   Einführung in das Familienrecht

Literatur

FLEINER THOMAS/GILLIAND PIERRE/LÜSCHER KURT, Familien in der Schweiz, Freiburg i.Ü. 1991; HANGARTNER YVO, Grundzüge des schweizerischen Staatsrechts, Bd. 2, Zürich 1982; KAUFMANN CLAUDIA, Die Gleichstellung von Mann und Frau in der Familie gemäss Art. 4 Abs. 2 Bundesverfassung, Diss. Basel 1984; HUBER EUGEN, System und Geschichte des schweizerischen Privatrechts, Basel 1886-1893; ZGB-LANGENEGGER, Vorbemerkungen zu Art. 360-456 ZGB; ROSSEL VIRGILE, Manuel du droit civil de la suisse romande, Bâle et Genève 1886; SCHNYDER BERNHARD/STETTLER MARTIN/HÄFELIN CHRISTOPH, Zur Revision des schweizerischen Vormundschaftsrechts, Expertenbericht, Bern 1995; WEBER-DÜRLER BEATRICE, Auf dem Weg zur Gleichberechtigung von Mann und Frau - Erste Erfahrungen mit Art. 4 Abs. 2 BV, ZSR 1985, 1. Halbband, S. 1 ff.; WILDHABER LUZIUS/BREITENMOSER STEPHAN, Internationaler Kommentar zur Europäischen Menschenrechtskonvention, Köln/Berlin/Bonn/München 1982.

I.   Familienrecht: Begriff, Systematik und Beziehungen zu anderen Rechtsgebieten

1.   Gegenstand des Familienrechts

a)   Familie

Der Begriff Familie bezeichnet eine soziale Gruppe, deren Zusammensetzung und damit Umfang weder im allgemeinen Sprachgebrauch genau bestimmt, noch durch den Gesetzgeber einheitlich festgelegt ist. Vielmehr lässt sich die genaue Bedeutung dieses Begriffes nur aus dem **jeweiligen Zusammenhang** erschliessen. Im Allgemeinen handelt es sich um eine Mehrzahl von Personen, die entweder miteinander verwandt (Art. 20 ZGB) oder verschwägert (Art. 21 ZGB) sind. In gewissen Fällen versteht das Gesetz unter einer Familie auch eine Mehrheit von nicht notwendigerweise miteinander verwandten oder verschwägerten Personen, die im gleichen Haushalt leben (Art. 331 Abs. 2 ZGB). Häufig wird damit indessen das Bild der sogenannten "Klein- oder Kernfamilie" verbunden, bestehend aus einem (evtl. verheirateten) Elternpaar und dessen (unmündigen) Kindern. Eine gesetzliche Regelung findet oft auf mehrere Familientypen Anwendung. 01.01

Beispiel: 01.02

BGE 121 V 125: Der versicherte Verdienst der Arbeitnehmerin bei Unfall bestimmt sich nach der Bundesgesetzgebung über die AHV (Art. 22 Abs. 2 UVV). Bei mitarbeitenden Familienmitgliedern gilt mindestens der berufs- und ortsübliche Lohn als versicherter Verdienst (Art. 22 Abs. 2 lit. c UVV). Im konkreten Fall war die Arbeitnehmerin zum Zeitpunkt des Unfalls mit dem Sohn der Unternehmerin verlobt. Das Eidgenössische Versicherungsgericht erachtete diesen Umstand nicht als genügend, um die Verunfallte als mitarbeitendes Familienmitglied zu berücksichtigen. Zwar zielt das Verlöbnis auf die Ehe ab, jedoch besteht kein einklagbarer Anspruch auf Erfüllung. Somit stellt das Verlöbnis noch kein mit der Ehe vergleichbares gefestigtes Verhältnis dar (vgl. Rzn 04.03 ff.) und kann für sich alleine nicht als Familie bezeichnet werden.

01.03   Die **Struktur der Familie** ist einem stetigen zeitlichen Wandel unterworfen. Anders als heute war bis in die siebziger Jahre die Familie mit zwei und mehr Kindern üblich. Inzwischen sind u.a. alleinerziehende Eltern bedeutend häufiger anzutreffen als noch vor zwanzig Jahren. Die Gründe für den Wandel sind vielfältig. Sicherlich spielen der gestiegene Lebensstandard, die damit verbundene längere Lebenserwartung und die bessere soziale Absicherung sowie auch das veränderte Rollenverständnis von Frau und Mann eine wesentliche Rolle.

01.04   Beispiele:

- Anknüpfung an die sog. "eheliche Kleinfamilie": Familienbesteuerung, Art. 9 DBG.

- Umfassender wird "Familie" dagegen in der neuen bernischen Kantonsverfassung (Art. 13 Abs. 1 KV) verstanden.

- Im Unfallversicherungsrecht gilt eine Verlobte bezüglich der Bestimmung des massgebenden Lohnes nicht als Familienmitglied (BGE 121 V 125 zu Art. 22 Abs. 2 lit. c UVV).

- Verschiedene Familientypen sind möglich beim Bundesgesetz über die Familienzulagen in der Landwirtschaft: Für die Anspruchsberechtigung ist unwesentlich, wie das Zusammenleben des oder der Anspruchsberechtigten mit Kindern und Partner/Partnerin ausgestaltet ist.

b)   Familienrecht

01.05   Das Familienrecht umfasst die Gesamtheit der Normen, welche **die personen- und vermögensrechtlichen Beziehungen** der durch Ehe oder Verwandtschaft verbundenen Personen regeln, sowie das **Vormundschaftsrecht**.

c)   Charakterisierung der Regelungsbereiche

01.06   Das Familienrecht regelt:

- in erster Linie die **Rechtsbeziehungen zwischen** den einzelnen **Familienmitgliedern** (z.B. Art. 276 ZGB betreffend den Unterhaltsanspruch des Kindes gegenüber den Eltern).

- Es enthält aber auch eine Vielzahl von Bestimmungen, die den **Status** einer Person betreffen und damit im Sinne staatlicher Ordnungsfaktoren über den Kreis der direkt Betroffenen hinaus wirken (z.B. Art. 161 ZGB über das Bürgerrecht der Ehefrau).

- Im Bereich des Kindesschutzes (Art. 307 ff. ZGB) und der Vormundschaft (z.B. Art. 397a ff. ZGB über die fürsorgerische Freiheitsentziehung) lassen sich einzelne Bestimmungen dem **Sozialhilferecht** zurechnen.

01.07   Durch seine ordnende Funktion greift das Familienrecht weit über seinen eigenen Wirkungsbereich hinaus und bildet die direkte oder indirekte **Grundlage für andere Rechtsgebiete**.

Beispiele: 01.08

- **Direkter Einfluss:** Art. 25 Abs. 1 AHVG: «Anspruch auf eine einfache Waisenrente haben Kinder, deren Vater gestorben ist (...).» Das AHVG verweist auf einen familienrechtlichen Begriff. Ob eine Person das Kind eines verstorbenen Versicherten ist oder nicht, bestimmt das Familienrecht (Art. 252-269c ZGB).

- **Indirekter Einfluss:** Das alte AHVG kannte eine Witwen-, nicht aber eine Witwerrente. Dieser Ungleichbehandlung von Frau und Mann lag das Leitbild des alten, bis Ende 1987 gültigen Eherechts zugrunde, das davon ausging, dass der Ehemann für das Einkommen der Familie verantwortlich sei, während die Frau den Haushalt besorge und die Kinder betreue. Auf den 1. Januar 1997 wurde die Witwerrente eingeführt (Art. 23 Abs. 1 AHVG), was dem Gleichberechtigungsgrundsatz des geltenden Eherechts entspricht.

Vgl. BGE 122 I 139 ff. betreffend die Ausgestaltung des kantonalen Steuerrechts.

2.   Gesetzessystematik

Dem Familienrecht ist der zweite Teil des Zivilgesetzbuches gewidmet. Es umfasst die   01.09
drei folgenden **Abteilungen** mit jeweils verschiedenen **Titeln**:

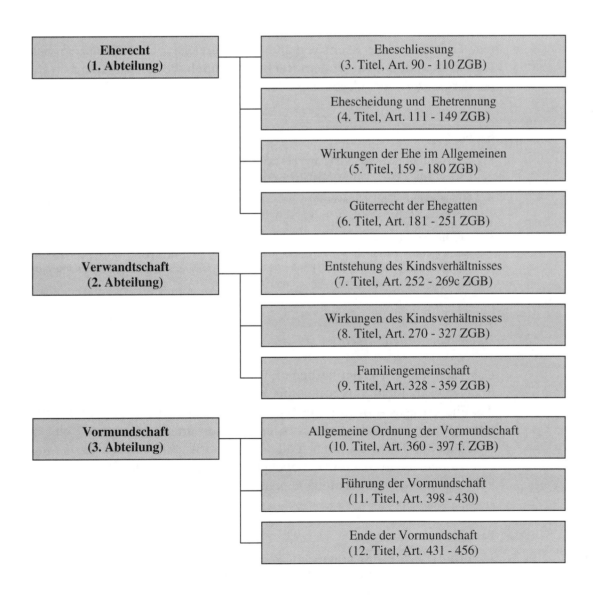

01.10   Diese systematische Einordnung entspricht der **deutschen Tradition** (4. Buch BGB/ 1. Teil ABGB). Dagegen schliessen die romanischen Länder das Familienrecht in das Personenrecht ein (1. Buch CCfr./CCit).

3.   Charakterisierung des Familienrechts

01.11   **Privatrecht** bedeutet im Wesentlichen Rechtsbeziehungen zwischen Personen auf gleicher Ebene. Indessen kann dieser Gesichtspunkt im Familienrecht **nur teilweise** zum Tragen kommen. Sowohl im Eltern-Kind-Verhältnis als auch im Vormundschaftsrecht kann von einer Gleichstellung nicht die Rede sein. Insbesondere dieser letzte Bereich ist nur formell Bundesprivatrecht, materiell dagegen öffentliches Verwaltungsrecht (wichtig für die Kompetenzabgrenzung nach Art. 122 bzw. aArt. 64 f. BV und für die Rechtsmittel).

a)   *Einschränkung der Privatautonomie*

01.12   Das Familienrecht setzt vorab im Interesse der als unterstützungsbedürftig vermuteten Familienmitglieder und der Öffentlichkeit dem Grundsatz privatautonomer Gestaltung der Rechtsverhältnisse zahlreiche und bedeutsame Schranken. Dies kann mittels **zwingendem Recht** oder durch die **Mitwirkung von Behörden** bei der Begründung, Gestaltung oder Aufhebung von Rechtsverhältnissen geschehen.

01.13   Beispiele:

- **Eherecht**: öffentliches Verfahren bei der Trauung (Art. 97 ff. ZGB) und bei der Ehescheidung (Art. 111 ff. ZGB) zum Zwecke der Rechtssicherheit und -klarheit.

- **Kindesrecht**: Unterhaltsverträge bedürfen zu ihrer Gültigkeit der Genehmigung durch die Vormundschaftsbehörde bzw. des Gerichts (Art. 287 Abs. 1 ZGB).

- **Vormundschaftsrecht**: Hier ist die Behördenzuständigkeit so umfassend, dass das gesamte Rechtsgebiet lediglich formell als Bundesprivatrecht, materiell hingegen als öffentliches Recht verstanden wird. Die Hauptwirkung der Entmündigung, nämlich die Beseitigung der Handlungsfähigkeit, betrifft jedoch das Privatrecht.

b)   *Höchstpersönliche Rechte*

01.14   Das Familienrecht kennt besonders viele höchstpersönliche Rechte. Sie sind **unübertragbar, nicht vererbbar, im Voraus unverzichtbar** und – mit Ausnahme des Ehevertrages – **bedingungsfeindlich**. Zu unterscheiden sind **absolut** und **relativ** höchstpersönliche Rechte. Ist eine Person urteilsunfähig und fehlt ihr damit die Handlungsfähigkeit, können die absolut höchstpersönlichen Rechte im Gegensatz zu den relativ höchstpersönlichen Rechten wegen der Vertretungsfeindlichkeit gar nicht wahrgenommen werden (vgl. BGE 117 II 7 f., BGE 116 II 387 E. 4).

01.15   Beispiele:

- BGE 117 II 7: Die **Namensänderung** gemäss Art. 30 ZGB ist ein relativ höchstpersönliches Recht, das auch durch die gesetzliche Vertretung eines ausserehelichen Kindes in dessen Namen geltend gemacht werden kann.

- BGE 116 II 385: Die **Scheidungsklage** ist ein absolut höchstpersönliches Recht. Daher kann ein urteilsunfähiger Ehegatte die Scheidung nicht wirksam verlangen.* Ist die Urteilsunfähigkeit erst im Verlaufe des Prozesses eingetreten, ist das Verfahren nur fortzusetzen, sofern zweifelsfrei feststeht, dass der Kläger seinen Entschluss, sich scheiden zu lassen, im Zustand der Urteilsfähigkeit gefasst hat.

  *In der Rolle des Beklagten hingegen kann sich ein Urteilsunfähiger vertreten lassen.

Gewisse Überschneidungen und Unstimmigkeiten innerhalb der gebräuchlichen 01.16 Kategorienbildung ergeben sich, wenn sodann diejenigen Rechte als **relativ** höchstpersönlich bezeichnet werden, welche beschränkt handlungsunfähigen Personen um ihrer Persönlichkeit willen zustehen, jedoch ausnahmsweise entgegen Art. 19 Abs. 2 ZGB nur mit Zustimmung des gesetzlichen Vertreters ausgeübt werden können. Unter diese Umschreibung fallen nämlich die wegen ihrer Vertretungsfeindlichkeit üblicherweise als **absolut** höchstpersönlich bezeichneten Rechte auf das Eingehen eines Verlöbnisses (Art. 90 ff. ZGB), auf Eheschluss (Art. 97 ff. ZGB), auf Anerkennung eines Kindes (Art. 260 ff. ZGB).

Es zeigt sich hier in ganz besonderem Masse, dass die Begriffsbestimmung immer 01.17 vom Zusammenhang abhängt, in dem sie vorgenommen wird. Mit Bezug auf die **Übertragbarkeit** und die **Berechtigung zur Ausübung** eines Rechts, können folgende Unterscheidungen getroffen werden:

Schematische Darstellung: 01.18

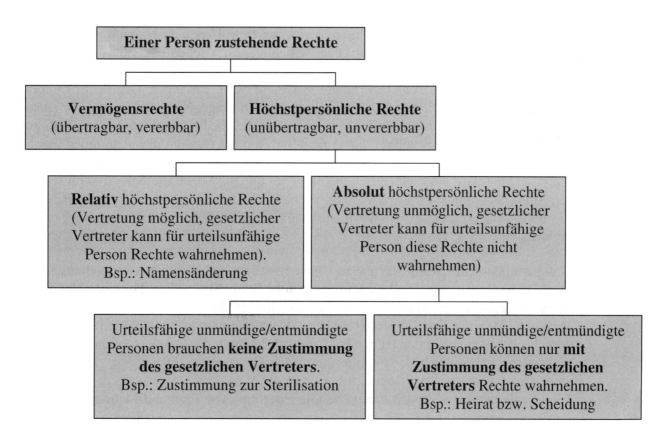

4. Familienrecht im Rahmen der gesamten Rechtsordnung

Neben dem zweiten Teil des Zivilgesetzbuches (Familienrecht) bestehen weitere Geset- 01.19 zesbestimmungen, die das Familienrecht betreffen. Es handelt sich dabei einerseits um

privatrechtliche Bestimmungen, die einen anderen Regelungsbereich betreffen (z.B. Art. 20 und 21 ZGB betreffend Verwandtschaft und Schwägerschaft oder Art. 226b OR: Zustimmung des Ehegatten zu einem Abzahlungsvertrag), andererseits um **öffentlichrechtliche Massnahmen zum Schutze der Familie** (z.B. im Steuerrecht und im Sozialversicherungsrecht).

01.20   Die Ehe geniesst zudem wesentlichen Schutz im schweizerischen **Verfassungsrecht** (Art. 8 Abs. 3 und 14, bzw. aArt. 4 Abs. 2 und aArt. 54 BV) und in der **Europäischen Menschenrechtskonvention** (Art. 8, 12 und 14 EMRK).

01.20 a   <u>Beispiele:</u>

- BGE 126 I 1 ff.: Kantonale Gebühren für die Namensänderung nach Art. 30 Abs. 2 ZGB sind verfassungswidrig (aArt. 4 BV); zur Verfassungswidrigkeit von Art. 161 ZGB, der für das Bundesgericht aufgrund von aArt. 113 Abs. 3 und 114bis Abs. 3 BV (jetzt Art. 191 BV) gleichwohl massgebend ist: BGE 125 III 209 ff.; BGE 122 I 139 ff. betreffend aArt. 4 BV und die Solidarhaftung der Ehegatten für Steuerschulden.

- Entscheid des EGMR vom 27. September 2001 i.S. G.M.B. und K.M. gegen die Schweiz: Der Ausschluss der freien Wahl des Kindesnamens verstösst nicht gegen Art. 8 EMRK.

5.   Familienrecht und ausserrechtliche Faktoren

01.21   Das Familienrecht stösst mit seinem Regelungsgegenstand an die Grenzen dessen, was überhaupt durch rechtliche Normen regelbar ist. Viele Bestimmungen des Eherechts sind **zwingender Natur**, d.h. sie können von den Betroffenen auch durch eine Vereinbarung nicht wegbedungen werden. Die Beziehungen zwischen den Betroffenen beruhen aber in erster Linie auf Zuneigung, Liebe und Verantwortungsbewusstsein. Solche Grundlagen des Zusammenlebens kann das Gesetz nicht erzwingen. Das Recht kann in diesen Bereichen lediglich versuchen, **Missbräuchen entgegenzuwirken** und vor allem den wirtschaftlich, gesundheitlich, sozial oder altersbedingt **schwächeren Teil zu schützen**. Wie weit dies gelingt, hängt nicht nur von der Qualität des materiellen Familienrechts ab, sondern auch davon, wie die Normen durchgesetzt werden können. Diese Durchsetzung wird einerseits durch die Gerichte und die Sozialhilfebehörden im weiteren Sinn garantiert. Sie ist andererseits aber in hohem Masse darauf angewiesen, dass die Betroffenen das Gesetz freiwillig einhalten, also ihr Verhalten nach den Rechtsnormen richten.

01.22   Das Familienrecht hat nur dann eine Chance, sich in der Wirklichkeit durchzusetzen, wenn seine Regeln mit den **Anschauungen und Bräuchen weiter Teile der Bevölkerung** übereinstimmen. Dies bedeutet aber gleichzeitig, dass es auch nur beschränkt die Wirklichkeit in der Familie verändern kann. Der tiefgreifende Wandel, den das Familienrecht insbesondere in den letzten beiden Jahrzehnten in der Schweiz erfahren hat, war nicht eine Umwandlung der Familie durch den Gesetzgeber. Dieser hat vielmehr mit seinen Revisionen nachvollzogen, was sich in der Wirklichkeit durch die gesellschaftlichen Kräfte bereits verändert hatte. Die Gleichstellung von Frau und Mann wurde nicht durch die Revision des Familienrechts erreicht, sondern die Emanzipation der Frau in der Gesellschaft führte dazu, dass eine Gleichberechtigung und -verpflichtung von Frau und Mann auch in das Familienrecht Eingang gefunden hat.

01.23   Nach dem Gesagten stellt sich die Frage, ob Familienrecht überhaupt nötig ist, wenn es doch im Wesentlichen nur nachvollziehen kann, was die Wirklichkeit vorzeichnet, oder ob es in einem derart „privaten" Bereich nicht jedem selber überlassen werden sollte, wie er sich verhalten will. Die Antwort ist klar: Das **Familienrecht ist** unzweifelhaft **notwendig**. In einer rechtsstaatlichen und pluralistischen Gesellschaft rechtfertigt sich der Eingriff des Gesetzgebers in das Familienleben einerseits durch den notwendigen **Schutz des Schwächeren** (auch des wirtschaftlich Schwächeren aufgrund der familialen Aufgabenteilung: Güterrecht, Scheidungsfolgenrecht) und andererseits durch die Aufgabe des Staates, durch staatliche Konfliktregelung den **Rechtsfrieden herzustellen**. Diese beiden Ziele sind als solche unbestritten. Sie ergänzen sich grundsätzlich. Das gilt sicher insoweit, als sich der Schutz des Schwächeren auf Konfliktlösung bzw. Gefahrenabwehr beschränkt. Diesen Zielen ist das Familienrecht aber auch verpflichtet, wenn es Regeln für Fragen aufstellt, die sich zwingend stellen: Die güterrechtliche Auseinandersetzung nach Auflösung des Güterstandes hat immer zu erfolgen.

II. Historische Wurzeln und Revisionen des schweizerischen Familienrechts

1. Zur Vereinheitlichung des schweizerischen Eherechts

Bis zum Erlass des ZGB von 1907 und dessen Inkrafttreten am 1. Januar 1912 war das Familienrecht grundsätzlich durch die Gesetzgebung der **Kantone** geregelt. Die kantonalen Eherechte waren stark kirchlich beeinflusst, was zu Problemen bei Ehen zwischen Angehörigen verschiedener Konfessionen führen konnte. 01.24

Das Scheidungsrecht hatte daher **zum Teil** schon **im letzten Jahrhundert** eine **Vereinheitlichung** erfahren. Ausgangspunkt für die Zuständigkeit des Bundesgesetzgebers war Art. 44 Abs. 2 BV 1848, der dem Bund die Sorge für den religiösen Frieden übertrug. Darauf stützte sich das Bundesgesetz vom 3. Dezember 1850 über die gemischte Ehe. Aufgrund des kantonalen Rechts war es beinahe unmöglich, eine solche Ehe einzugehen. Insbesondere die Gesetze der „katholischen" Kantone, die weitgehend auf das kanonische Recht verwiesen, liessen die gemischte Ehe grundsätzlich nicht zu. Am 3. Februar 1862 verabschiedete die Eidgenossenschaft sodann ein weiteres Bundesgesetz, das die Scheidung der gemischten Ehen und Ehen von Reformierten in Kantonen ohne Scheidungsmöglichkeit durch das Bundesgericht vorsah. Indessen überliess es dieses Gesetz den Kantonen, die wirtschaftlichen und die Kinder betreffenden Nebenfolgen der Scheidung selbst zu regeln, was in den „katholischen" Kantonen zu verbleibenden Schwierigkeiten führen konnte. 01.25

Die neue **Bundesverfassung von 1874** erweiterte die Kompetenzen des Bundesgesetzgebers im Bereich des Eherechts (aArt. 53, 54 Abs. 1 und 2 sowie aArt. 58 Abs. 2 BV). Gestützt darauf wurde das Bundesgesetz vom 24. Dezember 1874 betreffend die Beurkundung und die Feststellung des Zivilstandes und die Ehe (ZEG) erlassen, das einen wichtigen Teil des Eherechts regelte (Eingehung und Auflösung der Ehe, was u.a. ein einheitliches Scheidungsrecht für die ganze Schweiz bedeutete). Erst 1898 erhielt der Bundesgesetzgeber jedoch die Kompetenz, die Ehe umfassend zu regeln (aArt. 64 Abs. 2 BV). Das ermöglichte ein einheitliches und umfassendes Eherecht im Zivilgesetzbuch vom 10. Dezember 1907, das am 1. Januar 1912 in Kraft getreten ist. 01.26

2.   Revisionen des Familienrechts

01.27   Seit dem Erlass des ZGB ist das Familienrecht **in wesentlichen Teilen revidiert** worden. Der entscheidende Anstoss dafür ging 1957 vom Schweizerischen Juristenverein aus. Am 13. Dezember 1957 setzte der Bundesrat eine Studienkommission ein, welche 1962 und 1965 Berichte mit Vorschlägen für die Revision des Familienrechts vorlegte. Der Bundesrat beschloss daraufhin ein etappenweises Vorgehen.

01.28   Die Kenntnis des bisherigen nebst dem geltenden Recht ist für Juristen unabdingbar, weil **altrechtliche Rechtsverhältnisse** (Adoptionen, Kindesverhältnisse, Güterstände) noch einige Zeit **parallel zu neurechtlichen** bestehen werden.

a)   *Das neue Adoptionsrecht (i.K. seit 1.4.1973)*

01.29   Ziele:

- Umfassende Durchsetzung der **Volladoption**.
- Gleichstellung leiblicher und adoptierter Kinder, insbesondere in erbrechtlicher Hinsicht.

b)   *Das neue Kindesrecht (i.K. seit 1.1.1978)*

01.30   Ziele:

- **Gleichstellung in und ausserhalb der Ehe geborener Kinder**, u.a. durch Abschaffung der sog. "Zahlvaterschaft".
- Regelungskriterium des Zusammenlebens mit den durch die Ehe verbundenen Eltern. Abschaffung des Stichentscheides des Vaters bei Meinungsverschiedenheiten in Erziehungsfragen.

c)   *Bestimmungen über die fürsorgerische Freiheitsentziehung (i.K. seit 1.1.1981)*

01.31   Ziele:

- Wiedererlangung der Selbständigkeit und der Eigenverantwortung der eingewiesenen Person.
- Der rechtsstaatliche Schutz der persönlichen Freiheit wird mit den Verfahrensvorschriften garantiert.

d)   *Das neue Eherecht (i.K. seit 1.1.1988)*

aa)   *Rückblick auf das Eherecht vor 1988*

01.32
- **Gesetzliche Aufgabenteilung** zwischen den Ehegatten (Hausfrauenehe).
- Stellung des **Ehemannes** als "Haupt der Familie": Leitung der ehelichen Gemeinschaft in besonders wichtigen Fragen nach innen (u.a. Bestimmung der ehelichen Wohnung), umfassende Vertretung der ehelichen Gemeinschaft nach aussen, Unterhaltspflicht und Verwaltung des ehelichen Vermögens.
- Stellung der **Ehefrau**: Zuständigkeit für Haushaltführung und Kinderbetreuung, in finanzieller Hinsicht nur subsidiäre Unterhaltspflicht, beschränkte Vertretungsmacht und beschränktes Recht zur Berufsausübung.

- **Güterrechtliches Ungleichgewicht**: nur eine Errungenschaft (Ehemann), Verwaltung des ehelichen Vermögens durch den Ehemann, ungleiche Vorschlagsteilung und ungleiche Zusammensetzung der Sondergüter (vgl. dazu hinten Rzn 14.01 ff.).

bb) Gründe der Revision

- Das gesetzliche Einheitsmodell der normativen oder „richtigen" Ehe vermochte der tatsächlich gelebten **Ehevielfalt** immer weniger Rechnung zu tragen.   01.33

- Mit zunehmender Ehedauer der erst durch Tod eines Ehegatten aufgelösten Ehe zerfiel die einzelne Ehe immer häufiger und deutlicher in klar **unterscheidbare Eheabschnitte**: Doppelverdienerehe bis zur Geburt des ersten Kindes, Hausfrauenehe, teilweiser oder vollumfänglicher Wiedereinstieg der Ehefrau ins Berufsleben und Rentnerehe.

- Der Gedanke, die (in den politischen Rechten inzwischen **gleichgestellte**) **Ehefrau** bedürfe im Verhältnis zu Dritten eines besonderen Schutzes durch den Ehemann, vermochte nicht mehr zu überzeugen.

cc) Ziele der Revision

- **Gleichstellung der Ehegatten**.   01.34

- **Freie** Bestimmung der **Aufgabenteilung**, d.h. Verzicht des Gesetzgebers, eine gleiche Beteiligung beider Ehegatten an allen Aufgaben der ehelichen Gemeinschaft vorzuschreiben.

- Aufhebung von bisherigen Einschränkungen der Handlungsfähigkeit der Ehegatten.

- Besserer Ausgleich zwischen Interessen der **Gemeinschaft und persönlichen Interessen** der einzelnen Person.

- Ausbau des Instrumentariums zum **Eheschutz**.

dd) Gesetzgebungsauftrag für das Sozialversicherungs- und das Steuerrecht

Die Revision des Eherechts zeigte einen Handlungsbedarf im Sozialversicherungs- und Steuerrecht. Die Idealvorstellung der Ehe mit klaren Aufgaben für Frau und Mann als Hausfrau beziehungsweise Familienernährer wandelte sich zur Ehe als Gemeinschaft ohne klare Rollenverteilung. Jede die eheliche Gemeinschaft betreffende Entscheidung ist gemeinsam zu treffen. Folgerichtig erhielt beispielsweise auch der Ehemann mit der 10. AHV-Revision einen gesetzlichen Anspruch auf Witwerrente (Art. 23 Abs. 1 AHVG). Oder das Steuerrecht verpflichtet inzwischen beide Ehegatten, die Steuererklärung gemeinsam zu unterschreiben (Art. 113 Abs. 2 DBG).   01.35

e) Die Revision des Scheidungsrechts (i.K. seit 1.1.2000)

Am 26. Juni 1998 haben die Eidgenössischen Räte die Scheidungsrechtsnovelle verabschiedet. Sie umfasst neben dem Scheidungs- auch das Eheschliessungsrecht, die Beurkundung des Personenstandes und die Ehevermittlung. Nachdem einem Referendum kein Erfolg beschieden war, trat das neue Scheidungsrecht am 1. Januar 2000 in Kraft.   01.36

aa) Gründe der Revision

- Schwerfälligkeit des **Eheschliessungsverfahrens** (v.a. des Verkündverfahrens).   01.37

- Die im Zusammenhang mit dem Wandel der gesellschaftlichen Verhältnisse und Wertvorstellungen notwendigen **Möglichkeiten der Rechtsfortbildung** des Scheidungsrechts von 1907 durch die Praxis waren weitgehend erschöpft, so dass zwischen Gesetzestext und Scheidungswirklichkeit ein breiter Graben klaffte.

- Die **besonderen Scheidungsgründe** waren weitgehend **obsolet** geworden. In 98-99 % der Scheidungen wurden die Ehen wegen Zerrüttung aufgelöst. Überdies lag in den meisten Fällen eine Konvention vor, so dass die Gerichte den Scheidungsgrund nicht mehr ernstlich prüften (aArt. 142 ZGB).

- Die **Verschuldensabhängigkeit des** nachehelichen **Unterhalts** (aArt. 151/152 ZGB) auferlegte das Risiko des Verlusts der wirtschaftlichen Selbständigkeit über die Scheidung hinaus schwergewichtig einem Ehegatten, obwohl die Ehegatten die Aufgabenteilung einvernehmlich festgelegt haben (Art. 163 ZGB).

- Die **Anwartschaften** gegenüber einer Einrichtung der sogenannten „zweiten Säule" (Altersvorsorge) im Rahmen des verschuldensabhängigen Unterhaltsrechts (aArt. 151/152 ZGB) unter den Ehegatten auszugleichen, erwies sich als unbefriedigend.

bb)   Ziele der Revision

01.38

- **Vereinfachungen im Eheschliessungsrecht** (Ehehindernisse, Verfahren; gleichzeitig Anpassung der Zivilstandsverordnung).

- Weitgehende **Formalisierung der Scheidungsgründe** und Einführung der Scheidung auf gemeinsames Begehren.

- Weitgehende Loslösung nachehelicher **Unterhaltsleistungen** zwischen Ehegatten vom Scheidungsverschulden.

- Teilbarkeit von **sozialversicherungsrechtlichen Anwartschaften**, insbes. zweite Säule.

- **Gemeinsame elterliche Sorge** geschiedener bzw. nicht verheirateter Eltern.

- In bestimmten Bereichen: **verfahrensrechtliche Vereinheitlichung**.

f)   Die geplante Revision des Vormundschaftsrechts

01.39

Im Rahmen der allgemeinen Erneuerung des Familienrechts ist auch eine Revision des Vormundschaftsrechts geplant. Dabei ist davon auszugehen, dass das Vormundschaftsrecht von Grund auf und umfassend zu revidieren ist. Die Vorstudie und der Expertenbericht der Expertenkommission haben folgende grundlegende Reformziele formuliert (SCHNYDER/STETTLER/HÄFELI, Expertenbericht, S. 49 f.):

- Ein flexibles Massnahmensystem, das dem **Grundsatz der Verhältnismässigkeit** entspricht.

- Eine der Grösse und Schwierigkeit der Aufgabe entsprechende **Organisation**.

- **Rechtsstaatliche Verfahren** in allen Belangen.

g)   Die registrierte Partnerschaft

01.39 a

Im November 2001 wurde der Vorentwurf zum Bundesgesetz über die registrierte Partnerschaft gleichgeschlechtlicher Paare vorgelegt. Ziel dieses Gesetzes ist es, gleichgeschlechtlichen, nicht miteinander verwandten Personen eine rechtliche Beziehung untereinander zu ermöglichen. Inhaltlich stellt die registrierte Partnerschaft eine der Ehe ähnliche Rechtsform dar. Es werden Rechte und Pflichten begründet, wie etwa die gegenseitige Verpflichtung zu Beistand und Rücksichtnahme. Ein wichtiges Anliegen ist die vermögensrechtliche Gleichbehandlung von gleichgeschlechtlichen Paaren mit Ehepaaren. So soll etwa eine Gleichstellung im Erbrecht, im Sozialversicherungsrecht sowie der beruflichen Vorsorge stattfinden. In güterrechtlicher Hinsicht ist eine Regelung vorgesehen, die der

Gütertrennung des Eherechts entspricht. Die Adoption von Kindern soll ausgeschlossen bleiben. Vgl. auch Rz 03.13 ff.

III. Rechtsquellen

1. Bundesverfassung vom 18. Dezember 1998

- Art. 8 Abs. 3 bzw. aArt. 4 Abs. 2 BV (Gleichstellung von Mann und Frau).

01.40

- Art. 14 bzw. aArt. 54 BV (Recht auf Ehe und Familie).

- Art. 38 Abs. 1 bzw. aArt. 44 BV (Zuständigkeitsnorm: Gesetzgebungskompetenz des Bundes zur Regelung des Erwerbs und Verlustes der Bürgerrechte [= auch Kantons- und Gemeindebürgerrecht] durch Abstammung, Heirat und Adoption sowie des Verlustes des Schweizer Bürgerrechts und der Wiedereinbürgerung).

- Art. 41 Abs. 1 lit. a und c BV (soziale Sicherheit, Schutz der Familien als Gemeinschaften von Erwachsenen und Kindern als Sozialziel).

- Art. 116 bzw. aArt. 34^{quinquies} BV ("Familienschutzartikel": Pflicht zur Rücksichtnahme auf die Familie bei Ausübung von Bundeskompetenzen sowie Gesetzgebungsauftrag zur Einführung einer Mutterschaftsversicherung).

- Art. 119 Abs. 2 lit. d bzw. aArt. 24^{novies} Abs. 2 lit. c BV (Verbot der Leihmutterschaft).

2. ZGB und Schlusstitel ZGB

- Art. 90-456 ZGB (vgl. dazu vorne Rz 01.09).

01.41

- Art. 1-4 und 7-14 SchlT ZGB.

3. IPRG

- Art. 43-85 IPRG (Familienrecht).

01.42

- Art. 196-199 IPRG (Übergangsrecht).

4. Verordnungen des Bundes

- Zivilstandsverordnung (ZStV, SR 211.112.1).

01.43

- Verordnung betreffend das Güterrechtsregister (SR 211.214.51, nur noch von übergangsrechtlicher Bedeutung).

- Verordnung über die Adoptionsvermittlung (SR 211.221.36).

- Verordnung über die Aufnahme von Pflegekindern (SR 211.222.338).

5. Kantonales Recht

- u.U. Verfassungen.

01.44

- Einführungsgesetze zum ZGB.

01.45   Kanton Bern:

- Verfassung des Kantons Bern: Art. 13 Abs. 1 KV (Recht auf Ehe und Familienleben).

- Einführungsgesetz zum ZGB (EG ZGB, BSG 211.1): insbes. Art. 1-10 EG ZGB (Behördenzuständigkeiten), Art. 20a-55 EG ZGB (Familienrecht).

- Zivilprozessordnung (ZPO, BSG 271.1): örtliche und sachliche Zuständigkeit (soweit nicht bundesrechtlich geregelt) und Verfahren.

- Gesetz über Inkassohilfe und Bevorschussung von Unterhaltsbeiträgen für Kinder (BSG 213.22) sowie zugehörige Verordnung (BSG 212.221).

- Pflegekinderverordnung (BSG 213.223).

- Gesetz über die fürsorgerische Freiheitsentziehung und andere Massnahmen der persönlichen Fürsorge (BSG 213.316).

01.46   Kanton St. Gallen:

- Verfassung des Kantons St. Gallen: Art. 11 des Vernehmlassungsentwurfs zur Verfassung des Kantons St. Gallen sieht den Schutz von Ehe und Familie vor. Aber auch andere Formen des Zusammenlebens sind zu gewährleisten. Die geltende KV kennt keinen besonderen Schutz der Familie.

- Einführungsgesetz zum ZGB (EGzZGB, sGS 911.1): insbes. Art. 1-15 EGzZGB (Behördenzuständigkeit) und Art. 47-75f EGzZGB (Familienrecht).

- Einführungsverordnung zum ZGB (sGS 911.11), insbes. Art. 4-29 EVzZGB (Familienrecht).

- Gesetz über Inkassohilfe und Vorschüsse für Unterhaltsbeiträge (sGS 911.51) sowie zugehörige Verordnung (sGS 911.511).

- Pflegekinderverordnung (sGS 912.3).

- Zivilprozessordnung (ZPG, sGS 961.2): örtliche und sachliche Zuständigkeit (soweit nicht bundesrechtlich geregelt) und Verfahren sowie zugehörige Verordnung (sGS 961.21).

6.   Internationales Recht

01.47
- Lugano Übereinkommen über die gerichtliche Zuständigkeit und die Vollstreckung gerichtlicher Entscheidungen in Zivil- und Handelssachen. Für die Schweiz in Kraft getreten am 1. Januar 1992 (LugÜ, SR 0.275.11). Vgl. dazu Rz 16.09 f.

- UN-Konvention von 1989 über die Rechte des Kindes (KRK, SR 0.107), ratifiziert (mit Vorbehalten) durch die Schweiz am 26. März 1997.

- EMRK (SR 0.101, vgl. dazu Rz 16.07 f.), insbes.

- Art. 8 EMRK (Gebot der Achtung der privaten Sphäre),

  - Art. 12 EMRK (Recht der freien Wahl des Ehegatten),

  - Art. 14 EMRK (Verbot der Diskriminierung).

- Sog. Haager-Übereinkommen (vgl. dazu Rzn 16.11 ff.), z.B. über... (Auswahl)

  - die Anerkennung von Ehescheidungen und Ehetrennungen (SR 0.211.212.),

  - die Anerkennung und Vollstreckung von Unterhaltsentscheidungen (SR 0.211.213.02),

  - zivilrechtliche Aspekte internationaler Kindesentführungen (SR 0.211.230.02),

  - den Schutz Minderjähriger ("Minderjährigenschutzabkommen", MSA; SR 0.211.231.01).

- Europäisches Übereinkommen über die Anerkennung und Vollstreckung von Entscheidungen über das Sorgerecht für Kinder und die Wiederherstellung des Sorgerechts (SR 0.211.230.01).

- New Yorker-Übereinkommen über die Geltendmachung von Unterhaltsansprüchen im Ausland (SR 0.274.15).

- Haager Adoptionsübereinkommen. Von der Schweiz unterzeichnet am 16. Januar 1995.

- Entwurf zum Bundesgesetz zum Haager Adoptionsübereinkommen und über Massnahmen zum Schutz des Kindes bei internationalen Adoptionen (BG-HAÜ). Dieses Bundesgesetz dient der Umsetzung des Haager Adoptionsübereinkommens.

7. Rechtsprechung

Gesetze sind unvollkommen und unvollständig (Art. 1 ZGB). Trotzdem sind die Gerichte gezwungen, Urteile über Einzelfragen zu fällen. Zu diesem Zweck ermitteln sie durch Auslegung den Rechtssinn einer gesetzlichen Bestimmung oder ergänzen das Gesetz. Die umfangreiche Rechtsprechung zum Familienrecht (**Bundesgericht,** einschliesslich das Eidgenössische Versicherungsgericht und **obere kantonale Gerichtsentscheide**) kann daher als mindestens faktische Rechtsquelle für die Auslegung und Ergänzung von gesetzlichen Normen herangezogen werden (Art. 1 Abs. 3 ZGB). 01.48

13

Allgemeines Eherecht

§ 2   Ehe und Eherecht

Literatur

DICKE DETLEV CHRISTIAN, Kommentar zur Bundesverfassung der Schweizerischen Eidgenossenschaft II, BV 54; HÄFELIN ULRICH/HALLER WALTER, Schweizerisches Bundesstaatsrecht, 4. Aufl., Zürich 1998; JENT ADRIAN, Die immaterielle Beistandspflicht zwischen Ehegatten, Diss. Basel 1984; JUCKER ROLF, Zur Anwendung der allgemeinen Bestimmungen des Obligationenrechts auf Rechtsverhältnisse zwischen Ehegatten, Basel 1973; HANGARTNER YVO, Grundzüge des schweizerischen Staatsrechts, Bd. 2, Zürich 1982; STARK EMIL, Kann ein Dritter wegen Ehestörungen zu Genugtuungszahlungen verpflichtet werden? in: FS für Hegnauer, Bern 1986, S. 530 ff.

I.   Begriff der Ehe

02.01   Der Begriff der Ehe bezeichnet

- die *Willenseinigung* **zwischen Frau und Mann zur Begründung einer auf Dauer angelegten und öffentlich anerkannten Lebensgemeinschaft** und

- die *gesetzlich geordnete Verbindung* **zweier Personen unterschiedlichen Geschlechts (heterosexuell) mit Ausschliesslichkeitscharakter** (BGE 65 II 137).

Ausgeschlossen ist damit eine gleichgeschlechtliche Verbindung (zur Ehe zwischen Frau und Frau nach Geschlechtsumwandlung eines Partners: BezGer SG in AJP 1997, S. 340 f.).

02.02   Beispiel:

BGE 119 II 264: Am 15. Dezember 1988 wurde in Kopenhagen die Ehe zwischen B.Y. und B.X. geschlossen. B.X. hatte sich im Januar desselben Jahres einer geschlechtsumwandelnden Operation unterzogen, ohne nachträglich eine entsprechende Änderung im Zivilstandsregister eintragen zu lassen. Unter Berufung auf aArt. 54 Abs. 1 BV beantragte B.Y. die im Ausland geschlossene Ehe in der Schweiz zu anerkennen. Dieses Begehren wurde mit der Begründung abgelehnt, dass es sich registermässig um eine Ehe gleichgeschlechtlicher Personen handle. Das nach aArt. 54 Abs. 1 BV geschützte Institut der Ehe gilt nur für das auf Dauer angelegte Zusammenleben von Frau und Mann in einer umfassenden Lebensgemeinschaft. Gleichgeschlechtliche Lebensgemeinschaften fallen nicht unter den Schutz von aArt. 54 Abs. 1 BV.

02.03   Anmerkung:

Im November 2001 schickte der Bundesrat einen Gesetzesentwurf über die registrierte Partnerschaft gleichgeschlechtlicher Paare in die Vernehmlassung. Ziel des Entwurfs ist es, gleichgeschlechtlichen Paaren die **rechtliche Absicherung ihrer Beziehung zu ermöglichen**. Vgl. dazu Rzn 03.13 ff. sowie den Vorentwurf (mit Erläuterungen): http://www.ofj.admin.ch/themen/glgpaare/vn-veber-d.pdf

II. Die Ehe als Vertrag und Institution

Die Besonderheiten der Ehe als Vertrag mit gesellschaftsrechtlichem Charakter 02.04
(Art. 530 ff. OR) bestehen in der **Absolutheit der Bindung** und in der **gesetzlichen Inhaltsbestimmung** (Ehe als Institution).

III. Ehe und Kirche

Die Ehe ist ein Rechtsinstitut, das über Jahrhunderte hinweg in einen Zuständigkeits- 02.05
kampf zwischen Kirche und Staat einbezogen war. Ab dem 11. Jahrhundert konnte sich
die Kirche immer mehr durchsetzen. Die Gegenbewegung begann mit der Reformation.
Eine völlige **Säkularisierung** der Ehe setzte sich in der Folge des Kulturkampfes mit
der Revision der BV 1874 durch. Heute ist diese klare Haltung in Art. 97 Abs. 3 ZGB
zum Ausdruck gebracht. Danach darf eine religiöse Eheschliessung nicht vor der Ziviltrauung durchgeführt werden.

IV. Schutz der Ehe als Institution

1. Gegenüber dem Staat

Die **Ehefreiheit** gegenüber dem Staat ist durch Art. 14 BV (aArt. 54 BV) sowie durch 02.06
Art. 12 und 14 EMRK geschützt.

Der **Schutz der Ehe als Institution** aufgrund von Art. 14 BV betrifft einerseits nega- 02.07
tive Abwehrmassnahmen (z.B. Art. 213 ff. StGB), andererseits aber auch positive För-
derungsmassnahmen (z.B. Steuerrecht, Familienzulagen). Zudem besteht gemäss Art. 8
EMRK ein Anspruch auf Achtung des Familienlebens.

Beispiel: 02.08

BGE 117 Ib 210: Ein mit einer Schweizerin verheirateter belgischer Staatsangehöriger, der wegen mehreren Betrugsfällen an die BRD ausgeliefert werden sollte, erhob gegen den Auslieferungsentscheid Ver-
waltungsgerichtsbeschwerde. Das Bundesgericht entschied, in Übereinstimmung mit Art. 8 EMRK und
der Rechtsprechung der Europäischen Kommission für Menschenrechte, dass der Eingriff in das Recht
auf Schutz der Familie als Massnahme zur Bekämpfung des Verbrechens gerechtfertigt sei.

Sowohl das dänische wie auch das schwedische Gesetz kennen für **gleichgeschlechtli-** 02.09
che Gemeinschaften bestimmte **Sonderbestimmungen**. Gemäss Rechtsprechung der
Europäischen Kommission für Menschenrechte geniessen diese keinen Schutz des Familienlebens im Sinne von Art. 8 EMRK. Die EMRK-Bestimmung gibt ihnen jedoch
einen Anspruch auf Schutz des Privatlebens.

2. Unter Privaten

Der privatrechtliche Schutz der Ehe beinhaltet insbesondere den **Schutz der** Freiheit der 02.10
Entscheidung zum Eheschluss. Es handelt sich beim Recht zum Eheschluss um ein
höchstpersönliches Recht, d.h. es ist keine Vertretung möglich (wie dies rechtsgeschichtlich der Fall war). Bei bestimmten Willensmängeln besteht die Möglichkeit der

Ungültigkeitsklage (Art. 107 ZGB, Rz 05.20 f.). Das Eheversprechen begründet kein Recht, auf Erfüllung (= Eheschluss) zu klagen (Art. 90 Abs. 3 ZGB).

02.11   Der privatrechtliche Schutz der Ehe erstreckt sich weiter auf den **Schutz des Ehebestandes** während der Ehe **gegen Ehestörung** durch Dritte (Art. 28 ZGB).

02.12   Beispiele:

- BGE 109 II 5 E. 2; BGE 84 II 331 m.w.H.,: Wer mit einem der Ehegatten ehebrecherische Beziehungen unterhält, verletzt den anderen in seinen persönlichen Verhältnissen (zu den Folgen, insbes. zur Unzulässigkeit einer Klage auf Unterlassung des Ehebruchs vgl. HAUSHEER/AEBI-MÜLLER, Das Personenrecht des Schweizerischen Zivilgesetzbuches, Bern 1999, Rz 12.78 ff.; STARK, Kann ein Dritter wegen Ehestörungen zu Genugtuungszahlungen verpflichtet werden? in: FS für Hegnauer, Bern 1986, S. 530 ff.).

- BGE 108 II 348: Ehestörung durch den früheren Geliebten der Ehefrau, welcher wiederholt und auf z.T. aggressive Weise geltend zu machen versucht, er sei der Vater der Tochter M. der Ehegatten. Gerichtliches Verbot, diese Behauptung weiter zu verbreiten sowie Zusprechung einer Genugtuungssumme an die in ihrer Persönlichkeit verletzten Ehegatten.

02.13   Obwohl ehewidrige Beziehungen die persönlichen Verhältnisse des hintergangenen Ehegatten verletzen können, schliessen nach Auffassung des Bundesgerichts die Bestimmungen des Eheschutzes (Art. 171 ff. ZGB) als lex specialis die besonderen persönlichkeitsrechtlichen Klagen (Art. 28a Abs. 1 ZGB) **gegen den Ehepartner** aus. Der Gesetzgeber hat mit den Sonderregeln des Eheschutzes zum Ausdruck gebracht, «dass ein Ehegatte bei Untreue des andern weder gegen diesen noch gegen den mitschuldigen Dritten auf Unterlassung weiterer ehewidriger oder ehebrecherischer Verkehrs klagen kann» (BGE 78 II 296 E. 5; bezüglich des Ehestörers im Ergebnis nunmehr einschränkend BGE 108 II 348 [siehe oben Rz 02.12]).

02.14   Diese Betrachtungsweise gilt allerdings nur dort, wo der Persönlichkeitsschutz zu Gunsten eines Ehegatten die **Beziehungen unter den Ehegatten im Rahmen der ehelichen Gemeinschaft** betrifft. Die Bestimmungen des Persönlichkeitsrechts sind dagegen uneingeschränkt anwendbar, wenn beispielsweise Körperverletzung oder andere Persönlichkeitsverletzungen (Ehre) eines Ehegatten durch den anderen in Frage stehen, die auch von irgendeinem Dritten ausgehen könnten und diesfalls zur Klage gegen diese Person berechtigen würden.

V.   Eherecht im formellen und materiellen Sinn

02.15   Das **Eherecht im formellen** Sinn umfasst alle Rechtsnormen betreffend Abschluss, Wirkungen und Auflösung der Ehe (Titel 3–6 des ZGB, vgl. Rz 01.09). Das **Eherecht im materiellen** Sinn umfasst demgegenüber alle Rechtsnormen (u.a. auch des öffentlichen Rechts), die an den Bestand einer Ehe bestimmte Wirkungen knüpfen.

02.16   Beispiele für Eherecht im materiellen Sinn aus dem Privatrecht:

- **Personenrecht** (Art. 21 ZGB: Schwägerschaft).

- **Kindesrecht** (Art. 252 Abs. 2 ZGB: Entstehung des Kindesverhältnisses zum Vater «kraft der Ehe der Mutter»).

- **Erbrecht** (Art. 462 ZGB: der überlebende Ehegatte ist gesetzlicher Erbe).

- **Obligationenrecht** (Art. 226b OR: Ungültigkeit eines ohne Zustimmung des Ehegatten abgeschlossenen Abzahlungsvertrages, sofern die Verpflichtung Fr. 1'000.- übersteigt und der gemeinsame Haushalt nicht aufgehoben ist).

Beispiele für Eherecht im materiellen Sinn aus dem öffentlichen Recht:

- **Bürgerrecht** (Art. 27 und 28 BüG: erleichterte Einbürgerung setzt eine "eheliche Gemeinschaft" von bestimmter Dauer voraus; vgl. dazu BGE 121 II 49 ff.; eine eheliche Gemeinschaft ist ausnahmsweise auch bei getrennten Wohnsitzen zu bejahen).

- **Ausländerrecht** (Art. 7 ANAG: Anspruch des ausländischen Ehegatten eines Schweizers/einer Schweizerin auf Erteilung der Aufenthaltsbewilligung; er ist grundsätzlich – unter Vorbehalt des Rechtsmissbrauches – unabhängig vom Bestehen eines gemeinsamen Haushaltes; BGE 121 II 97).

- **Steuerrecht** (Art. 9 Abs. 1 DBG: Faktorenaddition bei Ehegatten).

- **Strafrecht** (Art. 190 Abs. 2 StGB: Vergewaltigung in der Ehe als Antragsdelikt).

- **Sozialversicherungsrecht** (Art. 34 IVG: Zusatzrente des Ehegatten).

§ 3   Die eheähnliche Lebensgemeinschaft (Konkubinat)

Literatur

APPEL BERND, Die eheähnliche Gemeinschaft, insbesondere ihre Bewertung und ihre Abwicklung, Diss. Tübingen 1981; BIETENHARDER-KÜNZLE SILVIA, Die vermögensrechtliche Auseinandersetzung des Konkubinats, Diss. Basel 1986; DECURTINS LILIANE, Konkubinat: Vertrauen ist gut - Verträge sind besser, Bern 1983; DUSSY ROBERT DAVID, Ausgleichsansprüche für Vermögensinvestitionen nach Auflösung von Lebensbeziehungen, Diss. Basel 1994; FRANK RICHARD/GIRSBERGER ANDREAS/VOGT NEDIM P./WALDER-BOHNER HANS ULRICH/WEBER ROLF, Die eheähnliche Gemeinschaft (Konkubinat) im schweizerischen Recht, Zürich 1984; GEISER THOMAS, Gleichgeschlechtliche Lebensgemeinschaften in der Schweiz aus rechtlicher Sicht, in: Lust, Angst und Provokation, Zürich 1993, S. 216-236; DERS., Das Konkubinat im schweizerischen Straf- und Zivilrecht, in: Arbeitsgemeinschaft für Jugendhilfe (Hrsg.), Die nicht eheliche Lebensgemeinschaft, Freiburg/Breisgau 1984, S. 86 ff.; GROSSEN JACQUES-MICHEL, Le concubinage en droit suisse, in: Les concubinages en Europe, Paris 1989, S. 269-299; HAUSER SONJA, Zusammen leben, zusammen wohnen, Zürich 1999; HAUSER WOLF D., Der Name des nichtehelichen Kindes, Diss. Göttingen 1990; HAUSHEER HEINZ, Die privatrechtliche Rechtsprechung des Bundesgerichts im Jahre 1978, Familienrecht, ZBJV 116/1980, S. 93 ff.; HAUSHEER HEINZ/SPYCHER ANNETTE, *Unterhalt* nach neuem Scheidungsrecht, Bern 2001, S. 183 ff.; DIES. (Hrsg.), *Handbuch* des Unterhaltsrechts, Bern 1997, S. 549 ff.; HEUN STEFANIE, Gleichgeschlechtliche Ehen in rechtsvergleichender Sicht, unter besonderer Berücksichtigung der Rechtslage in den USA, in Kanada und in Australien, Berlin 1999; MEIER-HAYOZ ARTHUR, Die eheähnliche Gemeinschaft als einfache Gesellschaft, in: FS Frank Vischer, Zürich 1983, S. 577-595; SCHNEIDER BERNARD, Le concubinage et la loi, SJZ 1987, S. 288-290; THURNHERR STEPHAN, Die eheähnliche Gemeinschaft im Arbeitsrecht, Bern 1982; VERSCHRAEGEN BEA, Gleichgeschlechtliche "Ehen", Wien 1994.

I.   Überblick

1.   Begriff und Arten von eheähnlichen Lebensgemeinschaften

a)   *Kennzeichen der eheähnlichen Lebensgemeinschaft*

03.01   Eine eheähnliche Lebensgemeinschaft ist eine auf Dauer ausgerichtete (BGE 108 II 206), nach dem Willen der Partner aber jederzeit formlos auflösbare und ihrem Inhalt nach nicht im Voraus festgelegte **«Wohn-, Tisch- und Geschlechtsgemeinschaft» von Mann und Frau** (BGE 109 II 16).

03.02   Rechtsprechung:

BGE 118 II 238 E. 3b: «Als Konkubinat im engeren Sinn gilt eine auf längere Zeit, wenn nicht auf Dauer angelegte umfassende Lebensgemeinschaft von zwei Personen unterschiedlichen Geschlechts mit grundsätzlich Ausschliesslichkeitscharakter, die sowohl eine geistig-seelische, als auch eine körperliche und eine wirtschaftliche Komponente aufweist (...)».

03.03   **Nicht** unter den Begriff des Konkubinats fallen nach dieser Umschreibung **gleichgeschlechtliche Paare.** Indessen gelten für diese in den meisten Rechtsgebieten die allgemeinen von Lehre und Rechtsprechung für Konkubinate im dargelegten Sinn aufgestellten Grundsätze. Oft werden Konkubinatspartner wie Alleinstehende behandelt, weshalb das Geschlecht der Partner für die Rechtsanwendung weitestgehend ohne Bedeutung ist.

b) *Gewichtung der einzelnen Komponenten der eheähnlichen Lebensgemeinschaft*

«Indessen kommt nicht allen drei Komponenten (Wohn-, Tisch- und Geschlechts- 03.04
gemeinschaft) dieselbe Bedeutung zu. Fehlt die Geschlechtsgemeinschaft oder die wirtschaftliche Komponente, leben die beiden Partner aber trotzdem in einer festen und ausschliesslichen Zweierbeziehung, halten sich gegenseitig die **Treue und** leisten sich umfassenden **Beistand**, so ist eine eheähnliche Gemeinschaft zu bejahen» (BGE 118 II 238, vorliegend verneint wegen fehlender Geschlechtsgemeinschaft und fehlender wirtschaftlicher Verflechtung).

Vgl. zur besonderen Bedeutung der inneren **Verbundenheit der Partner** BGE 114 II 297; zur re- 03.05
lativen Bedeutungslosigkeit der tatsächlichen materiellen Unterstützung bzw. zum Ausreichen der entsprechenden Bereitschaft BGE 116 II 397 und BGE 106 II 4.

c) *Die qualifizierte eheähnliche Lebensgemeinschaft*

Ein gefestigtes Konkubinat liegt vor, wenn eine Lebensgemeinschaft den Partnern 03.06
ähnliche Vorteile wie eine Ehe verschafft. Dies wird angenommen bei dauerhaften und ausschliesslichen Zweierbeziehungen, die so eng sind, dass sich die Partner die Treue halten und Beistand leisten, wie wenn sie im Sinne von Art. 159 ZGB dazu verpflichtet wären. Bei einem Konkubinat, das länger als 5 Jahre gedauert hat, besteht eine Tatsachenvermutung, dass es sich um ein qualifiziertes Konkubinat handelt (BGE 116 II 396 f. E. 2c; BGE 114 II 298 E. 1b; BGE 109 II 190 ff. E. 2).

Die qualifizierte eheähnliche Lebensgemeinschaft erlangt hauptsächlich **im Ver-** 03.07
hältnis zu Dritten Bedeutung, so bei der Herabsetzung von Scheidungsrenten (Art. 129 Abs. 1 ZGB, vgl. Rz 03.52 f. und hinten Rzn 10.111 ff. und 10.120 f.), aber auch bei der Festsetzung von Unterhaltsbeiträgen während der Ehe im Rahmen von vorsorglichen Massnahmen nach Art. 137 ZGB (vgl. BGE 118 II 225: Die Geltendmachung von Unterhaltsansprüchen während dem Scheidungsverfahren ist rechtsmissbräuchlich, wenn der Berechtigte in einem gefestigten Konkubinat lebt), nicht mehr jedoch für die Namensänderung eines gemeinsamen Kindes der Partner.

Beispiele: 03.08

- Während früher (BGE 107 II 289) ein stabiles Konkubinat als wichtiger Grund i.S.v. Art. 30 Abs. 1 ZGB galt, wenn das Kind unverheirateter Eltern den Namen des Vaters annehmen wollte, vertritt das Bundesgericht seit BGE 121 III 145 die Meinung, angesichts des in den letzten Jahren eingetretenen Sinneswandels in der Beurteilung ausserehelicher Kindesverhältnisse liesse sich allein in der Tatsache des stabilen Konkubinatsverhältnisses zwischen der Mutter als Inhaberin der elterlichen Gewalt und dem Konkubinatspartner als leiblichem Vater des in ihrer Hausgemeinschaft lebenden Kindes nicht mehr ein wichtiger Grund im Sinne von Art. 30 Abs. 1 ZGB erblicken. Vielmehr müsse vom Kind verlangt werden, dass es in seinem Gesuch konkret aufzeige, inwiefern ihm durch die von Gesetzes wegen vorgesehene Führung des Namens seiner Mutter (Art. 270 Abs. 2 ZGB) soziale Nachteile erwüchsen, welche als wichtige Gründe für eine Namensänderung in Betracht gezogen werden könnten (vgl. auch Rz 03.34).

- BGE 118 II 237 E. 3a: «... ist eine Scheidungsrente aufzuheben, wenn der Rentenberechtigte in einem **gefestigten Konkubinat** lebt, aus dem er ähnliche Vorteile zieht, wie sie ihm eine Ehe bieten würde, so dass anzunehmen ist, der neue Partner leiste ihm Beistand und Unterstützung, wie es Art. 159 Abs. 3 ZGB von einem Ehegatten verlangt, und das Festhalten an der Rente deshalb als rechtsmissbräuchlich erscheint.» (Vgl. Rzn 03.52, 10.111 ff., vgl. auch BGE 124 III 52 E. 2a)

- BGE 114 II 146: Entscheidend für die Versorgereigenschaft ist nicht die gesetzliche Unterstützungspflicht, sondern vielmehr, ob **tatsächlich Versorgungsleistungen** erbracht worden sind und mit grosser Wahrscheinlichkeit in Zukunft erbracht worden wären. «Dementsprechend steht der Umstand, dass die unterstützte Person Konkubinatspartner des oder der Verstorbenen war, ihrem Anspruch auf Ersatz des Versorgerschadens grundsätzlich nicht entgegen.» Wesentlich ist, ob die Beziehung eheähnlichen und dauerhaften Charakter aufgewiesen hat (Rz 03.67).

- BGE 116 II 394: Der geschiedene Ehemann klagte auf Abänderung des Scheidungsurteils. Er wollte von der Unterhaltpflicht gegenüber seiner mit einem neuen Lebenspartner zusammenlebenden Ex-Ehefrau befreit werden (vgl. dazu Rzn 10.111 ff.). Das Bundesgericht hiess die Klage gut, da die Unterhaltsempfängerin bereits über fünf Jahre in einem stabilen Konkubinat lebte.

2.   Erscheinungsformen und gesellschaftliche Bedeutung

03.09   Erscheinungsform und Intensität eines Konkubinats können **sehr unterschiedlich** sein (BGE 118 II 235, BGE 108 II 206 E. 2). Die gesellschaftliche Bedeutung ist innert kurzer Zeit sehr gross geworden (BGE 109 II 17 f.). Zurückzuführen ist dies wohl auf eine grössere wirtschaftliche Freiheit, grössere gesellschaftliche Akzeptanz, bessere Kontrolle der Fortpflanzung und einen schwindenden religiösen Einfluss, wobei diesbezüglich schwer zu beurteilen ist, welche Veränderungen als Ursache und welche als Wirkung zu betrachten sind.

03.10   Die **Motive** zur Eingehung einer eheähnlichen Lebensgemeinschaft sind ebenfalls sehr unterschiedlich:

- "**Probeehe**" (häufig bis zum Eintritt einer Schwangerschaft).

- **Hindernisse** bei Wiederverheiratung (z.B. auf Grund des IPR; vgl. dazu BGE 97 I 389).

- Grundsätzliche **Ablehnung** der Ehe („klassische" Begründung für Konkubinate).

- "**Renten-, Alters-, Steuer**konkubinate" usw.

3.   Unterschiede zur Ehe

03.11   Die wichtigsten Unterschiede zur Ehe bestehen

- in der formlosen **Begründung**,

- in der Freiheit der inhaltlichen **Gestaltung** des Konkubinats sowie

- in einer jederzeitigen, unentziehbaren, formlosen **Auflösbarkeit** (vgl. BGE 108 II 207), d.h. im fehlenden Rechtsschutz der Bestandeserwartung.

- Zudem ergeben sich unterschiedliche Wirkungen in Bezug auf **Kinder**, die aus einer Ehe bzw. einer eheähnlichen Lebensgemeinschaft hervorgehen.

So unterliegen die Konkubinatspartner weder den Bestimmungen über die Wirkungen der Ehe (Art. 159 ff. ZGB) noch jenen über das Güterrecht (Art. 181 ff. ZGB). Ein Kind nicht verheirateter Eltern untersteht alleine der elterlichen Sorge der Mutter (Art. 298 Abs. 1 ZGB), selbst wenn diese mit dem Vater des Kindes zusammenlebt. Allerdings kann die elterliche Sorge beiden Eltern auf deren gemeinsamen Antrag hin von der Vormundschaftsbehörde übertragen werden (Art. 298a ZGB). 03.12

4. Exkurs: Gleichgeschlechtliche Lebensgemeinschaften

In der vom Eidgenössischen Justiz- und Polizeidepartement im Juni 1999 eröffneten Vernehmlassungsverfahren (dazu Rz 02.03) wurden u.a. verschiedene Modelle zur Diskussion gestellt, mit welchen die Rechtsstellung gleichgeschlechtlicher Paare verbessert werden könnte. Sie reichten von punktuellen Gesetzesanpassungen über die Schaffung einer registrierten Partnerschaft bis hin zur Öffnung der Ehe für gleichgeschlechtliche Paare. 03.13

Im November 2001 schickte der Bundesrat einen Gesetzesentwurf über die registrierte Partnerschaft gleichgeschlechtlicher Paare in die Vernehmlassung. Ziel des Entwurfs ist es, gleichgeschlechtlichen Paaren die **rechtliche Absicherung ihrer Beziehung zu ermöglichen**. Ausserdem soll die staatliche Anerkennung zum Abbau von Vorurteilen und zur Beendigung von Diskriminierungen beitragen. Die registrierte Partnerschaft ist **nur für gleichgeschlechtliche Paare** vorgesehen, da heterosexuelle Konkubinate ihre Beziehung durch die Eheschliessung absichern können. 03.13 a

Der Vorentwurf knüpft teilweise an eherechtliche Regelungen an, ohne diese jedoch pauschal zu übernehmen. Die Bestimmungen über die **Begründung** der registrierten Partnerschaft lehnen an das Eheschliessungsrecht an. Die registrierte Partnerschaft wird beim Zivilstandsamt beurkundet und begründet eine Lebensgemeinschaft mit gegenseitiger Verantwortung, in der beide Partner gemeinsam für den Unterhalt der Gemeinschaft sorgen. Auf **Namen und Bürgerrecht** hat die Begründung einer registrierten Partnerschaft keinen Einfluss. Das **Vermögensrecht** orientiert sich stark am ehelichen Güterstand der Gütertrennung. **Erbrechtlich** und **sozialversicherungsrechtlich** sind registrierte Partnerschaften der Ehe gleichgestellt. Die **Adoption sowie fortpflanzungsmedizinische Massnahmen** sind für registrierte Partnerschaften nicht zugelassen. Die **Auflösung** ist auf gemeinsamen Antrag möglich oder einseitig nach einer einjährigen Trennungszeit. Im Gegensatz dazu kann die Ehe auf einseitiges Begehren erst nach einer vierjährigen Trennungszeit geschieden werden. 03.13 b

II. Rechtsquellen

1. Allgemeines

Die eheähnliche Lebensgemeinschaft ist **gesetzlich nicht eigens geregelt**. 03.14

03.14 a   Zumindest für gleichgeschlechtliche Paare könnte sich dies jedoch künftig ändern. Es befindet sich der Entwurf zu einem Bundesgesetz über die registrierte Partnerschaft gleichgeschlechtlicher Paare in der Vernehmlassung. Dieses Gesetz wäre jedoch ausschliesslich auf gleichgeschlechtliche Konkubinate anwendbar (vgl. Rzn 03.13 ff.).

03.14 b   Bemerkenswert ist in diesem Zusammenhang immerhin Art. 13 Abs. 2 der bernischen Kantonsverfassung welcher die Freiheit schützt, eine andere Form des Zusammenlebens als die der Ehe zu wählen. Die Tragweite dieser Bestimmung wird noch zu konkretisieren sein.

03.15   Bestimmte Bereiche des Zusammenlebens, insbesondere solche vermögensrechtlicher Art, sind einer **rechtsgeschäftlichen Regelung** der Partner (Vertrag, einseitiges Rechtsgeschäft) zugänglich. Eine wichtige Rechtsquelle stellt sodann das **Richterrecht** dar. Die Rechtsfolgen des Konkubinats sind aufgrund der unterschiedlichen Erscheinungsbilder zu keinem einheitlichen Rechtsinstitut zusammengefasst, vielmehr ergänzen sich individuelles Rechtsgeschäft und richterrechtliches Konfliktrecht. (Eine Zusammenfassung der Anfänge dieser Rechtsprechung findet sich bei HAUSHEER, S. 99 ff. zu BGE 104 II 154).

03.16   Während in der älteren Rechtsprechung und Lehre eine Tendenz zu beobachten war, aus der blossen Tatsache des Zusammenlebens nicht verheirateter Partner keinen spezifischen Rechtsschutz abzuleiten (BGE 97 I 407: «Das Verhältnis zwischen den Partnern einer solchen Beziehung (...) geniesst keinen rechtlichen Schutz»), geniesst heute die eheähnliche Lebensgemeinschaft auch dann **punktuellen Rechtsschutz** (d.h. es können sich aus dem Konkubinat gewisse Rechte und Pflichten ergeben, welche gerichtlich durchgesetzt werden können), wenn keine entsprechende Vereinbarung zwischen den Partnern vorliegt (zum Rechtsschutz in den einzelnen Bereichen des Zusammenlebens vgl. hinten, Rz 03.28 ff.).

03.17   Rechtsprechung:

BGE 108 II 204: «Bei der Auseinandersetzung nach **Auflösung des Konkubinats** ist Rechtsschutz zu gewähren». «Wo wie wohl meist auf präzise vertragliche Absprachen über die Ausgestaltung des Zusammenlebens verzichtet wird, liegt ein Vertrauensverhältnis vor, das nach dem mutmasslichen Willen der Partner nicht von Rechtsregeln bestimmt sein soll. Insofern lässt sich die Abstinenz der Rechtsordnung vertreten. (...) Nichts erlaubt [jedoch] den Schluss, dass die Partner von vornherein auch für den Fall der Auflösung der Beziehung den Rückgriff auf Rechtsnormen ausschliessen wollten (...)».

2.   Rechtsgeschäft

a)   *Inhalt*

03.18   Für die interne rechtsgeschäftliche Regelung zwischen Konkubinatspartnern werden durch verschiedene Organisationen Vertragsmuster angeboten, welche neben **Einzelabsprachen** über gemeinschaftliches Eigentum, Wohnung, Beiträge an die gemeinsame Kasse oder Haftung gegenüber Dritten auch eine **umfassende Regelung** über die Rollenverteilung insgesamt vorsehen.

03.19   Beispiel:

«Die Hausarbeit (Kochen, Putzen, Waschen etc.) obliegt beiden Partnern grundsätzlich gemeinschaftlich und in gleichem Umfang. Muss von diesem Grundsatz abgewichen werden, so ist dies dem Partner, der durch solche Arbeit wesentlich stärker belastet wird als der andere, durch Gutschrift eines Haushaltungsbeitrages auszugleichen, der dem Zeitaufwand (zu Fr. ... pro Stunde) entspricht» (ERNST ALFRED, Leitfaden zur Ehe ohne Trauschein, in: Arbeitsgemeinschaft für Jugendfragen [Hrsg.], Freiburger Tagung, Juni 1983, S. 161).

Der **Rechtsbestand** einer solchen **Globalregelung**, deren Vorkommen in der Praxis nicht überprüft werden kann, ist **fraglich**. Die Rechtsprechung hatte bisher die Tendenz, nur bereichspezifisch die Frage der Zulässigkeit einer Vereinbarung unter den Konkubinatspartnern oder einer unentgeltlichen Zuwendung zu Gunsten des einen zu beantworten, nicht jedoch eine Parallelordnung zur Ehe insgesamt zu beurteilen. 03.20

Oft wird auf eine explizite vertragliche Regelung des Konkubinats verzichtet. Ist der wirkliche Wille der Parteien nicht feststellbar, so wird auf den mutmasslichen Willen abgestellt. Zum **mutmasslichen Willen** der Partner **bezüglich des Umfanges** der rechtsgeschäftlichen Regelung wird in BGE 108 II 207 ausgeführt: «Wenn die Partner für ihre Gemeinschaft die Ehe ablehnen, besagt dies keineswegs, dass sie überhaupt alle Rechtsfolgen ihres Zusammenlebens ausschliessen wollen. Ohne nähere Prüfung allein im vermeintlichen Interesse des Instituts der Ehe den Partnern eines Konkubinats schlechterdings jeden Rechtsschutz zu versagen, käme einer Kapitulation der Rechtsordnung gegenüber einer verbreiteten Erscheinungsform unserer Gesellschaft gleich.» Indessen wird die Bedeutung der Kontroverse um die Rechtsschutzwürdigkeit des Konkubinats später relativiert, weil ohnehin **der persönliche, nicht der vertragsrechtliche Charakter** dieser Beziehung **überwiege**. 03.21

b) *Begrenzung der Gültigkeit: Sittenwidrigkeit*

Der Anspruch auf Rechtsschutz setzt voraus, dass die Vereinbarung nicht einen **widerrechtlichen Inhalt** aufweist und nicht **gegen die guten Sitten** verstösst (Art. 20 Abs. 1 OR). 03.22

Hinsichtlich der **Widerrechtlichkeit des Konkubinats** besteht eine eigenartige Situation zwischen Recht und Wirklichkeit. Obwohl das Strafgesetzbuch seit 1942 vereinheitlicht ist, hat das Bundesgericht 1945 entschieden, dass die Kantone nach wie vor befugt seien, das Konkubinat (wegen Verstosses gegen die öffentliche Ordnung, wonach Grundlage für das Gemeinschaftsleben der Geschlechter die Ehe ist) mit Übertretungsstrafe zu bedrohen (BGE 71 IV 47; BGE 71 IV 52). In den letzten Jahren haben die Kantone diese Verbotsnormen teils aufgehoben, teils sind sie ausser Gebrauch gekommen, weil das Konkubinat – selbst das ehebrecherische (BGE 109 II 17) – heute in den Augen der grossmehrheitlichen Öffentlichkeit nicht mehr gegen die öffentliche Ordnung verstösst. 03.23

Bezüglich der **Sittenwidrigkeit** hat die Rechtsprechung stets ein moralisches Urteil über das Konkubinat als solches vermieden und lediglich die konkrete streitige Rechtsbeziehung überprüft. Am deutlichsten wird das in der Rechtsprechung zu letztwilligen Zuwendungen: «Die Sittenwidrigkeit einer Zuwendung unter Konkubinatspartnern ist nur dann zu bejahen, wenn es sich um ein eigentliches pretium stupri ["Lohn für den Beischlaf"] handelt» (BGE 109 II 17 f.). Diese Rechtsprechung schliesst praktisch die Einrede der Sittenwidrigkeit im Zusammenhang mit dem Konkubinat aus. 03.24

c) *Begrenzung der Gültigkeit: Übermässige Bindung*

Wie jede vertragliche Vereinbarung darf auch jene zwischen Konkubinatspartnern nicht gegen **Art. 27 ZGB** verstossen. Ein solcher Verstoss liegt – mangels Ehe- 03.25

schlusses – vor, wenn die Vereinbarung einen Partner zur Aufrechterhaltung der Beziehung zwingt. Übermässig ist nicht nur die eigentliche Verpflichtung zur Weiterführung eines Konkubinats, sondern grundsätzlich auch eine Verpflichtung zu Entschädigungen wegen der Auflösung des Konkubinats. Deshalb kann höchstens ganz beschränkt vereinbart werden, dass der eine Partner dem andern nach der Auflösung Unterhalt schulde (vgl. hinten Rz 03.61).

3.   Richterrecht

03.26   Rechtsfragen im Zusammenhang mit einer eheähnlichen Lebensgemeinschaft können einerseits **im Verhältnis zwischen den Partnern** zu beantworten sein, andererseits aber auch bezüglich ihrer **Auswirkungen auf Dritte**. Insbesondere bei fehlender vertraglicher Regelung durch die Partner liegt es nahe, für die Beurteilung der sich stellenden Probleme die gesetzlichen Regelungen vergleichbare Sachlagen herbeizuziehen.

03.27   Beispiel:

BGE 108 II 204: Das Bundesgericht wendet unter Umständen gewisse Regeln über die **einfache Gesellschaft** auf die eheähnliche Lebensgemeinschaft an (so in casu die Liquidationsbestimmungen der einfachen Gesellschaft für die vermögensrechtlichen Folgen der Aufhebung einer eheähnlichen Lebensgemeinschaft, vgl. Rzn 03.57 ff.). Die **Regeln des Güterrechts** sind aber **nicht** analog anwendbar. «Da die mit der Heirat verbundenen Wirkungen von ihnen [den Lebenspartnern] gerade nicht angestrebt werden, können die güterrechtlichen Grundsätze auch nicht bloss sinngemäss auf ein Konkubinatsverhältnis angewendet werden.»

III.   Zur rechtlichen Behandlung von Einzelaspekten der eheähnlichen Lebensgemeinschaft

1.   Regeln, die grundsätzlich nicht auf das Konkubinat angewendet werden

a)   *Verlöbnisregeln*

03.28   Die Vorschriften über die Auflösung des Verlöbnisses (vgl. Rzn 04.22 ff.) sind auch auf Brautleute anwendbar, die bereits im Konkubinat leben. Hingegen können die Regeln über die Rückforderung von Geschenken (Art. 91 ZGB, Rzn 04.22 ff.) oder über die Beitragspflicht (Art. 92 ZGB, Rzn 04.25 ff.) bei Verlöbnisbruch nicht analog auf eheähnliche Lebensgemeinschaften übertragen werden, wenn es am **Heiratsversprechen** fehlt.

b)   *Bestimmungen über die Wirkungen der Ehe, Ehegüterrecht*

03.29   Fehlt es an rechtsgeschäftlichen Vorkehren, stellt sich die Frage, wie weit sich die Regeln des Eherechts, welche die Beziehungen der Ehegatten unabhängig von ihrem Vertragswillen umfassend ordnen, „sinngemäss" anwenden lassen. Diese an das *Institut* der Ehe anknüpfende Ordnung ist indes als solche die Folge der Heirat und kann nicht für Personen gelten, die nicht heiraten wollen bzw. können

(Rz 03.26 f.). Die Rechtslage für die Konkubinatspartner ist deshalb **je nach Sachbereich** einzeln abzuklären (Rz 03.31 ff.).

Rechtsprechung: 03.30

BGE 108 II 206: «Mit der Wahl des Konkubinats ziehen die Partner diese Form des Zusammenlebens jener der Ehe bewusst vor, weil sie die rechtliche Bindung als solche oder deren Ausgestaltung, etwa beim Güterrecht, bei der gemeinsamen Besteuerung usw., ablehnen. Da die mit einer Heirat verbundenen Wirkungen von ihnen gerade nicht angestrebt werden, können die **güterrechtlichen Grundsätze auch nicht bloss sinngemäss** auf ein Konkubinatsverhältnis angewendet werden.»

2. Stellung gemeinsamer Kinder

a) *Grundsatz*

In Bezug auf die Kinder, auch auf die gemeinsamen Kinder eines Konkubinatspaares, **entfällt** die **Analogie zur Ehe**. Die Stellung von Konkubinatskindern unterscheidet sich von jener ehelicher Kinder in mancher Hinsicht: Name, Unterhaltsbeitrag, Besuchsrecht usw. Konkubinatspartner werden bezüglich Kinder gleich behandelt wie andere nicht miteinander verheiratete Eltern. 03.31

Beispiel: 03.32

Weil grundsätzlich das Recht der ausserhalb der Ehe geborenen Kinder anwendbar ist, müssen **Unterhaltsverträge** behördlich, bzw. gerichtlich genehmigt werden (BGE 111 II 7 f. E. 2c).

b) *Familiennamen*

Das Kind unverheirateter Eltern erhält den Familiennamen **der Mutter** oder, trägt diese einen Doppelnamen, ihren ersten Namen (Art. 270 Abs. 2 ZGB). 03.33

Die frühere bundesgerichtliche Praxis (BGE 117 II 9 ff. E. 3; BGE 115 II 308; BGE 107 II 289; BGE 105 II 247), wonach die **Annahme des väterlichen Namens** durch das Kind nicht miteinander verheirateter, in gemeinsamem Haushalt lebender Eltern bei stabilen Verhältnissen möglich ist, wurde mit BGE 121 III 145 eingeschränkt: inskünftig muss das Kind (bzw. seine gesetzliche Vertreterin) konkret darlegen, dass und inwiefern ihm aus der Führung des mütterlichen Namens ernsthafte soziale Nachteile erwachsen werden (vgl. Art. 30 Abs. 1 ZGB). Nicht zulässig ist die Annahme eines aus den Familiennamen der Eltern gebildeten Doppelnamens (BGE 119 II 307). 03.34

c) *Elterliche Sorge*

Die **Mutter** ist grundsätzlich **alleinige Inhaberin** der elterlichen Sorge (Art. 298 Abs. 1 ZGB). Der mit der Mutter nicht verheiratete Vater, der die elterliche Sorge nicht innehat, soll jedoch über besondere Ereignisse im Leben des Kindes benachrichtigt und vor Entscheidungen, die für die Entwicklung des Kindes besonders wichtig sind, angehört werden. Zudem kann er bei an der Betreuung des Kindes beteiligten Drittpersonen (z.B. Lehrern, Ärztinnen usw.) in gleicher Weise wie die sorgeberechtigte Mutter Auskünfte über den Zustand und die Entwicklung des Kindes einholen (Art. 275a ZGB). 03.35

03.36   Aufgrund der **Hausgemeinschaft des Vaters mit dem Kind** kann allerdings Art. 300 ZGB die Pflegeeltern betreffend zur Anwendung gelangen. Soweit dem Vater die Pflege des Kindes anvertraut ist, vertritt er die Mutter in der Ausübung der elterlichen Sorge (Art. 300 Abs. 1 ZGB).

03.37   Sofern sich die (nicht miteinander verheirateten) Eltern in einer genehmigungsfähigen Vereinbarung über ihre Anteile an der Betreuung des Kindes und die Aufteilung der Unterhaltskosten verständigen, darf die Vormundschaftsbehörde, auf gemeinsamen Antrag der Eltern, diesen die **elterliche Sorge gemeinsam** übertragen (Art. 298a Abs. 1 ZGB).

3.   Gemeinsame Mietwohnung

a)   *Beide Partner sind Mieter*

03.38   Handelt es sich bei der gemeinsamen Wohnung um eine Mietwohnung, ist entscheidend, **mit** wem der **Vermieter** den meist schriftlichen Mietvertrag abgeschlossen hat. Sind das beide Partner, dann sind – im Aussenverhältnis – beide als Mieter berechtigt und ebenso Mietzinsschuldner. Es muss daher beiden gegenüber gekündigt werden. Andererseits können auch nur beide Partner gemeinsam kündigen.

03.39   Rechtlich noch weitgehend ungeklärt ist das **Innenverhältnis**, wenn beide Partner Mieter sind. Ein rasches Verfahren, das zumindest eine vorläufige Zuweisung der Wohnung erlaubte, fehlt im schweizerischen Recht. In Schweden oder Grossbritannien dagegen wird offenbar analog einem Wohnungsstreit unter Ehegatten verfahren. In der Schweiz kann der Vermieter praktisch den Streit entscheiden, indem er nach erfolgter Kündigung mit einem der Partner einen neuen Vertrag schliesst.

b)   *Nur ein Partner ist Mieter*

03.40   Ist nur ein Partner Mieter, so fragt es sich, ob der Zugang des andern Partners zur gemeinsamen Wohnung gleich wie jener eines **Familienangehörigen** gewährleistet ist **oder** analog der **Untermiete** verboten werden kann (vgl. für Ehegatten Art. 273a sowie Art. 266m ff. OR). Der neue Muster-Mietvertrag für Zürich (Hauseigentümer- und Mieter-Verband) erlaubt nunmehr zwar generell die Aufnahme eines Konkubinatspartners. Bei Kündigung durch den Vermieter besteht indessen ein gesetzlicher Erstreckungsanspruch (Art. 272 OR), wenn sie für den Mieter oder "seine Familie" eine Härte bedeutet. Das Bundesgericht rechnet in diesem Sinne den Konkubinatspartner nicht zur Familie (BGE 105 II 199 E. 3c). Der Konkubinatspartner, der nicht Mieter ist, geniesst also nicht den gleichen Schutz wie ein Familienangehöriger aus Art. 273a, 266m ff. OR. Dieser Entscheid von 1979 ist wohl zu Recht kritisiert worden.

03.41   Im Verhältnis **unter den Partnern** stellt sich die Frage, ob der Mieter den anderen fristlos ausweisen kann. Die Antwort hängt von der konkreten Ausgestaltung des Rechtsverhältnisses unter den Parteien ab. Es sind drei Möglichkeiten zu unterscheiden:

- **Untermietverhältnis:** Neben der Miete lässt Art. 262 OR auch eine Untermiete zu, wenn eine (schon gemietete) Sache gegen Entgelt zum Gebrauch jemandem überlassen wird (Art. 253 OR). Das Mietrecht setzt nicht voraus, dass das Mietobjekt dem Mieter zum ausschliesslichen Gebrauch zusteht. Dass beide Parteien die Mietsache benutzen, steht einem Untermietverhältnis somit nicht entgegen. Eine Untermiete liegt zwar nur vor, wenn die Benutzung entgeltlich ist. Als Gegenleistung kommt aber nicht nur ein Geldbetrag in Frage. Sie kann vielmehr auch in Naturalleistungen – beispielsweise in der Übernahme gewisser Haushaltsarbeiten oder anderer Dienst- oder Sachleistungen – bestehen. Liegt ein Untermietverhältnis vor, sind die entsprechenden mietrechtlichen Kündigungsfristen einzuhalten, wenn der Mieter seinen Partner aus der Wohnung ausweisen will. 03.42

- **Gesellschaftsverhältnis:** Die Wohnung kann in eine zwischen den Partnern vereinbarte einfache Gesellschaft eingebracht worden sein (Art. 530 ff. OR). Ein solcher Vertrag ist formlos gültig. Ein Gesellschafter kann seinen Beitrag durch das Überlassen einer Sache zum Gebrauch in die Gesellschaft einbringen. Ist eine solche Vereinbarung – gegebenenfalls auch nur konkludent – geschlossen worden, kann der Mieter seinen Partner aus der Wohnung nur ausweisen, nachdem die Gesellschaft aufgelöst worden ist. 03.43

- **Gebrauchsleihe:** Diese liegt vor, wenn die Mitbenutzung der Wohnung unentgeltlich erfolgt (Art. 305 ff. OR). Diesfalls kann der Mieter seinen Partner grundsätzlich fristlos aus der Wohnung ausweisen. Nur das Vollstreckungsverfahren garantiert hier eine Auszugsfrist (die nicht rechtlich garantiert ist, sondern aus rein praktischen Gründen besteht). 03.44

4. Eigentumsverhältnisse

Die Eigentumsverhältnisse richten sich nach dem **Sachenrecht**. Die blosse Tatsache des gemeinsamen Haushaltes ändert am Eigentum eines Partners an sich nichts. Kann jedoch nicht bewiesen werden, wem eine Sache gehört, so gilt vermutungsweise der Besitzer als Eigentümer (Art. 930 ZGB). Hausratsgegenstände werden häufig im Mitbesitz beider Partner stehen. Dann ist Miteigentum zu vermuten. Soweit zwischen den Parteien ein Gesellschaftsverhältnis besteht (Art. 530 ff. OR) und ein fraglicher Vermögensgegenstand von diesem erfasst wird, ist zu prüfen, ob die Sache zu Eigentum in die Gesellschaft eingebracht worden ist, so dass daran Gesamteigentum beider Partner besteht. Die Sache kann aber der Gesellschaft auch nur zum Gebrauch überlassen worden sein. Diesfalls ist sie im Alleineigentum des entsprechenden Partners geblieben. Die Unterscheidung ist insbesondere bei der Auflösung der Gesellschaft von Bedeutung (vgl. Rz 03.57). Ist die Sache zu Eigentum in die Gesellschaft eingebracht worden, nimmt der Partner, der sie eingebracht hat, diese nämlich nicht in natura zurück (Art. 548 Abs. 1 OR). Er hat nur Anspruch auf den Wert, zu dem die Sache damals von der Gesellschaft übernommen worden ist (Art. 548 Abs. 2 OR). 03.45

5.   Arbeitsleistungen

03.46   Erheblicher Konfliktstoff liegt erfahrungsgemäss bei nachträglichen Auseinandersetzungen über Arbeitsleistungen des einen Konkubinatspartners für den andern vor. Wenn beide berufstätig sind – das gilt gemäss Volkszählung 1990 für 80% aller Konkubinatspaare ohne Kinder – und beide im Haushalt mitarbeiten, entfällt ein Anspruch unter diesem Titel für die Haushaltsarbeit ohnehin. Vor allem bei einer der **"klassischen"** **Hausgattenehe** vergleichbaren Aufgabenteilung der Lebenspartner (mit Kinderbetreuung) und bei der **Mitarbeit des einen im Betrieb des anderen** stellt sich, mangels Abrede, die Frage, ob dem den Haushalt führenden Partner ein Lohn gestützt auf **Art. 320 Abs. 2 OR** zusteht. Nach Gesetz kommt auch ohne Vereinbarung ein Arbeitsvertrag zustande, wenn Arbeit auf Zeit entgegengenommen wird, deren Leistung nach den Umständen nur gegen Lohn zu erwarten ist (Art. 320 Abs. 2 OR).

03.47   In einem ersten Entscheid hatte das Bundesgericht diese Bestimmung auf das Konkubinat angewandt und erklärt, vom Konkubinatspartner dürfe im Unterschied zum Ehegatten mit seinen Erbaussichten nicht entschädigungslose **Mitarbeit im Betrieb des anderen** erwartet werden (BGE 79 II 168). Im Jahre 1961 wurde jedoch gegenteilig entschieden, weil man nicht Konkubinatspartner mit einem Lohnanspruch besser als Ehegatten stellen könne (BGE 87 II 164). Diese Begründung ist von der Lehre zu Recht kritisiert und später vom Bundesgericht aufgegeben worden, unter anderem im Hinblick auf die umgekehrte Stossrichtung des neuen Eherechts (Art. 165 ZGB; BGE 113 II 414 betreffend Ehefrau). Somit ist ein **Arbeitsverhältnis** gestützt auf Art. 320 Abs. 2 OR **grundsätzlich zu bejahen**. Es bleibt jedoch dabei, dass die engen persönlichen Beziehungen der beiden Partner die Vermutung eines Arbeitsvertrags entkräften können. Sowenig wie ein Lohn während des Konkubinats kann dann auf dieser Grundlage ein Ausgleich bei Trennung oder Todesfall gefordert werden. Die Konkubinatspartner haben jedoch die Möglichkeit, vertragliche oder testamentarische Vorkehrungen zu treffen. Vorbehalten bleibt zudem nach einem höchstrichterlichen Urteil von 1983 ein Gewinnanteilsanspruch aus einfacher Gesellschaft (Art. 530 ff. OR), wenn bzw. soweit eine solche anzunehmen ist (BGE 109 II 230 E. 2b).

6.   Geldbeiträge

a)   *Festsetzung der Beiträge an den gemeinsamen Haushalt*

03.48   Regelmässig wichtiger als Sach- und Arbeitsleistungen der Partner sind ihre Geldbeiträge. Es fehlt eine gesetzliche Unterhaltspflicht, doch werden hier klare Absprachen häufig auftreten, namentlich wenn beide berufstätig sind und anteilsmässig die gemeinsame Kasse speisen. Es kann aber auch vorkommen, dass jeder nach seinen Möglichkeiten, von Fall zu Fall zu den Lasten der Gemeinschaft beiträgt. Bei Meinungsverschiedenheiten gibt es **kein richterliches Eingreifen** analog zum Eheschutzverfahren (Art. 173 Abs. 2 ZGB), es gilt aber auch **nicht** die **Vermutung der Beitragsparität aus einfacher Gesellschaft** (Art. 531 Abs. 2 OR). Dem Wesen des Konkubinats entspricht in diesem Fall dann eben die Trennung (BGE 108 II 207, vgl. Rz 03.61).

b)   Zwangsvollstreckung

Konkubinatspaare unterliegen bezüglich der Beschränkung des pfändbaren Ein-   03.49
kommens (Art. 93 ff. SchKG) keiner Sonderregelung, sondern die Partner werden
behandelt wie Alleinstehende. Wird ein Konkubinatspartner von einem Dritten
betrieben, werden **finanzielle Unterstützungsleistungen** des Schuldners an seine
Lebenspartnerin resp. der Schuldnerin an ihren Lebenspartner **nicht** im Rahmen
des **Notbedarfs** berücksichtigt, weil der Konkubinatspartner rechtlich gesehen
nicht zur Familie gehört. Es versteht sich insbesondere, dass Unterhaltsleistungen
an den Konkubinatspartner die Unterhaltsverpflichtungen gegenüber dem Ehegatten grundsätzlich nicht schmälern können (zum Ganzen HAUSHEER/SPYCHER,
Unterhalt, Rz 10.31 ff.).

Vgl. aber BGE 106 III 16 E. 3c: «Man kann sich jedoch ernstlich fragen, ob den ausserehelichen   03.50
Vater unter Umständen nicht wenigstens eine moralische Unterhalts- oder Unterstützungspflicht
[gegenüber der Mutter seiner Kinder] trifft, was nach der Rechtsprechung genügen würde, um die
Mutter als Mitglied der Familie im Sinn von Art. 93 SchKG zu betrachten (...).» Siehe auch
BGE 109 III 101.

Zu prüfen bleibt sodann, ob der gemeinsame Haushalt zu **Kostenersparnissen**   03.51
führt, so dass der Notbedarf des einzelnen Partners kleiner wird und damit mehr
von seinem Einkommen gepfändet werden kann.

c)   Mögliche Auswirkung des Konkubinats auf Unterhaltsansprüche eines ge-   schiedenen, unterhaltsberechtigten Ehegatten

Der **Anspruch auf** eine **Scheidungsrente erlischt**, wenn die berechtigte Person   03.52
wieder heiratet (Art. 130 Abs. 2 ZGB). Der Wiederverheiratung hat schon die
Rechtsprechung zum Scheidungsrecht von 1907 ein **qualifiziertes Konkubinat**
(vgl. Rz 03.06 ff.) gleichgestellt mit der Begründung, das Festhalten an einer
Scheidungsrente erscheine in diesem Fall als rechtsmissbräuchlich (Rz 10.111).
Ursprünglich wurde Rechtsmissbrauch bejaht und die Scheidungsrente aufgehoben, wenn ein geschiedener Ehegatte wegen dieser Rente auf die neue Ehe ver-
zichtete (BGE 104 II 154). Weil das allerdings kaum je der einzige Grund ist, ein
Konkubinat fortzuführen, statt zu heiraten, hat es das Bundesgericht für die Aufhebung des Scheidungsunterhalts in späteren Entscheiden genügen lassen, dass
das Konkubinat der betreffenden Person die gleichen wirtschaftlichen Vorteile
wie eine Ehe bringt (BGE 106 II 4 f. E. 2 f.). Dabei spielt es keine Rolle, ob die
Konkubinatspartner überhaupt in der Lage sind, sich nötigenfalls finanziell zu
unterstützen. Die Leistungsfähigkeit und wirtschaftliche Lage sind nicht entscheidend, sondern vielmehr der Grad der inneren Verbundenheit und das Bestehen einer Schicksalsgemeinschaft. Aufgrund offensichtlicher Beweisschwierigkeiten hat das Bundesgericht i.S. einer Tatsachenvermutung diese Vorausetzun-
gen bei einem mindestens fünfjährigen Konkubinat als gegeben angenommen. Zu
beachten ist, dass der Anspruch auf eine Scheidungsrente bei einem stabilen Konkubinat nicht wie bei der Wiederverheiratung von Gesetzes wegen erlischt, sondern klageweise die Aufhebung beantragt werden muss (vgl. Marginalie zu
Art. 129 ZGB). Zur Fortführung dieser Praxis unter dem geltenden Art. 130 ZGB
vgl. BGE vom 4. März 2002 [5P. 409/2001]. Bedenkt man, dass die betroffene
Person ihrem Konkubinatspartner gegenüber aber keinen Unterstützungsanspruch

besitzt, handelt es sich hier um eine recht weitgehende analoge Anwendung von Eherecht.

03.53   Kritisiert wurde an dieser Rechtsprechung, dass das Bundesgericht bei dieser Sachlage die Scheidungsrente endgültig erlöschen lässt und nicht etwa nur suspendiert, wie dies dem unsicheren Bestand des Konkubinats entspräche. Deshalb ist seit dem 1. Januar 2000 bei einem nicht qualifizierten Konkubinat eine blosse **Sistierung des Unterhaltsbeitrages** für eine bestimmte Zeit möglich, was erlaubt, die Entwicklung der Verhältnisse abzuwarten, bis die Grundlagen für den Entscheid über eine endgültige Aufhebung der Zahlungspflicht gesichert sind (Art. 129 Abs. 1 ZGB, Rz 10.120 f.). Allerdings sind mit einer blossen Einstellung der Rente für beide Teile so erhebliche Nachteile verbunden, dass eine Beibehaltung der bisherigen Rechtsprechung ernstlich zu erwägen ist (vgl. Rz 10.120 f.).

7.   Vertretung

03.54   Im Unterschied zur Ehe bestimmt sich die Stellvertretung im Konkubinat Dritten gegenüber nicht nach Sonderregeln wie jene betreffend die Schlüsselgewalt der Ehegatten (Art. 166 Abs. 1 ZGB, Rz 08.55 ff.), sondern nach **allgemeinem Stellvertretungsrecht** (Art. 32 ff. und Art. 543 Abs. 2 OR). Ein Handeln ohne Vollmacht muss sich der Vertretene gleichwohl entgegenhalten lassen, sofern er den Anschein einer Bevollmächtigung erweckt hat. Indessen führt die Anscheinsvollmacht **nicht** zu Solidarität wie die Vertretungsmacht nach **Art. 166 ZGB** (vgl. dazu Absatz 3 dieser Bestimmung).

8.   Steuerrecht

a)   *Einkommenssteuer*

03.55   Konkubinatspartner werden steuerrechtlich behandelt wie Alleinstehende (BGE 118 Ia 1 E. 3b). Bei der Ehepaarbesteuerung sehen die Steuergesetze der Eidgenossenschaft und der Kantone durchwegs die Faktorenaddition vor, d.h. die Einkommen der Ehepartner werden addiert. Aufgrund der Progressivität des Steuersatzes würden ohne Korrektive Ehepaare so stärker belastet als Konkubinatspartner, die separat veranlagt werden. Um den Grundsätzen der Gleichmässigkeit der Besteuerung sowie der Besteuerung nach der wirtschaftlichen Leistungsfähigkeit Rechnung zu tragen, werden deshalb Ehepaare zu einem Vorzugstarif veranlagt (BGE 110 Ia 19 „Entscheid Hegetschweiler", bestätigt in BGE 118 Ia 3 E. 3 und 4; vgl. aber auch nuancierend BGE 123 I 241 ff. sowie BGE 120 Ia 329 ff.). Diese Grundsätze, die im Bereich des Steuerrechts die Rechtsgleichheit konkretisieren, besagen, dass Ehepaare unter sich, Ehepaare im Vergleich zu Konkubinatspaaren sowie im Vergleich zu Alleinstehenden **nach dem Massstab der wirtschaftlichen Leistungsfähigkeit gleich belastet werden müssen.**

Kanton Bern:

- Zweiverdienerabzug bei Ehegatten (Art. 38 Abs. 2 StG; BSG 661.11).

- Abzug für Verheiratete (Art. 40 Abs. 7 StG)

- spezieller Steuersatz für Ehegatten (Art. 42 Abs. 1 StG)

Kanton St. Gallen:

- Für Verheiratete wird ein spezieller Steuersatz angewendet (Art. 50 Abs. 3 StG sGS 811.1).

- Abzug für Verheiratete (Art. 45 Abs. 2 StG sGS 811.1).

b) *Erbschaftssteuer*

Im Gegensatz zur Einkommenssteuer sind die Unterschiede zwischen Konkubinat und Ehe in der Erbschaftssteuer enorm. Die Belastung richtet sich hier nach dem Grad der Verwandtschaft. Die nächsten Verwandten und der Ehepartner werden bevorzugt besteuert; ihr Steuersatz ist im Allgemeinen tief (zwischen 0% und 6% ja nach Kanton), während sich der Steuersatz für Alleinstehende (und für Konkubinatspartner) zwischen 20% und 60% bewegt. Dabei kann allerdings in gewissen Kantonen für den überlebenden Konkubinatspartner ein privilegierter Tarif zur Anwendung kommen.   03.55 a

Kanton Bern: 03.55 b

Art. 19 Gesetz über die Erbschafts- und Schenkungssteuer (BSG 662.1): Der überlebende Konkubinatspartner wird bei mindestens zehnjähriger Konkubinatsdauer gleich behandelt wie die Eltern, Grosseltern, Halbgeschwister [...] des Verstorbenen. Vgl. dazu auch NStP 1994/1 S. 1 ff: Der langjährigen Lebensgefährtin des Erblassers muss wenigstens der gleiche (reduzierte) Steueransatz zugestanden werden wie einer langjährigen Hausangestellten. (Eine Gleichstellung mit einer Ehegattin wurde von der Rekurrentin nicht [mehr] verlangt und war daher nicht Gegenstand der Beurteilung).

Ohne dass ersichtlich wäre, worin sich die wirtschaftliche Situation von Konkubinatspaaren und Ehepaaren bei der Erbschaftssteuer stärker unterscheidet als bei der Einkommenssteuer, hat das Bundesgericht (BGE 125 V 228, BGE 123 I 241) entschieden, eine sechs Mal grössere Belastung von Konkubinatspaaren gegenüber Ehepaaren sei mit der Rechtsgleichheit vereinbar. Einerseits beurteilt das Bundesgericht für die Einkommensbesteuerung die Situation von Konkubinaten als vergleichbar mit derjenigen von Ehepaaren in bezug auf Art. 8 BV. Andererseits lehnt es die Vergleichbarkeit derselben Situation für die Erbschaftssteuer ab. Diese Rechtsprechung scheint inkonsistent und benachteiligt Konkubinatspaare ungerechtfertigt.   03.56

9.   Vermögensrechtliche Folgen der Trennung

a) *Vermögenswerte*

Im Zusammenhang mit der Vermögensentflechtung bei Auflösung des Konkubinats nimmt zunächst jeder der beiden Konkubinatspartner gemäss den sachenrechtlichen Bestimmungen (Art. 919 ff. OR) seine eigenen Vermögenswerte zurück (vgl. Rz 03.45). Für den eigentumsmässig nicht weiter zuzuordnenden Vermögensrest greift die Rechtsprechung des Bundesgerichts (im Sinne eines deus ex machina) auf die Regeln der **einfachen Gesellschaft** als Liquidationsge-   03.57

meinschaft zurück (vgl. Rz 03.26 f.). Die einfache Gesellschaft wird vom Gesetz definiert als vertragsmässige Verbindung von zwei oder mehr Personen zur Erreichung eines gemeinsamen Zwecks mit gemeinsamen Kräften oder Mitteln (Art. 530 Abs. 1 OR). Dafür braucht es keine gewerbliche Zielsetzung. Diese Regeln lassen sich zwar ohne weiteres auf das gemeinsame Wirtschaften im Konkubinat anwenden, allerdings nur bei entsprechendem Rechtsgeschäftswillen, der vielfach fehlt.

03.58   Rechtsprechung:

BGE 108 II 209 E. 4b: «Es entspricht dabei dem Vertrauensverhältnis im Konkubinat, dass auf nähere Vereinbarungen bezüglich der laufenden beiderseitigen Leistungen und wohl auch auf Rechtsschutz etwa im Sinne einer subsidiären Beitragsparität nach Art. 531 Abs. 2 OR verzichtet wurde. Insoweit würde in der Tat das Gesellschaftsrecht keine befriedigende Lösung bringen. Das steht vorliegend aber nicht zur Beurteilung, geht es doch ausschliesslich um die Auseinandersetzung nach der Auflösung der Gemeinschaft. Selbst wenn anzunehmen ist, dass zwei Partner die beiderseitigen Leistungen während des Zusammenlebens als rechtlich nicht erzwingbar betrachten, darf wie dargelegt ein solcher Wille nicht auch für die Auseinandersetzung nach dem **Ende der Beziehung** unterstellt werden.»

03.59   Diese pragmatische Lösung führt zur **hälftigen Teilung von Gewinn und Verlust**, unbekümmert um die Höhe der Beiträge (Art. 533 Abs. 1 OR). Das ermöglicht einen gewissen Ausgleich für den unentgeltlich mitarbeitenden Partner und erübrigt einen Rückgriff auf die Normen über die ungerechtfertigte Bereicherung.

03.60   Beispiele:

- BGE 108 II 204: In diesem wiederholt zitierten Fall ging es um einen auf Montage im Ausland abwesenden Monteur, der seinen Lohn in der Schweiz an seine Konkubinatspartnerin auszahlen liess, die daraus die gemeinsamen Auslagen (Wohnung etc.), aber auch seine persönlichen Rechnungen (Steuern etc.) zu zahlen hatte. Das Bundesgericht verneinte eine Abrechnungspflicht der Frau über diese Gelder, die nicht mehr vorhanden waren. Es verblieb letztlich ein Passivenüberschuss, also ein Verlust, in Form einer unbezahlten Steuerschuld des Mannes von rund Fr. 10'000.-. Daran hatte die Frau aus Gesellschaftsrecht eine Hälfte als ihren Verlustanteil beizutragen; die andere Hälfte wäre an sich auf den Mann entfallen, doch wurde die Frau ihm dafür aus schuldhafter Geschäftsführung (**Art. 538 Abs. 2 OR**) ersatzpflichtig, weil sie es trotz ausreichenden Mitteln unterlassen hatte, die Steuerschuld rechtzeitig zu begleichen.

- BGE 109 II 228: Dieser Fall betraf die Ansprüche einer Frau, die im Pensionsbetrieb des Mannes unentgeltlich mitgearbeitet hatte. Das Bundesgericht legte vorerst dar, dass beide Partner den wirtschaftlichen Erfolg der Gemeinschaft erstrebt und gemeinsam auf dieses Ziel hingearbeitet hätten. Es wandte daher Gesellschaftsrecht an. Dazu wurde ausgeführt: «Die Anwendung der Liquidationsbestimmungen der einfachen Gesellschaft befriedigt auch vom Ergebnis her besser als die Beurteilung nach Arbeitsvertragsrecht. Zwar schliesst das Gesellschaftsrecht eine Ersatzleistung für geleistete Dienste aus (**Art. 537 Abs. 3 OR**). Indes begründet es einen Auseinandersetzungsanspruch für Fälle, wo während des Zusammenlebens einem Partner Vermögenswerte zugefallen sind, zu deren Bildung der andere mit seiner Arbeit beigetragen hat, ohne dass er nominell seinem Beitrag entsprechend an diesen Vermögensbestandteilen beteiligt ist (...). Das Gesellschaftsrecht ermöglicht ferner im Unterschied zu Arbeitsvertragsrecht differenzierte Lösungen: Arbeitet ein Konkubinatspartner im Betrieb des andern erheblich mit, so trägt das in der Regel auch zur gemeinsamen Lebenshaltung bei (...). Wird ein gemeinsamer Wert erwirtschaftet, so besteht das Gewinnanteilsrecht auch des nur Arbeit einwerfenden Partners. Wird aber nichts erwirtschaftet, so erschiene es nicht als billig, wenn ein Partner nachträglich dem andern zu Ersparnissen verhelfen müsste» (S. 231).

b)   Unterhalt

Aus dem beendigten Konkubinat ergeben sich auch nach längerem Zusammenleben **keine** finanziellen Nachwirkungen im Sinne einer **Unterhaltspflicht** (analog Art. 125 ZGB), wie das teils in anglo-amerikanischen Rechtsordnungen vorgesehen ist. Vgl. dazu HAUSHEER/SPYCHER, Unterhalt, Rz 10.01).   03.61

Diesem bedeutsamen Umstand sollte Rechnung getragen werden können, wenn der Verlust eines Unterhaltsanspruchs nach Scheidung wegen eines Konkubinats des bzw. der Berechtigten zu beurteilen ist. Deshalb hat das Bundesgericht die Aufhebung einer Scheidungsrente immer erst zugelassen, wenn das Konkubinat gefestigt war. Mit dem neuen Scheidungsrecht wird zu prüfen sein, ob eine blosse Einstellung der Scheidungsrente der Rechtslage angemessener ist. Dann lässt es sich aber kaum mehr rechtfertigen mit der Einstellung der Rente zuzuwarten, bis das Konkubinat fünf Jahre gedauert hat (vgl. hinten Rz 10.111 ff. bzw. 10.120 f.).   03.62

10.   Erbrecht

Bei Beendigung des Konkubinats durch Todesfall gelten vorerst ebenfalls die beschriebenen Liquidationsregeln. Ein gesetzliches Erbrecht kommt darüber hinaus dem überlebenden Konkubinatspartner nicht zu. Anspruch auf Unterhalt während eines Monats nach dem Tod hat er nur, wenn er Erbe ist (Art. 606 ZGB). Einen erbrechtlichen Ausgleichsanspruch für Mitarbeit ohne Lohn haben nur Nachkommen (Art. 334 ZGB).   03.63

Dagegen kann der überlebende Partner **letztwillig als Erbe oder Vermächtnisnehmer eingesetzt** werden, soweit die Pflichtteilsrechte der Angehörigen dafür Raum lassen (verfügbare Quote 1/4 wenn nur Nachkommen als gesetzliche Erben vorhanden sind; 3/8 wenn neben den Nachkommen auch noch ein Ehegatte erbt: Art. 471 ZGB). Der Einwand der Unsittlichkeit (pretium stupri) oder Widerrechtlichkeit solcher Zuwendungen wird heutzutage kaum mehr Erfolg haben.   03.64

Beispiel: 03.65

BGE 109 II 15: Die Beklagte erhielt vom Erblasser, mit dem sie während fast fünf Jahren in einem eheähnlichen Verhältnis zusammenlebte, verschiedene Zuwendungen. Bewiesenermassen war sie während Jahren und auch noch zu Beginn des Konkubinats sodann der Prostitution nachgegangen, so dass sie auch über eigenes Einkommen verfügte. Solange die Zuwendungen des Partners auf Grund einer letztwilligen Verfügung im Rahmen der verfügbaren Quote bleiben, bedürfen sie keiner besonderen Rechtfertigung. Insbesondere wenn davon ausgegangen werden kann, dass die Fortführung des Konkubinats nicht nur auf den unentgeltlichen Zuwendungen beruhte, ist diesen der Charakter des pretium stupri abzusprechen.

Der Entwurf zum Bundesgesetz über die registrierte Partnerschaft gleichgeschlechtlicher Paare sieht bezüglich Erbrecht die Gleichbehandlung mit Ehepaaren vor. (vgl. Rz 03.13 ff.).   03.66

11.   Haftpflichtrecht

Bei Unfalltod eines Konkubinatspartners fragt es sich, ob dem Überlebenden Haftpflichtansprüche gegen den Schädiger oder seine Haftpflichtversicherung zustehen. Das Bundesgericht musste die Frage soweit ersichtlich noch nie entscheiden, hat sie aber in anderem Zusammenhang praktisch positiv beantwortet (BGE 111 II 295). Da **Art. 45 Abs. 3 OR** (Ersatz des Versorgerschadens) weder Verwandtschaft noch eine gesetzliche Unterstützungspflicht, sondern lediglich die **faktische Unterstützung** durch den Getöteten als Anspruchsgrundlage vorsieht, kann sich auch dessen Lebenspartner u.U. auf Art. 45 Abs. 3 OR berufen. Diese Gesetzesbestimmung setzt keine Verwandtschaft und   03.67

keine gesetzliche Unterhaltspflicht voraus; es genügt, dass der Überlebende vom Verstorbenen während längerer Zeit und in erheblichem Ausmass Unterhalt bezogen hat, so dass auch für die Zukunft Unterhalt hätte erwartet werden können. War die verstorbene Person verheiratet, dann können allenfalls Ansprüche des Ehegatten und des Konkubinatspartners konkurrieren, doch ist es nicht aussergewöhnlich, dass die Schadenersatzpflicht mit der Zahl der versorgten Personen anwächst. Auf Grund der Aufwertung der Haushaltarbeit in der jüngeren Rechtsprechung (sog. Haushaltsschaden, BGE 117 Ib 1, BGE 113 II 350 ff., BGE 108 II 434) liegt die Vermutung nahe, dass im Konkubinat auch der männliche Partner Ansprüche geltend machen kann, wenn die verunfallte Frau ihm den Haushalt ohne Entgelt besorgt hat. Die Frage der Unsittlichkeit des Konkubinats dürfte sich in solchen Haftpflichtprozessen spätestens nicht mehr stellen, seit das Bundesgericht 1985 entschieden hat, dass sogar der Arbeitserwerb einer Prostituierten haftpflichtrechtlich geschützt ist (BGE 111 II 295).

12. Sozialversicherungs- und Sozialhilferecht

03.68   Das schweizerische Sozialversicherungsrecht ist **zivilstandsabhängig** ausgestaltet. Entsprechend erhält der überlebende (nicht „verwitwete") Konkubinatspartner keine (Witwen-)Rente (vgl. auch BGE 106 V 58 zu aArt. 17 Abs. 4 AlVV). Laufende Renten erlöschen beim Eintritt in ein Konkubinat nicht (vgl. die entsprechenden Hinweise in BGE 105 II 244 E. 1 [in einem Fall die Namensgebung betreffend] und BGE 116 II 398 E. 4 [betreffend aArt. 153 Abs. 1 ZGB]).

03.69   Bis anhin wurde eine in einer eheähnlichen Gemeinschaft lebende Frau, die den gemeinsamen Haushalt führt und dafür von ihrem Partner Naturalleistungen in Form von Kost und Logis und allenfalls ein zusätzliches Taschengeld erhält, beitragsrechtlich als unselbständig Erwerbende betrachtet. Auf dieses oft eher zufällig geschätzte Einkommen musste der erwerbstätige Partner die **AHV-Beiträge** entrichten (vgl. BGE 110 V 4). Das Eidgenössische Versicherungsgericht änderte seine bisherige Rechtsprechung dahingehend, dass ein Konkubinatspartner, der ausschliesslich den gemeinsamen Haushalt führt, künftig nicht mehr als unselbständig erwerbstätige Person gilt und somit seine AHV-Beiträge nicht mehr auf Grund einer zufällig geschätzten Summe berechnet werden (BGE 125 V 205).

03.70   In der Arbeitslosenversicherung sind Personen, die wegen Scheidung oder Trennung der Ehe, wegen Invalidität oder Tod eines Ehegatten oder aus ähnlichen Gründen eine Erwerbstätigkeit aufnehmen oder erweitern, von der Erfüllung der Beitragszeit entbunden (Art. 14 Abs. 2 AVIG). Das eidgenössische Versicherungsgericht entschied, dass die Auflösung einer eheähnlichen Gemeinschaft, die 13 Jahre dauerte, kein ähnlicher Grund i.S.v. Art.14 Abs. 2 AVIG darstelle und somit die Beschwerdeführerin nicht als von der Beitragszeit entbunden betrachtet werden könne (BGE 123 V 219).

03.71   Der Entwurf zum Bundesgesetz über die registrierte Partnerschaft gleichgeschlechtlicher Paare sieht die sozialversicherungsrechtliche Gleichbehandlung registrierter Partnerschaften mit Ehepaaren vor (vgl. Rz 03.13 ff.).

13. Verfahrensrecht

In der konkreten Anwendung verfahrensrechtlicher Gesetzesbestimmungen stellt sich 03.72 bisweilen die Frage, ob Konkubinatspartner, die sicher unter den Begriff "**Hausgenossen**" subsumierbar sind, sich auf Grund der Analogie auf Gesetzesbestimmungen berufen können, welche von "Verwandtschaft" oder "Angehörigen" sprechen und wie es sich u.a. mit den "Familiengenossen" verhält (dazu Art. 110 Ziff. 3 StGB i.V. mit Art. 137 Abs. 3 StGB). Die Rechtsprechung ist eher restriktiv. Das kann im Verfahrensrecht von Bedeutung sein, wenn z.B. für den Ausstand von Gerichtspersonen oder beim Zeugnisverweigerungsrecht auf die Verwandtschaft abgestellt wird, statt auf die Nähe der persönlichen Beziehung (z.B. Kanton Bern, Art. 113 Abs. 1 StrV: Zeugnisverweigerungsrecht u.a. des Verlobten). Selbst gerichtliche Zustellungen können deshalb zwar ohne weiteres an den Ehegatten des Adressaten erfolgen, an seinen Konkubinatspartner aber nur mit schriftlicher Vollmacht (Obergericht Zürich in ZR 1985, Nr. 21). Denkbar ist, dass hinsichtlich analoger Anwendung solcher Bestimmungen, die zu einer anderen Zeit entstanden sind, für den Richter noch ein gewisser Auslegungsspielraum besteht, der genutzt werden sollte.

14. Zusammenfassende Bemerkungen zur eheähnlichen Lebensgemeinschaft

Die eheähnliche Gemeinschaft ist gesetzlich nicht eigens geregelt. Das bedeutet jedoch 03.73 nicht, dass kein Rechtsschutz gewährt wird. Im Verhältnis unter den Partnern wird vielmehr nach einem konkreten, **sachbezogenen Interessenausgleich** gesucht. Bestimmte Bereiche des Zusammenlebens sind einer rechtsgeschäftlichen Regelung zugänglich, andere Aspekte werden richterrechtlich geordnet. Eine analoge Anwendung von Eherecht wird allgemein abgelehnt. Eine Ausnahme besteht nur im Zusammenhang mit dem Untergang einer Scheidungsrente (aArt. 153 Abs. 1 bzw. Art. 130 ZGB). Ebenfalls nicht angewandt werden die Bestimmungen über das Verlöbnis. Viele Rechtsgebiete sind (mindestens zum Teil) zivilstandsabhängig geregelt, so z.B. das Kindesrecht, das Sozialversicherungsrecht, das Steuerrecht, das Erbrecht etc. In diesen Bereichen werden Konkubinatspartner wie Alleinstehende behandelt.

Das Konkubinat kann **formlos begründet und aufgelöst** werden. Hinsichtlich der Aus- 03.74 gestaltung der Rechtsbeziehungen zwischen den Partnern besteht im Gegensatz zur Ehe weitgehende Gestaltungsfreiheit.

Bei der **Auflösung** nimmt jeder Partner diejenigen Vermögenswerte zurück, die in sei- 03.75 nem Eigentum stehen. Für den eigentumsrechtlich nicht zuordenbaren Rest wendet das Bundesgericht die Regeln der einfachen Gesellschaft an, d.h. Liquidationsgewinn bzw. –verlust werden hälftig geteilt.

Aus einem Konkubinat ergeben sich **keine Unterhaltspflichten** nach Beendigung der 03.76 Beziehung.

Diese rechtsgeschäftlichen und bereichspezifischen **Teilregelungen** führen nicht zu ei- 03.76 a nem geschlossenen Ganzen wie in Zusammenhang mit der Ehe. Auf Schwierigkeiten stösst insbesondere das Bestreben der Gleichbehandlung des Konkubinats mit „Nachteilen" der Ehe (Steuern, Arbeitsentschädigung).

§ 4   Verlobung und Verlöbnis

Literatur

BOTSCHAFT, in: BBl 1996 I S. 58 ff.; GIGNOUX JOHN L., Der Verlöbnisbruch im schweizerischen Zivil-Gesetz-Buch, Diss. Heidelberg 1911; ZGB-HUWILER, Art. 90-95 ZGB; LEUENBERGER JAKOB, Das Verlöbnis im schweizerischen Recht, Bern 1908; LINDENMEYER MARIUS, Les fiançailles et les promesses de mariage dans le droit et la jurisprudance, Vevey 1901; MONTANARI RUDOLF, Verlobung und Verlöbnisbruch, Bern 1974; NEDKOFF GEORG, Das Verlöbnis im schweizerischen internationalen Privatrecht, Diss. Zürich 1933; PELCHEN GEORG, Verlöbnis und nichteheliche Lebensgemeinschaft als Zeugnisverweigerungsgründe im Strafprozess, in: FS für Gerd Pfeiffer, Köln 1988, S. 287-295; WISSING GERHARD, Die Rechtsnatur des Verlöbnisses, Diss. München 1967, ZIHLMANN HANS, Der Verlöbnisbruch im modernen Recht, Diss. Zürich 1902.

I.   Einführung

04.01   Die **praktische Bedeutung** des Rechtsinstituts des Verlöbnisses ist heute **gering**. Das Verlöbnis als ein dem Recht vorgegebenes Sozialverhältnis ist vor allem Ausdruck bestimmter individueller Moralvorstellungen und gehört deshalb der Privatsphäre der Betroffenen an. Die Öffentlichkeit ist davon kaum mehr berührt. Trotzdem zählt das Verlöbnis zur Rechtstradition und ein Verzicht auf dieses Rechtsinstitut würde der Rechtsauffassung weiter Kreise der Bevölkerung in der Schweiz nicht entsprechen. Überdies geht jeder Eheschliessung mit der Anmeldung des Eheversprechens beim Zivilstandsamt, zumindest während des Vorbereitungsverfahrens, zwingend ein Verlöbnis voraus. Das ZGB regelt das Verlöbnis in den Art. 90 ff. Im Zusammenhang mit der Änderung des ZGB von 1998 sind auch diese Bestimmungen geändert worden.

04.02   Die Verlobung als Gegenstand der Rechtsordnung ist **vor allem rechtsgeschichtlich** zu verstehen. Ihr kam in erster Linie bei der durch die Familie arrangierten Ehe eine besondere Bedeutung zu (Kinderverlöbnis zwischen Angehörigen von Dynastien im Mittelalter). Sodann stellte sie auch einen gewissen Schutz der Frau und der Kinder in einer Zeit dar, da die Schwangerschaft durch die Frau nicht voll kontrolliert werden und die aussereheliche Geburt zur Diskriminierung der Mutter führen konnte. Vor der Revision des Kindesrechts (1976) konnte nämlich dem ausserehelichen Vater das Kind mit Standesfolge zugesprochen werden, wenn er vor der Zeugung der Mutter die Ehe versprochen hatte (aArt. 323 ZGB).

II.   Begriffe

04.03   Bei der **Verlobung** handelt es sich vorab um einen familienrechtlichen **Vertrag**, bestehend aus den gegenseitigen Ehe*versprechen* (als Absichtserklärung und Verpflichtung zur Hinarbeit auf die künftige Ehe) zwischen Frau und Mann (Art. 90 Abs. 1 ZGB).

04.04   Das **Verlöbnis** ist sodann ein (als Vorstufe zur Ehe verstandener) familienrechtlicher **Status**, an den bestimmte Wirkungen anknüpfen (dazu hinten, Rz 04.15 ff. und 04.31).

III. Die Verlobung als Vertrag

Als Vertrag ist die Verlobung zwar durch Art. 1 ff. OR geregelt (Art. 7 ZGB), indessen 04.05
sind gewisse **familienrechtliche Besonderheiten** zu beachten. Der Vertragsbruch kann
zwar zu besonderen Sanktionen führen, eine Klage auf Erfüllung, d.h. auf Abschluss der
Ehe, bleibt dagegen ausgeschlossen (Art. 90 Abs. 3 ZGB, Rz 04.19).

Das Verlöbnis ist heute – wie die Heirat – **absolut höchstpersönlich** (vgl. 04.06
Rzn 01.14 ff.). Dies schliesst eine Vertretung aus (siehe jedoch Rz 04.09). Die betrof-
fene Person muss für die Eingehung eines Verlöbnisses immer selber mitwirken. Für
Urteilsunfähige darf nicht der gesetzliche Vertreter handeln.

1. Persönliche Voraussetzungen

- Urteilsfähigkeit (Art. 12 f. ZGB) 04.07

- Mündigkeit oder Zustimmung des gesetzlichen Vertreters (Art. 90 Abs. 2 ZGB)

- Abwesenheit von unbehebbaren Ehehindernissen (Art. 95 f. ZGB i.V.m.
  Art. 20 OR)

Im Gegensatz zur Heirat setzt die Verlobung nur die Urteilsfähigkeit voraus, nicht aber 04.08
ein bestimmtes Mindestalter. Die konkreten Anforderungen an die Urteilsfähigkeit setzen allerdings gewisse Altersgrenzen.

Urteilsfähige **Unmündige** oder **Entmündigte** bedürfen zur Verlobung der **Zustim-** 04.09
mung des gesetzlichen Vertreters. Die Zustimmung des gesetzlichen Vertreters reicht
für sich alleine nicht aus (Rz 04.06). Bis zur Genehmigung der Verlobung durch den
gesetzlichen Vertreter liegt ein hinkendes Rechtsgeschäft vor (Art. 90 Abs. 2 ZGB).

Sodann darf eine spätere Ehe nicht wegen eines **unbehebbaren Ehehindernisses** 04.10
(Art. 95 ZGB, Rzn 05.06 ff.) unmöglich sein. **Verwandtschaft** zwischen den Verlobten
führt zu Widerrechtlichkeit und damit zur Nichtigkeit des Eheversprechens
(Art. 20 OR).

Das Eheversprechen eines **Verheirateten** ist wegen Verstosses gegen die guten Sitten 04.11
nichtig (Art. 20 OR i.V.m. Art. 7 ZGB). Strittig ist, ob die Verlobung für den gutgläubigen Versprechensempfänger, welcher von der bestehenden Ehe des Partners keine
Kenntnis hat, Gültigkeit erhält. Ebenfalls umstritten ist, ob ein noch Verheirateter, der
bereits die Scheidung verlangt hat, die Verlobung eingehen kann (vgl. dazu ZGB-
HUWILER, Art. 90 N 21).

Ein **bestehendes Verlöbnis** stellt kein Hindernis für eine weitere Verlobung dar. Die 04.12
neuere Lehre geht von der Gültigkeit beider Verlöbnisse aus. Durch den Abschluss der
Ehe wird gleichzeitig das eine Eheversprechen erfüllt und das andere aufgelöst. Dieser
Verlöbnisbruch kann Schadenersatzforderungen des anderen Verlobten zur Folge haben
(Art. 92 bzw. aArt. 92 ZGB, vgl. Rz 04.25 ff.).

2. Form

04.13 Die Verlobung kommt **formfrei** zustande (Art. 11 Abs. 1 OR). Nicht verlangt wird ein ausdrückliches Eheversprechen, eine konkludente Erklärung genügt. Allerdings darf ein Eheversprechen durch konkludentes Verhalten nicht vorschnell angenommen werden. Ehemals schlüssige Handlungen, wie – je nach Umständen – etwa das Zusammenleben und der Erwerb gemeinsamer Möbel, sind nicht mehr ohne weiteres als Eheversprechen aufzufassen. Stellen die Verlobten beim Zivilstandsamt das Gesuch um Durchführung der Vorbereitungsverfahren zur Trauung, so gilt spätestens diese Handlung als Eheversprechen (Art. 98 ZGB).

3. Bedingungen

04.14 **Auflösende** und **aufschiebende** Bedingungen sind zulässig, sofern sie nicht sittenwidrig sind. Die Verhinderung des Eintritts einer aufschiebenden Bedingung wider Treu und Glauben durch einen der beiden Verlobten lässt jedoch keine Verlobung entstehen. Dies im Gegensatz zum Wortlaut von Art. 156 OR, der gemäss Art. 7 ZGB eigentlich Anwendung finden müsste.

4. Wirkungen

04.15 • Die Verlobung begründet eine **Treuepflicht** analog zu Art. 159 ZGB (Verpflichtung zur Wahrung der affektiven und wirtschaftlichen Interessen des Partners sowie zur immateriellen und materiellen Unterstützung, jedoch nur begrenzte Durchsetzbarkeit und Sanktionierbarkeit).

04.16 • Die Verlobten sind "**nahestehende**" **Personen** im Sinne des Zivilrechts (Art. 107 Ziff. 4 und 477 ZGB; Art. 30 OR) bzw. Angehörige.

04.17 • Wurde ein Verlobter/eine Verlobte von der Partnerin/vom Partner finanziell unterstützt, so ist bei deren/dessen Tod (durch unerlaubte Handlung) die Geltendmachung von **Versorgerschaden** nach Art. 45 Abs. 3 OR möglich. Dieser Anspruch kann allerdings auch ohne Verlobung bestehen, z.B. bei einem Konkubinat (dazu Rz 03.67).

04.18 • Die Verlobung hat auch Wirkungen in anderen Rechtsbereichen: zu erwähnen sind u.a. **Ausstandsvorschriften** und **Zeugnisverweigerungsrechte** für Verlobte (z.B. im Kanton Bern: Art. 113 Abs. 1 Ziff. 1 StrV; das st. gallische Recht kennt keine entsprechende Vorschrift) im öffentlichen Recht. Im Strafrecht gelten Verlobte **nicht** als "**Angehörige**" i.S. von Art. 110 Ziff. 2 StGB.

5. Kein Erfüllungsanspruch

04.19 Die wichtigste Abweichung von den normalen obligationenrechtlichen Regeln besteht in der **Nichterzwingbarkeit** der Erfüllung des Eheversprechens (Art. 90 Abs. 3 bzw. aArt. 91 Abs. 1 ZGB) und zwar weder direkt noch indirekt (beispielsweise mittels Konventionalstrafe). Damit bleibt das nicht einklagbare Versprechen eine unvollkommene Verbindlichkeit.

IV. Beendigungsgründe

- Eheschliessung   04.20

- nachträgliche Unmöglichkeit (Tod, bleibendes Ehehindernis)

- Rücktritt

- einvernehmliche Beendigung

Das Verlöbnis wird bestimmungsgemäss durch den **Eheabschluss** beendet (ordentliche Beendigung) oder aber durch **nachträgliche Unmöglichkeit** (Tod eines Verlobten, bleibendes Ehehindernis). Denkbar ist auch das Einvernehmen der Verlobten, der **contrarius actus**. Der **Rücktritt** durch *einen* Verlobten (einseitiger Rücktritt) ist dagegen nur aus wichtigem Grund möglich, d.h. einerseits wegen (äusseren) Umständen, die keinem Verlobten als Verschulden zugerechnet werden können, andererseits wegen schuldhaftem Verhalten des anderen Verlobten.

Beim Rücktritt ohne wichtigen Grund (aArt. 92 ZGB) handelt es sich um den **Verlöb-** 04.21
nisbruch i.e.S., wozu auch die Auflösung der Verlobung wegen eines vom Auflösenden selbst herbeigeführten wichtigen Grundes gehört. Beschränkt handlungsfähige Verlobte, d.h. urteilsfähige Unmündige oder Entmündigte, können die Verlobung ohne Zustimmung des gesetzlichen Vertreters auflösen.

V. Folgen der Beendigung des Verlöbnisses ohne Eheschliessung

1. Rückgabe der Geschenke

Die Verlobten können bei der Auflösung des Verlöbnisses Geschenke, die sie einander 04.22
gemacht haben, zurückfordern, es sei denn, der eine Verlobte sei verstorben (Art. 91 Abs. 1 ZGB). Der Rückforderungsanspruch besteht auch bei Verlöbnisbruch. Es handelt sich um einen **besonders ausgestalteten Bereicherungsanspruch** (so ausdrücklich Art. 91 Abs. 2 ZGB), der eine lex specialis zu Art. 249 OR (Rückforderung der Schenkung) darstellt (aArt. 94 ZGB).

Als **Geschenke** gelten an sich nur Vermögensgegenstände mit Vermögenswert, so dass 04.23
Briefe und Fotos mit blossem Affektionswert grundsätzlich nicht darunter fallen. Indessen kann sich eine Rückforderung von Briefen und Fotos in Verbindung mit Art. 28 ZGB und auf Grund einer analogen Anwendung von Art. 91 ZGB rechtfertigen. Von der Rückleistung ausdrücklich ausgeschlossen sind übliche Gelegenheitsgeschenke (zum Geburtstag, an Weihnachten usw.).

Die Rückerstattungspflicht nach Art. 91 ZGB beschränkt sich auf Geschenke unter den 04.24
Verlobten. **Dritte** (Eltern, Freunde usw.) müssen nach den Vorschriften des Schenkungs- (Art. 249 OR) oder des Bereicherungsrechts (Art. 62 ff. OR) vorgehen (anders noch aArt. 92 ZGB).

2.   Beitragspflicht

04.25   Das Verlöbnis beruht auf einer besonderen Vertrauensbeziehung. Es begründet ein familienrechtliches Verhältnis (ohne eine Familie zu begründen: Rz 01.02) im Sinne einer gemeinschaftlichen Verantwortlichkeit für Aufwendungen, die in guten Treuen im Hinblick auf die Eheschliessung vorgenommen werden. Deshalb kann ein Verlobter, der im Vertrauen auf die Eheschliessung Veranstaltungen getroffen hat, bei Auflösung des Verlöbnisses gemäss Art. 92 ZGB, vom anderen einen **angemessenen Beitrag** verlangen, sofern dies nach den gesamten Umständen nicht als unbillig erscheint.

04.26   Der Begriff **Veranstaltungen** ist weit auszulegen. Sie sind dann **in guten Treuen** getroffen worden, wenn die Vermögensverminderung bzw. der entgangene Gewinn klarerweise im Zusammenhang mit der in Aussicht genommenen Ehe steht und die finanziellen Möglichkeiten der Verlobten nicht offensichtlich sprengt. Laufende Ausgaben fallen somit nicht darunter.

04.27   Beispiele:

- Schaden, den ein Verlobter/eine Verlobte erleidet, weil er/sie bereits eine Stelle aufgegeben hat.

- Miete einer (grösseren) Wohnung, Kauf von Möbeln.

- Kauf eines Hochzeitskleides, Buchung einer Hochzeitsreise.

04.28   Die **Höhe des Beitrags** eines Verlobten an die Auslagen des anderen richtet sich nach der Gesamtheit der Umstände, namentlich nach den wirtschaftlichen Verhältnissen der Parteien (analog Art. 163 Abs. 1 ZGB). Im Sinne einer negativen Härteklausel steht einem Verlobten, der das Verlöbnis in ungerechtfertigter Weise bricht, kein Beitrag zu.

04.29   Grundsätzlich kann nur ein Verlobter gestützt auf Art. 92 ZGB einen angemessenen Beitrag verlangen, nicht jedoch ein **Dritter**. Auslagen der Eltern, beispielsweise für die Absage des Hochzeitsessens, sind jedoch zumindest dann den Verlobten zuzurechnen, wenn die Auslagen sonst (ohne die Unterstützung der Eltern) von diesen selbst getätigt worden wären.

3.   Genugtuung bei Verlöbnisbruch?

04.30   Im Unterschied zum ZGB von 1907 (aArt. 93 ZGB) sieht das geltende Recht grundsätzlich keine Genugtuungsansprüche wegen Verlöbnisbruchs vor. Vorbehalten bleiben Fälle, in denen die Umstände des Verlöbnisbruchs eine schwere Persönlichkeitsverletzung nach Art. 28 ZGB darstellen (Art. 49 OR).

VI.   Verhältnis zwischen Verlöbnis und eheähnlicher Lebensgemeinschaft

04.31   Im Unterschied zum Konkubinat (Rzn 03.01 ff.) bedeutet das Verlöbnis keine Lebensgemeinschaft. Umgekehrt fehlt bei der eheähnlichen Lebensgemeinschaft vielfach die Absicht, die Ehe vorzubereiten. Überschneidungen sind allerdings denkbar.

§ 5   Die Eheschliessung

Literatur

BOTSCHAFT, in: BBl 1996, S. 62 ff.; ZGB-HEUSSLER, Art. 96-119 ZGB; HÜRLIMANN JÜRG-CHRISTIAN, Die Eheschliessungsverbote zwischen Verwandten und Verschwägerten, Diss. Zürich 1987; JÄGER MARTIN/SIEGENTHALER TONI, Das Zivilstandswesen in der Schweiz, Bern 1998; HEUN STEFANIE, Gleichgeschlechtliche Ehen in rechtsvergleichender Sicht, unter besonderer Berücksichtigung der Rechtslage in den USA, in Kanada und in Australien, Berlin 1999; ZGB-LÜCHINGER, Art. 120-136 ZGB; SCHIMMEL ROLAND, Eheschliessung gleichgeschlechtlicher Paare?, Diss. Frankfurt 1995.

I.   Voraussetzungen

05.01

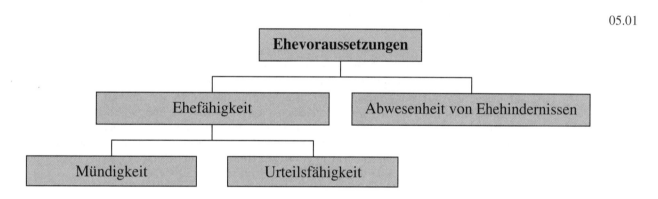

1.   Ehefähigkeit

Das Ehefähigkeitserfordernis stellt eine persönliche Ehevoraussetzung dar. Ehefähig ist, 05.02 wer **mündig und urteilsfähig** ist, sofern keine Ehehindernisse vorliegen (Art. 94 Abs. 1 ZGB). Die Ehemündigkeit fällt seit der Herabsetzung des Mündigkeitsalters auf 18 Jahre mit der allgemeinen Mündigkeit zusammen (Art. 14 ZGB). Da der Eheschluss höchstpersönlich ist, können Urteilsunfähige nicht heiraten. Im *offenkundigen* Zweifelsfall obliegt dem mit dem Vorbereitungsverfahren betrauten Zivilstandsbeamten die Prüfung dieses Erfordernisses, was regelmässig keine besonderen Schwierigkeiten verursacht, weil die Urteilsfähigkeit (Art. 16 ZGB) vermutet wird und weil die Anforderungen an die Urteilsfähigkeit eines Heiratswilligen nicht allzu hoch angesetzt werden.

- Urteilsunfähige können nicht heiraten   05.03
- Unmündige können nicht heiraten
- Urteilsfähige Entmündigte können mit Zustimmung des gesetzlichen Vertreters heiraten

Gegen die **Verweigerung der Zustimmung** des gesetzlichen Vertreters zur Eheschlies- 05.04 sung (Rz 01.16) kann bereits auf kantonaler Ebene ein Gericht angerufen werden (Art. 94 Abs. 2 ZGB).

05.05   Art. 94 Abs. 2 ZGB schränkt das Recht zur Ehe im Sinne von Art. 14 BV und Art. 12 EMRK nicht in unzulässiger Weise ein. Nach einer strengen bundesgerichtlichen Rechtsprechung darf nämlich der gesetzliche Vertreter die Einwilligung zur Eheschliessung nicht aus Gründen verweigern, die mit Art. 14 BV unvereinbar sind (BGE 106 II 177 ff. zu aArt. 54 Abs. 2 BV). Zu berücksichtigen sind ausschliesslich Gesichtspunkte der vormundschaftlichen Fürsorge, etwa besondere ökonomische Interessen bzw. gesundheitliche, geistige oder sittliche Gefahren, die dem Mündel aus der beabsichtigten Ehe erwachsen könnten.

2.   Ehehindernisse

a)   Verwandtschaft und Stiefkindverhältnis

05.06   Die Eheschliessung zwischen Verwandten in gerader Linie sowie zwischen Geschwistern oder Halbgeschwistern ist verboten, ebenso wie auch zwischen Stiefeltern und Stiefkindern (Art. 95 Abs. 1 ZGB). Eine «Adoption hebt das Ehehindernis der Verwandtschaft zwischen dem Adoptivkind und seinen Nachkommen einerseits und seiner angestammten Familie andererseits nicht auf» (Art. 95 Abs. 2 ZGB).

05.06 a   Ob die Ehehindernisse des ZGB verfassungskonform sind, hat das Bundesgericht nicht zu entscheiden, da es an Bundesgesetze gebunden ist (Art. 191 BV). Jedoch kann es einer Gesetzesbestimmung die Anwendung versagen, wenn sie nicht mit der EMRK vereinbar ist. In BGE vom 6. Dezember 2001 [5A.15/2001] wird festgehalten, dass das Verbot der Ehe zwischen Stiefeltern und -kindern vor der EMRK standhält. Es handle sich zwar um eine Einschränkung von Art. 12 EMRK, die jedoch durch ein überwiegendes öffentliches Interesse (Schutz des Familienfriedens, Neutralisierung des Zusammenlebens in erotischer Hinsicht in der Familie) gestützt werde sowie geeignet und verhältnismässig sei.

b)   Frühere (noch bestehende) Ehe

05.07   Mit dem **Verbot der Bigamie** (Art. 96 ZGB) soll die Einehe garantiert werden. Vgl. auch Art. 215 StGB.

05.08   Anmerkung:

Die Strafwartefrist für den schuldig geschiedenen Ehegatten nach aArt. 150 ZGB war EMRK-widrig. Sie wurde daher von den Gerichten nicht mehr angewandt und im Rahmen der Scheidungsrechtsrevison ersatzlos gestrichen.

c)   Ehe zwischen gleichgeschlechtlichen Partnern

05.09   Wie bereits festgehalten (vorne, Rz 02.01), ist die Eheschliessung von gleichgeschlechtlichen Partnern nach geltendem schweizerischem Recht ausgeschlossen und als Nichtehe zu behandeln (dazu Rz 05.16 f.). Massgebend für die Beurteilung der Gleichgeschlechtlichkeit ist der Zeitpunkt der scheinbaren Heirat (BGE 119 II 264, zur gleichgeschlechtlichen Ehe nach der Geschlechtsumwandlung während der Ehe vgl. AJP 1997, S. 340 ff.).

II. Vorbereitung der Eheschliessung und Trauung

1. Vorbereitungsverfahren

Eine zivilrechtlich wirksame Ehe kann in der Schweiz nur vor der Zivilstandsbeamtin 05.10 oder dem Zivilstandsbeamten nach einem Vorbereitungsverfahren geschlossen werden. Eine **religiöse Eheschliessung** darf nicht vor der Ziviltrauung durchgeführt werden (Art. 97 ZGB).

Das **Gesuch** um Durchführung des Vorbereitungsverfahrens stellen die Brautleute 05.11 durch grundsätzlich persönliches Erscheinen wahlweise am Wohnsitz der Braut oder des Bräutigams. Sie haben ihre Personalien mittels Dokumenten zu belegen und beim Zivilstandsamt persönlich zu erklären, dass sie die Ehevoraussetzungen erfüllen, d.h. dass sie ehefähig sind und dass keine Ehehindernisse vorliegen (Art. 98 ZGB).

Auf die Durchführung einer Verkündung, wie sie das noch bis zum 1.1.2000 geltende 05.12 Recht (aArt. 105 f. ZGB) vorsieht, wird mit dem Inkrafttreten der neuen ZGB-Bestimmungen verzichtet. Dafür **prüft das** zuständige **Zivilstandsamt** das Gesuch, die Identität der Brautleute und die Ehevoraussetzungen. Sind alle Prüfungskriterien erfüllt, teilt das Zivilstandsamt den Brautleuten den Abschluss des Vorbereitungsverfahrens sowie die gesetzlichen Fristen für die Trauung mit. Auf Antrag stellt es eine Ermächtigung zur Trauung in einem anderen Zivilstandskreis aus (Art. 99 ZGB). Die entsprechenden Änderungen der Zivilstandsverordnung hat der Bundesrat am 18.8.1999 beschlossen.

2. Trauung

Die Trauung darf frühestens zehn Tage (=Bedenkfrist) und spätestens drei Monate, 05.13 nachdem der Abschluss des Vorbereitungsverfahrens mitgeteilt worden ist, stattfinden (Art. 100 Abs. 1 ZGB). Die Verlobten können den Zivilstandskreis, in dem sie sich trauen lassen wollen, in der ganzen Schweiz frei wählen (Art. 97 Abs. 2 und Art. 101 ZGB). Ist allerdings das Vorbereitungsverfahren in einem anderen Zivilstandskreis durchgeführt worden, müssen die Verlobten eine Trauungsermächtigung vorlegen. Das Gesetz schreibt die Benützung eines **amtlichen Trauungslokals** unter Vorbehalt von Art. 101 Abs. 3 ZGB (Unzumutbarkeit) zwingend vor.

Die **Trauung** ist öffentlich und findet in Anwesenheit zweier mündiger und urteilsfähi- 05.14 ger Zeugen statt (Art. 102 ZGB). Die Trauzeugen haben keine Beweisfunktion. Mit ihrer Anwesenheit soll bloss die Feierlichkeit der Trauhandlung betont werden. Formell vollzogen wird die Trauung durch die übereinstimmenden Willenserklärungen (Konsens) der persönlich anwesenden Brautleute vor der Zivilstandsbeamtin oder dem Zivilstandsbeamten. Die amtliche Erklärung über das Zustandekommen der Ehe hat bloss deklaratorischen Charakter.

III. Eheungültigkeit

1.   Grundsatz: keine Eheungültigkeit ohne gesetzliche Grundlage

05.15   Die vor einem Zivilstandsbeamten oder einer Zivilstandsbeamtin geschlossene Ehe kann nur aus den Gründen, die in **Art. 105 ZGB** (unbefristete Ungültigkeit) **oder Art. 107 ZGB** (befristete Ungültigkeit) ausdrücklich vorgesehen sind, für ungültig erklärt werden. Der wichtigste Unterschied dieser beiden Arten von Ungültigkeitstatbeständen liegt darin, dass bei der unbefristeten Ungültigkeit nicht nur ein Ehegatte, sondern auch die zuständige Behörde die Auflösung der Ehe verlangen kann. Die Anwendung der Bestimmungen über die Willensmängel des Obligationenrechts ist ausgeschlossen. Auch Mängel des Eheschliessungsverfahrens, die ausschliesslich formeller Natur sind, können nicht zur Ungültigerklärung einer Ehe führen.

05.15 a

Eheungültigkeit i.w.S.	
Nichtehe	**Eheungültigkeit i.e.S.**
besonders grundlegende Mängel, z.B. • Ehe zwischen Personen gleichen Geschlechts • Trauung hat nicht vor einem Zivilstandsbeamten stattgefunden	

unbefristete Ungültigkeit (Art. 105 ZGB)
• Bigamie • Dauernde Urteilsunfähigkeit • Verwandtschaft / Stiefkindverhältnis
Klage: • Jedermann, der ein Interesse hat, kann klagen, insbes. die zuständige Behörde • Die Klage ist jederzeit möglich

befristete Ungültigkeit (Art. 107 ZGB)
• vorübergehende Urteilsunfähigkeit während der Trauung • Irrtum (error in negotio / in persona) • Absichtliche Täuschung • Drohung
Klage: • Nur die Ehegatten können klagen • Die Klage unterliegt einer Verwirkungsfrist.

2. „Matrimonium non existens" (Nichtehe)

Keine Anwendung finden die Vorschriften über die Eheungültigkeit (Art. 104 ff. ZGB) auf „Nichtehen". Leidet eine Verbindung an **besonders grundlegenden Mängeln**, liegt keine Ehe im Rechtssinn vor (matrimonium non existens). Diese Tatsache kann nötigenfalls durch **Feststellungsklage** geltend gemacht werden. 05.16

Beispiele: 05.17

- BGE 119 II 264: aArt. 54 Abs. 2 BV (Art. 14 BV) schützt die Lebensgemeinschaft zweier **Personen gleichen Geschlechts** nicht. Die im Ausland (Dänemark) erfolgte Eheschliessung wird in der Schweiz nicht anerkannt (d.h. in die Register eingetragen), da sie gegen den ordre public verstösst.

- Die Trauung hat nicht oder **nicht vor einem Zivilstandsbeamten** stattgefunden, z.B. eine ausschliesslich kirchliche Eheschliessung.

- BGE 114 II 1: In der Endphase des **Krieges** in Vietnam 1975 schloss das Brautpaar X. in Saigon vor einem katholischen Priester die Ehe. Im gleichen Jahr wurde die Ehe vom örtlichen Revolutionären Komitee bestätigt. Im Scheidungsverfahren bestritt der Ehemann die Gültigkeit der in Vietnam geschlossenen Ehe. Das Bundesgericht anerkannte die Gültigkeit der Ehe, da im Falle gestörter Ordnung des Zivilstandswesens eines Landes nicht zu strenge Anforderungen an die Form der Eheschliessung gestellt werden können und aufgrund des Sachverhalts nichts dagegen spreche, dass die Ehe in guten Treuen geschlossen wurde.

- *Neue Probleme* wirft die **Geschlechtsumwandlung** nach Eheabschluss auf (BezGer SG in AJP 1997, S. 340 f.).

- BGE 121 III 149: Eine sog. „**Scheinehe**", bei der die Ehegatten einen anderen Zweck als die Begründung einer Lebensgemeinschaft beabsichtigen (z.B. Erteilung einer Aufenthaltsbewilligung), stellt eine *gültige Ehe* dar (vgl. auch BGE 97 II 7). Zur Scheidung der Scheinehe siehe jetzt BGE 127 III 342 nach Kritik [ZBJV 1997, S. 38 f.] an BGE 121 III 149. Zur davon abweichenden kantonalen Praxis: vgl. AJP 1999, S. 1143.

3. Unbefristete Ungültigkeit

a) *Ungültigkeitsgründe*

Eine Ehe ist unbefristet ungültig, wenn 05.18

- zur Zeit der Eheschliessung entweder die Ehefrau oder der Ehemann bereits verheiratet ist (**Bigamie**, Art. 105 Ziff. 1 ZGB);

- zur Zeit der Eheschliessung einer der Ehegatten nicht urteilsfähig war und seither nicht wieder urteilsfähig geworden ist (**dauernde Urteilsunfähigkeit**, Art. 105 Ziff. 2 ZGB, vgl. zur vorübergehenden Urteilsunfähigkeit Rz 05.20);

- die Eheschliessung infolge **Verwandtschaft** oder Stiefkindverhältnis unter den Ehegatten gemäss Art. 95 ZGB verboten ist (Art. 105 Ziff. 3 ZGB).

b)   Klage

05.19   Die **Klagelegitimation** kommt zu:

- Einerseits der zuständigen **kantonalen Behörde** am Wohnsitz der Ehegatten (Art. 106 Abs. 1 ZGB). Sie macht das öffentliche Interesse geltend und hat die Klage von Amtes wegen zu erheben (Kanton Bern: Staatsanwaltschaft, Art. 8 Abs. 1 EG ZGB; Kanton St. Gallen: Departement des Inneren oder Justiz- und Polizeidepartement, Art. 7bis EGzZGB i.V.m. Art. 4bis EVzZGB).

- Andererseits **jedermann, der ein Interesse hat** (Art. 106 Abs. 1 ZGB). Das erforderliche Interesse kann ökonomischer, ideeller, aktueller oder virtueller Natur sein. Zu den Interessierten zählen auch der Ehegatte, selbst der bösgläubige, sowie im Falle der Bigamie der Ehegatte aus einer früheren Ehe. Die Klage ist nicht befristet und keiner Verjährung unterworfen (Art. 106 Abs. 3 ZGB). Nach Auflösung der Ehe wird die unbefristete Ungültigkeit jedoch nicht mehr von Amtes wegen verfolgt. Der Mangel kann von jedermann, der ein Interesse hat, geltend gemacht werden (Art. 106 Abs. 2 ZGB).

4.   Befristete Ungültigkeit

a)   Ungültigkeitsgründe

05.20   Ein Ehegatte kann verlangen, dass die Ehe für ungültig erklärt wird, wenn er

- bei der Trauung **aus einem vorübergehenden Grund nicht urteilsfähig** war (Art. 107 Ziff. 1 ZGB, vgl. zur dauernden Urteilsunfähigkeit Rz 05.18),

- sich aus **Irrtum** hat trauen lassen, sei es, dass er die Ehe selbst (error in negotio) oder die Trauung mit der betreffenden Person (error in persona) nicht gewollt hat (Art. 107 Ziff. 2 ZGB),

- die Ehe geschlossen hat, weil er über wesentliche persönliche Eigenschaften des anderen absichtlich **getäuscht** worden ist (Art. 107 Ziff. 3 ZGB: Bei absichtlicher Täuschung wird vermutet, dass der Vertrauensbruch zwischen den Ehegatten endgültig ist.),

- die Ehe geschlossen hat, weil er mit einer nahen und erheblichen Gefahr für das Leben, die Gesundheit oder die Ehre seiner selbst oder einer ihm nahe verbundenen Person **bedroht** wurde (Art. 107 Ziff. 4 ZGB). Die Drohung genügt dann nicht als Eheungültigkeitsgrund, wenn sie sich auf Vermögenswerte des Opfers bezieht.

b)   Klage

05.21   Die Ungültigkeitsklage gemäss Art. 108 Abs. 1 ZGB ist innerhalb von sechs Monaten seit Kenntnis des Ungültigkeitsgrundes oder seit dem Wegfall der Drohung einzureichen, in jedem Fall aber vor Ablauf von fünf Jahren seit der Eheschliessung (**Verwirkungsfrist**).

Grundsätzlich kann ein befristeter Eheungültigkeitsgrund nur vom betroffenen **Ehegatten** geltend gemacht werden (Art. 107 ZGB). Eine Klage der Behörden von Amtes wegen ist ausgeschlossen, ebenso die Klage eines Interessierten. 05.22

Gemäss Art. 108 Abs. 2 ZGB dürfen die **Erben** eine Klage nur weiterführen, wenn sie vor dem Tod des klagenden Ehegatten bereits angehoben worden ist. 05.23

5. Wirkungen des Urteils

Das Eheungültigkeitsurteil entfaltet – wie die Scheidung – seine Wirkung in zeitlicher Hinsicht grundsätzlich **ex nunc**. Es wirkt also nicht auf den Zeitpunkt der Eheschliessung zurück, vielmehr bleiben die Ehegatten bis zum Urteil verheiratet. Bis dahin hat die Ehe alle Wirkungen einer gültigen Ehe, mit Ausnahme erbrechtlicher Ansprüche, die der überlebende Ehegatte in jedem Fall verliert, auch wenn die Ungültigkeitserklärung erst nach dem Tod erfolgt (Art. 109 Abs. 1 ZGB). 05.24

Bezüglich der **materiellen Wirkungen** der gerichtlichen Ungültigerklärung für die Ehegatten und die Kinder verweist Art. 109 Abs. 2 ZGB auf die Bestimmungen über die Scheidung (Art. 111 ff. ZGB), womit auch die Bestimmungen über den nachehelichen Unterhalt auf die Ungültigkeit Anwendung finden. 05.25

6. Verfahren auf Ungültigkeitserklärung einer Ehe

Art. 110 ZGB verweist auch diesbezüglich auf die **Ehescheidung** gemäss Art. 111 ff. ZGB (vgl. Rzn 10.144 ff.). 05.26

§ 6   Die allgemeinen Wirkungen der Ehe

Literatur

ZK-Bräm/Hasenböhler, Art. 159 ZGB; Deschenaux/Steinauer/Baddeley, §§ 1; ZGB-Hasenböhler, Art. 163-168, 173-174, 178-179 ZGB; BK-Hausheer/Reusser/Geiser, Art. 159 ZGB; Hegnauer/Breitschmid, § 15; Schmid Ursula, Die Wirkungen der Ehe im allgemeinen im Verhältnis zu Dritten, Diss. St. Gallen 1996; ZGB-Schwander, Art. 159 ZGB; Steinauer Paul-Henri, Effets généraux du mariage, régime matrimonial et successions: rapport suisse, in: Aspects de l' évolution récente du droit de la famille, Paris 1990, S. 359-369; Stettler Martin, Effets généraux du mariage et régimes matrimoniaux: recueil de jurisprudence, Genève 1984; Stettler/Germani, S. 3-21; Tuor/ Schnyder/Schmid, § 23 II.

I.   Die eheliche Gemeinschaft

1.   Begriff (Art. 159 Abs. 1 ZGB)

06.01   Die eheliche Gemeinschaft besteht aus den **Ehegatten**, ihren gemeinsamen, minderjährigen **Kindern** und allfälligen nichtgemeinsamen Kindern, die (mit Zustimmung des anderen Ehegatten) mit ihrem Vater oder ihrer Mutter im gleichen Haushalt zusammenleben (BGE 115 III 106; zur Abgrenzung zur ehelichen Gemeinschaft nach Art. 27 f. BüG: BGE 121 II 51; zur Erweiterung des Begriffs im Zusammenhang mit der sogenannten indirekten Unterhaltspflicht vgl. Rz 08.04).

2.   Dauer

06.02   Die eheliche Gemeinschaft entsteht mit der Trauung (Art. 159 Abs. 1 ZGB) und dauert an, so lange die Ehe nicht durch Tod eines Ehegatten oder Scheidung bzw. Ungültigkeitsurteil aufgelöst ist.

3.   Keine eigene Rechtspersönlichkeit

06.03   Die in einem gewissen Sinn mit einem Gesellschaftsverhältnis vergleichbare eheliche Gemeinschaft ist kein Rechtssubjekt und kann demgemäss über kein eigenes Vermögen verfügen. Sie entfaltet ihre Wirkungen nicht nur zwischen den Ehegatten, denen sie Pflichten auferlegt und Rechte zugesteht, sondern auch gegenüber Dritten im Rahmen der Regeln über die Vertretung der ehelichen Gemeinschaft oder die Familienwohnung. Ausserhalb des Familienrechts kann sie zum Gegenstand von Persönlichkeitsrechten (Art. 28 ZGB) werden (vgl. Rzn 02.11 ff.).

4. Inhalt und Wirkungen

a) *Intern*

Mit der Eheschliessung entsteht eine Interessengemeinschaft, deren Inhalt und Wirkungen grundsätzlich **zwingend durch das Gesetz geregelt** wird. Eine vertragliche Aufhebung oder Abänderung der an den Status der Ehegatten anknüpfenden Rechte und Pflichten ist unzulässig, ausser der Gesetzgeber habe die betreffenden Bereiche ausdrücklich der einvernehmlichen vertraglichen Regelung durch die Ehegatten überlassen (z.B. die Verteilung der Aufgaben, Art. 163 Abs. 2 ZGB, vgl. dazu Rz 06.11). 06.04

BGE 97 II 9 E. 3: «Le mariage est une institution dont le contenu est impérativement fixé par la loi. [...], sans qu'il soit possible aux époux, même de leur consentement mutuel, de s'affranchir des devoirs et obligations qu'il comporte.» 06.05

b) *Verhältnis zu anderen Bestimmungen*

Der Inhalt der ehelichen Gemeinschaft geht aus **Art. 159 ZGB** und aus anderen Bestimmungen hervor, welche die Tragweite der Gemeinschaft ergänzen und präzisieren. So spricht **Art. 175 ZGB** vom "gemeinsamen Haushalt" der Ehegatten. **Art. 162 ZGB** ist bestimmend für die Wahl der "ehelichen Wohnung". Das bis 31. Dezember 1999 geltende Recht sieht in **aArt. 140 ZGB** vor, dass die Weigerung zum "ehelichen Wohnsitz" zurückzukehren, dem anderen Ehepartner das Recht gibt, auf Scheidung zu klagen. Gemäss **Art. 114 ZGB** genügt ein vierjähriges Getrenntleben für ein Scheidungsbegehren. Insofern geben auch die Scheidungsgründe wichtige Hinweise auf die Ehe, wie sie der Gesetzgeber versteht. Erinnert sei auch daran, dass derjenige, der einen anderen seines Versorgers beraubt, selbst dem Geschädigten gegenüber versorgungspflichtig wird (**Art. 45 Abs. 3 OR**) und dass das Strafrecht die Verletzung der Unterhaltspflicht bestraft (**Art. 217 StGB**). Schliesslich stellt das öffentliche Recht in unzähligen Bestimmungen auf den Zivilstand der Ehe ab (z.B. im Steuer- und Sozialversicherungsrecht). 06.06

c) *Extern*

Die eheliche Gemeinschaft kann durch einen Ehegatten **vertreten** werden (Art. 166 ZGB, vgl. Rzn 08.55 ff.). Allerdings wird nicht etwa eine von den einzelnen Ehegatten verschiedene "Gemeinschaft" verpflichtet, da der ehelichen Gemeinschaft keine Rechtspersönlichkeit zukommt (Rz 06.03). Vielmehr regelt Art. 166 ZGB die Frage, unter welchen Umständen ein Ehegatte nicht nur sich selbst verpflichtet, sondern auch eine solidarische Haftung des anderen zu begründen vermag. 06.07

d) Stellung der Ehegatten

06.08

Frau und Mann sind seit 1988 in der ehelichen Gemeinschaft **gleichberechtigt** und **gleichverpflichtet** (Art. 8 Abs. 3 bzw. aArt. 4 Abs. 2 BV). Sämtliche Bestimmungen des früheren Rechts, die dem Mann oder der Frau Sonderrechte bzw. -pflichten zuteilten, wurden beseitigt, mit Ausnahme des Familiennamens und des Bürgerrechts (zu entsprechenden Änderungsabsichten siehe Rz 07.19 f.). Die Ehegatten sind gemeinsam Haupt der Familie. Als Mitinhaber der Hausgewalt tragen sie solidarisch die ihnen aus Art. 333 ZGB erwachsende Verantwortung.

II. Die Organisation der ehelichen Gemeinschaft

06.08 a

Übersicht

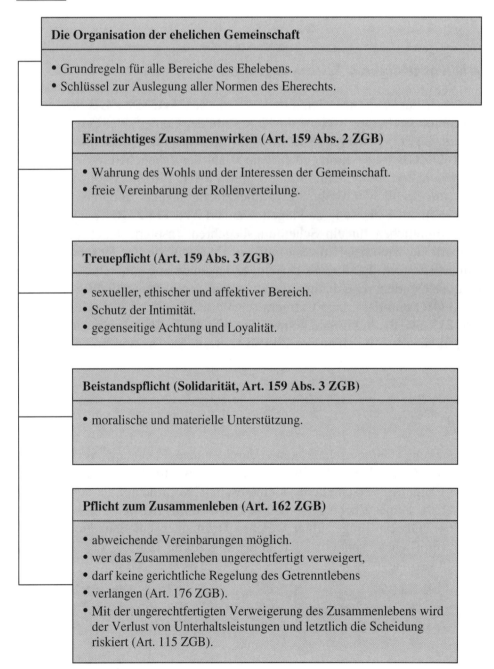

1. Einträchtiges Zusammenwirken

a) Wahrung des Wohls und der Interessen der Gemeinschaft

Die Ehegatten verpflichten sich gegenseitig, das Wohl der Gemeinschaft in einträchtigem Zusammenwirken zu wahren (Art. 159 Abs. 2 ZGB). Dieser Grundsatz gilt ohne Einschränkung für alle Bereiche der ehelichen Gemeinschaft und bestimmt die Auslegung aller ehelichen Rechte und Pflichten (Rz 06.15). Es gibt kein einseitiges Bestimmungsrecht eines Ehegatten. 06.09

Das **Wohl der Gemeinschaft** entspricht dem in der konkreten Situation in Abwägung aller Umstände für das Gedeihen der Familie und ihrer Mitglieder Gebotenen. Es lässt sich nicht objektiv umschreiben. 06.10

b) Freie Vereinbarung der "Rollenverteilung"

Die Ehegatten können die Art ihres Zusammenwirkens frei und **formlos** festlegen. Insbesondere dürfen sie die Rollen **verbindlich** verteilen, so dass sie nicht, je nach den wechselnden Umständen, unaufhörlich neu darüber befinden müssen, wer welche Aufgaben wahrzunehmen hat. Diese Absprachen unterliegen nicht nur keiner Form, sondern und sind als solche schon gar nicht Gegenstand eines Ehevertrages. Sie binden die Partner in dem Masse, wie dies mit der Achtung der Persönlichkeit der Ehegatten zu vereinbaren ist (Art. 27 ZGB). Da sich im Laufe der Zeit die Umstände ändern können (Geburt, Berufswechsel, Krankheit usw.), muss auch die Rollenverteilung daran angepasst werden können (sog. ius variandi, vgl. auch Rzn 08.19 ff.). 06.11

c) Abänderbarkeit der Vereinbarung

Durch eine neue Vereinbarung unter den Ehegatten kann eine bestehende jederzeit **übereinstimmend** abgeändert werden. 06.12

Beim Entscheid darüber, ob eine **einseitige** Abänderung zulässig ist, müssen unter dem Gesichtspunkt von **Treu und Glauben** (Vertrauen in die Fortsetzung der gewählten Aufgabenteilung) v.a. die folgenden Umstände berücksichtigt und gegeneinander abgewogen werden: 06.13

- **Grund** des Abänderungswunsches (z.B. Kind, Invalidität),

- Art und Ausmass der angestrebten **Veränderung** (Aufgabe der Erwerbstätigkeit oder Aufnahme eines Nebenerwerbs),

- **Auswirkungen** auf den anderen Ehegatten (insbesondere unter dem Aspekt der Zumutbarkeit: Änderung des Berufes, z.B. freie Arzttätigkeit ↔ beamtete Stellung),

- **Bedeutung** der Veränderung für die Persönlichkeit des änderungswilligen Ehegatten (z.B. Änderung des bisherigen Lebensrhythmus durch eigene Erwerbstätigkeit → Entfaltung der Persönlichkeit).

06.14   Beiden Ehegatten ist ein ius variandi in den Grenzen von Treu und Glauben und einer Unterordnung der persönlichen Interessen unter das Gesamtwohl der Ehe zuzugestehen. Es wird nicht immer leicht sein festzustellen, inwieweit solche persönliche Gründe ihre Berechtigung haben. Ein unter solchen Umständen angerufenes **Eheschutzgericht** kann sich, zumindest indirekt, veranlasst sehen, in die Aufgabenteilung zwischen den Ehegatten einzugreifen, indem es beispielsweise die Geldbeträge festsetzt, welche der eine und/oder der andere Ehegatte beizutragen hat/haben (Art. 173 ZGB, Rz 09.21), wenn seine Vermittlung (Art. 172 ZGB) oder diejenige der Eheberatungsstelle (Art. 171 ZGB) erfolglos geblieben ist.

d)   Art. 159 ZGB als Grund- und Auslegungsnorm für das gesamte Eherecht

06.15   Das einträchtige Zusammenwirken ist zusammen mit der Treue- und der Beistandspflicht die **Grundregel** für alle Bereiche des Ehelebens und bildet auch den Schlüssel zur Auslegung aller anderen Normen des Eherechts. Dies gilt im Hinblick auf die Pflicht, das materielle und geistige Wohlergehen der ehelichen Gemeinschaft sicherzustellen, aber auch hinsichtlich der Pflicht, gemeinsam für den Unterhalt und die Erziehung der Kinder zu sorgen, deren Vorhandensein die eheliche Gemeinschaft zur Familiengemeinschaft werden lässt. Die einschlägigen Bestimmungen betreffend das Kindesverhältnis (Art. 276 ff., 301 ff. ZGB) ergänzen Art. 159 und 163-165 ZGB. Eine Nichterfüllung der den Kindern gegenüber bestehenden Pflichten kann die im Recht über das Kindesverhältnis vorgesehenen Sanktionen und Massnahmen nach sich ziehen, um das Erfüllen der elterlichen Pflichten und den Schutz der Kinder sicherzustellen.

2.   Treuepflicht (Loyalität)

a)   Bedeutung

06.16   Die **Treuepflicht** (Art. 159 Abs. 3 ZGB) betrifft ebenso den sexuellen wie den ethischen und den affektiven Bereich. Sie umfasst den Schutz der Intimität der Ehegatten wie auch die gegenseitige Achtung und Loyalität.

b)   Konkretisierung der Treuepflicht in anderen Normen

06.17   Die Treuepflicht findet ihren Ausdruck auch in einigen spezifischen Regeln, so in der gegenseitigen **Auskunftspflicht** (Art. 170 ZGB, Rzn 08.88 ff.; vgl. BGE 117 II 228 f. E. 6a) oder in der **Rücksichtnahme** auf die Interessen der ehelichen Gemeinschaft bei der Durchsetzung von Forderungen unter Ehegatten (Art. 203 Abs. 2, 235 Abs. 2 ZGB, Rz 08.93).

3. Beistandspflicht (Solidarität)

a) *Inhalt*

Die Beistandspflicht (Art. 159 Abs. 3 ZGB) stellt einen wesentlichen Aspekt der 06.18
Verpflichtung dar, das Wohlergehen der ehelichen Gemeinschaft im gemeinsamen Einvernehmen sicherzustellen. Sie setzt voraus, dass jeder Ehegatte bereit ist, den anderen im Falle von Schwierigkeiten **moralisch** zu unterstützen und ihn zu umsorgen, d.h. ihm je nach den Wechselfällen des Lebens **materielle Hilfe** zu gewähren. Der Beistand nimmt dabei die unterschiedlichsten Formen an, angefangen beim eigentlichen Unterhalt über die Unterstützung in Beruf und Gewerbe des anderen Ehepartners bis hin zur Bereitstellung der erforderlichen Geldmittel für einen Prozess, in dem es um die Verteidigung persönlicher Interessen gegenüber einem Dritten und selbst gegenüber dem anderen Ehegatten geht.

b) *Verhältnis zur Unterhaltspflicht*

Art. 159 Abs. 3 ZGB ist als **subsidiäre Norm** zu verstehen: Zählt ein Beitrag zu 06.19
den Leistungen, die aufgrund der ehelichen Unterhaltspflicht (Art. 163 ZGB, Rzn 08.01 ff.) geschuldet sind, muss zu seiner Begründung nicht auf die Beistandspflicht zurückgegriffen werden.

c) *Auswirkungen der Beistandspflicht*

Beispiele: 06.20

- Pflicht zur **Mitarbeit** in Beruf oder Gewerbe des Partners (Art. 165 ZGB, vgl. Rz 08.38).

- Pflicht zur Leistung von **Prozesskostenvorschüssen** an den Partner zur Abwehr oder Durchsetzung von Rechtsansprüchen, die nicht unmittelbar die eheliche Gemeinschaft oder das Verhältnis zwischen den Ehegatten betreffen (Scheidung: BGE 103 Ia 99 ff.). Diese Pflicht lässt sich allerdings regelmässig auf die Bestimmungen über den Unterhalt abstützen.

- Pflicht zur Unterstützung des Partners bei der Erfüllung seiner **Unterhaltspflichten gegenüber nichtgemeinsamen Kindern** (vgl. Beistandspflicht des Stiefelternteils [Art. 278 Abs. 2 ZGB]). Zu deren Umfang im Verhältnis zur Unterhaltspflicht des anderen, nicht obhutsberechtigten Elternteils vgl. BGE 127 III 71 f. E. 3; BGE 126 III 353 mit unveröffentlichter E. 4; sowie BGE 120 II 285.

- Pflicht zur Unterstützung des Ehegatten bei der Erbringung von **Unterhaltsbeiträgen an** dessen **geschiedenen Ehegatten** (BGE 79 II 140 E. 3b).

- Pflicht, an die **Ausbildung** des Partners beizutragen.

- Beachtung der überwiegenden Interessen bei der Auflösung von **Miteigentum** (Art. 205 ZGB; BGE 119 II 198 f. E. 2).

- Die eheliche Beistandspflicht schliesst die Rechtswidrigkeit für jenen Ehegatten aus, der dem Partner **Unterschlupf** gewährt, obwohl sich dieser nicht in der Schweiz aufhalten darf: BGE 127 IV 33.

d)   Grenzen der Beistandspflicht

06.21   Die Beistandspflicht ist durch die **moralische und wirtschaftliche Leistungsfähigkeit** des Verpflichteten begrenzt. Dieser braucht sich nicht einer Notlage auszusetzen, hat jedoch seine Möglichkeiten in zumutbarer Weise auszuschöpfen.

4.   Pflicht zum Zusammenleben

06.22   Das Gesetz schreibt den Ehegatten das **Zusammenleben in einer ehelichen Wohnung** (Art. 162 ZGB) vor. Daraus wird in den meisten Fällen auch folgen, dass die Ehegatten einen gemeinsamen Wohnsitz haben. Es steht jedoch den Ehegatten frei, zu beschliessen, nicht oder nur ab und zu zusammenzuleben, dies allerdings nur auf Zusehen hin. Weigert sich ein Ehegatte, eine Wohngemeinschaft einzugehen, verletzt er seine ehelichen Pflichten, wobei eine Sanktionierung dieser Pflichtverletzung nicht direkt erfolgen kann. Ein Ehegatte, der das Zusammenleben in ungerechtfertigter Weise verweigert, darf indessen keine gerichtliche Regelung des Getrenntlebens verlangen (Art. 176 ZGB) und riskiert somit den Verlust von Unterhaltsleistungen und letztlich die Scheidung (Art. 115 ZGB).

06.23   Die Anordnung, an einem bestimmten Ort zu wohnen, allenfalls verbunden mit der Androhung von Straffolgen im Fall der Zuwiderhandlung, würde einen unzulässigen Eingriff in die **Niederlassungsfreiheit** (Art. 24 bzw. aArt. 45 BV) darstellen.

§ 7   Der persönliche Status der Ehegatten

Literatur

BITZI BRUNO, Der Familienname als Marke, Diss. Freiburg i. Üe. 1971; ZK-BRÄM/HASENBÖHLER, Art. 160-162 ZGB; BUCHER, EUGEN, Die Wohnung der Familie im neuen Recht, BTJP 1987, Bern 1988, S. 37-67; ZGB-BÜHLER, Art. 160 ZGB; DESCHENAUX/STEINAUER/BADDELEY, §§ 2-3; HEGNAUER/BREITSCHMID, §§ 13, 14 und 17; GROSSEN JACQUES-MICHEL, La protection du logement de la famille, in: FS Deschenaux, Fribourg 1977; HAUSHEER HEINZ/AEBI-MUELLER REGINA, Das Personenrecht des Schweizerischen Zivilgesetzbuches, Bern 1999, § 16; BK-HAUSHEER/REUSSER/GEISER, Art. 160-162 ZGB; VON HOBOKEN-DE ERNEY MONICA, Familienname und Persönlichkeit, Diss. Zürich 1984, MEIER PHILIPPE, Familienname des überlebenden Ehegatten de lege lata und de lege ferenda, ZZW 1995, S. 385-399, SCHOTT CLAUSDIETER, Der Name der Ehefrau, in: FS für Cyril Hegnauer, Bern 1986, S. 471-492; ZGB-SCHWANDER, Art. 161-162 ZGB; STETTLER/GERMANI, S. 23-55; TUOR/SCHNYDER/SCHMID, § 23 III und IV; VOLLENWEIDER MARC-AURÈLE, Le logement de la famille selon l'article 169 CC, Diss. Lausanne 1994; weitere Literatur siehe auch § 6.

I.   Namensrecht

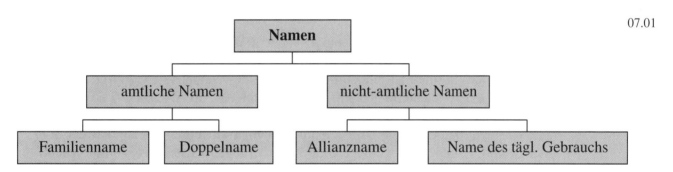

07.01

1.   Der amtliche Name

Unter dem amtlichen Namen versteht man den Namen, mit dem jemand in den **Zivil-** 07.02
standsregistern geführt wird.

2.   Der Familienname

a)   *Funktionen*

- Kennzeichnungs-   07.03

- Individualisierungs- und

- Zuordnungsfunktion (BGE 119 II 308 E. 3a)

b)   *Gesetzliche Regelung*

07.04 In Art. 160 Abs. 1 ZGB wurde die **Gleichstellung** von Frau und Mann nicht voll verwirklicht (dazu BGE 126 I 1 ff.). Der Widerspruch, der zwischen den beiden Namensfunktionen besteht, nämlich der Kennzeichnung der Person einerseits und der Zuordnung zu einer bestimmten Familie (und zwar für Ehegatten und Kinder) andererseits, lässt sich nicht vollkommen aufheben.

07.05 In der Schweiz gilt – anders als in Deutschland, Österreich und Frankreich – zur Zeit noch der Grundsatz der **Namenseinheit in der Familie** (BGE 115 II 199 ff. E. 6). Somit haben die Ehegatten nach der Trauung einen gemeinsamen Familiennamen zu führen. D.h. der Familienname ist der Name, den alle Mitglieder einer Familie führen.

07.06 Der Familienname der Ehegatten ist grundsätzlich der **Name des Ehemannes** (Art. 160 Abs. 1 ZGB: BGE 122 III 414 ff.). Mit der Eheschliessung verliert die Ehefrau nach dem Wortlaut des Gesetzes den Namen, den sie bis dahin getragen hatte, und nimmt statt dessen den Namen des Ehemannes als Familienname an. Zum Doppelnamen vgl. Rz 07.12.

c)   *Erleichterte Namensänderung*

07.07 Faktisch können die Ehegatten entgegen dem Wortlaut von Art. 160 ZGB zwischen dem **Namen der Braut** und demjenigen des Bräutigams **als Familiennamen** wählen. Formell ist jedoch bei der Wahl des Namens der Ehefrau der Umweg über eine erleichterte Namensänderung nach Art. 30 Abs. 2 ZGB erforderlich (BGE 126 I 4 E. 2e). Dazu müssen die Brautleute vor der Trauung das Gesuch stellen, den Namen der Frau als Familiennamen zu führen. Bezüglich der achtenswerten Gründe sind weniger hohe Anforderungen zu stellen als an die wichtigen Gründe nach Art. 30 Abs. 1 ZGB.

07.08 **Zuständig** für die Namensänderung ist die Regierung des Wohnsitzkantons (Art. 30 Abs. 1 ZGB); in letzter Instanz besteht die Möglichkeit zur Berufung an das Bundesgericht (Art. 44 lit. a OG).

d)   *Name der Kinder*

07.09 Die Kinder miteinander verheirateter Eltern tragen gemäss Art. 270 Abs. 1 ZGB deren **Familiennamen**. Die Kinder einer unverheirateten Mutter führen den Familiennamen der Mutter (Art. 270 Abs. 2 ZGB). Ist dies ein Doppelname, so tragen die Kinder lediglich den ersten der beiden Namen (BGE 119 II 308 f. E. 3c; ein aus dem Namen von Mutter und Vater gebildeter Doppelname für das Kind ist nicht gestattet, vgl. Rz 03.33 f.; Entscheid des EGMR vom 27. September 2001 i.S. G.M.B. und K.M. gegen die Schweiz: Der Ausschluss der freien Wahl des Kindesnamens verstösst nicht gegen Art. 8 EMRK).

3. Der Allianzname und der Name des täglichen Gebrauchs

Es steht den Ehegatten frei, den nicht als Familiennamen gewählten Namen, den einer der Ehegatten vor der Ehe führte, als sog. „**Allianznamen**" mit Bindestrich an den amtlichen Familiennamen „anzuhängen" (z.B. „Riemer-Kafka", „Meier-Hayoz"). Der Allianzname ist kein amtlicher Name (BGE 120 III 60 ff. E. 2a), er darf jedoch gewohnheitsrechtlich von beiden Ehepartnern als **Name zweiter Ordnung** im alltäglichen Rechtsverkehr geführt werden (BGE 110 II 99). So wird er auch in gewissen Ausweisen (Pass) eingetragen. 07.10

Schliesslich gibt es weitere **Namen im täglichen Gebrauch**. So ist es zulässig, dass beispielsweise eine als Künstlerin bekannte Frau nach ihrer Verheiratung den Namen des Ehemannes annimmt, im Rahmen ihrer künstlerischen Tätigkeit aber unter ihrem alten Namen (als Künstlername, **Pseudonym**) in Erscheinung tritt. Die Verwendung solcher weiterer Namen ist solange gestattet, als dadurch keine Verwechslungen entstehen oder Namens- bzw. Firmenrechte anderer Personen verletzt werden. Sie erscheinen nur ausnahmsweise in amtlichen Papieren. 07.11

4. Der Doppelname

Derjenige Ehegatte, der den Namen des anderen angenommen hat, kann seinen eigenen Namen dem Familiennamen (ohne Bindestrich) voranstellen (**Art. 160 Abs. 2 und 3 ZGB** sowie **Art. 177a Abs. 1 ZStV**, z.B. „Kummer Merz"). Dies gilt trotz unterschiedlicher Formulierung des Gesetzes für Frau und Mann (EGMR-Entscheid vom 22. Februar 1994 i.S. Burghartz http://hudoc.echr.coe.int/Hudoc2doc\HEJUD\sift\450.txt, a.M. noch BGE 115 II 199 ff. E. 6). Dieser Doppelname ist der amtliche Name dieses Ehepartners und erscheint als solcher in den Zivilstandsregistern. 07.12

5. Der Name der Ehegatten nach der Auflösung der Ehe

a) Auflösung der Ehe durch Tod eines Ehegatten

Der bisher getragene Name wird **beibehalten**. Ob die Annahme eines früher getragenen Namens ausserhalb des normalen Verfahrens der Namensänderung (Art. 30 Abs. 1 ZGB) möglich ist (d.h. ob Art. 119 Abs. 1 ZGB analog anwendbar ist), ist umstritten, aber von geringer praktischer Bedeutung (BK-HAUSHEER/ REUSSER/GEISER, Art. 160 N 37). 07.13

b) Auflösung der Ehe durch Scheidung oder Ungültigerklärung

Nach der Scheidung der Ehe **behält** derjenige Ehegatte, der seinen Namen geändert hat, grundsätzlich den bei der Heirat erworbenen amtlichen Familiennamen, sofern er nicht binnen einem Jahr seit Rechtskraft des Urteils erklärt, wieder den angestammten Namen oder den Namen, den er unmittelbar vor der aufgelösten Heirat trug, führen zu wollen (**Art. 119 ZGB**). 07.14

07.15   Beim **angestammten Namen** handelt es sich um den durch Geburt, Adoption oder Namensänderung nach Art. 30 Abs. 1 ZGB erworbenen Namen. Umstritten ist, ob als „**vor der Heirat getragener Name**" auch ein Name angenommen werden kann, der in einer früheren Ehe erworben, aber bereits vor Eingehung der letzten Ehe wieder aufgegeben wurde (vgl. dazu BK-HAUSHEER/REUSSER/GEISER, Art. 160 N 43).

07.16   Beispiel:

Frau Kummer heiratete 1980 Herrn Merz und führte von da an dessen Namen. Die Ehegatten hatten zwei gemeinsame Kinder. Nach der Scheidung trug Frau Merz ihren ledigen Namen Kummer (entsprechend dem aArt. 149 ZGB, der eine Rückkehr zum angestammten Namen nach der Scheidung als Regel vorsah). Nach einer kurzen Ehe (1990-1992) mit Herrn Guhl, während der sie den Namen Guhl führte, und dem Scheitern der 1997 abgeschlossenen dritten Ehe mit Herrn Druey möchte sich die nunmehrige Frau Druey gerne wieder Frau Merz nennen, um den gleichen Namen wie ihre beiden Kinder zu tragen.

6.   Familienname und Firma

07.17   Die Firma ist der für den Handelsverkehr gewählte Name des Trägers eines Unternehmens. Je nach Unternehmensart hat der Familienname des Geschäftsinhabers bzw. der Gesellschafter in der Firma zu erscheinen. So müssen **Einzelkaufleute** ihre Firma aus ihrem Familiennamen bilden (Art. 946 OR). Die Firmen von **Kollektiv- und Kommanditgesellschaften** haben den Familiennamen wenigstens eines/einer ihrer Gesellschafter oder Gesellschafterinnen aufzuweisen (Art. 947 OR).

07.18   Wurde der Name des Geschäftsinhabers oder eines Gesellschafters durch **Heirat** bzw. **Scheidung** geändert, so kann die aus dem alten Familiennamen gebildete Firmenbezeichnung beibehalten werden (Art. 954 OR; BGE 108 II 163 E. 2). Führt ein Ehegatte einen Doppelnamen, muss dieser zur Firmenbildung verwendet werden (BGE 116 II 76 ff.).

7.   Revision des Namensrechts

07.19   Der Nationalrat beschloss am 6. Oktober 1995, der parlamentarischen **Initiative** von Frau Nationalrätin Suzette **Sandoz** vom 14. Dezember 1994 zu folgen. Die Initiative verlangte, die Bestimmungen des Zivilgesetzbuches über den Familiennamen der Ehegatten so zu ändern, dass die Gleichstellung von Frau und Mann gewährleistet würde.

07.20   Die **Rechtskommission des Nationalrates** schlug in einem Entwurf (Herbst 1999) vor, dass die Brautleute inskünftig den Namen der Frau oder des Mannes zum gemeinsamen Familiennamen wählen dürften. Sie sollten jedoch auch die Wahl haben, ihren bisherigen oder dem angestammten Namen weiterzuführen. Auf die Möglichkeit eines Doppelnamens sollte verzichtet werden. Bei fehlendem gemeinsamem Familiennamen wäre bei der Heirat oder bei der Geburt des ersten Kindes der Name der Frau oder jener des Mannes zum Kindernamen zu bestimmen gewesen. Ferner sollte die Heirat fortan keine Auswirkungen auf das Kantons- und Gemeindebürgerrecht der Brautleute mehr haben. Die Kinder hätten das Kantons- und Gemeindebürgerrecht desjenigen Elternteils erhalten, dessen Namen sie getragen hätten. Die Initiative wurde am 22. Juni 2001 in National- und Ständerat abgelehnt.

II. Bürgerrecht

Übersicht:

> Merke: Wenn im ZGB von Bürgerrechten die Rede ist, sind Kantons- und Gemeindebürgerrecht gemeint, während sich das BüG mit dem Schweizer Bürgerrecht befasst.

1. Das Bürgerrechtsgesetz und Art. 161 ZGB

Erwerb und Verlust des **Schweizerbürgerrechts** werden durch öffentliches Recht des Bundes geregelt. Ist ein Ehegatte vor der Heirat Ausländer, bestimmt sich Erwerb und Verlust des Schweizerbürgerrechts nach dem Bundesgesetz über Erwerb und Verlust des Schweizer Bürgerrechts (BüG). Die Regelung des Erwerbs des Kantonsbürgerrechts (Voraussetzung zum Erwerb des Schweizerbürgerrechts, Art. 37 Abs. 1 BV) liegt in der Zuständigkeit der Kantone, wobei allerdings die im BüG enthaltenen (Mindest-)Vorschriften zu beachten sind (vgl. Art. 38 Abs. 2 BV). Erwerb und Verlust der Bürgerrechte (**Kantons- und Gemeindebürgerrecht**) durch Abstammung, Heirat und Adoption sind indessen grundsätzlich dem Bund zur Regelung vorbehalten (Art. 38 Abs. 1 BV). Art. 161 ZGB, der nur das Kantons- und Gemeindebürgerrecht der Ehefrau regelt, die einen Schweizer heiratet, stützt sich auf diese Verfassungsbestimmung ab.

2. Bedeutung von Art. 161 ZGB

Art. 161 ZGB regelt den Erwerb des Kantons- und Gemeindebürgerrechts. Er findet nur Anwendung auf **Ehen zwischen Schweizer Staatsbürgern**.

Wie beim Namen ist auch beim Bürgerrecht die **Gleichberechtigung** der Ehegatten nur **unvollständig** gewährleistet (BGE 125 III 214 ff. E. 4). Ein Ehemann kann die Bürgerrechte seiner Ehefrau nicht erwerben, währenddem die Ehefrau das kantonale und kommunale Bürgerrecht ihres Mannes erwirbt, ohne dass sie dadurch das Bürgerrecht verliert, das sie als ledig hatte. Hingegen verliert die Frau durch die Eheschliessung ein Bürgerrecht, das sie gegebenenfalls durch eine frühere Eheschliessung erworben hat.

Nach seinem (an sich ursprünglich gewollten) Wortsinn bezieht sich der Begriff «**ledig**» auf Personen, die weder verheiratet, noch verwitwet oder geschieden sind. Gemäss BGE 114 II 405 ist er im Rahmen des Art. 161 ZGB von seinem Zweck her jedoch weiter zu verstehen: nicht nur das Bürgerrecht der Frau vor ihrer ersten Ehe bleibt erhalten, sondern auch das durch Einbürgerung erworbene Bürgerrecht jeder unverheirateten (im weiteren Sinn also z.B. auch geschiedenen oder verwitweten) Frau. Dasselbe gilt sogar, wenn die Einbürgerung während einer früheren Ehe (z.B. zusammen mit dem Ehemann) erfolgte.

3. Bürgerrecht bei Auflösung der Ehe

07.25   Wird die Ehe geschieden oder für ungültig erklärt, **behält** die Frau ihre durch die Ehe erworbenen Bürgerrechte bei (Art. 119 Abs. 2 ZGB). Dasselbe gilt auch für die verwitwete Ehefrau. Sie verliert das durch die Ehe erworbene Bürgerrecht nur bei einer Wiederverheiratung.

07.26   Eine Frau, die vor dem 1. Januar 1988 geheiratet hat, konnte innerhalb eines Jahres, von diesem letzten Zeitpunkt an gerechnet, ihr Ledigenbürgerrecht wieder annehmen (**Art. 8b SchlT ZGB**).

4. Das Bürgerrecht der Kinder

07.26 a

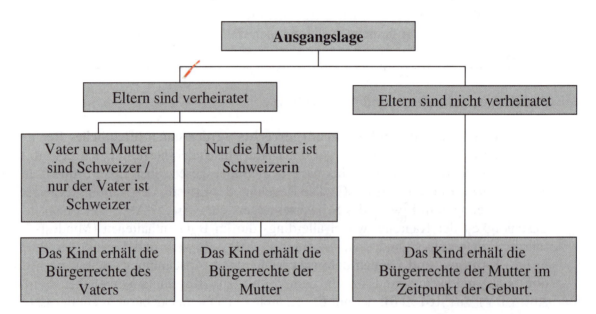

07.27   Das **in der Ehe geborene Kind** erwirbt grundsätzlich das Bürgerrecht seines Vaters (Art. 271 Abs. 1 ZGB; Art. 4 Abs. 2 lit. a BüG). Ist lediglich die Mutter Schweizerin, erwirbt das Kind das Bürgerrecht der Mutter (Art. 1 Abs. 1 lit. a BüG [unter Vorbehalt von Art. 57a BüG] sowie Art. 4 Abs. 1 BüG betreffend Kantons- und Gemeindebürgerrecht).

07.28   Sind die **Eltern nicht miteinander verheiratet**, so erhält das Kind das Bürgerrecht, das seine Mutter zum Zeitpunkt seiner Geburt hat (Art. 271 Abs. 2 ZGB; vgl. auch Art. 4 Abs. 2 lit. b BüG). Heiratet in einem späteren Zeitpunkt die Mutter den Vater des Kindes (Art. 259 Abs. 1 ZGB), erwirbt das Kind das Bürgerrecht seines Vaters.

5. Ausländische Ehegatten und Schweizerbürgerrecht

a) Ausländischer Ehegatte eines Schweizer Bürgers

Ein Ausländer, der einen Schweizer Bürger heiratet, erwirbt nicht automatisch das 07.29 Schweizerbürgerrecht. Er oder sie kann jedoch nach der Eheschliessung mit einem Schweizer Bürger ein Gesuch um **erleichterte Einbürgerung** stellen, wenn er oder sie insgesamt fünf Jahre in der Schweiz gewohnt hat, seit einem Jahr hier wohnt und seit drei Jahren in ehelicher Gemeinschaft mit dem Schweizer Bürger lebt (Art. 27 BüG). Der ausländische Ehegatte erhält das Kantons- und Gemeindebürgerrecht seines schweizerischen Partners.

Ein ausländischer Ehegatte eines Schweizer Bürgers hat, unabhängig vom Ge- 07.30 schlecht, einen Rechtsanspruch auf Erteilung und Verlängerung einer **Aufenthaltsbewilligung**, sofern kein Ausweisungsgrund vorliegt. Nach einem ununterbrochenen Aufenthalt in der Schweiz von fünf Jahren besteht zudem ein Anspruch auf die **Niederlassungsbewilligung** (Art. 7 ANAG). Der Anspruch setzt nur den formellen Bestand der Ehe voraus. Verlangt wird nicht, dass die Ehegatten zusammenleben und die Ehe intakt ist. Haben die Parteien mit der Trauung allerdings gar keine umfassende Lebensgemeinschaft eingehen wollen, sondern nur der Aufenthaltsbewilligung wegen geheiratet (sog. „Scheinehe" vgl. Rz 05.17), so entfällt der Anspruch auf eine Aufenthaltsbewilligung, ohne dass die Ehe ungültig wäre (vgl. BGE 127 II 55 f. E. 4a und Rz 10.27). Er wird auch mit der Aufhebung der Ehe hinfällig. Nach Auflösung der Ehe besteht kein Anspruch mehr auf eine Niederlassungsbewilligung, sofern diese noch nicht erteilt worden ist, selbst wenn der Ehegatte insgesamt mehr als fünf Jahre in der Schweiz gelebt hat. Ähnliches gilt für den ausländischen Ehegatten eines niedergelassenen Ausländers. Allerdings besteht hier der Anspruch nur, solange die Ehegatten tatsächlich zusammenleben (BGE 126 II 271 E. 2b). Das widerspricht Art. 8 EMRK nicht, weil diese Bestimmung das Familienleben nur schützt, solange eine familiäre Beziehung tatsächlich gelebt wird.

Diese Regelung kann hinsichtlich des Rechts auf **Scheidung** zu fragwürdigen 07.31 Härten führen. Dem ausländischen Ehegatten eines Schweizers wird es faktisch verwehrt, selbst wenn die Fortsetzung der Ehe offensichtlich unzumutbar geworden ist, sich scheiden zu lassen, wenn er seinen Anspruch auf Niederlassung und damit die Möglichkeit, in der Schweiz zu bleiben, nicht verlieren will. Für den ausländischen Ehegatten eines in der Schweiz niedergelassenen Ausländers erweist sich die Rechtslage insofern als noch belastender, als für diesen keine Möglichkeit besteht, sich von seinem Ehegatten zu trennen, ohne schwerwiegende ausländerrechtliche Folgen in Kauf zu nehmen. Eine Rückkehr in das Heimatland ist sicher dann besonders fragwürdig, wenn der in die Schweiz eingewanderte Ehegatte mit Blick auf die Übersiedlung in die Schweiz seine bisherigen sozialen Beziehungen abgebrochen hat. Das geltende Ausländerrecht kann somit bewirken, dass sich ein ausländischer Ehegatte unter Umständen seinem schweizerischen oder in der Schweiz niedergelassenen ausländischen Partner weitgehend schutzlos ausliefert.

b)   *Schweizerischer Ehegatte eines Ausländers*

07.32   Ein Schweizer Bürger verliert bei Heirat mit einem Ausländer seines Schweizerbürgerrecht nicht.

III. Wohnung und Wohnsitz der Ehegatten und Kinder

1.   Eheliche Wohnung und Familienwohnung

a)   *Begriffe und Abgrenzungen*

07.33

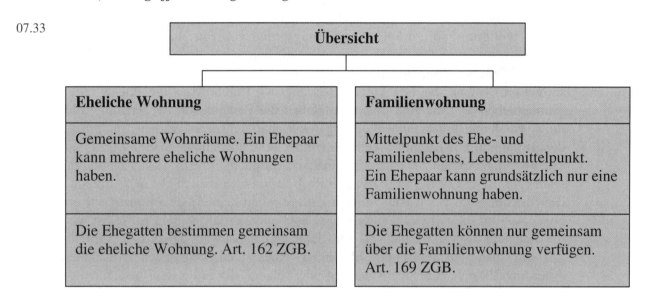

Zur **ehelichen Wohnung** (Art. 162 ZGB) gehören alle Räume, in denen sich das
gemeinsame Leben der Ehegatten und ihrer Kinder nach dem Willen der Ehegatten abspielt, d.h. wo sie gemeinsam wohnen. Ausgenommen sind Räumlichkeiten,
welche lediglich einem Aufenthalt zu Sonderzwecken dienen.

07.34   Beispiele:

- Eheliche Wohnung sind die **Mietwohnung** ebenso wie das **Ferienhaus** (unabhängig davon,
welcher Art die Berechtigung daran ist).

- **Nicht** eheliche Wohnung ist das **Hotel**, in dem die Familie gemeinsam die Ferien verbringt (=
Aufenthalt zu Sonderzwecken) oder das Zimmer der auswärts arbeitenden Ehefrau an ihrem
Arbeitsort.

07.35   Besonderen gesetzlichen Schutz als **Wohnung der Familie** (Art. 169 ZGB und
Art. 266m OR) erfahren dagegen nur jene Räume, die nach dem Willen der Ehegatten dauernd als gemeinsame Unterkunft dienen oder bestimmungsgemäss dienen sollten und gleichzeitig den Mittelpunkt des Ehe- und Familienlebens darstellen (vgl. BGE 118 II 489). Eine Familie i.S.v. Art. 169 ZGB setzt nicht
notwendigerweise Kinder voraus; auch ein Ehepaar ohne Kinder kann eine Familienwohnung haben. Ein Ehegatte kann die Familienwohnung nur mit ausdrücklicher
Zustimmung des anderen Ehegatten kündigen (Art. 169 ZGB und Art. 266m OR,

vgl. dazu Rzn 08.95 ff.). Die Begriffe "eheliche Wohnung" und "Wohnung der Familie" decken sich somit nicht. Art. 169 ZGB liegt eine engere Umschreibung zu Grunde.

Beispiele: 07.36

- Das **Ferienhaus** ist **nicht Familienwohnung**, wohl aber die Mietwohnung am Ort, an welchem die Eltern arbeiten und die Kinder zur Schule gehen (zum Begriff vgl. auch BGE 118 II 489).

- Veranlassen die Umstände (berufliche Tätigkeit, Gesundheitszustand eines Familienmitglieds) die Ehegatten dazu, sich auf **zwei verschiedene Wohnungen** zu einigen, in denen das Ehepaar zusammenlebt, ist Art. 169 ZGB nur dann auf beide Wohnungen anwendbar, wenn sie ausnahmsweise die Voraussetzungen der Familienwohnung gleicherweise erfüllen.

b) *Insbesondere zum Verlassen der Wohnung der Familie durch einen Ehegatten*

Schwierig zu beurteilen ist bisweilen, unter welchen Voraussetzungen weiterhin 07.37 eine Familienwohnung vorliegt, wenn ein Ehegatte sie verlässt. Relevant ist diese Frage im Zusammenhang mit dem Schutz der Familienwohnung nach Art. 169 ZGB (vgl. dazu Rz 08.99 f.)

c) *Bestimmung der ehelichen Wohnung*

Die Bestimmung der ehelichen Wohnung obliegt den Ehegatten **gemeinsam**, da 07.38 diese Wahl grosse Bedeutung für die Ehegatten und die Kinder hat. Sie hängt von zahlreichen Erwägungen unterschiedlichster Art ab (finanzielle Mittel der Familie, berufliche Möglichkeiten der Ehegatten, Ausbildung der Kinder, Wohnungsmarkt, Gesundheitszustand der Familienmitglieder usw.), welche auf die Verwirklichung der ehelichen Gemeinschaft im Geiste von Art. 159 ZGB ausgerichtet sind. Bei **Uneinigkeit** kann das Eheschutzgericht zur **Vermittlung** angerufen werden (Art. 172 ZGB). Diesem steht jedoch diesbezüglich keine Entscheidungsbefugnis zu (vgl. dazu vorne, Rz 06.22).

d) *Rechte der Ehegatten im Zusammenhang mit der ehelichen Wohnung*

Die eheliche Wohnung ist dadurch gekennzeichnet, dass beide Ehegatten das 07.39 Recht haben, sie zu **bewohnen**. Dabei ist unerheblich, welchem Ehegatten die dinglichen oder obligatorischen Rechte an der Wohnung zustehen. Beide Ehegatten verfügen über die **Hausgewalt** (Art. 331 ff. ZGB. Die Hausgewalt ist die häusliche Autorität, die sich über alle Hausgenossen erstreckt. Der elterlichen Sorge im Gegensatz dazu unterstehen bloss die unmündigen, allenfalls die entmündigten Kinder). Mit seiner Zustimmung zu der vom anderen getroffenen Wahl bezüglich der ehelichen Wohnung erteilt ein Ehegatte dem anderen keine Vertretungsbefugnis der ehelichen Gemeinschaft im Sinne von Art. 166 Abs. 2 ZGB. Miete oder Kauf der Wohnung verpflichtet den anderen Ehegatten nur dann solidarisch, wenn ein entsprechender Vertrag in diesem Sinne abgeschlossen worden ist.

2.   Der Wohnsitz der Ehegatten

07.40   Der Wohnsitz der Ehegatten bestimmt sich nach den Regeln von Art. 23 und 24 ZGB. Jeder Ehegatte kann unter den in diesen Bestimmungen genannten Voraussetzungen einen eigenen Wohnsitz begründen, unabhängig davon, ob er damit allenfalls (bei unbegründetem Verlassen der ehelichen Wohnung gemäss aArt. 140 ZGB) eheliche Pflichten verletzt.

07.41   Beispiele:

- Die Ehegatten haben eine eheliche Familienwohnung in Zürich, die ihren Wohnsitz bestimmt.

- Beide Ehegatten haben zwei verschiedene Wohnungen, eine Familienwohnung und denselben Wohnsitz: Ein Bundesbeamter, dessen Familie in Genf lebt, verbringt fünf Tage in der Woche in Bern. Er hat an seinem Arbeitsort eine Wohnung, wo ihn seine Ehefrau regelmässig besucht. Gemeinsamer Wohnsitz bleibt Genf.

- Beide Ehegatten haben zwei verschiedene Wohnungen, in denen das Zusammenleben stattfindet, d.h. ausnahmsweise zwei Familienwohnungen und zwei Wohnsitze: Der Ehemann arbeitet in Zürich, wo er eine Wohnung mietet. Die Ehefrau arbeitet in Bern, wo sie ebenfalls eine Wohnung mietet. Sie treffen sich mal in der einen, mal in der anderen Stadt.

3.   Der Wohnsitz der Kinder

07.42   Der Wohnsitz der Kinder befindet sich am Wohnsitz des Inhabers/der Inhaberin der elterlichen Sorge (**Art. 25** Abs. 1 ZGB). Haben die beiden Inhaber der elterlichen Sorge nicht denselben Wohnsitz, ist der Wohnsitz des Obhutsberechtigten massgeblich. Steht die Obhut beiden Eltern zu, hat das Kind seinen Wohnsitz an seinem Aufenthaltsort. Steht die elterliche Sorge keinem Elternteil zu, und ist das Kind also zu bevormunden, befindet sich sein Wohnsitz am Sitz der zuständigen Vormundschaftsbehörde (Art. 25 Abs. 2 ZGB).

§ 8   Allgemeine vermögensrechtliche Wirkungen der Ehe

Literatur

BERGER MARKUS, Die Stellung Verheirateter im rechtsgeschäftlichen Verkehr, Diss. Freiburg 1987; ZK-BRÄM/HASENBÖHLER, Art. 163-170 ZGB; BUCHER EUGEN: Die Wohnung der Familie im neuen Recht, BTJP 1987, S. 37 ff.; DENNLER-RUCKLI JOSETTE, Mitarbeit der Ehefrau, Diss. Zürich 1984; DESCHENAUX/STEINAUER/BADDELEY, §§ 6-9; GLOOR URS, Die Zuteilung der ehelichen Wohnung nach schweizerischem Recht, Diss. Zürich 1987; ZGB-HASENBÖHLER, Art. 163-168 ZGB; BK-HAUSHEER/REUSSER/GEISER, Art. 163-170 ZGB; HAUSHEER HEINZ/SPYCHER ANNETTE, Unterhalt nach neuem Scheidungsrecht, Bern 2001; DIES. (Hrsg.), Handbuch des Unterhaltsrechts, Bern 1997; HEGNAUER CYRIL, Die allgemeinen vermögensrechtlichen Wirkungen der Ehe, in: Hausheer (Hrsg.), Vom alten zum neuen Eherecht, Bern 1986, S. 9 ff.; HEGNAUER/BREITSCHMID, §§ 16-19; HUBER GABI, Ausserordentliche Beiträge eines Ehegatten (Art. 165 ZGB), Diss. Freiburg 1990; LANDOLT HARDY, Pflegebedürftigkeit im Spannungsfeld zwischen Grundrechtsschutz und Kosteneffizienz, SZS 46/2002, S. 97 ff.; SCHNYDER BERNHARD, Die Wirkungen der Ehe im allgemeinen, BTJP 1987, S. 11 ff.; SCHWAGER RUDOLF, Möglichkeiten der rechtsgeschäftlichen Gestaltung, in: Hausheer (Hrsg.), Vom alten zum neuen Eherecht, Bern 1986; ZGB-SCHWANDER, Art. 169-170 ZGB; STAMM CORNELIA, Der Betrag zur freien Verfügung gemäss Art. 164 ZGB, Diss. Freiburg 1991; STETTLER/GERMANI, S. 57-169; TUOR/SCHNYDER/SCHMID, § 23 V-VIII.

I.   Unterhalt der Familie im Allgemeinen

1.   Der eheliche Unterhalt nach Art. 163 ZGB

a)   *Allgemeines*

Die Ehegatten sorgen nach Art. 163 Abs. 1 ZGB «**gemeinsam**, ein jeder **nach** 08.01 seinen **Kräften**, für den gebührenden Unterhalt der Familie». Mit dieser Norm wird Art. 159 ZGB in vermögensrechtlicher Hinsicht konkretisiert. Allerdings wird der Unterhalt der Familie durch das Gesetz weder inhaltlich noch dem Umfang nach näher umschrieben. Erwähnt werden nur die wesentlichen Formen, in denen dieser Unterhalt sichergestellt wird und der Auftrag an die Ehegatten, sich darüber zu verständigen, was jeder von ihnen an den Familienunterhalt beiträgt (Art. 163 Abs. 2 ZGB, vgl. Rz 08.13 f.)

b)   *Dauer der Unterhaltsleistungen*

Unterhaltsleistungen sind geschuldet von der **Heirat bis** zur **Auflösung der Ehe**, 08.02 also insbesondere auch dann, wenn der gemeinsame Haushalt aufgehoben ist oder wenn der Prozess über die finanziellen Folgen der Ehescheidung weitergeführt wird: BGE 111 II 308; BGE 110 II 16 = Pra 1984, 425; OGer ZH ZR 1990, 129. Bei Uneinigkeit kann eine Festlegung durch das Gericht im Rahmen eines Eheschutzverfahrens (Art. 175 f. ZGB, vgl. Rzn 09.21 f. und 09.28 ff.) oder, nach Einleitung des Scheidungsverfahrens, als vorsorgliche Massnahme (Art. 137 ZGB, vgl. Rz 10.149) erfolgen.

c)   *Umfang des Unterhalts*

08.03   Art. 163 ZGB verpflichtet beide Ehegatten, gemeinsam für den Unterhalt der Familie zu sorgen. Um den Umfang dieser Verpflichtung festzulegen, ist vorab zu klären, **wer** zur Familie gehört (Unterhalt in persönlicher Hinsicht) und **was** unter Unterhalt (in sachlicher Hinsicht) zu verstehen ist.

08.04   Der Unterhalt umfasst **in persönlicher Hinsicht** die eheliche Gemeinschaft, d.h. er muss die Bedürfnisse **aller Mitglieder der Familie** befriedigen. Die „Familie" umfasst die Ehegatten, ihre gemeinsamen Kinder (Art. 159 Abs. 2 ZGB) sowie im Haushalt lebende Personen, denen gegenüber einer der Ehegatten zu Unterstützung verpflichtet ist (BGE 115 III 106 E. 5; zur sogenannten indirekten Beistands- bzw. Unterhaltspflicht, und zwar unabhängig vom gemeinsamen Haushalt, siehe BGE 127 III 71 f. und BGE 126 III 353, nicht veröffentlichte E. 4b).

08.05   **In sachlicher Hinsicht** umfasst der Unterhalt den gesamten **Lebensbedarf**, d.h. alle häuslichen und persönlichen Bedürfnisse der Familie (BGE 115 III 106, BGE 114 III 85 E. 3a;). Deren Bestimmung kann nur enumerativ erfolgen. Ob und in welchem Ausmass eine bestimmte Ausgabe zum Unterhalt zählt, hängt von der Lebenshaltung und damit sowohl von den wirtschaftlichen Verhältnissen als auch vom Willen der Ehegatten ab. Eine objektive Begrenzung erfolgt durch Art. 166 ZGB (BGE 119 V 21, 112 II 398), eine subjektive Begrenzung durch die angemessene Sparquote (BGE 116 II 112 ff., BGE 115 II 424). Nicht zum Familienunterhalt gehören Aufwendungen für Bedürfnisse eines einzelnen Familienmitglieds, welche luxuriöser Art sind oder völlig ausserhalb eines üblichen, vorsichtigen Budgets stehen.

08.06   Beispiele für Unterhaltsbestandteile:

- Grundbedürfnisse: Nahrung, Wohnung, Kleider, Gesundheitskosten usw. (BGE 114 III 85).
- Versicherungen (Kranken-, Unfall-, Lebens-, Haftpflichtversicherungen).
- Kulturelle Bedürfnisse im weiteren Sinn: Kino, Theater, Bücher, Zeitschriften, Freizeitbetätigungen, religiöse und gesellige Bedürfnisse (BGE 100 Ia 262 E. 4b).
- Persönliche Bedürfnisse eines Ehegatten (BGE 114 III 85 E. 3a, vgl. Rz 08.27).
- Einkommens- und allgemeine Vermögenssteuern aller Gemeinwesen (BGE 114 II 395 E. 4b).
- Notwendige Weiterbildungskosten
- Sozialversicherungsbeiträge an die zweite Säule

08.07   Nicht vom ehelichen Unterhalt erfasst wird dagegen die ärztliche Behandlung durch den Ehegatten bzw. Elternteil: BGE 125 V 432 E. 3 (siehe dazu Rz 08.16); vgl. aber auch den gegensätzlichen BGE 126 V 330 ff. betreffend Hauspflege in der Familie und die Kritik von LANDOLT, S. 130 ff. Ausgeschlossen sind unter anderem aber auch Handänderungsabgaben, sowie Schenkungs- und Erbschaftssteuern.

Schematische Übersicht:

<table>
<tr><td colspan="2" align="center">Familienunterhalt</td></tr>
<tr><td align="center">↙</td><td align="center">↘</td></tr>
<tr>
<td valign="top">

in persönlicher Hinsicht

relevante Familienmitglieder:

- Ehegatten
- gemeinsame Kinder
- weitere unterstützungsbedürftige Personen im (nicht-)gemeinsamen Haushalt

</td>
<td valign="top">

in sachlicher Hinsicht

Lebensbedarf der Familie:

- objektive Beschränkung: wirtschaftliche Verhältnisse der Ehegatten
- subjektive Beschränkung: gewählte Lebenshaltung

</td>
</tr>
</table>

d) Konkretisierung des Lebensbedarfs

Der Lebensbedarf der Familie kann grundsätzlich alle nur denkbaren Bedürfnisse erfassen. Nach Art. 163 ZGB haben allerdings die Ehegatten nur für den **gebührenden Unterhalt** der Familie zu sorgen. Dieser richtet sich einerseits nach den wirtschaftlichen Verhältnissen der Ehegatten (BGE 114 II 394, BGE 114 III 85) und andererseits nach dem individuellen Bedarf der Familienmitglieder (z.B. bei Invalidität). Die Bedürfnisse der Familie bestimmen sich nach der gewählten Lebenshaltung, für welche sich die Ehegatten in gegenseitigem Einverständnis entschieden haben (BGE 119 II 318 E. 4b/aa; BGE 118 II 377; Entscheid des OGer ZH: ZR 1992/1993, 81). 08.08

Die **wirtschaftlichen Verhältnisse** der Ehegatten beurteilen sich in erster Linie nach deren Einkommen (Erwerbseinkommen und Vermögenserträge). Die Vermögenssubstanz muss erst angezehrt werden, wenn das laufende Einkommen nicht mehr ausreicht, um den Grundbedarf auf tiefem Niveau zu decken. 08.09

Die **Lebenshaltung** der Ehegatten wird von diesen **einvernehmlich vereinbart**. Beide Ehegatten haben Anspruch auf grundsätzlich gleiche Teilhabe an der vereinbarten Lebenshaltung (BGE 119 II 318). Eine allfällige Sparquote ist nicht unter den Ehegatten aufzuteilen, sondern verbleibt dem entsprechenden Ehegatten, denn das Unterhaltsrecht bezweckt keine Vermögensumverteilung (BGE 114 II 31 f. E. 8). 08.10

Der in Art. 163 ZGB verwendete Begriff des „gebührenden Unterhalts" deckt sich nicht mit dem im **Scheidungsrecht** zur Festsetzung des nachehelichen Unterhalts verwendeten (Art. 125 Abs. 1 ZGB, vgl. Rzn 10.70 ff.). Beim nachehelichen Unterhalt ist dem Umstand Rechnung zu tragen, dass die Ehe aufgelöst ist. Damit besteht die wirtschaftliche Gemeinschaft nicht mehr, die im Rahmen von Art. 163 ZGB auf Dauer einen gleichen Lebensstandard für beide Parteien rechtfertigt. 08.11

e)   Beitragsarten

08.12   Ihrer Beschaffenheit nach lassen sich die Unterhaltsbeiträge in **Geldleistungen** und **Naturalbeiträge** (Dienstleistungen und Sachleistungen) unterteilen. Geldleistungen werden in erster Linie aus dem Einkommen (Erwerbseinkommen, Vermögensertrag) erbracht. Die Vermögenssubstanz ist regelmässig erst zuletzt anzugreifen, und nur, wenn die Art des zu befriedigenden Bedürfnisses dies als nötig erscheinen lässt.

08.13   Art. 163 Abs. 2 ZGB zählt (nicht abschliessend) die wichtigsten, ideell gleichwertigen Leistungsarten auf. Es handelt sich dabei um **Geldzahlungen, Besorgen des Haushalts, Betreuen der Kinder und Mithilfe im Beruf oder Gewerbe des anderen**. Diese Beispiele lassen einerseits erkennen, dass die Festsetzung der Unterhaltsbeiträge der Aufgabenteilung unter den Ehegatten entsprechen soll. Andererseits ist für die Beitragsleistungen nicht ein allgemein anerkannter Marktwert für vergleichbare Leistungen massgebend, vielmehr soll nach dem Willen des Gesetzes das Besorgen des Haushaltes und das Betreuen der Kinder grundsätzlich mit den finanziellen Leistungen gleichgesetzt werden (Rz 08.15).

f)   Aufteilung der Unterhaltsbeiträge unter den Ehegatten

08.14   Art. 163 Abs. 2 ZGB überlässt die interne Aufteilung der Unterhaltsbeiträge ausschliesslich den Ehegatten, ohne einer bestimmten Rollenverteilung einen Vorrang einzuräumen (vgl. BGE 123 III 4; BGE 119 II 314; BGE 117 II 216; BGE 117 II 363). Sie haben sich nicht nur über das **Mass**, sondern auch über die **Art** des von jedem zu erbringenden Beitrags, und damit über das Ehemodell, zu einigen. Dabei haben sie die Bedürfnisse der Familie, die persönlichen Umstände und die Leistungsfähigkeit des Einzelnen zu berücksichtigen (Art. 163 Abs. 3 ZGB). Die Beiträge beider Ehegatten zusammen müssen den gesamten Unterhalt decken.

08.15   Die derart festgesetzten (i.d.R. ungleichen) Beiträge beider Ehegatten sind einander gleichwertig (BGE 114 II 29). Dies gilt in ideeller, nicht aber in materieller Hinsicht: Die **Gleichwertigkeit der Beiträge** wird nicht dadurch erreicht, dass sie sich arithmetisch aufwiegen, sondern durch die Verhältnismässigkeit der Anstrengungen, die jeder Ehegatte angesichts seiner persönlichen Lage und Fähigkeit unternimmt. Führen die Ehegatten eine Hausgattenehe, sind die Erwerbstätigkeit und die Haushaltführung bzw. Kindererziehung grundsätzlich gleichwertige Beiträge. Der Anteil eines Ehegatten besteht somit nicht einfach in der Übernahme der Hälfte des Unterhalts, sondern er kann, je **nach seinen persönlichen Kräften und materiellen Mitteln**, mehr oder weniger betragen. Die Leistungsfähigkeit der Ehegatten findet dabei ihre Grenzen beim Betreibungsrechtlichen Existenzminimum: BGE 123 III 8 E. 5 sowie 333 und BGE 121 III 302 E. 5b.

08.16   Rechtsprechung:

- BGE 114 II 29 f.: Art. 163 Abs. 2 ZGB erwähnt ausdrücklich, «dass der Unterhaltsbeitrag eines Ehegatten insbesondere in der Besorgung des Haushalts und der Betreuung der Kinder bestehen kann. Auch der Reformgesetzgeber geht offensichtlich davon aus, dass diese bisher regelmässig und wohl auch weiterhin vor allem von der Ehefrau erbrachte Unterhaltsleistung in natura als gleichwertig mit dem Geldbeitrag des anderen Ehegatten zu gelten hat».

- BGE 116 IV 9, betreffend die Berechnung einer Busse der haushaltführenden Ehegattin wegen Fahrens in angetrunkenem Zustand: Die Gleichwertigkeit der Beiträge kann nicht zur Folge haben, dass der Bussenbemessung das halbe Nettoeinkommen des Ehemannes zugrunde gelegt wird.

- BGE 125 V 430: Die Leistungspflicht der obligatorischen Krankenversicherung erstreckt sich auch auf die ärztlichen Behandlungen durch den Ehepartner der versicherten Person. Das Bundesgericht verneint die Argumentation der Versicherungen, die durch den Ehegatten erbrachte Leistung falle unter den Familienunterhalt gem. Art. 163 ZGB.

Besteht **Uneinigkeit** unter den Ehegatten über Art und Umfang ihres persönlichen 08.17 Beitrages, kann ihnen ein Eheberater oder Mediator behilflich sein, den Konflikt zu bereinigen (Art. 171 ZGB). Auf Begehren der Ehegatten wird das Eheschutzgericht zu vermitteln versuchen, doch steht es ihm nicht zu, an ihrer Statt zu entscheiden. Allerdings wird es auf ihr Begehren hin, selbst bei Fortbestehen des Zusammenlebens, den **Geldbeitrag festsetzen** müssen, den der eine Ehegatte dem anderen zu leisten hat (Art. 173 Abs. 1 und 3 ZGB, Rz 09.21). Dabei kann es indirekt, d.h. vorfrageweise, auf die Verteilung der Aufgaben und Lasten unter den Ehegatten einwirken.

Dieser gerichtlich festgesetzte und vollstreckbare Betrag muss nicht notwendi- 08.18 gerweise dem Unterhaltsbeitrag eines Ehegatten entsprechen, sondern er hat auch zu berücksichtigen, was jeder Ehegatte in natura leistet und für den Unterhalt direkt aufwendet. Es sind somit **zwei Arten von Unterhaltsbeiträgen** zu unterscheiden: einerseits derjenige, den jeder Ehegatte an den gesamten Unterhaltsbedarf zu leisten hat (Art. 163 ZGB) und andererseits der Geldbeitrag, den der eine Ehegatte dem anderen regelmässig zu überlassen hat (Art. 173 bzw. 176 ZGB, dazu Rzn 09.21 f. und 09.28 ff.).

g) *Abänderbarkeit der Vereinbarung*

Übersicht: 08.18 a

Abänderungen der Vereinbarung über den Unterhaltsbeitrag
Grundsatz: die einmal getroffene Vereinbarung ist verbindlich

Abänderung auf gemeinsamen Wunsch	einseitige Abänderung
jederzeit möglich	möglich bei wesentlichen Veränderungen der Verhältnisse (clausula rebus sic stantibus)

Die einmal getroffene Vereinbarung über den Unterhaltsbeitrag ist grundsätzlich 08.19 verbindlich. **Auf gemeinsamen Wunsch** ist eine Abänderung allerdings jederzeit möglich (BGE 119 II 317).

Die **einseitige Abänderung** ist bei wesentlicher Veränderung der Verhältnisse 08.20 zulässig, wenn für den «betroffenen» Ehepartner keine unzumutbaren Nachteile entstehen und auch kein den persönlichen Interessen übergeordneter wichtiger Grund vorliegt (BGE 114 II 16). Ausserdem unterliegt die Vereinbarung zwischen den Ehegatten von Gesetzes wegen (Art. 2 ZGB) der **clausula rebus sic stantibus**. Die Vereinbarung über die Unterhaltsbeiträge muss im Verlaufe einer Ehe laufend angepasst werden, soweit sich der Bedarf und die persönlichen Umstände der Ehegatten ändern. Allerdings steht die vereinbarte Aufgabenteilung unter dem Schutz von **Treu und Glauben**, so dass das berechtigte Vertrauen eines Ehegatten in den Bestand der erzielten Einigung gegen den Abänderungswunsch des anderen abzuwägen ist (vgl. auch Rzn 06.12 ff.).

08.21   Beispiele:

- Objektive, **nicht voraussehbare** Änderung der Verhältnisse (z.B. Invalidität, Nachwuchs): eine Anpassung an die veränderten Verhältnisse ist unumgänglich. Für die Art und das Ausmass der Änderung ist allerdings von der bisherigen Aufgabenteilung auszugehen (BGE 114 II 16).

- Objektive, **voraussehbare** Veränderung der Verhältnisse (z.B. Kinder werden erwachsen, Erreichen des Rentenalters): eine Anpassung an die veränderten Verhältnisse muss – soweit zumutbar – grundsätzlich möglich sein (BGE 117 V 197 E. 4b).

- Keine Änderung der objektiven Verhältnisse, aber **Änderung der subjektiven Bedürfnisse** eines Ehegatten (z.B. freiwillige Einschränkung der Erwerbstätigkeit): den einseitigen Änderungswünschen braucht der andere Ehegatte nicht ohne Weiteres nachzugeben. Es ist eine Interessenabwägung vorzunehmen, wobei ein Überwiegen der Interessen zur Veränderung nicht leichthin angenommen werden darf (BGE 119 II 317).

h)   Rechtsnatur des Unterhaltsanspruchs

08.22   Das **Stammrecht** des Unterhaltsanspruchs ist **höchstpersönlich**, somit unübertragbar, unverzichtbar (BGE 119 II 6) und unpfändbar sowie während der Ehe unverjährbar. **Auf einzelne Unterhaltsleistungen**, d.h. auf die verfallenen Forderungen, die den vertraglich oder durch gerichtlichen Entscheid festgesetzten Geldbeiträgen entsprechen, kann dagegen **verzichtet** werden. Sie sind, sofern sie in einer Geldleistung bestehen, auch pfändbar, soweit sie damit nicht ihrem Zweck entfremdet werden (vgl. Rz 08.34) und soweit nicht in das Existenzminimum des Schuldners und seiner Familie eingegriffen wird (Art. 93 SchKG; BGE 115 III 103, BGE 114 III 78, BGE 114 III 83,). Anderes gilt jedoch für Unterhaltsforderungen eines Unterhaltsberechtigten (vgl. Rz 08.26).

i)   Besonderheiten bei der Zwangsvollstreckung

08.23   Sind beide Ehegatten erwerbstätig, wird bei Durchführung einer Lohnpfändung bei einem der Ehegatten nicht auf die intern vereinbarte Rollenverteilung bzw. auf die Vereinbarung über die Erbringung der Geldleistungen an den gemeinsamen Haushalt Rücksicht genommen, sondern die **pfändbare Quote schematisch**, d.h. im Verhältnis der Einkommen und ohne Berücksichtigung der im Haushalt erbrachten Leistungen, **festgelegt**. Damit soll verhindert werden, dass intern beliebige „Verschiebungen" zum Nachteil der Gläubiger vorgenommen werden können (BGE 116 III 75).

Das für beide Ehegatten ermittelte **Existenzminimum** ist im Verhältnis ihrer 08.24
Nettoeinkommen auf die Ehegatten aufzuteilen. Die pfändbare Quote ergibt sich
durch Abzug des so errechneten Anteils am Existenzminimum vom Erwerbsein-
kommen des betriebenen Ehegatten (BGE 114 III 12, in Anwendung der von der
Konferenz der Betreibungs- und Konkursbeamten erarbeiteten, u.a. unter
<http://www.berechnungsblaetter.ch/rilexmi.htm> publizierten Richtlinien über die
Berechnung des Existenzminimums).

08.25

Beispiel:

Erwerbseinkommen Ehemann	Fr.	4'200
Erwerbseinkommen Ehefrau	Fr.	800
Erwerbseinkommen total	Fr.	5'000
Existenzminimum beider Ehegatten:	Fr.	3600

„Anteil" des Ehemannes am Existenzminimum: 3'600 x 4'200 : 5'000 = Fr. 3'024

Pfändbare Quote beim Ehemann: 4'200 - 3'024 = Fr. 1'176

j) Vollstreckung des Anspruchs zwischen den Ehegatten

Ein Ehegatte kann **jederzeit**, selbst wenn der gemeinsame Haushalt fortbesteht, 08.26
ein Betreibungsverfahren einleiten, um die Zahlung der vertraglichen oder durch
das Gericht festgesetzten Beträge zu erreichen. Für Forderungen aus dem ehelichen Verhältnis ist dabei eine **privilegierte Anschlusspfändung** (Art. 111
SchKG) möglich, d.h. das Pfändungsbegehren kann ausnahmsweise gestellt werden, ohne dass eine Betreibung durchgeführt wurde. Für Unterhaltsforderungen
bis auf 6 Monate vor Konkurseröffnung bzw. Stellung des Pfändungsbegehrens
zurück geniesst der Gläubiger bzw. die Gläubigerin zudem ein **Rangprivileg** bei
der Verteilung (Art. 219 SchKG). Zur Durchsetzung (d.h. im Unterschied zur
Festsetzung: dazu Rz 08.15 m.w.H.) des Anspruchs auf Unterhalt kann in das
Existenzminimum des Schuldners eingegriffen werden, soweit der Gläubiger zur
Deckung seines eigenen Notbedarfs auf die entsprechenden Beträge angewiesen
ist (BGE 121 IV 278).

2. Der Betrag zur freien Verfügung des haushaltführenden Ehegatten nach Art. 164 ZGB

a) Zweck der Bestimmung

Der Betrag zur freien Verfügung nach Art. 164 ZGB erweitert den Unterhaltsan- 08.27
spruch des Ehegatten, der den Haushalt besorgt, die Kinder betreut und/oder dem
anderen im Beruf oder Gewerbe hilft. Aus dem entsprechenden Verzicht auf ein
eigenes Erwerbseinkommen zu Gunsten der Familie soll dem Ehegatten kein
Nachteil bezüglich der Befriedigung persönlicher Bedürfnisse erwachsen
(BGE 115 III 107 E. 6). Ausserdem soll er so eine gewisse **wirtschaftliche Un-
abhängigkeit** erhalten. Über die Verwendung des Betrags kann der „Hausgatte"
frei bestimmen und braucht darüber auch keine Rechenschaft abzulegen.

08.28   BGE 114 III 78: «Der Beitrag gemäss Art. 164 ZGB stellt nicht einen Lohn für den haushaltführenden und kinderbetreuenden Ehegatten dar. Er soll vielmehr demjenigen Ehegatten, der auf ein eigenes Erwerbseinkommen verzichtet, ermöglichen, seine erweiterten persönlichen Bedürfnisse im gleichen Rahmen zu befriedigen wie sein Ehepartner. Dieser Anspruch ist zwingender Natur. Es kann auf ihn nicht zum Voraus verzichtet werden.»

b)   *Voraussetzungen*

08.29   Der Anspruch auf einen Betrag zur freien Verfügung setzt eine bestimmte Aufgabenteilung in der Ehe, nämlich grundsätzlich eine **Hausgattenehe** voraus (zur Frage eines Teilzeiterwerbs des Ehegatten, der den Haushalt besorgt vgl. BGE 114 II 306 = Pra 1989, 379). Dagegen bleibt kein Raum für einen Anspruch nach Art. 164, wenn beide Ehepartner sich bezüglich Erwerbsarbeit und Haushaltsbesorgung gleichermassen engagieren und auch vergleichbare Einkünfte erzielen (BGE 114 II 306 = Pra 1989, 379). Zudem ist erforderlich, dass keine ausreichenden Eigenmittel vorhanden sind und dass die wirtschaftlichen Verhältnisse der Ehegatten einen solchen Betrag zur freien Verfügung erlauben.

c)   *Angemessener Betrag*

08.30   Die **Ehegatten bestimmen** die Höhe und die Art der periodischen Ausrichtung des nach den Umständen angemessenen Betrages im **gemeinsamen** Einvernehmen. Können sie sich nicht einigen, haben sie – selbst wenn sie einen gemeinsamen Haushalt führen – die Möglichkeit, das **Eheschutzgericht** anzurufen, welches den Betrag für das Jahr vor der Einreichung des Begehrens und für die Zukunft festlegt (Art. 173 und 176 ZGB, Rz 09.21, 09.29).

08.31   Massstab für die **Höhe** des Betrages zur freien Verfügung ist der Betrag, den der erwerbstätige Ehegatte, nach Begleichung der laufenden Lasten und unter Berücksichtigung einer verantwortungsvollen Vorsorge für Familien (Sozial- und Privatversicherungen), Beruf und Gewerbe (Investitionen), für seine eigenen (erweiterten) persönlichen Bedürfnisse einsetzen kann. Übertriebene Sparsamkeit kann allerdings dem nach dem neuen Art. 164 ZGB Berechtigten nicht entgegengehalten werden. Sind die Mittel des haushaltführenden Ehegatten vergleichbar mit denen des ausser Haus Erwerbstätigen, so kann ersterer keine Leistung von Seiten des anderen beanspruchen. Verbleibt dem Ehegatten, der ausserhalb des Hauses arbeitet, nach Deckung aller von ihm zu übernehmenden Lasten, einschliesslich einer verantwortungsbewussten Vorsorge für Familie, Beruf oder Gewerbe, ein Betrag zur freien Verfügung, ist dieser je nach den wirtschaftlichen Verhältnissen **angemessen, aber nicht notwendigerweise hälftig zu teilen**. Eine hälftige Teilung dürfte bei den weitestverbreiteten Einkommensverhältnissen (zur Zeit Fr. 5'500 - 8'000 Familieneinkommen pro Monat), und zwar im Sinne einer oberen Begrenzung, angezeigt sein. Reicht das Einkommen der Familie nur für die gemeinsamen und elementaren persönlichen Bedürfnisse der Ehegatten, kann kein zusätzlicher Betrag nach Art. 164 ZGB beansprucht werden (BGE 114 II 306 = Pra 1989, 379).

d) Rechtsnatur des Anspruchs

Der Betrag zur freien Verfügung des Ehegatten, der den Haushalt besorgt, die 08.32
Kinder betreut oder in Beruf und Gewerbe des andern Ehegatten mithilft, ist **Teil
seines Unterhalts im weiteren Sinne** und grundsätzlich gleicher Rechtsnatur wie
der Unterhaltsbeitrag (BGE 114 III 85). Es handelt sich um einen familienrechtlichen **Anspruch sui generis** (BGE 114 II 305 = Pra 1989, 379; AmtlBull NR
1983, 651). Diesem Betrag ist eine eigene Bestimmung gewidmet, womit unzwei-
deutig zum Ausdruck gebracht werden soll, dass der „Hausgatte" (in den meisten
Fällen die Frau) zur Befriedigung seiner persönlichen Bedürfnisse über eine finanzielle Selbständigkeit verfügen können muss, vergleichbar mit der seines Ehegatten, welcher zufolge einer vollen Erwerbstätigkeit vorab mit Geld zum Familienunterhalt beiträgt. Es geht hier um die Würde des Hausgatten und um seine
angemessene Stellung. Der Betrag entspricht somit weder einem Salär noch einem
Taschengeld: er soll dem Empfänger einen persönlichen, den Umständen ange-
passten finanziellen Freiraum gewährleisten und ihm in der Ehe das „Betteln" er-
sparen.

e) Zwangsvollstreckung

Die Zwangsvollstreckung unter **den Ehegatten** ist grundsätzlich jederzeit mög- 08.33
lich. In einer Betreibung geniesst der Betrag zur freien Verfügung als Bestandteil
des Unterhalts ein Privileg erster Klasse (Art. 219 Abs. 4 SchKG). Zudem kann
auch das Anschlussprivileg nach Art. 111 SchKG beansprucht werden. Wie bei
allen Unterhaltsansprüchen kann grundsätzlich in das Existenzminimum des
Schuldners eingegriffen werden (vgl. Rz 08.26).

Die Pfändbarkeit der einzelnen Beträge durch **Dritte** ist eingeschränkt. Der An- 08.34
spruch als solcher (d.h. das Stammrecht) ist unpfändbar (BGE 115 III 107,
BGE 114 III 80, BGE 114 III 86), jedoch steht der Pfändbarkeit der einzelnen
Leistung nach Art. 164 ZGB (Betrag zur freien Verfügung) grundsätzlich nichts
entgegen (vgl. Rz 08.22; BGE 115 III 103, BGE 114 III 78). Allerdings führt der
besondere Zweck des Betrages zur freien Verfügung nach Art. 164 ZGB insofern
zu einer Beschränkung der Pfändbarkeit, als die einzelnen Ansprüche nach
Art. 164 ZGB nicht gepfändet werden dürfen, wenn mit der Verwertung eine
Schuld getilgt werden soll, die keinen Zusammenhang mit den individuellen Bedürfnissen des Schuldners hat. Zudem ist ein Eingriff in das Existenzminimum der
Schuldnerin oder des Schuldners generell ausgeschlossen.

Rechtsprechung: 08.35

- BGE 114 III 84: «Der Anspruch aus Art. 164 ZGB als solcher ist (...) nicht pfändbar, wohl
  aber die einzelne Leistung, sofern der Pfändung eine Schuld zugrunde liegt, die mit den erweiterten persönlichen Bedürfnissen des Ehegatten zusammenhängt. Dazu gehören voreheliche Schulden nicht.»

- BGE 115 III 107 f.: Ebenfalls nicht mit den erweiterten persönlichen Bedürfnissen eines Ehegatten hängt seine elterliche Unterhaltspflicht zusammen. Der Anspruch nach Art. 164 ZGB
  eines Ehemannes (und Hausmannes) gegenüber seiner Ehefrau kann nicht für eine Unterhalts-
  schuld gegenüber seiner (nichtgemeinsamen) Tochter gepfändet werden. (Zur vereinzelten
  Kritik an dieser Rechtsprechung: HEGNAUER/BREITSCHMID, Rz 16.47 m.w.H.).

f)   Güterrechtliche Zuordnung

08.36   Bei der güterrechtlichen Auseinandersetzung werden Ersparnisse, die ein Ehegatte aufgrund von Beiträgen nach Art. 164 ZGB bilden konnte, im ordentlichen Güterstand seiner **Errungenschaft** zugerechnet. Sie sind daher mit dem Zuwender bei der güterrechtlichen Auseinandersetzung wieder zu teilen (vgl. Rzn 12.184 ff.).

3.   Ausserordentliche Beiträge eines Ehegatten an den Familienunterhalt nach Art. 165 ZGB

a)   Zweck der Bestimmung

08.37   Besondere Anstrengungen eines Ehegatten zu Gunsten der Familie sollen grundsätzlich nicht abgegolten werden, weil sie durch die Interessengemeinschaft der Ehegatten hinreichend gerechtfertigt sind. Allerdings kann die eheliche Bindung den Ehegatten Leistungen abverlangen, die billigerweise zu Ersatzansprüchen führen sollten. Deshalb soll mit Art. 165 ZGB dem Ehegatten, der – unabhängig davon, ob die Umstände es erfordern oder nicht – einen **erheblich grösseren Beitrag an den ehelichen Unterhalt geleistet** hat, als ihm vereinbarungsgemäss oblag, ein **angemessener Ausgleich** gewährt werden.

08.38   Art. 165 ZGB ist weit auszulegen (BGE 127 III 54 f.). Ein Entschädigungsanspruch kommt auch dann in Frage, wenn ein Ehegatte aufgrund der **Beistandspflicht** gehalten war, mehr an den Unterhalt beizutragen, als von ihm unter normalen Verhältnissen hätte erwartet werden können. Dies ist insbesondere der Fall, wenn ein ausserordentlicher Beitrag zur Sicherung der elementaren Existenzbedürfnisse der Familie, beispielsweise wegen Krankheit oder Invalidität des Ehepartners oder eines Kindes, erforderlich war (vgl. Rz 08.08).

b)   Voraussetzungen

08.39   Ein Anspruch auf Entschädigung besteht erst dann, wenn der geleistete **Beitrag** an den Unterhalt der Familie als **aussergewöhnlich** zu bezeichnen ist, d.h. wenn er erheblich grösser ist, als was man allgemein erwarten kann und damit **das übliche Mass klar übersteigt** (BGE 120 II 282). Geringe Mehrleistungen bleiben unberücksichtigt. Der Gesetzgeber will kleinliche Abrechnungen zwischen den Ehegatten vermeiden.

08.40   Eine Entschädigung für ausserordentliche Beiträge entfällt gemäss Art. 165 Abs. 3 ZGB, wenn die Leistung aufgrund eines **besonderen Vertragsverhältnisses** erbracht wurde (z.B. Arbeitsvertrag, Darlehen, Auftrag, Gesellschaftsvertrag oder Schenkung). Kein Anspruch besteht auch, wenn die Ehegatten Art. 165 ZGB bezüglich eines bestimmten Sachverhaltes ausschliessen. Ein genereller Verzicht für die Zukunft wäre hingegen aufgrund von Art. 27 ZGB als nichtig zu betrachten.

c) Angemessene Entschädigung

Geschuldet ist bloss eine angemessene, **nicht** eine **volle** Entschädigung. Zu be-   08.41
rücksichtigen sind dabei insbesondere die Leistungsfähigkeit des Verpflichteten
und der Umfang der vom Berechtigten geleisteten ausserordentlichen Beiträge.
Aber auch die güterrechtlichen Verhältnisse der Ehegatten, die aufgrund von
Art. 163 und 164 ZGB empfangenen Leistungen und der Grund, weshalb die ausserordentlichen Beiträge nötig wurden, können für die Bemessung der Entschädigung eine Rolle spielen.

d) Arten von ausserordentlichen Beiträgen

Das Gesetz erfasst **zwei Beitragsarten**: Dienstleistungen im Rahmen des Berufs   08.42
oder Gewerbes des anderen Ehegatten (Art. 165 Abs. 1 ZGB, Rzn 08.43 ff.) und
finanzielle Leistungen (Art. 165 Abs. 2 ZGB; zur weiten Auslegung dieses Begriffs BGE 127 III 54 f. die Vermögensverwaltung durch den Ehepartner betreffend; siehe sodann Rzn 08.47 ff.).

aa) Mitarbeit in Beruf oder Gewerbe des anderen Ehegatten

Die Mitarbeit im Beruf oder Gewerbe des anderen Ehegatten ist zunächst eine   08.43
mögliche Beitragsleistung an den Unterhalt der Familie (Art. 163 Abs. 2 ZGB;
BGE 120 II 282). Soweit sich die Mitarbeit in diesem Rahmen hält, besteht kein
Anspruch auf eine Gegenleistung. Der Anspruch nach Art. 165 Abs. 1 ZGB setzt
voraus, dass der Ehegatte erheblich **mehr** geleistet hat (dazu BGE 120 II 282), **als**
er **aufgrund der Unterhaltspflicht** hätte erbringen müssen. Ob er zu dieser
Mehrarbeit verpflichtet war oder nicht, ist jedoch unerheblich.

Beispiele: 08.44

- Die nicht erwerbstätige Ehefrau hilft regelmässig in den Spitzenzeiten in der Bäckerei ihres
  Mannes aus.

- Der Ehemann erledigt am Abend die Buchhaltung der Anwaltskanzlei seiner Frau.

- Nicht unter die Ehegattenmitarbeit fallen Arbeiten, die im ehelichen Bereich ausgeführt werden, namentlich die Haushaltführung und die Kinderbetreuung.

Zur **Bemessung der Mehrleistung** ist in zwei Schritten vorzugehen: Zunächst ist   08.45
festzustellen, ob es sich tatsächlich um eine ausserordentliche Hilfe handelt. Anschliessend ist zu bestimmen, in welchem Masse sie den gewöhnlichen Unterhaltsbeitrag überschreitet. Die Differenz bildet die Grundlage für die angemessene
Entschädigung. Man wird sicher dort von einer ausserordentlichen Mithilfe sprechen, wo sie mit den Dienstleistungen eines voll entlohnten Angestellten gleich-
zusetzen ist.

Bei der **Bemessung der Höhe der Entschädigung** sind die Umstände des Einzel-   08.46
falls zu berücksichtigen (Art. 4 ZGB), insbesondere das Mass und die Dauer der
Mitarbeit, der Grund für die Mitarbeit (z.B. Krankheit des Ehepartners, mutwillige
Vernachlässigung familiärer Pflichten), die finanziellen Verhältnisse der Familie
und der zwischen den Ehegatten vereinbarte Güterstand (BGE 120 II 280). Der
mitarbeitende Ehegatte hat nicht Anspruch auf einen vollen Lohn, sondern auf

eine angemessene Entschädigung (Rz 08.41). Dabei kann für die konkrete Anspruchsbemessung von dem Betrag ausgegangen werden, der einem Dritten üblicherweise für die gleiche Arbeit hätte erbracht werden müssen. Dieser Betrag stellt grundsätzlich die obere Grenze für den Anspruch dar. Er ist um die Vorteile zu kürzen, die sich der Berechtigte anrechnen lassen muss (z.B. höhere Lebenshaltung, güter- und erbrechtliche Vorteile), und die nicht durch Nachteile, die mit der Mitarbeit verbunden waren (z.B. Verzicht auf eigene Erwerbstätigkeit), ausgeglichen werden. Der so berechnete Betrag muss den Verhältnissen des Pflichtigen angemessen sein.

bb)   Geldbeiträge

08.47   Ein ausserordentlicher Beitrag ist auch dann zu bejahen, wenn ein Ehegatte durch sein Einkommen oder durch sein Vermögen (einschliesslich der Überlassung zum Gebrauch, z.B. von Lohnraten) in weitaus grösserem Masse zum Unterhalt der Familie beigetragen hat als dies Art. 163 ZGB fordert. Was von der Mitarbeit gesagt wurde (Rzn 08.43 ff.), gilt auch für geleistete Geldbeiträge. Inwieweit es sich dabei um **ausserordentliche Leistungen** handelt, wird durch das Mass bestimmt, in dem sie über die aus Art. 163 ZGB erwachsenden Pflichten hinausgehen. Dabei spielt es keine Rolle, ob der Beitragsleistende dies freiwillig tut oder nicht.

08.48   Beispiele:

- Die Ehefrau arbeitet neben ihrer häuslichen Tätigkeit vollzeitlich ausser Hauses, damit ihr Mann sein Medizinstudium beenden kann.

- Der „Hausgatte" bezahlt die Miete der ehelichen Wohnung mit Geldern, die er von den Eltern geerbt hat, um die Kündigung des Mietvertrages (Art. 257d OR) zu verhindern, weil der Mieterehegatte seinen Unterhaltsbeitrag in der Gestalt des Mietzinses nicht leistet.

- Ein Ehegatte muss solidarisch für die vom anderen eingegangenen Schulden einstehen (Art. 166 Abs. 3 ZGB), weil der als Gläubiger auftretende Dritte nicht erkennen konnte, dass der Ehegatte seine Vertretungsbefugnis überschritten hat.

- Der eine Ehegatte muss Schulden begleichen, die gemäss Absprache zwischen den Ehegatten vom anderen zu zahlen wären.

08.49   Die **Bemessung** der Entschädigung unterliegt mutatis mutandis den für die Mitarbeit massgeblichen Regeln (Rz 08.46). Es handelt sich hier nicht um eine Rückerstattung, sondern um eine angemessene Entschädigung. Der Ausgangspunkt für die Bemessung derselben wird durch die Beiträge bestimmt, die den üblichen Beitrag überschreiten. Im Übrigen sind auch hier alle rechtserheblichen Umstände zu berücksichtigen (Art. 4 ZGB).

cc)   Verhältnis von Art. 165 ZGB zu Art. 320 Abs. 2 OR

08.50   Umstritten ist in der Lehre die Frage, ob auf die im Beruf oder Gewerbe des anderen Ehegatten geleistete Mithilfe Art. 320 Abs. 2 OR angewendet werden kann, so dass für diese Mitarbeit allenfalls ein stillschweigender **Arbeitsvertrag** massgebend ist. Da der Gesetzgeber den Anspruch des mitarbeitenden Ehegatten grundsätzlich auf einen angemessenen Ausgleich im Eherecht begründen wollte, bleibt i.d.R. für den Rückgriff auf Art. 320 Abs. 2 OR kein Raum. Tritt allerdings die familienrechtliche Grundlage der Arbeit zurück, weil der Ehegatte in einem grösseren Unternehmen gleichgestellt mit den übrigen Mitarbeitern tätig ist oder weil die Tätigkeit des mitarbeitenden Eheteils einen wichtigen Schritt in seiner selbständigen beruflichen Karriere darstellt, kann das Bedürfnis nach Kündigungsschutz, zeitlicher Fixierung der Arbeit, sozialversicherungsrechtlicher Absicherung oder klaren Haftungsregeln seitens des Arbeitgeberehegatten gegenüber der eherechtlichen Regelung überwiegen. Hier kommt mangels Rücksicht auf die besonderen Verhältnisse der Ehe ausnahmsweise die widerlegbare Vermutung des Abschlusses eines Arbeitsvertrags zur Anwendung. Vgl. zum Ganzen BK-HAUSHEER/REUSSER/GEISER, Art. 165 N 40; ZK-BRÄM/ HASENBÖHLER, Art. 165 N 68.

Zur Abgrenzung zum Auftrag und zu Art. 62 ff. OR siehe BGE 127 III 54 f. E. 4.   08.50 a

e)   *Festsetzung der Entschädigung*

Die Ansprüche nach Art. 165 ZGB können **jederzeit** geltend gemacht werden, nachdem sie entstanden sind. Sie setzen weder die Auflösung der Ehe, noch diejenige des Güterstandes voraus. Bei Uneinigkeit über die angemessene Entschädigung ist nicht das Eheschutzgericht zuständig, sondern das für gewöhnliche Forderungsstreitigkeiten zuständige (ordentliche) Gericht. Sofern zwischen den Parteien allerdings ein Scheidungsverfahren hängig ist, entscheidet das dafür zuständige Gericht auch über allfällige Ansprüche nach Art. 165 ZGB (BGE 123 III 433 ff.).   08.51

f)   *Vollstreckung der Forderungen nach Art. 165 ZGB unter Ehegatten*

Der (als solcher höchstpersönliche, d.h. als Ganzer weder abtretbare noch aktiv vererbliche) Entschädigungsanspruch verjährt während der Ehe ebenso wenig wie die in Abs. 3 des Art. 165 ZGB ins Auge gefassten Forderungen (Art. 134 Abs. 1 Ziff. 3 OR). Bis vor Abschluss eines Scheidungsverfahrens (dazu BGE 123 III 433) **an sich jederzeit** einforderbar, kann er, wie alle Forderungen unter Ehegatten, analog zu Abs. 2 der Art. 203, 235 und 250 ZGB aufgeschoben werden. Im Fall der Betreibung geniesst diese Forderung – anders als Unterhaltsforderungen – kein Konkursprivileg (Art. 219 SchKG), jedoch das Anschlussprivileg von Art. 111 SchKG, das für alle Forderungen zwischen Ehegatten gilt.   08.52

g)   *Massenzuordnung der Ansprüche nach Art. 165 ZGB im ordentlichen, subsidiären Güterstand*

Die Entschädigung (bzw. die entsprechende Forderung) gehört auf Seiten des **Gläubigerehegatten** beim ordentlichen Güterstand zur Errungenschaft, wenn sie auf der Mitarbeit im Beruf oder Gewerbe des Ehegatten gründet (Art. 197 Abs. 1 ZGB), und zu derjenigen Vermögensmasse, welche die entsprechenden Vermögenswerte zur Verfügung gestellt hat, wenn sie sich auf finanzielle Leistungen abstützt (Art. 197 Abs. 2 Ziff. 5, 198 Ziff. 4 ZGB).   08.53

Auf Seiten des **Schuldnerehegatten** belastet der Anspruch die Errungenschaft des Schuldners, da Unterhaltsbeiträge grundsätzlich aus Erwerbseinkommen (und damit Errungenschaft) zu leisten sind. Sofern der Anspruch bei Auflösung der Ehe   08.54

noch nicht befriedigt ist, wird er durch die gegenseitige Errungenschaftsbeteiligung regelmässig neutralisiert: Was der Gläubigerehegatte erhält, unterliegt sofort der hälftigen Teilung (Art. 215 ZGB, Rzn 12.184 f.). Anders sieht es allerdings dann aus, wenn die Ehegatten die hälftige Teilung des Vorschlages durch Ehevertrag abgeändert haben oder wenn einer der Ehegatten einen Fehlbetrag (Rückschlag) ausweist.

II. Die Vertretung der ehelichen Gemeinschaft

1. Überblick

a) *Bedeutung*

08.55
Die Bestimmungen über die Vertretung der ehelichen Gemeinschaft regeln das **Verhältnis der Ehegatten gegenüber Drittpersonen**, indirekt aber auch das Verhältnis unter den Ehegatten. In ihren Beziehungen zu Dritten gehen die Ehegatten tagtäglich Verbindlichkeiten zur Deckung der Bedürfnisse der Familie ein. Art. 166 ZGB regelt die Voraussetzungen, unter denen ein Ehegatte durch ein Rechtsgeschäft nicht nur sich selbst, sondern auch den anderen Ehegatten verpflichtet und damit dessen **solidarische Mithaftung** gegenüber dem Gläubiger herbeiführt (Rz 08.72). Obwohl das Gesetz ausdrücklich nur von Verpflichtungen spricht, bezieht sich Art. 166 ZGB auf Rechtsgeschäfte ganz allgemein, insbesondere aber auch auf Verfügungsgeschäfte. In diesem Falle geht es um die Gültigkeit dieser **Verfügungen** (beispielsweise über Hausrat im Eigentum des anderen Ehegatten) und die Frage, ob sie dem anderen Ehegatten entgegengehalten werden können.

b) *Verhältnis zum allgemeinen Stellvertretungsrecht*

08.56
Die Vertretung der ehelichen Gemeinschaft ist in Art. 166 ZGB **nicht abschliessend** geregelt. Im Einzelfall ist durchaus die Anwendung der gewöhnlichen Stellvertretungsvorschriften (Art. 32 ff. OR) möglich: Je nach Ausgestaltung der Vollmacht kann ein Ehegatte gestützt auf das Obligationenrecht den andern für ein Geschäft, das in den Rahmen der ausserordentlichen Vertretungsbefugnis fällt, allein verpflichten. Im übrigen kann ein Ehepartner in Abweichung von Art. 166 Abs. 1 und Abs. 2 Ziff. 2 ZGB bezüglich eines bestimmten, den Bedürfnissen der Familie dienenden Geschäftes mit einer Drittperson auch vereinbaren, dass der andere Ehegatte nicht haften soll. Die Zustimmung der Drittperson dazu ist allerdings unabdingbar. Soweit keine rechtsgeschäftliche Ermächtigung vorliegt, kann mit dem Dritten dagegen nicht vereinbart werden, dass nur der andere Ehegatte haften soll.

2. Voraussetzungen

a) *Handlungsfähigkeit*

Die Vertretung setzt die **volle Handlungsfähigkeit des vertretenden Ehegatten** 08.57
voraus. Ist ein Ehegatte urteilsunfähig oder entmündigt, steht ihm von Gesetzes
wegen kein Vertretungsrecht nach Art. 166 ZGB zu. Als absolut höchstpersönliches Recht kann das Vertretungsrecht auch nicht durch den gesetzlichen Vertreter
ausgeübt werden.

b) *Zusammenleben der Ehegatten*

Zum Schutz beider Ehegatten besteht das Vertretungsrecht gemäss Art. 166 ZGB 08.58
nur während des **Zusammenlebens**. Wenn und solange der gemeinsame Haushalt der Ehegatten (auch bloss faktisch) aufgehoben ist, ruht es, weshalb sich ein
Entzug der Vertretungsbefugnis durch das Eheschutzgericht nach Art. 174 ZGB
erübrigt. Bei Wiederaufnahme des Zusammenlebens lebt das Vertretungsrecht
von Gesetzes wegen wieder auf.

c) *Bedürfnisse der Familie*

Die Vertretung der ehelichen Gemeinschaft kann nur im Rahmen der sogenannten 08.59
„Bedürfnisse der Familie" erfolgen. Diese entsprechen umfangmässig dem **ange-
messenen Unterhalt nach Art. 163 ZGB** (Rzn 08.01 ff.). Die Bedürfnisse der
Familie bestimmen sich somit in erster Linie nach den finanziellen Verhältnissen,
der vereinbarten bzw. angemessenen Lebenshaltung und nach der sozialen Stel-
lung der Ehegatten. Dabei können jedoch nur äusserlich erkennbare Umstände in
Betracht fallen. Zudem überwiegt die Betrachtungsweise des Rechtsverkehrs
(Objektivierungstendenz).

In den Vertretungsbereich fallen die Verpflichtungen, welche dadurch gekenn- 08.60
zeichnet sind, dass die Gegenleistung seitens des Gläubigers **unmittelbar dem
Haushalt zugeführt** wird, d.h. Verpflichtungen, die den Interessen der in Hausgemeinschaft lebenden Familiengliedern gemeinsam dienen. Ausgeschlossen sind
demnach die Verpflichtungen, die an den Beruf oder das Gewerbe des anderen
Ehegatten gebunden sind, sowie jene, die der Befriedigung des Luxusbedarfs oder
von Liebhabereien eines Ehegatten dienen.

Beispiele für übliche Bedürfnisse der Familie: 08.61

- Nahrung, Kleider, Medikamente und Körperpflege. Ärztliche Behandlungen sind Teil der
  Unterhaltsbedürfnisse, wenn sie vorübergehender Natur sind. Können sie jedoch selbst durch
  Abschluss einer Krankenversicherung nicht gedeckt werden, gehören sie regelmässig nicht
  mehr zum ehelichen Unterhalt und somit auch nicht zu den Bedürfnissen der Familie, so dass
  der andere Ehegatte für diese Kosten nicht (gestützt auf Art. 166 ZGB) solidarisch mithaftet
  (BGE 112 II 398).

- Wohnung (inkl. Instandhaltung), Elektrizität, Reinigungsmittel, Heizkosten, Haushaltgeräte
  (z.B. Kühlschrank, Staubsauger, Waschmaschine, Geschirrspüler).

- Gemeinsame Vergnügen (Konzerte, Theater, Kino), übliche Weiterbildung, Tageszeitung, Gelegenheitsgeschenke, Miete einer Ferienwohnung.

08.62   Innerhalb der Familienbedürfnisse ist hinsichtlich der Vertretungsbefugnis (Rzn 08.65 ff.) zwischen den **laufenden und** den **übrigen Bedürfnissen** der Familie zu unterscheiden (Art. 166 ZGB). Als laufende Bedürfnisse gelten jene des täglichen Lebens, unabhängig davon, ob sie häufig auftreten oder nicht. Wie weit sie reichen, bestimmt sich nach den konkreten Umständen der Familie, d.h. nach den wirtschaftlichen Verhältnissen der Ehegatten, nach ihrer Lebenshaltung sowie nach Verkehrssitte und Ortsgebrauch (Art. 166 Abs. 3).

08.63   Beispiele für laufende Bedürfnisse:

- Lebensmittel, Kleidung, Kosmetikartikel, Putzmittel, übliche Lektüre, Spielsachen und Schulbücher für die Kinder, Abonnement einer Tageszeitung, Eintrittskarten für kulturelle Veranstaltungen.

- Beizug eines Arztes bei Erkrankungen der Kinder an Grippe und ähnlichem.

- Anschaffung von kleineren Haushaltgeräten (Mixer, Staubsauger), Auftragserteilung für kleinere Reparaturen.

08.64   Beispiele für übrige Bedürfnisse:

- Wohnungsmietzins, Kauf von bedeutenderen Einrichtungsgegenständen (kostbare Teppiche, teure Möbel oder Apparate), Kauf eines Autos.

- Entscheid über eine kostspielige Zahnbehandlung der Kinder.

- Kosten für grössere Ferienreisen.

3.   Umfang der Vertretungsbefugnis

a)   *Ordentliche Vertretungsbefugnis*

08.65   Die ordentliche Vertretungsbefugnis steht beiden Ehegatten zu. Sie gilt für die **laufenden Bedürfnisse** der ehelichen Gemeinschaft (Rzn 08.62 f.). Die Ehegatten können auf die ordentliche Vertretungsbefugnis nicht verzichten. Sie kann ihnen jedoch unter bestimmten Voraussetzungen auf Antrag des anderen Ehegatten durch das Eheschutzgericht entzogen werden (vgl. dazu hinten, Rzn 08.80 ff.).

b)   *Ausserordentliche Vertretungsbefugnis*

08.66   Die ausserordentliche Vertretungsbefugnis erstreckt sich auf die **übrigen Bedürfnisse** der Familie (Rz 08.64). Sie bedarf

- grundsätzlich einer Ermächtigung durch den anderen Ehegatten (Rz 08.67),

- der Ermächtigung durch das Gericht (Art. 166 Abs. 2 Ziff. 1 ZGB, vgl. Rz 09.23), oder

- ausnahmsweise der Dringlichkeit des im Interesse der Familie liegenden Geschäftes (Art. 166 Abs. 2 Ziff. 2, Rz 08.70).

Die **Ermächtigung des Ehegatten** kann ausdrücklich oder stillschweigend erteilt werden. Es ist Sache des Dritten, der daraus einen Vorteil ziehen will, ihr Vorhandensein im Streitfall nachzuweisen. Ihr Umfang wird durch den Willen des Ehegatten bestimmt, der sie erteilt. Sie kann, im Gegensatz zur ordentlichen Vertretungsbefugnis, ohne Weiteres widerrufen werden, solange das Geschäft, auf das sie sich bezog, nicht getätigt wurde. 08.67

Der Begriff der stillschweigenden Ermächtigung darf **nicht extensiv** ausgelegt werden: die Solidarität, die im Prinzip auf die laufenden Bedürfnisse beschränkt ist, würde dadurch in all jenen Fällen, in welchen der Ehepartner aus dem Geschäft des anderen Nutzen zieht, über Gebühr in Anspruch genommen (beispielsweise hinsichtlich der Miete der Familienwohnung), wenn man aus diesem Umstand allein schon eine Ermächtigung ableiten wollte. 08.68

Der **Ermächtigung des Gerichts** bedarf es, wenn in einer wichtigen Angelegenheit, in der sich beide Ehegatten auf eine Verpflichtung einigen müssen, der eine seine Zustimmung ohne triftigen Grund verweigert. Auf entsprechendes Begehren hin wird das Eheschutzgericht den antragstellenden Ehegatten ermächtigen, die erforderlichen Rechtsgeschäfte mit der Wirkung der Solidarität zu tätigen (Rz 09.23). 08.69

Dringlichkeit liegt ausnahmsweise vor, wenn ein Geschäft im Interesse der Familie keinen Aufschub erduldet und die Genehmigung des anderen Ehegatten nicht rechtzeitig eingeholt werden kann (BGE 119 V 21 E. 4a). In diesem Fall vertritt ein Ehegatte von Gesetzes wegen die eheliche Gemeinschaft bei den erforderlichen Geschäften (wichtige ärztliche [Not-]Behandlung, bedeutendere unaufschiebbare Reparaturen an der Familienwohnung usw.). 08.70

4. Schematische Übersicht: Bedürfnisse der Familie und Vertretungsbefugnis

Grundvoraussetzung	Zusammenleben der Ehegatten		08.71
Art des Unterhalts-bedarfs	**laufende Bedürfnisse der Familie** (Abs. 1)	**übrige Bedürfnisse der Familie** (Abs. 2)	
Nähere Umschreibung	Ausgaben des täglichen Lebens im Rahmen der ehelichen Lebenshaltung	über die laufenden Bedürfnisse hinausgehende familiäre Bedürfnisse	
Vertretungsbefugnis: Grundsatz	jeder Ehegatte, jederzeit	nur bei Vorliegen einer Ermächtigung - durch den Partner - durch das Gericht	
Ausnahme	gerichtlicher Entzug der Vertretungsbefugnis	Ohne Ermächtigung: nur bei zeitlicher Dringlichkeit	

5.   Wirkungen der Vertretung der ehelichen Gemeinschaft gegenüber Dritten

a)   Grundsatz

08.72   Wenn die Voraussetzungen für die (ordentliche oder ausserordentliche) Vertretungsbefugnis gegeben sind (Rzn 08.65 ff.), werden von Gesetzes wegen die beiden **Ehegatten solidarisch verpflichtet** (Art. 143 ff. OR). Der Kredit eines Ehegatten wird damit durch den des anderen verstärkt, zugleich erhöht sich jedoch für den anderen das Risiko (Art. 166 Abs. 3 ZGB).

08.73   Die **Haftung** eines Ehegatten ist nicht anteilsmässig, sondern geht für jeden der Ehegatten **auf das Ganze**, bis die Schuld getilgt ist (Art. 143 ff. OR).

b)   Schutz des gutgläubigen Dritten

08.74   **Überschreitet der vertretende Ehegatte seine Befugnisse**, so bleibt der **gutgläubige Dritte**, welcher diese Überschreitung weder erkennen konnte noch (bei im Geschäftsverkehr gebotener Aufmerksamkeit) sollte, **geschützt** und kann beide Ehegatten belangen (Art. 166 Abs. 3 ZGB). Unter bestimmten Umständen kann somit ein Ehegatte durch seinen Partner/seine Partnerin auch dann verpflichtet werden, wenn diesem die Befugnis dazu fehlt. Die Vertretungswirkungen des Handelns eines Ehegatten gehen damit u.U. weiter als seine Vertretungsbefugnis.

08.75   Da die Vertretungsbefugnis für **laufende Bedürfnisse** immer gegeben ist (vorbehältlich einer Entziehung, vgl. dazu Rzn 08.80 ff.), kann sich die Frage des Gutglaubensschutzes hier lediglich dann stellen, wenn umstritten ist, ob eine bestimmte Verpflichtung noch zu den laufenden oder bereits zu den übrigen Bedürfnissen zählt. Der Dritte wird dabei in seinem Vertrauen auf den üblichen Umfang dieser Bedürfniskategorien, aber auch auf den Anschein, den sich die Ehegatten bezüglich ihrer Lebenshaltung geben, geschützt (vgl. 08.62).

08.76   Beispiel:

Herr und Frau X verfügen über bescheidene finanzielle Mittel. In ihrer Wohngemeinde geht man jedoch allgemein vom Gegenteil aus, da die beiden auf grossem Fuss leben. Herr X kauft sich nun für den Winter einen Versace-Mantel. An sich zählt ein Mantel zu den laufenden Bedürfnissen. Bei objektiver Betrachtung sprengt der Kauf dieses teuren Mantels, angesichts der knappen Mittel der Familie X, allerdings den vorgegebenen Rahmen. Aus der Sicht des gutgläubigen Verkäufers lag jedoch der Kauf ohne Weiteres im Bereich der laufenden Bedürfnisse. Gemäss Art. 166 Abs. 3 ZGB ist er in seinem Vertrauen zu schützen, so dass ihm neben Herrn X auch Frau X für den Kaufpreis haftet.

08.77   Im Zusammenhang mit der ausserordentlichen Vertretungsbefugnis obliegt dem Dritten, der die solidarische Mithaftung geltend macht, der **Nachweis**, dass eine Ermächtigung durch den anderen Ehegatten (allenfalls durch das Gericht) oder ein Fall von Dringlichkeit vorlag. Da der Umfang der erteilten Vollmacht (wie nach den normalen Stellvertretungsregeln) auch denjenigen der Vertretungsmacht bestimmt, bleibt für einen Gutglaubensschutz des Dritten im Rahmen der ausserordentlichen Vertretung kein Raum.

Pro memoria sei noch einmal erwähnt, dass es **bei** faktischem oder gerichtlich ge- 08.78
regeltem **Getrenntleben keinen Gutglaubensschutz** gibt (vgl. Rz 08.58).

c) *Verhältnis unter den Ehegatten*

Unter den Ehegatten stellen die Kosten für die Bedürfnisse der Familie **Unter-** 08.79
haltsschulden dar, so dass nach Art. 163 ZGB zu entscheiden ist, wer die Schuld
intern zu tragen hat (vgl. Rz 08.14). Muss ein Ehegatte Schulden begleichen, für
die er intern nicht aufzukommen hätte (z.B. bei Übertretung der Vertretungsbefugnis oder mehrfachem Geschäftsabschluss), kann ihm je nach Umständen eine
güterrechtliche Ersatzforderung oder eine Forderung nach Art. 165 ZGB zustehen.

6.   Entzug der Vertretungsbefugnis

a) *Zuständigkeit und Anwendungsbereich*

Die Vertretungsbefugnis kann auf Antrag eines Ehegatten unter bestimmten Vor- 08.80
aussetzungen durch das **Eheschutzgericht** entzogen werden (Art. 174 ZGB,
Rz 09.23 f.). Da im Bereich der ausserordentlichen Vertretungsbefugnis die Ermächtigung jederzeit widerrufen werden kann, liegt der Anwendungsbereich von
Art. 174 ZGB vor allem bei der ordentlichen Vertretung für **laufende Bedürf-**
nisse.

b) *Voraussetzungen*

Gründe für die Entziehung der Vertretungsbefugnis sind: 08.81

- **Unfähigkeit eines Ehegatten**, seine Befugnis in vernünftiger Weise wahrzunehmen.

- **Überschreitung** seiner Befugnis, wenn er damit den anderen Ehegatten gefährden könnte, weil die Überschreitung für Dritte nicht erkennbar ist.

Die Entziehung erfolgt vollständig oder teilweise, je nach den konkreten Gründen,
welche sie rechtfertigen.

c) *Wirkung der Entziehung*

Die Wirkung der Entziehung tritt unter den Ehegatten und gegenüber Dritten, die 08.82
davon tatsächlich Kenntnis haben (Art. 174 Abs. 2 ZGB), **sofort** ein. Die Mitteilung darf durch den anderen Ehegatten nur persönlich und nicht durch öffentliche
Publikationsorgane erfolgen. Gutgläubigen Dritten kann die Mitteilung des Ent-
zuges nur entgegengehalten werden, wenn sie auf Anordnung des Gerichts in einem öffentlichen Publikationsorgan veröffentlicht worden ist (Art. 174

Abs. 3 ZGB). Man findet auch hier den Gedanken wieder, dass ein Ehegatte nicht unkontrolliert das Ansehen des andern schädigen darf.

d)   *Widerruf der Entziehung*

08.83   Der Widerruf der Entziehung erfolgt auf Begehren eines Ehegatten nach Art. 179 ZGB (Anpassung der Eheschutzmassnahmen bei Veränderung der Verhältnisse) oder durch contrarius actus beider Ehegatten.

III. Fähigkeit und Freiheit der Ehegatten zur Eingehung von Rechtsbeziehungen mit dem anderen Ehegatten und mit Dritten

1.   Grundsatz

08.84   «Jeder Ehegatte kann mit dem anderen oder mit Dritten Rechtsgeschäfte abschliessen, sofern das Gesetz nichts anderes bestimmt» (**Art. 168 ZGB**). Der Eheabschluss schränkt somit die Handlungsfähigkeit der Ehegatten grundsätzlich (siehe indessen u.a. Art. 169 sowie Art. 201 Abs. 2 und 208 ZGB, aber auch Art. 226 Abs. 1 und Art. 494 OR) nicht ein.

08.85   Unter **Rechtsgeschäften** werden beliebige Willenserklärungen verstanden, die auf Begründung, Aufhebung oder Änderung eines Rechts oder eines Rechtsverhältnisses gerichtet sind. Namentlich können die Ehegatten in den Schranken der Rechtsordnung unter sich oder mit Dritten obligationenrechtliche Verträge jeder Art abschliessen (Kauf, Miete, Arbeitsvertrag, Darlehen, Auftrag usw.). Zur Ehegattengesellschaft vgl. Rzn 11.33 ff.

2.   Rechtsbeziehungen zwischen den Ehegatten

08.86   Die Ehegatten unterliegen beim Abschluss von Rechtsgeschäften miteinander an sich keinerlei Einschränkungen. Grundsätzlich unterstehen sie den gleichen Vorschriften wie nicht verheiratete Dritte. Bei der Ausübung von Rechten gelten jedoch teilweise besondere Bestimmungen, welche **Art. 159 Abs. 2 ZGB** (Pflicht zur Sorge für das Wohl der Gemeinschaft) in dem Sinne konkretisieren, dass beispielsweise Rechtsgeschäfte mit Dritten nicht mit den ehelichen Pflichten in Konflikt kommen:

a)   *Grenzen bei der Wahl und Ausübung der beruflichen Tätigkeit*

08.87   Grundsätzlich besteht Freiheit der Berufswahl und -ausübung auch für verheiratete Personen (**Art. 167 ZGB**). Den Ehegatten obliegt jedoch dabei die Pflicht zur Rücksichtnahme auf das Wohl der eheliche Gemeinschaft, d.h. auf die gewählte Aufgabenteilung sowie die Unterhaltspflicht (BGE 116 II 19 E. 5a; 115 II 9). Das ergibt sich bereits aus Art. 159 ZGB. Somit kann die ausserhäusliche Tätigkeit je nach den Umständen und in Verbindung mit den Art. 159 und 163 ZGB ein Recht oder eine Pflicht sein. Fällt der Entscheid zur Berufsausübung positiv aus, ist Art. 167 ZGB für seine Konkretisierung massgebend.

b) Gegenseitige Auskunftspflicht

Die Auskunftspflicht verlangt von den Ehegatten, dass sie sich gegenseitig über ihr **Einkommen**, ihr **Vermögen** und ihre **Schulden** unterrichten (Art. 170 ZGB). Es kommt darin die gegenseitige Vertrauenserwartung zum Ausdruck, die man als Ehegatten haben darf. Die Auskunftspflicht konkretisiert Art. 159 Abs. 2 ZGB und ist an den Bestand der ehelichen Gemeinschaft gebunden. Da die Ehegatten gleichermassen „nach Kräften" und in gegenseitiger Abstimmung zum ehelichen Unterhalt beizutragen haben, ist es nur verständlich, dass beide die konkrete Vermögenslage des anderen berücksichtigen oder dies zumindest tun können, wenn es erforderlich ist. Zudem trägt die Auskunftspflicht, obwohl vom eigentlichen Güterstand unabhängig, zu dessen gutem Funktionieren und zum Schutz der Interessen eines Ehegatten, des Ehepaares und der Familie (vgl. Art. 185 ZGB) bei. Sie besteht im Übrigen auch im Rahmen eines Scheidungsverfahrens (BGE 118 II 28 E. 3a, BGE 117 II 228 E. 6). 08.88

Ein Ehegatte beansprucht sein Recht, informiert zu werden, durch sein **Ansuchen um Auskunft**. Er braucht sein Begehren nicht zu rechtfertigen. So lange es sich dabei nicht um ungebührliche Neugier oder um reine Schikane handelt (beispielsweise ständig neue Forderungen nach Auskunft innerhalb einer kurzen Zeitspanne), fehlendes Rechtsschutzinteresse somit nicht auf der Hand liegt, ist ihm nachzukommen. Die Auskunftspflicht zwingt den davon betroffenen Gatten nicht zu regelmässiger Berichterstattung über den Gang seiner Geschäfte oder zur Preisgabe von Betriebsgeheimnissen. Auch darf Art. 170 ZGB nicht zur Ausforschung der Privatsphäre des Ehepartners missbraucht werden. Es geht nur um die Elemente, welche eine **Gesamtbeurteilung der wirtschaftlichen Lage** des Ehepartners ermöglichen sowie um wichtige Veränderungen, die seit der zuletzt erteilten Auskunft eingetreten sind, so dass beispielsweise die Vereinbarung betreffend den Unterhaltsbeitrag nach Art. 163 ZGB vernünftig vorgenommen werden kann. Mündlich erteilte Angaben werden, wenn nötig, durch die Vorlage von Belegen oder eines schriftlichen Berichts ergänzt. Der Beizug eines Dritten ist nicht auszuschliessen, wenn der die Auskunft verlangende Ehegatte selbst nicht in der Lage ist, die Richtigkeit der Angaben seines Ehepartners zu beurteilen. 08.89

Gelingt es den Ehegatten nicht, sich über die Auskunftspflicht als solche, den Umfang und die Art derselben zu einigen, können sie sich einzeln oder gemeinsam an das (Eheschutz-)Gericht wenden (Art. 172 ZGB, vgl. Rz 09.37). Art. 172 Abs. 3 ZGB gibt dem Gericht auf ein entsprechendes Begehren hin die Möglichkeit, die in Art. 170 Abs. 2 ZGB aufgrund des **Eheschutzes** vorgesehenen Massnahmen zu ergreifen. Wird diese Frage im Rahmen eines ordentlichen Verfahrens (z.B. Scheidung) aufgeworfen, ist das mit dem materiellen Rechtsstreit befasste Gericht zuständig. 08.90

Im **kantonalrechtlich** geregelten **Verfahren** kann das Gericht den Ehegatten des Gesuchstellers oder Dritte verpflichten, zweckdienliche Auskünfte zu erteilen und die erforderlichen Belege vorzulegen, gegebenenfalls unter Androhung der im kantonalen Recht vorgesehenen Strafen (Kanton Bern: Art. 404, insbes. Abs. 4, 08.91

i.V. mit Art. 403 ZPO, Kanton St. Gallen: Art. 130 Abs. 2 ZPG) oder jenen des Art. 292 StGB (BGE 118 II 29). Dritte können sich dabei auf das Berufsgeheimnis nur insoweit berufen, als dies nach Absatz 3 von Art. 170 ZGB zulässig ist. Das Bankgeheimnis ist davon durch das Bundesrecht ausgenommen, welches in diesem Fall den Regeln des kantonalen Rechts vorgeht.

c)   *Durchsetzbarkeit von Forderungen zwischen Ehegatten*

08.92   Die **Fälligkeit** von Schulden zwischen Ehegatten erfährt durch das Eherecht keine vom Obligationenrecht abweichende Regelung. Eine **Verjährung** der Forderungen während der Dauer der Ehe ist schon gestützt auf Art. 134 Abs. 1 Ziff. 3 OR ausgeschlossen.

08.93   Die **Zwangsvollstreckung** nach kantonalem Recht und die Betreibung unter Ehegatten ist jederzeit möglich. Die Art. 203, 235 und 250 ZGB (je Abs. 2) sehen jedoch vor, dass – unabhängig vom gewählten Güterstand – dem Schuldnerehegatten durch das Gericht besondere **Zahlungsfristen** eingeräumt werden können, wenn ihm die Begleichung der Schulden Schwierigkeiten bereitet und dadurch die eheliche Gemeinschaft gefährdet wird. Die von den Ehegatten einander gegenseitig geschuldete Achtung sollte die Zwangsvollstreckung zu einem letzten Ausweg zur Befriedigung einer Forderung eines Ehegatten werden lassen, nachdem alle anderen Mittel erschöpft sind. Der Stillstand der Verjährung während der Dauer der Ehe (Art. 134 Abs. 1 Ziff. 3 OR) und das Recht eines Ehegatten, ohne vorherige Betreibung an der Pfändung der Güter des anderen teilzunehmen (Art. 111 SchKG), geben dem einen Ehegatten die Möglichkeit, eine Betreibung des anderen so weit wie möglich hinauszuzögern.

08.94   **Zuständig** für die Anordnung von Zahlungsfristen sind die für Forderungsstreitigkeiten zuständigen ordentlichen Gerichte oder das Eheschutzgericht. Demgegenüber fehlt es dem Rechtsöffnungsgericht von Bundesrechts wegen an der Zuständigkeit, da die notwendigen Abklärungen in einem Summarverfahren (in welches das kantonale Prozessrecht das Rechtsöffnungsverfahren regelmässig verweist) nicht getroffen werden können.

3.   Rechtsbeziehungen eines Ehegatten zu Dritten: Der Schutz der Familienwohnung

a)   *Zweck der Bestimmung*

08.95   Art. 169 Abs. 1 ZGB beschränkt das Recht eines Ehegatten, ohne Zustimmung des anderen den Mietvertrag für die Familienwohnung zu kündigen oder – im Falle des Eigentums an den von der Familie bewohnten Wohnräumen – über diese zu verfügen (BGE 115 II 364 E. 4a., BGE 114 II 398 E. 5a) Damit soll die **Familie vor dem Verlust ihrer Wohnung geschützt** werden, den ein Ehegatte durch unüberlegte oder missbräuchliche, ehewidrige Rechtshandlungen herbeiführen könnte. Diese Bestimmung entspricht einem Bedürfnis, das vor allem in Zeiten einer Ehekrise spürbar wird. Sie ist dementsprechend auch als Eheschutzmassnahme ausgestaltet, die von Gesetzes wegen für alle Ehepaare und unabhängig von einer konkreten Gefährdungslage gilt.

Art. 266m OR wiederholt den Schutz der Familienwohnung **im Mietrecht**. Vervollständigt wird dieser Schutz durch Art. 266n und 273a OR, indem der Vermieter verpflichtet wird, Erklärungen, die auf die Beendigung des Mietverhältnisses abzielen, beiden Ehegatten gesondert mitzuteilen (vgl. Rz 08.110). 08.96

b) *Begriff der Familienwohnung*

Als Familienwohnung können alle Räumlichkeiten dienen, welche ausschliesslich oder nicht ausschliesslich (Bauernhof, Gebäude mit einer Wohnung und Gewerberäume, Fabrik mit einer Wohnung) **Wohnzwecken** dienen, sei es in einem Haus, d.h. einer stabilen oder im Rahmen einer beweglichen Anlage. Die Familienwohnung befindet sich in den Räumlichkeiten, welche den Ehegatten als **Hauptwohnung mit ihren Kindern** dient (vgl. dazu Rz 07.35 f.). Der Familiencharakter derselben geht nicht einfach dadurch verloren, dass der gemeinsame Haushalt der Eheleute während der Ehe (vorübergehend) aufgehoben wird: Es ist von besonderer Bedeutung, dass der Ehegatte, welcher Rechte über die Familienwohnung ausübt, diese nicht ausgerechnet in Zeiten einer Ehekrise aufs Spiel setzen kann. 08.97

Als Rechtsbegriff ist die Familienwohnung **weder** mit der **ehelichen Wohnung** (Rz 07.33 f.) **noch** mit dem **Wohnsitz** der Ehegatten (Rz 07.40 f.) zu verwechseln, selbst wenn diese in der Praxis häufig zusammenfallen. Immerhin stellt sich die Frage, ob es ausnahmsweise mehr als eine Familienwohnung im Sinne des Art. 169 ZGB geben kann. Eine Zweitwohnung erfüllt die erforderlichen Voraussetzungen sicher nicht. Dagegen können verschiedene Wohnungen, welche die Ehegatten je nach Jahreszeit oder zufolge ihrer beruflichen Tätigkeit bewohnen, die Wohnung gemäss Art. 169 ZGB ein und derselben Familie sein. Haben die Ehegatten tatsächlich zwei verschiedene Wohnungen, während die Kinder regelmässig nur die eine davon bewohnen, wird allerdings nur diese letztere die Familienwohnung sein. Dasselbe gilt, wenn der gemeinsame Haushalt der Ehegatten aufgehoben ist und die Kinder bei einem von ihnen wohnen. Haben Ehegatten, die einen gemeinsamen Haushalt in zwei Wohnungen führen, keine Kinder, drängt sich der gemäss Art. 169 ZGB vorgesehene Schutz nicht auf, denn es besteht keine Familienwohnung im Sinne dieses Artikels. Umgekehrt kann beispielsweise die schlechte Gesundheit eines Kindes einen Teil der Familie veranlassen, eine Wohnung auf dem Lande zu beziehen, während der andere Ehegatte und weitere Kinder hauptsächlich in der Stadt wohnen. In diesem Fall bestehen ausnahmsweise zwei Familienwohnungen. 08.98

Besonders schwierig zu beurteilen ist, unter welchen Voraussetzungen weiterhin eine Familienwohnung vorliegt, **wenn ein Ehegatte sie** verlässt. Bleibt derjenige Ehegatte in der Wohnung zurück, der weder Mieter noch sonst an ihr berechtigt ist, gilt der Schutz von Art. 169 ZGB weiter. Der an der Wohnung direkt Berechtigte kann sie nicht ohne Zustimmung des Verbleibenden kündigen. Bleibt der an der Wohnung direkt Berechtigte zurück und verlässt sie der Nichtberechtigte, werden in der Literatur verschiedene Auffassungen vertreten. Während einige Autoren den Schutz von Art. 169 ZGB ohne Einschränkung weiter gelten lassen, 08.99

schränkt die Mehrzahl der Autoren ihn ein (vgl. dazu BK-HAUSHEER/ REUSSER/GEISER, Art. 169 N 22 m.w.H.).

08.100   Beispiele für Sachlagen, bei denen keine Familienwohnung vorliegt (BGE 114 II 399 E. 5b):

- Der Nichtberechtigte verlässt die Wohnung aus freiem Entschluss für unbestimmte Zeit.

- Die Ehegatten heben durch gemeinsame Übereinkunft die Familienwohnung auf.

- Unter den Ehegatten ist definitiv geregelt, wer in der Wohnung bleiben darf.

- Beide Ehegatten haben die Absicht bekundet, anderswo getrennte Wohnungen zu beziehen oder der Ehegatte, der nicht Mieter oder sonstwie Berechtigter ist, bewohnt die fragliche Wohnung seit mehreren Jahren nicht mehr.

- Die objektiv erkennbaren Umstände lassen darauf schliessen, der Lebensmittelpunkt des Ehegatten des Mieters oder sonstwie an der Wohnung Berechtigten befinde sich nicht mehr in den betreffenden Wohnräumen.

c)   *Beschränkung der Handlungs- bzw. Verfügungsfähigkeit*

08.100 a   Kontrovers ist, ob Art. 169 ZGB die Handlungsfähigkeit oder nur die Verfügungsbefugnis beschränkt. Nach der überwiegenden Zahl der Autoren führt Art. 169 ZGB zu einer **Beschränkung der Handlungsfähigkeit**. Damit ist auch eine gültige Verpflichtung bei fehlender Zustimmung ausgeschlossen (vgl. BK-HAUSHEER/REUSSER/GEISER, Art. 169 N 37 ff. m.w.H.). Die Beweislast für eine Familienwohnung trägt der nicht berechtigte Ehegatte, es sei denn, es werde der Wegfall des Familienwohnungscharakters behauptet. Liegt keine Familienwohnung vor, kann die Anwendung von Art. 178 ZGB in Frage stehen (dazu Rzn 09.44 ff.).

d)   *Zustimmungsbedürftige Handlungen*

08.101   Angesprochen werden in Art. 169 ZGB alle Handlungen eines Ehegatten, welche den **Verlust oder** eine **Minderung der Rechte** nach sich ziehen, von denen die Familienwohnung abhängt.

08.102   Beispiele:

- Kündigung eines Mietvertrags, Abtretung der Mieterrechte, Untervermietung.

- Einräumung dinglicher Rechte, z.B. Begründung einer Nutzniessung, Verzicht auf ein Wohnrecht.

- Veräusserung (Verkauf, Tausch, Schenkung oder Einbringen in eine Gesellschaft) eines Hauses bzw. einer Eigentumswohnung.

- Abtretung von Gesellschaftsanteilen, welche ein Benutzungsrecht einschliessen.

- Belastung durch ein Grundpfandrecht im Allgemeinen: Art. 169 ZGB ist nach h.L. auf diese Fälle nur anzuwenden, wenn die Pfandbestellung ein Umgehungsgeschäft darstellt, welches darauf gerichtet ist, der Familie indirekt ihre Wohnung zu entziehen. Nicht zuletzt aus diesem Grund wählen Ehegatten beim Erwerb einer Liegenschaft heute häufig die Form des Eigentums zur gesamten Hand (Erwerb als einfache Gesellschaft): eine Belastung der Liegenschaft ist diesfalls nur mit Zustimmung beider Ehegatten möglich.

- Belastung eines Grundstücks mit einer Hypothek im Besonderen: i.d.R. bedeutet dies noch keine Beschränkung der Rechte an den Wohnräumen im Sinne von Art. 169 ZGB, sondern lediglich eine gewisse wirtschaftliche Belastung, vor der die Gesetzesvorschrift die Familie nicht schützen kann. Art. 169 ZGB sollte deshalb nur dann zur Anwendung kommen, wenn die Hypothek eine echte Gefahr für die Familienwohnung darstellt, d.h. die Gefahr einer Zwangsverwertung ganz wesentlich erhöht.

- Nicht erfasst von Art. 169 ZGB ist dagegen die Kündigung eines landwirtschaftlichen Pachtvertrages, selbst wenn der Pachtgegenstand die Familienwohnung einschliesst: BGE 125 III 425 ff.

e) Zustimmung

Die Zustimmung muss **ausdrücklich** erfolgen und kann nur für ein konkret umschriebenes Rechtsgeschäft gültig erteilt werden. Eine im Voraus erteilte allgemeine Ermächtigung wäre nichtig (Art. 27 ZGB). 08.103

Die Zustimmung kann jedoch gleichzeitig mit dem Geschäft oder nachträglich (durch Billigung) erfolgen. Im Interesse des Rechtsverkehrs und zur Vermeidung von Beweisschwierigkeiten muss sie dem Geschäftspartner des handelnden Ehegatten zugehen. 08.104

Die **nachträglich erteilte Zustimmung** wirkt ex tunc. Bis die Zustimmung vorliegt, ist das Rechtsgeschäft in der Schwebe, d.h. unvollständig (hinkend). Muss das Geschäft vor einem bestimmten Datum abgeschlossen werden, beispielsweise aufgrund einer Kündigungsfrist, und liegt die Zustimmung bei Ablauf der Frist noch nicht vor, so kann die nachträglich erteilte Zustimmung den Mangel nicht mehr heilen. Die Zustimmung zu einer Kündigung der Mietwohnung muss deshalb vor Ablauf der Kündigungsfrist beim Vermieter eintreffen. 08.105

Art. 169 ZGB schreibt für die Zustimmung keine besondere **Form** vor, weshalb sie auch mündlich erteilt werden kann. Sie darf aber nicht stillschweigend durch konkludentes Handeln, sondern muss ausdrücklich erfolgen. Bei Mietwohnungen erfolgt die Zustimmung des Ehegatten des Mieters i.d.R. durch die Mitunterzeichnung der Kündigung. Bei Grundstücksgeschäften muss die Zustimmung nach den Regeln der Grundbuchführung schriftlich erfolgen, damit der Grundbuchverwalter sie zu den Belegen nehmen und das Geschäft eintragen kann (Art. 13a Abs. 2 und 15 Abs. 1 GBV). 08.106

f) Folgen der fehlenden Zustimmung

Fehlende Zustimmung seitens des Ehepartners **verhindert** einen **Geschäftsabschluss**. Hat ein Ehegatte ohne Zustimmung des anderen über die Rechte an der Familienwohnung verfügt und ist er auch nicht vom Gericht zum alleinigen Handeln ermächtigt worden, so ist das Rechtsgeschäft **nichtig** (Art. 20 OR). Die Rückabwicklung erfolgt nach den Bestimmungen über die ungerechtfertigte Bereicherung bzw. die sachenrechtliche Vindikation. 08.107

Die fehlende Zustimmung gibt dem anderen Ehegatten die Möglichkeit, das **Eheschutzgericht** anzurufen, wenn es ihm entweder unmöglich ist, die Zustimmung des anderen Ehegatten einzuholen (z.B. im Fall der Entmündigung eines Ehegatten), oder wenn der andere die Zustimmung ohne triftigen Grund verweigert (Art. 169 Abs. 2 ZGB). Das Gericht wird prüfen, ob durch das umstrittene Rechtsgeschäft die Familienwohnung nicht aufs Spiel gesetzt wird, ob eine neue Wohnmöglichkeit sichergestellt ist oder ob aufgrund der Umstände eine Gefähr- 08.108

dung der Familienwohnung zuzulassen ist. Die Tatsache des Getrenntlebens ist nicht schon allein ein triftiger Grund nach Art. 169 ZGB. Ein solcher kann sich aber aus der übermässigen wirtschaftlichen Belastung ergeben, die häufig auf die trennungsbedingten Mehrkosten zurück zu führen ist (BGE 115 II 364, BGE 114 II 398 ff. E. 5). Erteilt das Gericht aufgrund seiner Überprüfung die Genehmigung zum alleinigen Handeln, wird das Geschäft alle seine Wirkungen rückwirkend entfalten (vorbehältlich beispielsweise einer Kündigungsfrist, vgl. Rz 08.105). Verweigert er dagegen diese Genehmigung, so wird das bis dahin ruhende Geschäft hinfällig und entfaltet keinerlei Wirkung mehr. Fraglich bleibt in beiden Fällen, ob die Art. 410 Abs. 2 und 411 ZGB sinngemäss zur Anwendung gelangen.

08.109   Die **Gutgläubigkeit des Dritten** kann die Nichtigkeit des Geschäfts nicht verhindern. Die Haftung gestützt auf culpa in contrahendo des Ehegatten, welcher ohne Zustimmung seines Ehepartners gehandelt hat, bleibt vorbehalten (vgl. Art. 411 ZGB). Der Ehegatte, welcher seine Zustimmung ohne triftigen Grund verweigert und damit wirtschaftlich einen Schaden verursacht, kann allenfalls nach Art. 41 Abs. 2 OR schadenersatzpflichtig werden.

g)   *Mietrechtlicher Schutz der Familienwohnung*

08.110   Das Mietrecht wiederholt in **Art. 266m OR** noch einmal, was sich bereits aus Art. 169 ZGB für das Mietverhältnis ergibt. Will ein Vermieter das Mietverhältnis betreffend eine Familienwohnung kündigen, so muss er zudem – bei Nichtigkeitsfolge der Kündigung (Art 266o OR) - beiden Ehegatten (getrennt) form- und fristgerecht die Kündigung zustellen, auch wenn nur ein Ehegatte Mieter ist (Art. 266n OR). Auch die Ansetzung einer Zahlungsfrist mit Kündigungsandrohung muss dem Mieter und seinem Ehegatten gesondert zugestellt werden (Art. 257d OR). Art. 273a OR stellt darüber hinaus sicher, dass beide Ehegatten einzeln und unabhängig vom Willen des anderen die Möglichkeit haben, die Interessen der Familie zu wahren, wenn ein Vermieter die Auflösung des Mietverhältnisses betreffend die Familienwohnung (zufolge Nichtbezahlens des Mietzinses oder passiven Verhaltens des Mieterehegatten) anstrebt. Deshalb stehen beiden Ehegatten die Rechte auf Anfechtung der Kündigung und Erstreckung des Mietverhältnisses zu.

08.111   Art. 169 ZGB hat zusammen mit den Bestimmungen des Mietrechts zur Familienwohnung in der Praxis dazu geführt, dass Mietverträge vermehrt durch beide Ehegatten abgeschlossen werden. Sind **beide Ehegatten Mieter**, sind Erklärungen des Vermieters, welche die Beendigung des Mietverhältnisses bezwecken, schon aufgrund des Vertragsverhältnisses beiden Ehegatten, nicht aber unbedingt gesondert, zuzustellen. In diesem Fall überlagert Art. 266n OR das Gemeinschaftsverhältnis und verlangt eine getrennte Einzelzustellung.

§ 9   Schutz der ehelichen Gemeinschaft

Literatur

BACHMANN SUSANNE, Die Regelung des Getrenntlebens nach Art. 176 und 179 ZGB sowie nach zürcherischem Verfahrensrecht, Diss. St. Gallen 1995; BONO-HÖRLER CAROLINE, Familienmediation im Bereiche von Ehetrennung und Ehescheidung, Diss. Zürich 1998; ZK-BRÄM/HASENBÖHLER, Art. 171-180 ZGB; DESCHENAUX/STEINAUER/BADDELEY, §§ 10-13; DUSS-VON WERDT JOSEF, Familien in Beratung und Therapie, in: Fleiner-Gerster/Gilland/Lüscher, Familien in der Schweiz, Freiburg 1991, S. 491 ff.; FELDER WILHELM/HAUSHEER HEINZ, Drittüberwachtes Besuchsrecht, ZBJV 1993, S. 698 ff.; BK-HAUSHEER/REUSSER/GEISER, Art. 171-180 ZGB; HAUSHEER HEINZ/SPYCHER ANNETTE (Hrsg.), Handbuch des Unterhaltsrechts, S. 204 ff.; HEGNAUER/BREITSCHMID, § 21; ZGB-SCHWANDER, Art. 171-180 ZGB; STETTLER/GERMANI, S. 215-276; SUHNER RENÉ, Anweisungen an die Schuldner, Diss. St. Gallen 1992; TUOR/SCHNYDER/SCHMID, § 24.

I.   Allgemeines

Erfüllt ein Ehegatte seine Pflichten gegenüber der Familie nicht oder sind die Ehegatten 09.01
in einer für die eheliche Gemeinschaft wichtigen Angelegenheit uneinig, können sie
gemeinsam oder einzeln das **Eheschutzgericht** um Vermittlung anrufen (Art. 172
Abs. 1 ZGB). Soweit nötig, trifft das Gericht auf Begehren eines Ehegatten hin die vom
Gesetz vorgesehenen besonderen Massnahmen (Art. 172 Abs. 3 ZGB).

Die Ehegatten sind zu gegenseitigem Beistand und zur Treue verpflichtet 09.01 a
(Art. 159 ZGB). Die gegenseitige Pflicht zu einträchtigem Zusammenleben führt zu entsprechenden Persönlichkeitsrechten, welche von den Ehegatten wie auch von Dritten zu respektieren sind (BGE 108 II 344). Sie werden – was die Ehegatten betrifft – im Rahmen des Eheschutzes richterlich geschützt. Dabei hat der **Persönlichkeitsschutz des einzelnen Ehegatten** immer auch den Bestand **der ehelichen Gemeinschaft** im Auge zu behalten. Gemeinschaftswidriges Verhalten soll abgebaut und Handeln nach Treu und Glauben im Rahmen der konkreten Ehe herbeigeführt werden. Mithilfe bei der Konfliktlösung und Schutz der Persönlichkeit des bedrängten Ehegatten bedeuten somit letztlich auch Hilfe zur **Heilung der gefährdeten Ehe** und dienen damit der **Verhinderung der Scheidung**.

1.   Zweck und Aufgabe des Eheschutzes

BGE 116 II 28 E. 4: Eheschutzmassnahmen sind von ihrem ursprünglichen Zweck her 09.02
grundsätzlich nur «auf **Aussöhnung** [Hervorhebung nicht im Original] der Ehegatten,
auf Vermeidung künftiger oder Behebung bestehender Schwierigkeiten ausgerichtet und
wollen verhindern, dass die Uneinigkeit der Ehegatten zur völligen Entfremdung führt».

Der Zweck des Eheschutzes hat sich allerdings mit der Revision des Scheidungsrechts 09.03
insofern verändert, als nunmehr auch dem neuen **Scheidungsgrund des Art. 114 ZGB**
Rechnung zutragen ist. Nach altem Recht war es einem Ehegatten, der scheiden wollte,
möglich, eine Scheidungsklage einzureichen und sich dann während des Verfahrens mit
dem anderen Ehegatten über die Scheidung zu einigen oder gegebenenfalls die Schei-

dung wegen Zerrüttung der Ehe auch gegen den Willen des andern durchzusetzen. Nach dem neuen Recht kann, abgesehen von Art. 115 ZGB das Scheidungsverfahren nur noch eingeleitet werden, wenn sich die Ehegatten bereits geeinigt haben oder bereits während vier Jahren getrennt leben. Damit verschiebt sich der Zeitpunkt der Rechtshängigkeit der Scheidungsklage. Das Scheidungsgericht kann für die Zeit vor der Rechtshängigkeit des Verfahrens das Getrenntleben der Ehegatten nicht als vorsorgliche Massnahme regeln. Hier muss der Eheschutz einspringen. Dabei kann es aber nicht um den meist von vornherein hoffnungslosen Versuch gehen, die völlige Entfremdung der Ehegatten von einander zu verhindern. Ziel des Eheschutzes muss es hier viel mehr sein, die Scheidung vorzubereiten und zu ermöglichen, dass sich die Ehegatten auf die Scheidung und deren Folgen einigen.

09.04   Der Schutz der ehelichen Gemeinschaft beruht zunächst auf Hilfe zur Konsensfindung durch **Beratung** und **Ermahnung**. Führt jedoch die Uneinigkeit zu unlösbarem Streit, bedarf es eher der **Vermittlung**, die unter Beizug von Sachverständigen oder mit Hilfe von Ehe- und Familienberatungsstellen erfolgen und sich dabei auch des Mediationsverfahrens bedienen kann. Fruchtet bei Meinungsverschiedenheiten auch die Vermittlung nichts, kann das Eheschutzgericht für konkrete Einzelfragen die im Gesetz vorgesehenen besonderen **Massnahmen** anordnen. Diese beziehen sich vor allem auf den Bereich des ehelichen Vermögensrechts und der Regelung des vorübergehenden Getrenntlebens der Ehegatten.

2.   Gerichtliche Massnahmen

09.05   Unterschieden wird bei den gerichtlichen Massnahmen zwischen **nicht autoritativem Eheschutz** ohne konkrete Anordnungen (Ermahnung und Vermittlung, vgl. Rz 09.17 f.) und **autoritativem Eheschutz** (Rzn 09.17 ff.), der mit bestimmten gerichtlichen Massnahmen verbunden ist.

09.06

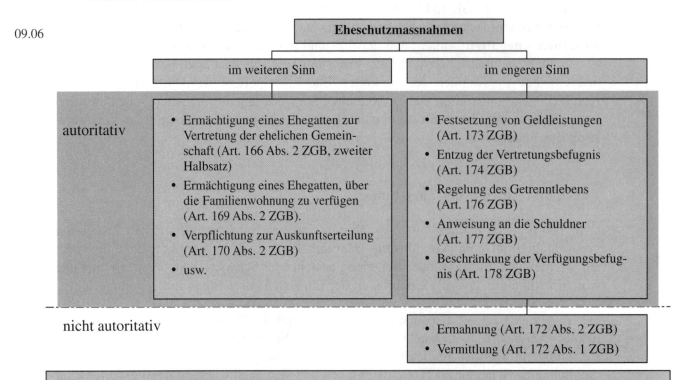

3. Ehe- und Familienberatungsstellen

Im Bereich der zwischenmenschlichen Beziehungen sind Schutz und Hilfe vielfach nur 09.07 durch besondere Beratung möglich. Ein gerichtliches Verfahren könnte sich hier oft nachteilig auswirken. Deshalb haben die Kantone dafür zu sorgen, dass sich die Ehegatten bei Schwierigkeiten an private oder der öffentlichen Verwaltung unterstellte **Ehe- und Familienberatungsstellen** wenden können (Art. 171 ZGB). Es steht den Ehegatten frei, sie gemeinsam oder einzeln aufzusuchen und sich dort für ihre Familienprobleme als Ehegatten oder Eltern bei psychologisch und rechtlich geschulten Personen in Lebens-, Beziehung- und Erziehungsfragen Rat zu holen. Eine Verpflichtung zur Inanspruchnahme solcher Beratung besteht nicht, da sie mindestens teilweise den erwünschten Erfolg vereiteln könnte.

II. Voraussetzungen des gerichtlichen Eheschutzes

1. Formelle Eheschutzvoraussetzungen

Das Eheschutzgericht soll nur **auf Ersuchen eines oder beider Ehegatten** tätig wer- 09.08 den, d.h. wenn konkrete Anträge vorliegen. Der Eheschutz erfolgt nie von Amtes wegen und auch nicht auf Anregung eines Dritten. Im Rahmen eines Eheschutzverfahrens können dann allerdings Massnahmen betreffend die Kinder von Amtes wegen angeordnet werden (vgl. Rz 09.34).

2. Materielle Eheschutzvoraussetzungen

a) *Vernachlässigung familiärer Pflichten durch einen Ehegatten*

Bei der Nichtbeachtung der Familienpflichten handelt es sich um **objektiv fest-** 09.09 **stellbares Fehlverhalten**, das nicht notwendigerweise ein Verschulden voraussetzt. Die Angriffe auf die Persönlichkeit eines Ehepartners werden davon ebenfalls erfasst.

Die **ehelichen Pflichten** können sich aus dem **Gesetz** selber oder aus der unter 09.10 den Ehegatten vereinbarten **Aufgabenteilung** (Art. 163 ZGB) ableiten lassen. Die mit der ehelichen Gemeinschaft verbundenen gesetzlichen Pflichten sind in allgemeiner Form in Art. 159 Abs. 2 und 3 ZGB umschrieben. Sie beziehen sich sowohl auf das einträchtige Zusammenwirken für das Wohl der Gemeinschaft als auch auf die eheliche Treue und den Beistand unter den Ehegatten. Insbesondere erstrecken sie sich auch auf die Kinder, für welche die Ehegatten als Eltern verantwortlich sind. Konkretisiert werden die ehelichen Pflichten vorab, aber keineswegs abschliessend in den Art. 162-170 ZGB.

Die ehelichen Pflichten, deren Nichterfüllen Anlass zur Ermahnung und Vermitt- 09.11 lung gibt, müssen für das Zusammenleben von Bedeutung sein. Entsprechend muss die **Missachtung** der Familienpflichten ins Gewicht fallen, d.h. grundsätzlich von **ernsthafter Natur** sein.

09.12   <u>Beispiele:</u>

- Keine oder ungenügende Unterhaltsleistungen eines Partners.

- Verletzung der Auskunftspflicht.

- Ungenügende Rücksichtnahme auf die Persönlichkeit des Partners.

b)   *Uneinigkeit in einer für die eheliche Gemeinschaft wichtigen Angelegenheit*

09.13   Die Partnerschaftsehe zwischen gleichberechtigten Ehegatten verlangt ein grosses Mass an **Kooperationsbereitschaft**. Unbegründetes Verweigern der Mitwirkung eines Ehegatten bei gemeinsamen Entscheiden kann ein Missachten von Pflichten gegenüber der Familie bedeuten, wenn solche Entscheide den Rahmen der ehelichen Gemeinschaft abstecken oder sonst für das gedeihliche Zusammenleben notwendig sind.

09.14   <u>Beispiele:</u>

- Festlegung der ehelichen Wohnung (Art. 162 ZGB).

- Vereinbarung betreffend den Beitrag an den ehelichen Unterhalt (Art. 163 ZGB).

- Weittragende und weichenstellende Fragen der Kindererziehung.

09.15   Der Vermittlung des **Eheschutzes entzogen** sind Meinungsverschiedenheiten im höchstpersönlichen Bereich der Ehegatten, beispielsweise politische und religiöse Ansichten oder Geschmacksfragen sowie gewisse Fragen aus dem Sexualbereich oder der Kindererziehung. Hier kann allenfalls eine Ehe- oder Familienberatungsstelle weiterhelfen.

3.   Hoffnung auf Wiedervereinigung der Ehegatten?

09.16   Obwohl der Eheschutz – soweit es nicht um die Vorbereitung einer Scheidung geht – das Ziel verfolgt, die Ehe zu heilen, setzt er nicht voraus, dass die eheliche Gemeinschaft noch als rettungsfähig erscheint. Schutzwürdig bleiben ein Ehegatte und allenfalls die Kinder auch dann, wenn keine Hoffnung auf Wiedervereinigung der Ehegatten besteht. Die ehelichen Rechte und Pflichten bleiben auch unter diesen Umständen weiter bestehen. Gerade auch mit Rücksicht auf Kinder gilt es, mit Hilfe des Eheschutzes einen unheilbaren Konflikt zwischen den Ehegatten in Bahnen zu lenken, so dass im Sinne von Schadensbegrenzung das Zusammenwirken der Familie nach der Scheidung noch möglich bleibt. Das Eheschutzgericht darf deshalb die Anordnung von Massnahmen zum Schutz der ehelichen Gemeinschaft nicht mit einem Verweis der Parteien in das Scheidungs- oder Trennungsverfahren verweigern (BGE 119 II 313). Seit der Revision des Scheidungsrechts wäre ein solches Vorgehen in den meisten Fällen auch gar nicht möglich, weil eine einseitige Scheidungsklage häufig erst zulässig ist, wenn die Ehegatten vier Jahre getrennt gelebt haben (Art. 114 ZGB).

III. Massnahmen nicht autoritativer Art

Dem Gericht stehen verschiedene Möglichkeiten zur Verfügung. Zunächst wird es versuchen, die Ehegatten zu ermahnen und zu versöhnen (Art. 172 Abs. 2 ZGB). Die **Ermahnung** will Pflichten in Erinnerung rufen, d.h. das Gericht wird den Eheleuten erklären, was das Gesetz von ihnen erwartet und seine Autorität einsetzen, um sie dazu zu bringen, sich daran zu halten. Das durch die Ermahnung bezweckte Verhalten kann jedoch weder durch zivil- noch durch strafrechtliche Sanktionen (Art. 292 StGB) erzwungen werden. 09.17

Demgegenüber versucht die **Vermittlung** Bedeutung, Umfang und Ursachen der Meinungsverschiedenheiten zu klären und hofft, auch mit Hilfe von Aufklärung über die Rechtslage und anderer Beratung eine Annäherung der Standpunkte bzw. die Aussöhnung der Ehegatten zu erreichen. Sind die Ehegatten einverstanden, können Fachleute oder Ehe- und Familienberatungsstellen beigezogen werden (vgl. Rz 09.07). Erst wenn diese Vermittlungsbemühungen scheitern oder als aussichtslos erscheinen, wird das Gericht auf Antrag die erforderlichen, im Gesetz vorgesehenen Massnahmen treffen (Art. 172 Abs. 3 ZGB). In diesem Sinn sind die autoritativen gerichtlichen Massnahmen als subsidiär zu bezeichnen. 09.18

IV. Autoritative Eheschutzmassnahmen

1. Allgemeines

Das Gericht kann **nur die im Gesetz vorgesehenen Massnahmen** anordnen (Art. 172 Abs. 3 ZGB), dies im Gegensatz zu den (sonst vergleichbaren) vorsorglichen Massnahmen im Scheidungsverfahren gemäss Art. 137 ZGB (Rz 10.149). Unter dem Gesichtspunkt der Gesetzessystematik sind zwei Arten von besonderen Eheschutzmassnahmen zu unterscheiden: **Eheschutzmassnahmen im engeren Sinn** werden in den Art. 171-180 ZGB geregelt, währenddem Eheschutzmassnahmen **im weiteren Sinn** ausserhalb der unter Buchstabe K. des fünften Titels (Art. 171-180 ZGB) zusammengefassten Gesetzesbestimmungen vorgesehen sind (vgl. Rz 09.06). Beide Arten von Massnahmen dienen dem gleichen Zweck. 09.19

Beispiele für Eheschutzmassnahmen im weiteren Sinn: 09.20

- Gerichtliche Zustimmung zu Vertretungshandlungen (Art. 166 Abs. 2 Ziff. 1 ZGB, Rzn 08.66 ff.).

- Schutz der Familienwohnung (Art. 169 ZGB, Rzn 08.95 ff.).

- Auskunftspflicht (Art. 170 ZGB, Rzn 08.88 ff. und 09.37 ff.).

- Anordnung der Gütertrennung auf Begehren eines Ehegatten (Art. 185 ZGB, Rzn 11.64 ff.).

- Zahlungsfristen (Art. 203 Abs. 2 ZGB, Rz 08.93 f.).

2.   Massnahmen während des Zusammenlebens

a)   *Festsetzung von Geldleistungen*

09.21   Art. 163 ZGB überlässt die Aufgabenteilung und damit auch den Beitrag jedes Ehegatten an den Unterhalt der Familie den übereinstimmenden Vorstellungen der Ehegatten (Rz 06.11, 08.14). An einer entsprechenden Einigung in dieser wesentlichen Frage der ehelichen Lebensgemeinschaft fehlt es bisweilen, insbesondere im Zusammenhang mit veränderten Umständen oder nachträglichen Änderungswünschen. Auf Antrag setzt das Gericht deshalb die finanziellen Beiträge eines oder beider Ehegatten an den **Unterhalt der Familie** (Art. 163 ZGB) und den **Betrag zur freien Verfügung** des haushaltführenden Ehegatten (Art. 164 ZGB) verbindlich fest (Art. 173 Abs. 1 und 2 ZGB). Inbegriffen ist der Unterhalt der Kinder (Art. 278 ZGB), sofern sie im ehelichen Haushalt leben. Dem Eheschutzgericht kommt diesbezüglich eine ausschliessliche Zuständigkeit zu (Art. 279 Abs. 3 ZGB). Zur Berechnung des Unterhaltsbeitrages vgl. Rzn 10.97 ff. sowie HAUSHEER/SPYCHER, Handbuch des Unterhaltsrechts, S. 63 ff.

09.22   Das Gericht kann zwar den Ehegatten keine **Aufgabenteilung** aufdrängen, die Uneinigkeit über die Rollenteilung führt nur zur Ermahnung bzw. Vermittlung gemäss Art. 172 ZGB (Rz 09.17 f.). Dennoch kann seine Entscheidung einen indirekten Einfluss auf die Rollenverteilung ausüben, besonders dann, wenn die Einkünfte aus der beruflichen Tätigkeit eines Ehegatten nicht ausreichen, um die Bedürfnisse der Familie zu decken.

b)   *Entzug der Vertretungsbefugnis*

09.23   Überschreitet ein Ehegatte böswillig seine Befugnis zur Vertretung der ehelichen Gemeinschaft (Rzn 08.55 ff.) oder erweist er sich als unfähig, sie auszuüben, kann ihm das Gericht auf Begehren des anderen die Vertretungsbefugnis ganz oder teilweise entziehen (Art. 174 ZGB). Insbesondere kann es den einen Ehegatten zur **ausserordentlichen Vertretung** ermächtigen (Art. 166 Abs. 2 Ziff. 1 ZGB) oder dem anderen die **ordentliche Vertretung**sbefugnis für die laufenden Bedürfnisse der Familie entziehen (Art. 166 Abs. 1 ZGB). Damit sollen die Ehegatten gegen zukünftige Haftungsrisiken im Zusammenhang mit der Solidarhaftung unter ihnen geschützt werden.

09.24   Derjenige Ehegatte, der das Begehren stellt, darf Dritten den Entzug durch **persönliche Mitteilung** bekanntgeben, nicht jedoch zu Handen eines grösseren Personenkreises veröffentlichen. Nur wenn der Dritte vom Entzug tatsächlich Kenntnis hatte, haftet der andere Ehegatte nicht. Ein Gutglaubensschutz entfällt allerdings bei einer gerichtlichen Veröffentlichung des Entzugs der Vertretungsbefugnis (vgl. Rz 08.82).

3. Aufhebung des gemeinsamen Haushalts

a) *Feststellung der Berechtigung zur Aufhebung des gemeinsamen Haushalts*

Grundsätzlich sind die Ehegatten gegenseitig verpflichtet, zusammenzuleben. Auf die Erfüllung dieser Pflicht kann in gegenseitigem Einverständnis verzichtet werden. Art. 175 ZGB befasst sich mit dem Getrenntleben, zu dem der eine Ehegatte auch gegen den Willen des anderen aufgrund besonderer Umstände berechtigt ist, und bezeichnet es als „Aufhebung des gemeinsamen Haushaltes". Er nennt zudem drei Gründe, welche dieses Getrenntleben rechtfertigen (vgl. im Unterschied dazu Art. 137 Abs. 1 ZGB, Rz. 10.149). Demnach bedeutet das Verlassen des gemeinsamen Haushaltes keine Pflichtverletzung, wenn das weitere **Zusammenleben** eine ernstliche **Gefährdung** entweder **der Persönlichkeit** (im Sinne der Art. 28 ff. ZGB), **der materiellen Sicherheit** oder **des Familienwohls**, d.h. also auch der Interessen der Kinder, darstellt. 09.25

Ob einem Ehegatten im konkreten Fall das Recht zustand, den gemeinsamen Haushalt zu verlassen, ist nicht in einem besonderen Verfahren festzustellen, sondern vom Eheschutzgericht **vorfrageweise** zu beurteilen. Verneint dieses die Begründetheit der Aufhebung des gemeinsamen Haushaltes, so wird dem Begehren um Regelung des Getrenntlebens desjenigen Ehegatten, dem eine Pflichtverletzung vorzuwerfen ist, nicht stattgegeben (Art. 176 Abs. 1 ZGB). Das kann zum Verlust von Unterhaltsansprüchen führen (Rz 09.28). Eine direkte Ahndung der Verletzung der Pflicht des Zusammenlebens ist nicht vorgesehen. 09.26

Eine Scheidung auf Klage eines Ehegatten kann nach **Art. 114 ZGB** erst nach einer vierjährigen Trennungszeit verlangt werden. Wenn der Ehegatte, der die Scheidung anstrebt, jedoch keine Gründe für die Aufhebung des gemeinsamen Haushalts gemäss Art. 175 ZGB nachweisen kann, hat er keinen Anspruch auf die gerichtliche Regelung des Getrenntlebens (Art. 176 ZGB). Die Aufhebung des gemeinsamen Haushalts könnte also faktisch vollzogen werden, aber der Ehegatte, welcher den gemeinsamen Haushalt ohne Gründe gem. Art. 175 ZGB auflöst, könnte weder die Zuteilung der Obhut der Kinder, eine Regelung über das Wohnen noch die Festsetzung von Unterhaltsbeiträgen verlangen. Unter diesen Umständen müsste der scheidungswillige Ehegatte erhebliche Nachteile in Kauf nehmen, um die Scheidung durchzusetzen, was letztlich auch dem Zweck von Art. 114 ZGB zuwiderliefe. Deshalb hat das Zürcher Obergericht in ZR 2001 Nr. 45 und ZR 2000 Nr. 67 dem scheidungswilligen Ehegatten einen bedingungslosen Anspruch auf Regelung des Getrenntlebens eingeräumt, geprüft wurde einzig noch der „unverrückbare Trennungswille" der antragstellenden Partei. Allerdings lässt sich unter diesen Umständen kaum nachweisen, ob das Ziel des gesuchstellenden Ehegatten gar nicht die Scheidung, sondern das Getrenntleben an sich ist. 09.26 a

Wird der gemeinsame Haushalt aufgelöst, so sind weitere Eheschutzmassnahmen erforderlich:

b)   *Regelung des Getrenntlebens*

09.27   Die **Regelung des Getrenntlebens** hängt primär von der Abmachung der Ehegatten ab. Können sie sich nicht einigen, kann der berechtigterweise getrennt Lebende (Art. 176 Abs. 1 und Abs. 2 ZGB) vom Gericht verlangen, dass es die in Art. 176 Abs. 1 ZGB erwähnten Massnahmen trifft. Dabei kommt es auf ein allfälliges Verschulden grundsätzlich nicht an.

aa)   *Festsetzung der Geldbeiträge*

09.28   Mit der Aufhebung des gemeinsamen Haushaltes besteht für denjenigen Ehegatten, der über keine oder nur beschränkte Einkünfte verfügt, regelmässig kein direkter gesetzlicher Zugriff mehr auf die Mittel für den ehelichen Unterhalt. Der ausschliesslich oder überwiegend haushaltführende Ehegatte ist daher i.d.R. auf einen Geldbeitrag angewiesen, um seinen Lebensbedarf sicherzustellen. Grundsätzlich richtet sich die Bemessung nach der **bisherigen Aufgabenteilung**, d.h. nach Art. 163 f. ZGB (Unterhalt der Familie). Die zusätzlichen Lasten, die sich in den meisten Fällen aus einer Trennung ergeben, können einen Ehegatten jedoch zwingen, wieder eine bezahlte Tätigkeit aufzunehmen oder eine solche auszuweiten (zu den Voraussetzungen bei der Berücksichtigung eines hypothetischen Einkommens siehe BGE 128 III 5 f. E. 4a; vgl. auch Rz 10.81 h ff.). Dies gilt umso mehr dort, wo es im Zusammenhang mit der Regelung des Getrenntlebens nachweislich um die vier Trennungsjahre nach Art. 142 ZGB geht (BGE 128 III 65 ff.; vgl. auch BGE 127 III 136 ff. bei der Scheidung).

09.29   Das Eheschutzgericht bestimmt analog zu Art. 173 ZGB den **Betrag, den der eine Ehegatte dem anderen zu erbringen hat** (Art. 176 Abs. 1 Ziff. 1 ZGB). Dabei ist grundsätzlich auch der Betrag zur freien Verfügung des haushaltführenden Ehegatten (Art. 164 ZGB) weiterhin in Rechnung zu stellen. Die zusätzlichen Kosten des Getrenntlebens führen allerdings vielfach dazu, dass alle Familienmitglieder gleichmässig Abstriche an der bisherigen Lebenshaltung hinzunehmen haben (BGE 114 II 31 E. 6, vgl. Rz 10.89).

09.30   Abhängig ist der Unterhaltsbeitrag

- von der **Leistungsfähigkeit** der Ehegatten (zur Begrenzung durch das betreibungsrechtliche Existenzminimum siehe insbesondere BGE 123 III 6 E. 3c m.w.H.) und

- vom **Bedarf** der Familie.

Regelmässig empfiehlt sich zur Berechnung des Unterhaltsbeitrags ein zweistufiges Vorgehen, bei dem vorab ein Grundbedarf aller unterhaltsberechtigter Familienmitglieder berechnet und für den Fall eines Überschusses dieser zusätzlich aufgeteilt wird (vgl. dazu Rzn 10.102 ff.). Begrenzt ist der Unterhaltsbeitrag nach unten durch das Existenzminimum (BGE 123 III 1) und nach oben durch die bisherige Lebenshaltung. Zu beachten ist zudem, dass mit Blick auf das neue Scheidungsrecht dem Eheschutz die Aufgabe zukommen kann, die Scheidung vorzubereiten (vgl. vorne Rz 09.03). Soweit im Zeitpunkt, in dem der Unterhalt im Eheschutz festzulegen ist, bereits vorauszusehen ist, dass die Ehe nicht mehr gerettet werden kann und es zu einer Scheidung kommen wird, muss auch von den

Ehegatten verlangt werden, dass sie sich auf diese Änderung einstellen. Von daher kann sich eine Anpassung des Unterhaltes unterhalb der während der Ehe gelebten Lebenshaltung als notwendig erweisen, wenn auch nach der Scheidung kein Anspruch auf eine unbeschränkte Beibehaltung des bisherigen Lebensstandards bestehen wird (BGE 127 III 140).

Die Festsetzung des Unterhaltsbeitrags erfolgt für die **Zukunft und** für maximal **ein Jahr** vor Einreichung des Gesuchs (Art. 173 Abs. 2 ZGB). Die zeitliche Begrenzung in die Vergangenheit **zurück** gilt auch für die Festsetzung von Unterhaltsbeiträgen nach Aufhebung des gemeinsamen Haushalts (Art. 176 Abs. 1 Ziff. 2 ZGB, vgl. BGE 115 II 204, E. 4a). 09.31

bb) *Zuteilung der Familienwohnung und des Hausrats*

Können sich die Ehegatten nicht einigen, wer die Wohnung und den Hausrat für sich beanspruchen darf, entscheidet das Eheschutzgericht nach **freiem Ermessen** unter Berücksichtigung der konkreten Umstände und in Abwägung der Interessen der Eltern und der Kinder (Art. 176 Abs. 1 Ziff. 2 ZGB). Nicht massgebend ist die obligationen- oder sachenrechtliche Berechtigung (120 II 3 E. 2c betreffend Verfahren nach aArt. 145 ZGB; BGE 114 II 22). Zu vermeiden ist zudem alles, was einer güterrechtlichen Auseinandersetzung gleichkommen könnte. 09.32

cc) *Anordnung der Gütertrennung*

Die Auflösung des gemeinsamen Haushaltes zieht im Unterschied zur richterlichen Ehetrennung (Art. 118 ZGB) **nicht von Gesetzes wegen** die Gütertrennung nach sich. Die gerichtliche Bewilligung zum Getrenntleben kann, muss aber nicht, für das Eheschutzgericht Anlass sein, um die Gütertrennung anzuordnen (Art. 176 Abs. 1 Ziff. 3 ZGB), wenn an sich die Voraussetzungen des Art. 185 ZGB erfüllt sind (vgl. Rzn 11.60 ff.) oder wenn die Umstände erkennen lassen, dass die Interessen des einen Ehegatten im Rahmen des früheren Güterstandes ungenügend geschützt sind (BGE 116 II 21). 09.33

dd) *Massnahmen betreffend die Kinder*

Sind von der Auflösung des gemeinsamen Haushaltes unmündige Kinder betroffen, trifft das Eheschutzgericht **von Amtes wegen** die erforderlichen Abklärungen. Es gelten uneingeschränkt die Offizial- und Untersuchungsmaxime (BGE 119 II 201). 09.34

Die nötigen Massnahmen bestimmen sich nach den Regeln über die Wirkungen des Kindesverhältnisses (Art. 270 ff. ZGB). Das Gericht setzt demnach die **Unterhaltsbeiträge** an die Kinder fest (Art. 279 Abs. 3 ZGB), vertraut gegebenenfalls einem der Ehegatten die **Obhut** der Kinder an bzw. entzieht in Sonderfällen die elterliche Sorge (Art. 297 ZGB) und regelt das **Besuchsrecht** (Art. 275 Abs. 2 ZGB). Zudem ist das Eheschutzgericht im Verfahren nach Art. 176 ZGB auch für die Anordnung oder die nachträgliche Anpassung von **Kindesschutzmassnahmen** zuständig (Art. 315a ZGB, vgl. Rz 09.63). 09.35

4.   Weitere autoritative Eheschutzmassnahmen

09.36   Die weiteren autoritativen Eheschutzmassnahmen können unabhängig davon, ob ein gemeinsamer Haushalt besteht oder aufgelöst wurde, angeordnet werden.

a)   *Auskunftspflicht*

09.37   In der Ehe zweier gleichberechtigter Partner ist Vertrauen und Offenheit in den finanziellen Belangen eine unerlässliche Voraussetzung für den guten Gang der Gemeinschaft. Insbesondere können die Ehegatten das Wohl der Gemeinschaft nur dann in einträchtigem Zusammenwirken wahren (Art. 159 Abs. 2 ZGB) und für den Unterhalt der Familie gemeinsam ein jeder nach seinen Kräften sorgen (Art. 163 ZGB), wenn jeder über die **wirtschaftlichen Verhältnisse** des anderen im Wesentlichen Bescheid weiss. Verweigert ein Ehegatte dem anderen die Auskunft, kann der andere das Gericht anrufen, damit dieses vermittelt oder vom anderen Ehegatten bzw. von Drittpersonen die erforderlichen **Auskünfte einholt** (Art. 170 Abs. 2 ZGB, Rzn 08.88 ff.). Statt dessen bzw. zusätzlich dazu kann ein Ehegatte beim Gericht auch die Anordnung der **Gütertrennung** verlangen (Art. 185 Abs. 2 Ziff. 4 ZGB, vgl. Rzn 11.64 ff.).

09.38   Art. 170 ZGB dient auch insofern dem **Schutz eines Ehegatten und der Familie**, als ein Ehegatte die nötigen Auskünfte einholen können muss, damit allfällige Schutzmassnahmen rechtzeitig beantragt werden können. Das Gericht wird allerdings nur auf Begehren eines Ehegatten hin tätig. Zudem muss dieser ein berechtigtes Rechtsschutzinteresse glaubhaft machen, Neugier allein genügt nicht. Welche Auskünfte erforderlich und welche Urkunden vorzulegen sind, entscheidet das Gericht im konkreten Einzelfall.

09.39   Rechtsanwälte, Notare, Ärzte und Geistliche sind von der Auskunftspflicht ausgenommen, soweit ihr **Berufsgeheimnis** reicht (Art. 170 Abs. 3 ZGB). Nicht zu diesem geschützten Personenkreis gehören die Banken, Vermögensverwalter, Treuhänder und Revisoren, die deshalb zur Auskunft verpflichtet sind. Auf die Zeugnisverweigerungsgründe nach kantonalem Prozessrecht können sich Drittpersonen nicht berufen, um die Auskunft zu verweigern.

b)   *Anweisung an die Schuldner*

09.40   Erfüllt ein Ehegatte seine Unterhaltspflicht gegenüber der Familie nicht, kann der Richter dessen Schuldner anweisen, ihre Zahlungen ganz oder teilweise dem anderen Ehegatten zu leisten (Art. 177 ZGB). Die **Nichterfüllung der Unterhaltspflicht** braucht nicht auf einem Verschulden zu beruhen. Sie muss aber ernsthafter Natur sein, da die Anweisung an die Schuldner stark in die Persönlichkeit des betroffenen Ehegatten und sein Ansehen bei Dritten eingreift.

09.41   Der **Unterhalt**, auf den sich Art. 177 ZGB (Anweisungen an die Schuldner) grundsätzlich beschränkt, entspricht dem Geldbeitrag gemäss Art. 163 Abs. 2 ZGB (Unterhalt der Familie im allgemeinen; Beiträge der Ehegatten), und zwar unabhängig davon, ob dieser bereits früher in einem Urteil festgesetzt wurde. Er schliesst auch den Betrag zur freien Verfügung gemäss Art. 164 ZGB ein, jedoch nicht die Entschädigung gemäss Art. 165 ZGB (Ausserordentliche Beiträge eines Ehegatten). Zum Unterhalt für die Familie gehören zudem die Kosten für die Pflege und Erziehung der Kinder, weshalb sich auch ein Elternteil auf Art. 177 ZGB berufen kann, wenn ihm die gesetzliche Vertretung des Kindes zukommt (Art. 291 ZGB; Anweisung an die Schuldner der Ehegatten, an den gesetzlichen Vertreter des Kindes zu leisten, wenn sie die Sorge für das Kind vernachlässigen).

Die Anweisung des Eheschutzgerichts hat sich grundsätzlich an einen oder mehrere **konkrete Schuldner** des Unterhaltsverpflichteten zu richten. Im Vordergrund steht dabei regelmässig der gegenwärtige Arbeitgeber. Zudem muss die Anweisung einen eindeutig **bestimmten Geldbetrag** enthalten. — 09.42

Der Ehegatte, welcher Gläubiger der Forderung gegenüber dem Dritten ist, bleibt dies weiterhin, wird jedoch in seiner **Gläubigerstellung** insofern **eingeschränkt**, als er über seine Forderung nicht mehr verfügen kann, soweit sie Gegenstand der Anweisung geworden ist. Der Schuldner des unterhaltsverpflichteten Ehegatten hat künftig an den Ehegatten des Gläubigers zu leisten. Leistet er nach wie vor an den anderen Ehegatten direkt, wird er von seiner Schuld nur befreit, wenn nachgewiesen werden kann, dass der Gläubigerehegatte den Forderungsbetrag dem ehelichen Unterhalt zugeführt hat. — 09.43

c) Beschränkung der Verfügungsbefugnis

Das Eheschutzgericht kann auf Antrag eines Ehegatten die Verfügungsbefugnis des anderen über sein Vermögen beschränken, soweit es die **Sicherung der wirtschaftlichen Grundlagen der Familie** oder die **Erfüllung einer vermögensrechtlichen Verpflichtung aus der ehelichen Gemeinschaft** erfordert (Art. 178 ZGB). Diese Eheschutzmassnahme ergänzt den in Art. 169 ZGB vorgesehenen Schutz der Familienwohnung (Rzn 08.95 ff.) und soll verhindern, dass ein Ehegatte sich beispielsweise während einer Ehekrise in eine Lage hinein manövriert, in der er den **Verpflichtungen**, die ihm die allgemeinen Ehewirkungen oder der Güterstand auferlegen, **nicht mehr nachkommen** kann. — 09.44

Vorausgesetzt wird, dass ohne die Beschränkung eine **ernsthafte Gefährdung** der wirtschaftlichen Lebensgrundlage zu befürchten ist (BGE 118 II 380 f. E. 3b). Dabei ist eine solche nicht erst zu bejahen, wenn der Notbedarf der Familie berührt wird. Es genügt, dass die bisherige Lebenshaltung der Familie auf dem Spiel steht. An der ernstlichen Gefahr fehlt es, wenn der Ehegatte ausreichende Garantien bietet. — 09.45

Beispiele einzelner Gefährdungstatbestände: — 09.46

- Plötzlicher und unerklärlicher Vermögensschwund.
- Ehewidrige Drittbeziehung und Gefahr der Vermögensverschiebung.
- Auskunftsverweigerung bzw. falsche Angaben über die Vermögensverhältnisse (Art. 170 ZGB).

«Wirtschaftlichen Grundlagen der Familie» (Art. 178 Abs. 1 ZGB): Das betrifft beispielsweise ein Gewerbebetrieb, aus dessen Ertrag der Unterhalt der Familie bestritten wird, oder Liegenschaften, die nicht unmittelbar der Familie dienen, sichern die wirtschaftliche Grundlage der Familie. Aber auch der Hausrat, — 09.47

nur dem Gebrauch eines Ehegatten dienende Vermögenswerte (z.B. ein Fahrzeug, das der Berufsausübung dient) oder existenzsichernde Ersparnisse können dazu gehören.

09.48   **«Vermögensrechtlichen Verpflichtungen aus der ehelichen Gemeinschaft»** (Art. 178 Abs. 1 ZGB): Dazu zählen solche, die sich aus den Wirkungen der Ehe im Allgemeinen oder aus dem Güterstand ergeben. Dies sind namentlich der Unterhaltsbeitrag (Art. 163 ZGB), der angemessene Betrag zur freien Verfügung (Art. 164 ZGB) und Entschädigungen für ausserordentliche Beiträge (Art. 165 ZGB). Dazu kommen Ansprüche aus dem Ehegüterrecht wie beispielsweise jener auf Vorschlagsbeteiligung (Art. 215 ZGB). Sodann gehören dazu Ersatzforderungen und Mehrwertbeteiligungsansprüche (Art. 206 und 209 ZGB) oder solche auf Beteiligung am Gesamtgut (Art. 241 f. ZGB).

09.49   Die einzelnen **Gegenstände und Vermögenswerte**, welche mit der Verfügungsbeschränkung belegt werden, sind so **bestimmt** wie möglich zu bezeichnen. Die Reihenfolge wird durch die Einfachheit der Durchführung der Massnahme und den Grad der Behinderung des Betroffenen bestimmt. Eine generelle Einschränkung der Verfügungsbefugnis eines Ehegatten über sein Vermögen käme einer Bevormundung gleich.

09.50   Die Beschränkung der Verfügungsbefugnis besteht darin, dass die Verfügung des berechtigten Ehegatten von der **Zustimmung** des anderen abhängig gemacht wird. Fehlt sie, zieht das – vorbehältlich des Schutzes eines gutgläubigen Dritten – die Nichtigkeit der Verfügung nach sich. Durch die Zustimmung des Ehegatten wird die Handlung des verfügenden Ehegatten rechtsgültig. Das Zustimmungserfordernis darf indessen nicht missbraucht werden. Eine ungerechtfertigte Verweigerung kann gerichtlich überprüft und durch den gerichtlichen Entscheid ersetzt werden.

09.51   Um den Erwerb eines von der Verfügungsbeschränkung betroffenen Vermögenswertes durch einen gutgläubigen Dritten nach Möglichkeit von vornherein auszuschliessen, trifft das Eheschutzgericht geeignete **sichernde Massnahmen** (Art. 178 Abs. 2 ZGB; vgl. BGE 119 II 193; BGE 118 II 378). Damit soll einem Ehegatten die tatsächliche Verfügungsmöglichkeit genommen werden.

09.52   Beispiele sichernder Massnahmen:

- Anmerkung des Verbotes im Grundbuch (Kanzleisperre) von Amtes wegen bei Immobilien (Art. 178 Abs. 3 ZGB).

- Sperre über bestehende Guthaben bei Banken, Versicherungen und weiteren Schuldnern durch das Gericht.

- Hinterlegung von beweglichem Vermögen mit Sperrvermerk beim Gericht, bei einer Bank oder einem dazu geeigneten Dritten.

- Strafandrohung gemäss Art. 292 StGB oder Sanktionen nach kantonalem Recht.

5.   Gültigkeitsdauer und Abänderung der Massnahmen

09.53   Die Gültigkeitsdauer der Massnahmen, deren Wirkung sich nicht in einem Einzelakt erschöpfen, ist begrenzt, selbst wenn sie zeitlich nicht befristet wurden, da Schutzmassnahmen dieser Art notgedrungen vorübergehender Natur sind. Ihre **Gültigkeit endet** in dem Zeitpunkt, in dem die **Massnahme** aufgrund veränderter Verhältnisse im Sinne von Art. 179 Abs. 1 ZGB **abgeändert oder widerrufen** wird.

Die andauernde (und nicht nur versuchsweise) Wiederaufnahme des gemeinsamen Haushalts lässt die Massnahmen des Art. 176 ZGB von Gesetzes wegen **dahin fallen**, mit Ausnahme der Gütertrennung sowie der Kindesschutzmassnahmen (Art. 179 Abs. 2 ZGB). Wurde die Dauer der Massnahmen zeitlich befristet und wird der gemeinsame Haushalt nicht am festgesetzten Datum wieder aufgenommen, muss eine neue Entscheidung gefällt werden. 09.54

Gerichtlich kann eine Massnahme auf Antrag eines Ehegatten **abgeändert** werden, wenn die Verhältnisse sich wesentlich und dauerhaft verändert oder die ursprünglichen Grundlagen der Massnahme sich als falsch erwiesen haben (Art. 179 Abs. 1 ZGB). Wesentlich ist eine Veränderung, wenn sie die Lebensverhältnisse der Ehegatten, z.B. die wirtschaftliche Leistungsfähigkeit oder den Bedarf, nachhaltig beeinflusst. Die Anforderungen an die dauerhafte Veränderung sind mit Rücksicht auf Art. 129 ZGB geringer als im Scheidungsfall (vgl. Rz 10.118), da Eheschutzmassnahmen auf eine kürzere Zeitspanne ausgerichtet sind. 09.55

Mit Anhängigmachen der **Scheidungsklage** (Art. 136 ZGB) fällt die Zuständigkeit des Eheschutzgerichts dahin. Bereits angeordnete Eheschutzmassnahmen gelten indessen weiter, bis sie durch vorsorgliche Massnahmen (Art. 137 ZGB, Rz 10.149) oder die Regelung nach der Scheidung selber abgelöst werden (BGE 101 II 1). Ist das Eheschutzgesuch bei Einreichung der Scheidungsklage noch hängig, bleibt das Eheschutzgericht insofern zuständig, als die Massnahmen nicht wegen der Scheidungsklage gegenstandslos werden, und insoweit, als sie auf den Zeitraum vor der Rechtshängigkeit zurückwirken. 09.56

09.57

Im Zeitpunkt der Einreichung der Scheidungsklage ist ein Eheschutzgesuch...	Die Regelung im Eheschutzverfahren ist...
... noch nicht eingereicht:	... nicht mehr zulässig.
... hängig (in erster oder zweiter Instanz):	... zulässig, soweit nicht gegenstandslos und soweit auf den Zeitraum vor Klageeinreichung zurück bezogen.
... entschieden:	... gültig bis zur allfälligen Neuregelung durch einen Entscheid nach Art. 137 ZGB oder das Scheidungsurteil.

6. Vereinbarung der Ehegatten über die Aufhebung des gemeinsamen Haushaltes

Erfahrungsgemäss regeln die Parteien die Folgen der Aufhebung des gemeinsamen Haushaltes oftmals einvernehmlich. Eine entsprechende Vereinbarung bedarf – unter Vorbehalt der elterlichen Sorge – **keiner gerichtlichen Genehmigung**, stellt aber andererseits auch keinen definitiven, sondern höchstens einen provisorischen Rechtsöffnungstitel im Sinne des Betreibungsrechts (Art. 82 SchKG) dar, falls eine schriftliche Unterhaltsverpflichtung vorhanden ist. Allerdings gilt eine solche Absprache nur auf 09.58

Zusehen hin, nämlich solange das Einvernehmen der Ehegatten hinsichtlich des Getrenntlebens und seiner Regelung andauert.

V. Zuständigkeit und Verfahren

1. Örtliche Zuständigkeit bzw. Gerichtsstand

09.59   Das Bundesrecht schreibt in Art. 15 Abs. 1 lit. a GstG für alle Eheschutzmassnahmen im engeren und im weiteren Sinn den Gerichtsstand am **Wohnsitz eines Ehegatten** (Art. 23 ff. ZGB) vor. Es handelt sich dabei um einen ausschliesslichen, zwingenden Gerichtsstand. Haben die Ehegatten nicht denselben Wohnsitz, besteht die Wahl zwischen dem Wohnsitz des Gesuchstellers und dem des Gesuchsgegners. Wurden an verschiedenen Orten Begehren eingereicht, ist das zuerst angerufene Gericht zuständig.

09.60   Für die **Abänderung**, Ergänzung oder Aufhebung der Massnahmen ist das Gericht zuständig, welches die Eheschutzmassnahmen angeordnet hat, es sei denn, keiner der Ehegatten habe mehr im entsprechenden Gerichtsbezirk seinen Wohnsitz. In diesem letzteren Fall ist das Gericht am neuen Wohnsitz (gemäss Art. 180 Abs. 3 ZGB) zuständig. Wird die Anordnung einer besonderen Massnahme (z.B. Anweisung an den Schuldner) im Rahmen eines Scheidungsverfahrens notwendig, so ist kraft Kompetenzattraktion der Massnahmenrichter nach Art. 137 ZGB dafür zuständig.

2. Sachliche Zuständigkeit

a) *Allgemein*

09.61   Das Bundesrecht verlangt, dass die Anordnung von Eheschutzmassnahmen im engeren Sinne einer **gerichtlichen Behörde**, welche von den Kantonen bestimmt wird, vorbehalten bleibt (Art. 172 Abs. 2 ZGB). Angesichts der dem Eheschutzgericht zugedachten Aufgabe und des stark personenbezogenen Verfahrens erscheint es als angezeigt, dass ein Einzelrichter oder eine Einzelrichterin mit dem Eheschutz betraut wird. Sinnvoll ist zudem, dass die Kantone dieselbe Behörde damit beauftragen, über alle gerichtlichen Massnahmen zu entscheiden, ob diese nun aus Art. 172 bis 178 ZGB (Eheschutz i.e.S.) hervorgehen oder sonstwo im 5. Titel des ZGB geregelt sind (Eheschutz i.w.S.). Im Übrigen muss dem Scheidungsgericht die Zuständigkeit zuerkannt werden, im Rahmen des Art. 137 Abs. 2 ZGB auch Massnahmen zum Schutz eines Ehegatten im Sinne von Art. 169, 170, 177 und 178 ZGB durch Kompetenzattraktion anzuordnen (BGE 114 II 398).

09.62   <u>Kanton Bern</u>: Sachlich ist der Gerichtspräsident/die Gerichtspräsidentin zuständig (Art. 2 Abs. 2 i.V. mit Art. 322 Abs. 1 ZPO und Art. 2 EG ZGB).

<u>Kanton St. Gallen</u>: Sachlich ist der Bezirksgerichtspräsident/die Bezirksgerichtspräsidentin zuständig (Art. 7 lit. b ZPG [sGS 961.2] i.V.m. Anhang II b Ziff. 21-24 der Zivilprozessverordnung [sGS 961.21]).

b) *Exkurs zum Kindesrecht: Kompetenzabgrenzung zwischen Eheschutzgericht und Vormundschaftsbehörde*

Gerichtliche Befugnisse hinsichtlich der Kinderbelange:

09.63

- Festsetzung der Unterhaltsbeiträge.

- Regelung der Obhut (Art. 176 Abs. 3 ZGB) und des persönlichen Verkehrs zwischen Kindern und nichtobhutsberechtigtem Elternteil (vgl. dazu vorne, Rz 09.34).

- Erstmalige Anordnung und Abänderung bereits bestehender Kindesschutzmassnahmen nach Art. 307 ff. ZGB (Art. 315a und 315b Abs. 1 Ziff. 3 ZGB):

  - Ermahnungen, Weisungen („geeignete Massnahmen"),

  - Errichtung einer Beistandschaft,

  - Aufhebung der Obhut,

  - Entziehung des elterlichen Sorgerechts.

Exklusive Zuständigkeit der **Vormundschaftsbehörde** im Zusammenhang mit Kindesschutzmassnahmen:

09.64

- Vollzug von gerichtlich angeordneten Kindesschutzmassnahmen (Art. 315a Abs. 1 ZGB).

- Weiterführung eines bereits eingeleiteten Verfahrens (Art. 315a Abs. 3 Ziff. 1 ZGB).

- Anordnung von Massnahmen bei Dringlichkeit (Art. 315a Abs. 3 Ziff. 2 ZGB).

- In allen Fällen, in denen das Eheschutzgericht (bzw. das Scheidungsgericht) nicht zuständig ist (Art. 315b Abs. 2 ZGB), z.B. nichtstreitige Fälle der Übertragung der elterlichen Sorge von einem Elternteil auf den anderen.

3. Verfahren und Rechtsmittel

Die Ordnung des Eheschutzverfahrens ist Sache der Kantone. Über die Vermittlung des Gerichts hinaus trägt letzteres Züge streitiger Gerichtsbarkeit. Nichts desto weniger erfordert der gerichtliche Schutz der ehelichen Gemeinschaft ein **einfaches, wenig formelles Verfahren** von der Art eines **summarischen** Verfahrens. Mit Ausnahme von Gefahr im Verzug ist das Recht, angehört zu werden, zu beachten. Das Beweisverfahren ist auf liquide Beweismittel beschränkt: Glaubhaftmachen ersetzt den formellen Beweis. Damit soll langwierigen Abklärungen vorgebeugt werden.

09.65

Auf Antrag hin (mit Ausnahme der Massnahmen bezüglich minderjähriger Kinder: Art. 176 Abs. 3 ZGB) verfährt das Gericht aufgrund grosser **Ermessensfreiheit bei der Ermittlung des Sachverhaltes**. Der Richter darf bei seinen Entscheidungen jedoch nicht über den Rahmen dessen hinausgehen, was die Parteien von ihm verlangen. Für Massnahmen betreffend Kinder gelten die Offizial- sowie die Untersuchungsmaxime.

09.66

Das kantonale Recht legt eventuelle kantonale **Rechtsmittel** fest. Auf Bundesebene ist die Berufung an das Bundesgericht ausgeschlossen, da es sich bei den meisten gerichtlichen Massnahmen naturgemäss um provisorische Massnahmen handelt und diese daher keine endgültigen Entscheide im Sinne des Art. 48 OG darstellen (BGE 116 II 21, BGE 115 II 297). Zulässig sind hingegen die beiden ausserordentlichen Rechtsmittel der zivilrechtlichen Nichtigkeitsbeschwerde (Art. 68 OG) sowie der staatsrechtlichen Beschwerde gegen einen kantonalen letztinstanzlichen Entscheid (beide mit beschränkten Rügegründen und beschränkter Kognition).

09.67

09.68   Kanton Bern: bezüglich den Eheschutzmassnahmen gilt das Summarverfahren (Art. 322 Abs. 1 ZPO i.V. mit Art. 2 EG ZGB). Der Entscheid unterliegt der Appellation innert einer Frist von 10 Tagen (Art. 336 Abs. 2 i.V. mit Art. 338 ZPO).

Kanton St. Gallen: bezüglich den Eheschutzmassnahmen gilt das Summarverfahren (Anhang II b Ziff. 21-24 der Zivilprozessverordnung). Der Entscheid unterliegt dem Rekurs innert 10 Tagen an den Einzelrichter des Kantonsgerichts (Art. 16 lit. a i.V.m. Art. 219 Abs. 1 ZPG).

Die Ehescheidung

§ 10   Die Ehescheidung

Literatur

BÄHLER DANIEL, Scheidungsrecht in erster Instanz, plädoyer 2002/1, S. 36 ff.; DERS., Die Vertretung des Kindes im Scheidungsprozess, Die Beistandschaft gemäss Art. 146 ZGB, ZVW 56/2001, S. 187 ff.; BALTZER-BADER CHRISTINE, Die Anhörung des Kindes – rechtliche Aspekte, ZVW 54/1999, S. 196 ff.; BAUMANN KATERINA/LAUTERBURG MARGARETA, Darf's ein bisschen weniger sein? Grundsätzliches und Strittiges beim Vorsorgeausgleich, FamPra 1/2000, S. 191 ff.; BOTSCHAFT über die Änderung des Schweizerischen Zivilgesetzbuches (Personenstand, Eheschliessung, Scheidung, Kindesrecht, Verwandtenunterstützungspflicht, Heimstätten, Vormundschaft und Ehevermittlung) vom 15. November 1995, in: BBl 1996 I, S. 1 ff.; BRÄM VERENA, Die Anhörung des Kindes aus rechtlicher Sicht, SJZ 95/1999, S. 309 ff.; BRUNNER ROLF, Die Berücksichtigung von Vorbezügen für Wohneigentum bei der Teilung der Austrittsleistungen nach Art. 122 ZGB, ZBJV 136/2000, S. 525 ff.; BURGER-SUTZ CHRISTINE, Die Kinderbelange unter altem und neuem Scheidungsrecht, Diss. Zürich 1998; CZITRON MICHEL, Die vorsorglichen Massnahmen während des Scheidungsverfahrens, Diss. St. Gallen 1995; DEILLON-SCHEGG BETTINA, Die gerichtliche Zusprechung eines dinglichen Wohnrechts an der „Wohnung der Familie„ nach dem revidierten Scheidungsrecht, recht 18/2000, S. 14 ff.; FANKHAUSER ROLAND, Die einverständliche Scheidung nach neuem Scheidungsrecht, Diss. Basel 1999; FELDER WILHELM/NUFER HEINZ, Richtlinien für die Anhörung des Kindes aus kinderpsychologischer/kinderpsychiatrischer Sicht gemäss Art. 12 der UNO-Konvention über die Rechte des Kindes, SJZ 95/1999, S. 318 f.; GABATHULER THOMAS, Eheschutz und neues Scheidungsrecht, plädoyer 2001/6, S. 36 ff.; GANTER RETO, Die Zuteilung von Haustieren im Scheidungsverfahren, FamPra 2/2001, S. 20 ff.; GEISER THOMAS, Bemerkungen zum Verzicht auf den Versorgungsausgleich im neuen Scheidungsrecht (Art. 123 ZGB), ZBJV 136/2000, S. 89 ff.; GUGLIELMONI MARIO/MAURI LORENZO/TREZZINI FRANCESCO, Besuchsrecht und Kinderzuteilung in der Scheidung: zur Aufgabe von Dogmen und zur Begehung neuer konstruktiver und evolutiver Wege, AJP 1999, S. 45 ff.; HAUSHEER HEINZ, Das neue (nicht allseits geliebte) Scheidungsrecht: wenigstens ein Anlass zu innovativem Methodenpluralismus?, ZBJV 136/2000, S. 369 ff.; DERS. (Hrsg.), Vom alten zum neuen Scheidungsrecht, Bern 1999; DERS., Die wesentlichen Neuerungen des neuen Scheidungsrechts, ZBJV 135/1999, S. 1 ff.; DERS., Die Familienwohnung im neuen Scheidungsrecht, mp 13/1999, S. 159; DERS., Neuere Tendenzen der bundesgerichtlichen Rechtsprechung im Bereiche der Ehescheidung, ZBJV 122/1986, S. 49 ff.; HAUSHEER HEINZ/GEISER THOMAS, Scheidungsunterhalt bei ausreichenden Mitteln, Bemerkungen zu BGE 127 III 136 ff., in: FS Druey, Freiburg 2002, S. 249 ff.; DIES., Zur Festsetzung des Scheidungsunterhalts bei fehlenden Mitteln im neuen Scheidungsrecht, ZBJV 134/1998, S. 93 ff.; HAUSHEER HEINZ/SPYCHER ANNETTE, Unterhalt nach neuem Scheidungsrecht, Bern 2001; DIES. (Hrsg.), Handbuch des Unterhaltsrechts, Bern 1997; DIES., Die verschiedenen Methoden der Unterhaltsberechnung, ZBJV 133/1997, S. 149 ff.; HINDERLING REGULA, Verschulden und nacheheliche Ehegattenunterhalt, Diss. Basel 2001; HINDERLING HANS/STECK DANIEL, Das schweizerische Ehescheidungsrecht unter besonderer Berücksichtigung der Rechtsprechung und des Expertenentwurfs der Scheidungsrechtsrevision, 4. Aufl., Zürich 1995; KIESER UELI, Ehescheidung und Eintritt des Vorsorgefalles der beruflichen Vorsorge – Hinweise für die Praxis, AJP 2001, S. 155 ff.; KOLLER THOMAS, Wohin mit der angemessenen Entschädigung nach Art. 124 ZGB? – oder: von der Mühe der Zivilgerichte im Umgang mit vorsorgerechtlichen Fragen, ZBJV 138/2002, S. 1; DERS., Vorbezüge für den Erwerb von Wohneigentum und Vorsorgeausgleich bei der Scheidung: Wer trägt den Zinsverlust? – Ein weiterer Diskussionsbeitrag, ZBJV 137/2001, S. 137 ff.; LEVANTE PATRIZIA, Die Wahrung der Kindesinteressen im Scheidungsverfahren – die Vertretung des Kindes im Besonderen, Diss. St. Gallen 2000; MICHELI JACQUES et al., Le nouveau droit du divorce, Lausanne 1999; PFISTER-LIECHTI RENATE (Hrsg.), De l'ancien au nouveau droit du divorce, Bern 1999; RHINER REGULA, Die Scheidungsvoraussetzungen nach revidiertem schweizerischem Recht (Art. 111-116 ZGB), Diss. Zürich 2000; RUMO-JUNGO ALEXANDRA, Die Unzumutbarkeit der Fortsetzung der ehelichen Gemeinschaft bzw. der Ehe nach altem und neuem Scheidungsrecht: übergangsrechtliche Probleme, recht 19/2001 S. 82 ff.; DIES., Die Scheidung auf

Klage, AJP 1999 S. 1531 ff.; SCHNYDER BERNHARD, Die ZGB-Revision 1998/2000, Zürich 1999; SCHWAB DIETER, Familiäre Solidarität, FamRZ 1997, S. 521 ff.; SCHWEIGHAUSER JONAS, Die Vertretung der Kindesinteressen im Scheidungsverfahren – Anwalt des Kindes, Diss. Basel 1997; SCHWENZER INGEBORG (Hrsg.), Praxiskommentar Scheidungsrecht, Basel 2000; DIES., Das clean break – Prinzip im nachehelichen Vermögensrecht, FamPra 1/2000, S. 609 ff.; DIES., Ehegattenunterhalt nach Scheidung nach der Revision des Scheidungsrechts, AJP 1999, S. 167 ff.; SPYCHER ANNETTE, Unterhaltsleistungen bei Scheidung: Grundlagen und Bemessungsmethoden, Diss. Bern 1996; STIFTUNG FÜR JURISTISCHE WEITERBILDUNG ZÜRICH (Hrsg.), Das neue Scheidungsrecht, Zürich 1999; SUTTER THOMAS/FREIBURGHAUS DIETER, Kommentar zum neuen Scheidungsrecht, Zürich 1999; VETTERLI ROLF, Die Scheidung auf Klage in der Praxis, AJP 2002, S. 102 ff.; DERS., Die Anhörung der Ehegatten, FamPra 2/2001, S. 59 ff.; DERS., Scheidungshandbuch, St. Gallen/Lachen 1998; WIRZ ANNATINA, Gemeinsame elterliche Gewalt geschiedener und nicht verheirateter Eltern, Diss. Basel 1994; WEBER ROGER, Anweisung an die Schuldner, Sicherstellung der Unterhaltsforderung und Verfügungsbeschränkung, AJP 2002, S. 235 ff.; WERRO FRANZ, L'obligation d'entretien après le divorce dans le nouveau Code civile, ZSR 1999, 1. Halbband, S. 113 ff.

I.   Allgemeine Charakterisierung des Scheidungsrechts

10.01   Die Ehescheidung beendet die Ehe. Sie erfolgt, weil die Lebensgemeinschaft als solche aus einem wichtigen Grund, nämlich zufolge einer nach dem Eheabschluss eingetretenen **Zerrüttung**, nicht mehr fortgesetzt werden soll.

10.02   Bei der Einführung des **Zivilgesetzbuches 1907** galt das damalige – und bis Ende 1999 dem Wortlaut nach unverändert gebliebene – Scheidungsrecht als besonders fortschrittlich und im internationalen Vergleich – nicht aber im Vergleich zur Scheidungsgesetzgebung des Bundes im 19. Jahrhundert – teilweise als bahnbrechend. Neben den besonderen Scheidungsgründen (aArt. 137-141 ZGB), die ein Verschulden oder eine unheilbare Geisteskrankheit voraussetzten, verallgemeinerte es in aArt. 142 ZGB den damals im ausländischen Recht noch weitgehend unbekannten Scheidungsgrund der unheilbaren Zerrüttung der ehelichen Verhältnisse. Entgegen den Erwartungen des Gesetzgebers wurden in der Gerichtspraxis nicht die besonderen Scheidungsgründe zur Regel, sondern dieser allgemeine Scheidungsgrund der tiefen Zerrüttung (1997: 98.9 % aller Scheidungen). Dazu kommt, dass in über 90 % dieser Fälle beide Ehegatten im Laufe des Verfahrens mit der Scheidung einverstanden waren, so dass sich die Konventionalscheidung seit langem in weiten Teilen der Schweiz eingebürgert hat, nachdem sie – mit allerdings beschränktem Anwendungsbereich – schon im 19. Jahrhundert gesetzlich vorgesehen, 1912 aber nicht ins ZGB übernommen worden war. Die besonderen Scheidungsgründe sind demgegenüber im Laufe der Zeit weitgehend obsolet geworden. Von der Gerichtspraxis wurde das Scheidungsrecht auch unabhängig von den Scheidungsgründen in Berücksichtigung der sich wandelnden gesellschaftlichen Verhältnisse und Wertvorstellungen ständig weiterentwickelt, bis schliesslich zwischen Gesetzestext und Scheidungswirklichkeit ein breiter Graben klaffte. Nicht zuletzt im Interesse der Rechtssicherheit wurde deshalb eine Gesetzesrevision beschlossen und durchgeführt. Das neue Ehescheidungsrecht ist am 1.1.2000 in Kraft getreten.

10.03   Das neue Scheidungsrecht geht weiterhin vom Zerrüttungsprinzip aus, hinsichtlich des Zerrüttungsnachweises soll jedoch das **Aufrollen der** letztendlich nicht erfreulichen **Ehegeschichte** nach Möglichkeit **vermieden** werden. Deshalb wird der Beweis des Scheiterns einer Ehe so weit wie möglich formalisiert. Die wirtschaftlichen Nebenfolgen werden ausgehend von objektiven Voraussetzungen so geregelt, dass ein ausgewogener Interessenausgleich zwischen den Ehegatten erreicht werden kann. Der **Verschuldensfrage** wird grundsätzlich kein, d.h. nur ausnahmsweise im Interesse der Einzelfallgerechtigkeit in besonders krassen Fällen noch ein gewisser Raum eingeräumt.

II. Die Scheidungsvoraussetzungen

1. Einleitung

Das Scheidungsrecht sieht **drei Scheidungsgründe** vor.   10.04

- Eine Ehe soll, wenn sie endgültig gescheitert ist, im Interesse aller Beteiligten nach Möglichkeit **einverständlich** geschieden werden (Art. 111 und 112 ZGB).

- Besteht unter den Eheleuten keine Einigkeit über die Scheidung, soll vor allem der **formalisierte Scheidungsgrund** des Ablaufs einer bestimmten Trennungszeit zum Zuge kommen (Art. 114 ZGB). Die Abklärung der Verschuldensfrage, das Aufrollen der Ehegeschichte und das „Waschen schmutziger Wäsche" soll damit soweit wie möglich vermieden werden.

- Nur subsidiär und im Interesse der Einzelfallgerechtigkeit, wenn das Abwarten der erforderlichen Trennungszeit als unannehmbar erscheint, steht zudem der Scheidungsgrund der **Unzumutbarkeit** der Fortsetzung der Ehe zur Verfügung (Art. 115 ZGB).

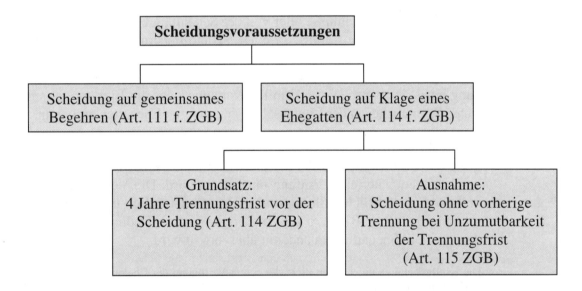

Alle drei Scheidungsgründe erlauben die Scheidung, weil die Ehe unter den gegebenen   10.05
Voraussetzungen als endgültig gescheitert (d.h. **zerrüttet**) gelten muss.

2. Die Scheidung auf gemeinsames Begehren

a) *Allgemeines*

Der Reformgesetzgeber ist davon ausgegangen, dass eine Ehe dann gescheitert ist,   10.06
wenn beide Ehegatten sich einig sind, dass ihre Ehe geschieden werden soll.
Scheidungsgrund ist der ernsthafte, d.h. wohlüberlegte und nicht mangelbehaftete **gemeinsame Scheidungswille**. Dieser Scheidungstypus setzt somit nicht

mehr voraus, dass über das Fehlverhalten von Ehefrau und Ehemann zu Gericht gesessen wird: die Verschuldensfrage wird nicht geprüft. Im Unterschied zum alten Recht entfällt zudem jede auch nur summarische Prüfung (der Begründetheit) der Gründe, die ein Paar dazu bewogen hat, sich für eine Scheidung zu entschliessen. Allerdings ist die Ernsthaftigkeit des Scheidungswillens gerichtlich festzustellen (vgl. Rzn 10.11 ff.). Die Scheidung auf gemeinsames Begehren soll eine Konfliktbewältigung sein, welche die Scheidungsparteien selbst in die Hand nehmen. Dabei sollen sie vor Verfahrensbeginn von Mediatorinnen und Mediatoren sowie von Anwältinnen und Anwälten und während des Verfahrens nötigenfalls durch die gerichtlichen Instanzen unterstützt werden.

b)   Vollständige Einigung

10.07   Bei einer Scheidung auf gemeinsames Begehren mit vollständiger Einigung sind sich die Ehegatten im Zeitpunkt der Einreichung über das **Scheidungsbegehren und alle Scheidungsfolgen** einig (Art. 111 ZGB). Gleichgestellt ist grundsätzlich der Fall, dass die Vereinbarung über alle Scheidungsfolgen erst im Laufe des Verfahrens erzielt wird.

10.08   Eine umfassende Einigung über die Scheidungsfolgen setzt eine sorgfältige Planung der Lebensverhältnisse aller von der Scheidung betroffenen Personen für die Nachscheidungsphase voraus. In einer **Scheidungskonvention** sind die Kinderbelange (Rz 10.10), der nacheheliche Unterhalt, die Aufteilung der beruflichen Vorsorge, die güterrechtliche Auseinandersetzung sowie allenfalls die Übertragung eines Mietvertrags der Familienwohnung oder die Einräumung eines befristeten Wohnrechts an der Liegenschaft des anderen Ehegatten zu regeln.

10.09   Zur Rechtsverbindlichkeit der Scheidung bedarf es einer **gerichtlichen Genehmigung** (Art. 140 ZGB), mit der die private Einigung einer formellen und einer eingeschränkten materiellen Prüfung unterzogen wird. Die Vereinbarung muss **klar, vollständig, rechtlich zulässig und nicht offensichtlich unangemessen** sein (so schon BGE 119 II 301 E. 3b zum bisherigen Recht). Dadurch soll verhindert werden, dass ein Ehegatte vom anderen übervorteilt wird.

10.10   Die **Kinderbelange** unterstehen nicht der freien Verfügung der Eheleute, sondern unterliegen der Offizial- und Untersuchungsmaxime (Art. 145 ZGB, Rz 10.125). Die Eltern können daher in diesem Bereich keine Vereinbarung schliessen, sondern bloss gemeinsame, d.h. übereinstimmende Anträge zur elterlichen Sorge, zur Ausgestaltung des persönlichen Verkehrs des nicht sorgeberechtigten Elternteils und zum Kinderunterhalt stellen. Das Gericht hat jedoch den gemeinsamen Antrag der Eltern und, soweit tunlich, auch die Meinung des Kindes zu berücksichtigen (Art. 133 Abs. 2 ZGB).

10.11   Gewisse **Verfahrensvorschriften** in Art. 111 ZGB sollen sicherstellen, dass die Eheleute ihren Scheidungsentschluss aus freiem Willen und nach reiflicher Überlegung getroffen haben:

10.12   • Getrennte und gemeinsame **Anhörung** der Ehegatten

Ziel dieser Anhörung ist es, festzustellen, ob das Scheidungsbegehren und die Vereinbarung über die Nebenfolgen in ihrer Bedeutung auch wirklich erfasst werden. Auf keinen Fall darf ein Ehegatte auf den anderen Druck ausgeübt oder in sonst unzulässiger Weise seinen Willen beeinflusst haben. Bei beiden muss die feste Überzeugung bestehen, dass es besser ist, die Ehe aufzulösen, statt sie fortzusetzen. Die Gründe der Zerrüttung hat das Gericht nicht zu überprüfen.

- **Bedenkfrist** von zwei Monaten   10.13

    Die zweimonatige Bedenkfrist ist ein Übereilungsschutz und darf erst angesetzt werden, wenn dem Gericht eine genehmigungsfähige Scheidungskonvention (Art. 140 Abs. 2 ZGB) und Anträge betreffend die Kinder vorliegen, denen voraussichtlich entsprochen werden kann. Sie darf vom Gericht weder verkürzt noch verlängert werden.

- **Schriftliche Bestätigung** des Scheidungswillens, der Scheidungskonvention   10.14
    und der gemeinsamen Anträge für die Kinder durch die Ehegatten

    Der Ablauf der zweimonatigen Bedenkfrist ist Gültigkeitserfordernis für die Bestätigung. Diese ist von beiden Ehegatten persönlich zu unterzeichnen. Auf besondere gerichtliche Anordnung hin kann sie durch eine zweite Anhörung ersetzt werden. Mit der schriftlichen Bestätigung wird die Zustimmung zur Scheidung und zur Konvention über die Scheidungsfolgen grundsätzlich unwiderruflich. Nur noch in gegenseitigem Einverständnis kann das gemeinsame Scheidungsbegehren zurückgezogen werden. Ob dem Gericht nach der schriftlichen Bestätigung die Nichtgenehmigung der Vereinbarung beantragt werden kann, hängt vom kantonalen Prozessrecht ab (SUTTER/FREIBURGHAUS, Art. 111, N 47; vgl. Entscheid des KGer ZG vom 13. September 2000, FamPra 2/2001, S. 110, Nr. 7).

Haben beide Seiten nach Ablauf der Bedenkfrist ihren Scheidungsentschluss und   10.15
die Vereinbarung über die Folgen schriftlich bestätigt und hält das Gericht die Vereinbarung für genehmigungsfähig, wird die Scheidung ausgesprochen und die Vereinbarung über die Scheidungsfolgen genehmigt. Die von den Eheleuten getroffenen Regelungen werden Bestandteil des **Scheidungsurteils** (Art. 140 Abs. 1 ZGB).

c) *Teileinigung*

Bei der Scheidung auf gemeinsames Begehren mit Teileinigung sind sich die   10.16
Ehegatten im Zeitpunkt der Einreichung des Begehrens über den **Scheidungswillen** einig, können sich aber über die Scheidungsfolgen ganz oder teilweise nicht verständigen und ersuchen deshalb gemeinsam das Gericht um Entscheidung (Art. 112 ZGB). Unerlässlich ist, dass die Ehegatten gemeinsam und ausdrücklich den Willen bekunden, an der Scheidung trotz der Ungewissheit festzuhalten, wie die **strittigen Folgen** durch das Gericht entschieden werden. Zu den Scheidungsfolgen, über die sie sich nicht einig sind, stellt jeder Ehegatte seine Rechtsbegehren, bringt die massgeblichen Tatsachenbehauptungen vor und reicht Beweisanträge ein.

Bezüglich allen Punkten, über die sich die Scheidungspartner einig sind, ist gleich   10.17
vorzugehen **wie bei der umfassenden Einigung** (Art. 112 Abs. 2 ZGB). So hört das Gericht die Ehegatten zum gemeinsamen Scheidungsbegehren, zu den Scheidungsfolgen, über die sie sich geeinigt haben sowie zur Erklärung, dass die übrigen Folgen gerichtlich zu beurteilen sind, an (Art. 112 Abs. 2 ZGB). Mit der schriftlichen Bestätigung des Scheidungswillens und der Scheidungskonvention nach Ablauf der zweimonatigen Bedenkfrist sind die Ehegatten gebunden. Über die noch offenen Fragen wird dagegen in einem **anschliessenden streitigen Verfahren** entschieden. Einigen sich die Parteien im Verlaufe des streitigen Verfahrens, ist umstritten, ob erneut eine Bedenkfrist anzusetzen ist.

10.18   Abschliessend erlässt das Gericht ein **Gesamturteil** (Art. 112 Abs. 3 ZGB), das sowohl die durch eine Vereinbarung geregelten Scheidungsfolgen als auch die vom Gericht entschiedenen strittigen Fragen umfasst.

d)   *Wechsel vom gemeinsamen Scheidungsbegehren zur Scheidungsklage*

10.19   Gelangt das Gericht zum Entscheid, dass die **Voraussetzungen** für eine Scheidung auf gemeinsames Begehren **nicht erfüllt** sind, so setzt es jedem Ehegatten eine Frist an, um das Scheidungsbegehren durch eine (einseitige) Klage zu ersetzen (Art. 113 ZGB).

10.20   Hat ein Ehegatte einen **Scheidungsanspruch nach Art. 114 oder 115 ZGB**, wurde das Verfahren aber gestützt auf ein gemeinsames Begehren eingeleitet, können durch die Einreichung der Scheidungsklage die Zuständigkeit des Gerichts (Art. 135 Abs. 1 ZGB i.V.m. Art. 15 GestG), die Rechtshängigkeit des Verfahrens (Art. 136 ZGB) und allfällige vorsorgliche Massnahmen (Art. 137 ZGB) aufrecht erhalten werden. Weil die Rechtshängigkeit beim Wechsel zur Klage weiter besteht, wird auch die Auflösung des Güterstandes auf den Tag der Einreichung des gemeinsamen Scheidungsbegehrens zurückbezogen (Art. 204 Abs. 2 und 236 Abs. 2 ZGB).

10.21   **Keine Anwendung** findet Art. 113 ZGB, wenn ein durch eine Scheidungsklage eingeleitetes Scheidungsverfahren gestützt auf Art. 116 ZGB in ein Verfahren nach Art. 112 gewechselt hat (vgl. Rz 10.28). Sind in diesen Fällen die Voraussetzungen für eine Scheidung auf gemeinsames Begehren nicht erfüllt, geht das Verfahren gestützt auf die ursprünglich eingereichte Scheidungsklage oder die Widerklage weiter.

3.   Scheidung auf Klage eines Ehegatten

a)   *Klage nach Getrenntleben*

10.22   Die Scheidung auf Klage eines Ehegatten ist für Fälle vorgesehen, in denen sich der andere Ehegatte nicht scheiden lassen will und darum kein gemeinsames Begehren zustande kommt. Auf die Zuweisung von Schuld und Verantwortlichkeit wird dabei verzichtet, der Scheidungsgrund so weit wie möglich formalisiert. Angeknüpft wird an eine bestimmte Trennungsdauer: Leben die Ehegatten seit mindestens **vier Jahren getrennt**, kann jeder von ihnen die Scheidung auch gegen den Widerstand des anderen durchsetzen (Art. 114 ZGB). Nach dieser Trennungszeit ist das Gericht an die Fiktion, dass die Ehe unheilbar zerrüttet und damit endgültig gescheitert ist, gebunden. Der Beweis des Gegenteils ist ausgeschlossen.

10.22 a   Art. 114 ZGB ist auch auf sogenannte „Scheinehen" (vgl. Rz 05.17) anwendbar (BGE 127 III 344 E. b).

10.23   Die Trennungsfrist beginnt in dem Zeitpunkt zu laufen, in welchem ein Ehegatte das eheliche Zusammenleben willentlich aufgibt, weil er die eheliche Gemeinschaft ablehnt. Das massgebende Getrenntleben besteht darin, dass die Eheleute nicht mehr in einer umfassenden körperlichen, geistig-seelischen und wirtschaftlichen Lebensgemeinschaft verbunden sind. Ein rein **faktisches**, als solches **gewolltes Getrenntleben** genügt. Die Aufhebung des gemeinsamen Haushaltes im Sinne von Art. 175 f. (Rzn 09.25 ff.) ist nicht unbedingt notwendig. Ein kurzer, erfolgloser Versuch, das Zusammenleben wieder aufzunehmen, hat keinen Einfluss auf den Ablauf der Trennungsfrist. Eheerhaltende Massnahmen sollen nicht unterbleiben, weil ein Ehegatte Rechtsnachteile befürchten muss.

Die vierjährige Frist muss **bei Eintritt der Rechtshängigkeit**, d.h. bei Klageanhebung (Art. 136 Abs. 2 ZGB) oder beim Verfahrenswechsel gemäss Art. 113 ZGB (vgl. Rz 10.19) abgelaufen sein. Ist dies nicht der Fall, muss die Klage abgewiesen werden. Einem Ehegatten steht es aber jederzeit frei, eine neue Klage einzureichen, sobald die zeitliche Voraussetzung für die Scheidung nach Art. 114 ZGB erfüllt ist. Der Beweis des vierjährigen Getrenntlebens obliegt dem klagenden Ehegatten (Art. 8 ZGB). 10.24

b) *Unzumutbarkeit der Fortsetzung der Ehe*

Weil der formalisierte Scheidungsgrund der faktischen Trennung eine verhältnismässig lange Trennungsfrist von vier Jahren erfordert, stellt das Gesetz mit Art. 115 ZGB einen weiteren, **subsidiären Scheidungsgrund** zur Verfügung. Dieser soll in jenen Ausnahmefällen zur Anwendung kommen, in welchen ein Ehegatte mit der Scheidung nicht einverstanden und dem anderen die **Fortsetzung der Ehe** noch während vier Jahren **nicht zumutbar** ist. Gemäss BGE 127 III 132 geht es dabei «nicht mehr um die Unzumutbarkeit des Zusammenlebens, sondern um die seelisch begründete Unzumutbarkeit der rechtlichen Verbindung». Es handelt sich dabei um einen Auffangtatbestand, dem die Bedeutung eines Notventils für Härtefälle zukommt. 10.25

Materielle Voraussetzung für eine Scheidung nach Art. 115 ZGB ist, dass einem Ehegatten die Fortsetzung der Ehe aus schwerwiegenden Gründen, die ihm nicht zuzurechnen sind, nicht zugemutet werden kann. Dies ist dann der Fall, wenn die Ehe ihren inneren Gehalt und ihren Sinn als Lebensgemeinschaft verloren hat und das Abwarten der vierjährigen Trennungsfrist offensichtlich nicht vertretbar ist. Die **schwerwiegenden Gründe**, die zur Scheidung Anlass geben, müssen entweder objektiver Natur sein oder dem beklagten Ehegatten zugerechnet werden können. Dies bedeutet nicht, dass ein Verschulden vorliegen muss. Es genügt, wenn die schwerwiegenden Gründe in der Person des beklagten Ehegatten liegen. Hingegen darf derjenige Ehegatte, welcher die Scheidung verlangt, die Gründe für die unzumutbaren ehelichen Verhältnisse nicht selber verursacht haben. Sind die schwerwiegenden Gründe dem klagenden Ehegatten zurechenbar, kann die Scheidung gegen den Willen des Partners vor Ablauf der vierjährigen Trennungszeit nicht durchgesetzt werden. Eine – im Vergleich zu den objektiven Zerrüttungsursachen oder dem Verhalten des Ehepartners – untergeordnete Mitverantwortung eines Ehegatten schliesst jedoch den Anspruch nach Art. 115 ZGB nicht aus. Ob ein schwerwiegender Grund im Sinne von Art. 115 ZGB gegeben ist oder ob dem klagenden Ehegatten das Abwarten der Vierjahresfrist zugemutet werden kann, soll sich nach höchstrichterlicher Rechtsprechung nach Recht und Billigkeit im Sinne von Art. 4 ZGB beurteilen (BGE 127 III 134; BGE 127 III 346). Damit besteht – einmal abgesehen von der hierfür erforderlichen Verfahrensdauer, die dem Sinn und Zweck von Art. 115 ZGB nämlich einer Abkürzung der Vierjahresfrist eher entgegensteht – indessen die Gefahr, dass gesamtschweizerisch keine einheitliche Rechtsprechung erzielt werden kann. 10.26

10.27   Nur schwerwiegende Gründe vermögen eine Scheidung gestützt auf Art. 115 ZGB zu rechtfertigen, wobei ein **strenger Massstab** anzulegen ist, damit der formalisierte Scheidungsgrund von
Art. 114 ZGB nicht seine Bedeutung verliert. So stellen Beeinträchtigungen, die normalerweise
mit einer Scheidung einhergehen, grundsätzlich keine schwerwiegenden Gründe dar
(BGE 128 III 3). Gemäss Bundesgericht ist es aber abzulehnen, aus gesetzgebungspolitischen
Überlegungen an das Vorliegen schwerwiegender Gründe besonders hohe Anforderungen zu stellen (BGE 128 III 3; BGE 127 III 132 ff. E. 3); indessen ist nicht zu übersehen, dass der Zweck des
Art. 115 ZGB gerade darin besteht, nicht wie beim Konkubinat jederzeit unfreiwillig „verstossen"
zu werden. Auch wenn in BGE 127 III 134 gesagt wird: «Art. 115 ZGB ist bewusst offen formuliert, damit die Gerichte den Umständen des Einzelfalles Rechnung tragen können», entbindet dies
deshalb nicht davon, die Verhaltensweise desjenigen Ehegatten, der sich der Scheidung widersetzt,
nach allgemeinen Kriterien auf die Unzumutbarkeit für den Scheidungswilligen hin zu prüfen, das
Eheband während der Trennungsfrist gemäss Art. 114 ZGB andauern zu lassen. Dabei zeigt sich,
dass auch die bundesgerichtliche Zurückhaltung oder gar Weigerung in BGE 127 III 134 (vgl.
auch schon BGE 126 III 404), klar umschriebene Fallgruppen schwerwiegender Gründe zu bilden,
in der bisher ergangenen Rechtsprechung nicht durchzuhalten war:

- **Schwerste körperliche Attacken** als Ausdruck der Missachtung des Partners bedeuten einen
  schwerwiegenden Grund, der zur (seelischen) Unzumutbarkeit einer andauernden rechtlichen
  Verbindung führt (BGE 127 III 129). Unzureichend ist demgegenüber ein singulärer Übergriff
  in Form einer Tätlichkeit (BGE vom 18. Mai 2001 [5C.35/2001]).

- **Psychische Krankheit**: Gemäss BGE 128 III 1 ist der Klägerin angesichts der Hartnäckigkeit
  und Intensität, mit welcher der Beklagte sie in ihrem Privatleben beeinträchtigt hatte, und
  angesichts der kurzen Dauer der Ehe ein Ertragen des Ehebandes bis zum Ablauf der vierjährigen Trennungsfrist nicht zumutbar.

- **Belästigung und Verfolgung**: Die Fortsetzung der Ehe ist gemäss BGE vom 6. August 2001
  [5C.141/2001] unzumutbar und unerträglich, wenn der Ehepartner den anderen systematisch
  und zeitaufwendig überwacht, massiv belästigt, ganz erheblich verunglimpft und in seinem
  Bekanntenkreis herabwürdigt.

- Auch das **Gesamtbild verschiedener Umstände** kann so schwer wiegen, dass die Aufrechterhaltung der Ehe als bloss rechtliche Verbindung bis zum Ablauf der vierjährigen Trennungszeit nicht zugemutet werden darf: Kurze Ehedauer, neue gefestigte Beziehung, gesundheitliche Beschwerden, die trotz der tatsächlichen Ehetrennung anhalten (BGE vom
  17. Januar 2002 [5C.262/2001]. Unzureichend im Hinblick auf Art. 115 ZGB waren dagegen
  ein nicht ausgeräumter Verdacht eines Vermögensdelikts gegen den Ehemann und die Be-
  fürchtung, dass die Ehefrau in der Trennungszeit ihn beerben könnte (BGE vom
  20. Februar 2002 [5C.221/2001]).

- Sogenannte „Scheinehe" (vgl. Rz 05.17): Nach BGE 127 III 342 E. 3b und 3d ist derjenigen
  Partei, welche die Ehe willentlich zum Zweck eingegangen ist, nur eine akzessorische Ne-
  benwirkung zu erzielen und nicht die Lebensgemeinschaft als solche anzustreben, die Berufung auf Art. 115 ZGB in der Regel versagt. Noch eindeutiger sodann BGE vom 14. Mai 2001
  [5C.85/2001]. Dagegen ist gemäss BGE 127 III 347 die vorzeitige Eheauflösung eines gutgläubigen Klägers, der die Ehe mit der vor einer Ausweisung bedrohten Partnerin auch tatsächlich wollte, gegenüber der bösgläubigen Ehefrau gutzuheissen. Gutheissung der Scheidungsklage aufgrund von Art. 115 ZGB auch bei Täuschung über die wahren Eheabsichten:
  Der andere Ehegatte spielte den Willen zur Begründung einer Lebensgemeinschaft vor, um
  durch Eingehung der Ehe in die Erbenstellung zu gelangen (BGE vom 22. Januar 2002
  [5C.272/2001]; vgl. auch BGE vom 26. April 2001 [5C.63/2001]) Zur **nicht konsumierten
  Ehe von kurzer Dauer** siehe BGE vom 14. Mai 2002 [5C.18/2002].

10.27 a   Weiter werden u.a. von ROLF VETTERLI, AJP 2002, S. 102 ff. folgende Fallgruppen schwerwiegender Gründe in Erwägung gezogen (vgl. auch DANIEL BÄHLER, plädoyer 2002/1, S. 36 ff.):

- **Schwere Straftat**: Wer vorsätzlich das Leben oder die Gesundheit anderer Menschen verletzt,
  erschwert es dem Ehegatten besonders stark, noch auf Zeit verheiratet zu bleiben, weil dieser

dem andern keine Achtung mehr entgegenbringen kann und zudem in seinem eigenen Ruf getroffen ist.

- **Im-Stiche-Lassen der Familie**: Wer sich lange Zeit ohne Nachricht von der Familie absetzt und diese allenfalls wirtschaftlich in Schwierigkeiten bringt, kann nicht erwarten, dass die Ehe – und sei es nur dem Bande nach – weitergeführt wird.

- **Hinwendung zu einem neuen Partner**: Wer nach Aussen durch Begründung einer neuen Lebensgemeinschaft den Anschein einer festen sozialen Verbindung erweckt, hat sich von der Ehe derart abgekehrt, dass die Aufrechterhaltung des blossen Ehebandes als widersprüchlich erscheinen muss.

c)   *Zustimmung zur Scheidungsklage oder Widerklage*

Verlangt ein Ehegatte die Scheidung nach Getrenntleben (Art. 114 ZGB) oder wegen Unzumutbarkeit (Art. 115 ZGB) und stimmt der andere Ehegatte ausdrücklich zu oder erhebt er Widerklage, so besteht über den Scheidungswillen Einigkeit: beide Ehegatten wollen die Ehe auflösen. Nur die Scheidungsfolgen sind ganz oder teilweise strittig. In solchen Fällen sind die **Bestimmungen über die Scheidung auf gemeinsames Begehren** (Art. 111 und 112 ZGB) sinngemäss anwendbar (Art. 116 ZGB). Scheidungsgrundlage ist dann nicht mehr Art. 114 oder 115 ZGB, sondern Art. 112 ZGB, da eine vollständige Einigung über die Scheidungsfolgen (Art. 111 ZGB) wohl kaum gegeben ist. **10.28**

Keine Anwendung findet Art. 116 ZGB, wenn das Scheidungsverfahren durch ein gemeinsames Begehren eingeleitet wurde, in einem späteren Zeitpunkt jedoch ein Wechsel zur Scheidung auf Klage stattgefunden hat (vgl. Rz 10.19), weil die Voraussetzungen von Art. 111 bzw. 112 ZGB nicht erfüllt waren. In diesem Stadium soll nicht noch einmal zur Scheidung auf gemeinsames Begehren gewechselt werden, sonst besteht die Gefahr eines dauernden Hin und Her, ohne dass es zu einem Urteil kommt. Vielmehr hat das Gericht auf die Scheidungsklage und gegebenenfalls auf die Widerklage materiell einzutreten. **10.29**

Sinngemässe Anwendung der Bestimmungen über die Scheidung auf gemeinsames Begehren bedeutet, dass davon ausgegangen werden darf, dass beide Parteien damit einverstanden sind, das Gericht die strittigen Scheidungsfolgen autoritativ entscheiden zu lassen. Ein gemeinsames Gesuch i.S. von Art. 112 Abs. 1 ZGB ist deshalb nicht nötig. Unerlässlich ist jedoch, dass das Gericht die Anhörung und die zweimonatige Bedenkzeit beachtet. Ist ein Ehegatte nach Ablauf der Frist mit der Scheidung nicht mehr einverstanden, so dass es an einer schriftlichen Bestätigung fehlt, gilt dies als Rückzug der Scheidungsklage bzw. der Widerklage. **10.30**

4.   Schematische Übersicht

10.31

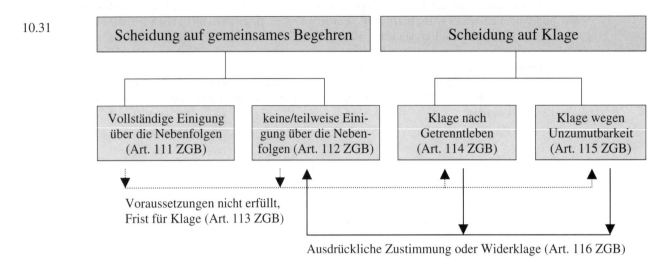

III.   Die persönlichen Wirkungen der Ehescheidung

10.32   Das Scheidungsurteil entfaltet als **Gestaltungsurteil** seine Wirkungen ex nunc. Gewisse Wirkungen der Ehe bestehen jedoch nach der Scheidung weiter. Sie betreffen hauptsächlich den Status der früheren Ehegatten sowie die verwandtschaftlichen Verhältnisse.

10.33   Beispiele:

- **Zivilstand**: geschieden, nicht ledig (zu einem besonders weiten Verständnis dieses Begriffs vgl. Rz 07.24).

- **Verwandtschaft**: Schwägerschaft bleibt auch nach der Scheidung bestehen (Ausstandsgrund im öffentlichen Recht).

- **Name und Bürgerrecht**: Der Ehegatte, der seinen Namen geändert hat, behält den bei der Heirat erworbenen Familiennamen, sofern er nicht binnen einem Jahr nach Rechtskraft des Scheidungsurteils gegenüber der Zivilstandsbeamtin erklärt, dass er den angestammten Namen oder den Namen, den er vor der Heirat trug, wieder führen will (Rzn 07.14 ff.). Das Kantons- und Gemeindebürgerrecht wird von der Scheidung nicht berührt (Art. 119 ZGB, Rz 07.25).

IV.   Die wirtschaftlichen Nebenfolgen der Ehescheidung

1.   Güterrechtliche Auseinandersetzung

10.34   Die güterrechtliche Auseinandersetzung vollzieht sich nur insofern nach besonderen **Vorschriften für den Scheidungsfall**, als die einzelnen Güterstände dies besonders vorsehen (Art. 120 ZGB). Im Rahmen der Errungenschaftsbeteiligung ist Art. 217 ZGB zu beachten, wonach ehevertragliche Modifikationen der Vorschlagsbeteiligung nur gelten, wenn sie für die Scheidung ausdrücklich vorgesehen sind (Rz 12.190). Bei der Gütergemeinschaft gilt Art. 242 ZGB, wonach unbesehen um das Gesamtgut jeder Geschiedene jene Vermögenswerte zurücknimmt, die unter dem ordentlichen gesetzlichen

Güterstand sein Eigengut wären (Rz 13.44). Insofern erfolgt – von Gesetzes wegen und nach h.L. zwingend - eine Umwandlung in eine Errungenschaftsgemeinschaft. Im Übrigen gelten hier besondere ehevertragliche Teilungsvorschriften für das Gesamtgut nur, sofern sie ausdrücklich auch für den Scheidungsfall vereinbart worden sind (Art. 242 Abs. 3 ZGB). Vgl. zum Güterrecht sodann hinten, §§ 11-14, insbesondere zur güterrechtlichen Auseinandersetzung bei der Errungenschaftsbeteiligung Rzn 12.163 ff.

2. Wohnung der Familie

a) Zweck von Art. 121 ZGB

Die Wohnung hat für die Familie eine grosse soziale Bedeutung. Wird eine Ehe geschieden, kann es für einen Ehegatten und/oder für die Kinder besonders wichtig sein, in der bisherigen Wohnung bleiben zu dürfen. Deshalb kann das Gericht nach Art. 121 ZGB einem Ehegatten die **Rechte und Pflichten aus dem Mietvertrag** allein **übertragen**, wenn dieser wegen der Kinder oder aus anderen wichtigen Gründen (vgl. Rz 10.38) auch nach der Scheidung auf die Familienwohnung (im Sinne von Art. 169 ZGB, vgl. Rzn 08.97 ff.) angewiesen ist. Dabei spielt keine Rolle, ob bisher ein Ehegatte allein oder beide Ehegatten Vertragsparteien waren.   10.35

Steht die Familienwohnung im Eigentum eines Ehegatten, so kann das Gericht dem anderen unter den gleichen Voraussetzungen wie für die Miete, allerdings nur gegen eine angemessene Entschädigung bzw. auf Anrechnung an einen Unterhaltsanspruch, ein befristetes **Wohnrecht** nach Art. 776 ff. ZGB einräumen (Art. 121 Abs. 3 ZGB).   10.36

Das Überlassen der ehelichen Wohnung an den bisher nur mitbenutzenden bzw. nur teilberechtigten Ehegatten stellt keine zusätzliche Leistung seitens des anderen geschiedenen Ehegatten dar. Es handelt sich dabei vielmehr um eine bestimmte Form des **nachehelichen Unterhaltsbeitrages** oder, wenn der Berechtigte für den Mietzins aufkommen muss bzw. für das Wohnrecht eine entsprechende Entschädigung zu erbringen hat, um einen Gesichtspunkt, der bei der Berechnung des nachehelichen Unterhaltsbedarfes und somit bei der Festlegung des Unterhaltsanspruchs (Rzn 10.70 ff.) zu berücksichtigen ist.   10.37

b) Voraussetzungen

Die Übertragung des Mietvertrages oder die Einräumung eines Wohnrechts setzt grundsätzlich voraus, dass dies aus einem **wichtigen Grund** notwendig ist. Das Vorhandensein eines solchen beurteilt sich nach gerichtlichem Ermessen im Sinne von Art. 4 ZGB und erfordert eine Interessenabwägung, welche auch den konkreten Bedürfnissen des bisher Berechtigten Rechnung trägt. Dabei sind nicht nur gegenseitige Bedürfnisse im Sinne von objektiven Kriterien zu berücksichtigen, sondern es ist auch der subjektiv zu beurteilenden Zumutbarkeit Rechnung zu tragen.   10.38

Beispiele wichtiger Gründe: 10.39

- Eigenen (gemeinsamen oder nichtgemeinsamen) **Kindern** sollen die bisherigen Lebensumstände nach Möglichkeit erhalten bleiben.

- Besonderes Bedürfnis eines Ehegatten hinsichtlich der **Berufsausübung**.

- Besondere **Einrichtung** der bisherigen Familienwohnung im Hinblick auf die Invalidität eines Ehegatten.

10.40   Vorausgesetzt ist neben einem wichtigen Grund, dass die bisherige Familienwohnung angesichts von zwei getrennten Haushalten den **nachehelichen Verhältnissen** des Ansprechers entspricht, d.h. weder räumlich unangemessen noch hinsichtlich der finanziellen Belastung unverhältnismässig erscheint. Ausserdem muss die Übertragung des Mietverhältnisses, insbesondere aber die Einräumung eines Wohnrechts nicht nur für den anspruchsberechtigten Ehegatten besonders wichtig, sondern für den Betroffenen auch zumutbar sein.

c)   Modalitäten

aa)   Mietwohnung

10.41   Lag der Familienwohnung ein Mietverhältnis zu einem Dritten zugrunde, ermöglicht Art. 121 ZGB ein gerichtliches Gestaltungsurteil zum Zwecke des Gläubiger- und Schuldnerwechsels. Die Interessen des Vermieters, der zum Wechsel nicht zuzustimmen braucht, bleiben dadurch geschützt, dass der **bisherige Mieter** für den Mietzins **solidarisch weiter haftet**. Dies bis zu dem Zeitpunkt, in dem das Mietverhältnis gemäss Vertrag oder Gesetz endet, höchstens aber für zwei Jahre (Art. 121 Abs. 2 ZGB). Wird der bisherige Mieter für den Mietzins belangt, kann er den bezahlten Betrag ratenweise in der Höhe des monatlichen Mietzinses mit den Unterhaltsbeiträgen, die er dem anderen Ehegatten schuldet, verrechnen (Art. 121 Abs. 2 ZGB).

bb)   Einräumung eines Wohnrechts

10.42   Währenddem die Übertragung des Mietverhältnisses auf einen geschiedenen Ehegatten zu einer verhältnismässig kurzfristigen Ablösung des anderen führt, ist dies bei der Begründung eines Wohnrechts gegenüber dem Eigentümerehegatten nicht der Fall. Angesichts der durch das Wohnrecht bewirkten starken faktischen Beschränkung der Verfügungsmöglichkeiten des Eigentümers sieht Art. 121 Abs. 3 ZGB von Gesetzes wegen von vornherein eine **Befristung** vor. Das Gericht hat die Zeitdauer des eingeräumten Rechts unter Berücksichtigung aller Umstände des Einzelfalles festzusetzen, wobei es sich in erster Linie nach dem wichtigen Grund (Rz 10.38 f.) zu richten hat.

10.43   Beispiele:

- Ältere Kinder verlassen binnen kürzerer Frist den mit der elterlichen Sorge und Obhut betrauten Elternteil, so dass sich nur ein relativ kurz befristetes Wohnrecht rechtfertigt.

- Kleinere Kinder bedürfen noch während längerer Zeit der elterlichen Erziehung und Pflege, so dass sich allenfalls ein längerfristiges Wohnrecht rechtfertigt.

10.44   Ist ein befristetes Wohnrecht eingeräumt worden, kann ein nachträglicher wichtiger Grund, der für eine Abkürzung des Wohnrechts spricht (z.B. Wiederverheiratung oder Unfalltod eines Kindes), zur **vorzeitigen Aufhebung** dieses Rechts führen. Unerheblich ist, ob der nachträglich eingetretene wichtige Grund sich auf

Seiten des Verpflichteten oder des Berechtigten verwirklicht hat. Er führt höchstens zu einer Verkürzung, nicht jedoch zu einer Verlängerung des Wohnrechts.

Das Wohnrecht, das im Grundbuch eingetragen wird, ist nicht unentgeltlich. Der 10.45
Wohnberechtigte muss eine **angemessene Entschädigung** leisten. Diese wird zwischen den geschiedenen Ehegatten vereinbart und gemäss Art. 140 ZGB gerichtlich genehmigt oder kann vom Gericht selber bestimmt werden. Bei der Bemessung dieser Entschädigung ist grundsätzlich vom Verkehrswert der Liegenschaft auszugehen. Das Erfordernis der Angemessenheit besagt jedoch, dass das Gericht die konkreten Verhältnisse umfassend würdigen muss.

Da eine allfällige **Hypothek** gegenüber dem Wohnrecht Vorrang hat, läuft der Berechtigte Gefahr, 10.46
dass im Verwertungsfall (z.B. wegen nicht bezahlter Hypothekarzinsen) die Liegenschaft ohne Wohnrecht auf einen Dritten übertragen wird. Es empfiehlt sich daher eine Vereinbarung unter den Ehegatten, wonach der Wohnberechtigte im internen Verhältnis die Bezahlung der Hypothekarzinsen übernimmt.

3. Berufliche Vorsorge

a) *Altersvorsorge im Allgemeinen*

Der eheliche Unterhalt erfasst auch eine hinreichende Altersvorsorge. Diese be- 10.47
ruht auf dem verfassungsmässig verankerten sogenannten **Drei-Säulen-Prinzip** (Art. 111 BV):

- Der während der Ehe aufgrund der **ersten Säule** (AHV/IV) geäufnete Versi- 10.48
cherungsschutz ist im Rahmen des Ehegattensplittings (Art. 29^{quinquies} Abs. 3, Art. 29^{sexies} Abs. 3 und Art. 29^{septies} Abs. 6 AHVG) gleichmässig für beide Ehegatten rentenbildend. Ein Ausgleich der während der Ehejahre erworbenen Berechnungsgrundlagen für die AHV-Rente ist damit einheitlich gewährleistet, so dass grundsätzlich kein Bedarf für eine besondere Regelung im Scheidungsfall besteht.

- Die **zweite Säule**, die berufliche Vorsorge, knüpft bei demjenigen Ehegatten 10.49
an, der während der Ehe einer Erwerbstätigkeit nachgegangen ist. Das durch die Sozialversicherung bedingte Zwangssparen vermindert (bzw. verhindert) die individuelle Vermögensbildung der Ehegatten. Bei vielen Scheidungen gibt es güterrechtlich daher nichts zu verteilen. Hingegen bestehen oft bedeutende Anwartschaften aus der beruflichen Vorsorge, die wegen der Aufgabenteilung in der Ehe allerdings häufig ungleich verteilt sind. Bei einer Scheidung wird deshalb der während der Ehe akkumulierte Versicherungsschutz in der obligatorischen und freiwilligen Berufsvorsorge gleichmässig auf beide Ehegatten aufgeteilt (Art. 122 ff. ZGB, Rzn 10.53 ff.).

- Die Ersparnisse der **dritten Säule** (freiwillige Vorsorge) werden nicht vom 10.50
Versorgungsausgleich erfasst, sondern stehen unter den Regeln des Güterrechts. Dies gilt sowohl für die ungebundene, wie auch für die gebundene private Vorsorge (Säule 3a), selbst wenn sie steuerbegünstigt ist (Art. 4 Abs. 3 BVV3). Die Beiträge an die Einrichtungen der freiwilligen Vorsorge werden regelmässig aus Erwerbseinkommen geleistet, so dass die Ansprüche

gegenüber den Vorsorgeeinrichtungen nach dem Surrogationsprinzip (Art. 197 Ziff. 5 ZGB) in aller Regel einen Bestandteil der Errungenschaft bilden und im ordentlichen Güterstand zwischen den Ehegatten hälftig zu teilen sind (Rz 12.184). Vorzubehalten ist ein Renteneinkauf mit Eigengutsmitteln (zur zweiten Säule vgl. Rz 10.64).

10.51   Die gleichmässige Verteilung der während der Ehe ersparten Alters-, Invaliden- und Hinterlassenenvorsorge hat **Auswirkungen auf den nachehelichen Unterhalt**, insbesondere auf die Eigenversorgungskapazität der Ehegatten: Die zum Unterhalt der Ehegatten bzw. der Geschiedenen zählende Vorsorge wird nachehelich zum individuellen, grundsätzlich gleichwertigen Versicherungsanspruch der Geschiedenen und bleibt deshalb nur noch in ganz beschränktem Masse über den nachehelichen Unterhaltsersatz im Rahmen von Art. 125 ZGB abzusichern.

10.52   Schematische Übersicht:

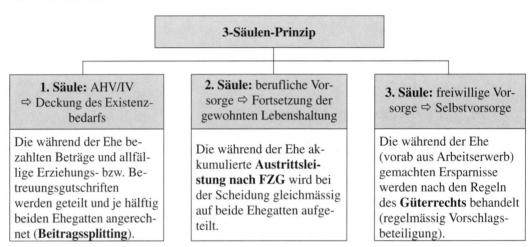

b)   Die Aufteilung der zweiten Säule: Ausgangslage

10.53   Mit der ersten Säule besteht eine allgemeine, obligatorische Versicherung, welche die ganze Wohnbevölkerung erfasst (Art. 1 Abs. 1 Bst. a AHVG). Die eidgenössische AHV/IV deckt nur einen minimalen Grundbedarf ab. Jeder auch nur bescheidene Wohlstand im Alter setzt eine weitergehende Vorsorge voraus. Die Verbesserung wird hauptsächlich durch die **berufliche Vorsorge** sichergestellt. Diese **knüpft** grundsätzlich **an die Erwerbstätigkeit an**. Haben sich die Ehegatten für eine „klassische" Aufgabenteilung in der Ehe entschieden und geht einer zur Hauptsache einer Erwerbstätigkeit nach, während der andere den Haushalt führt und die Kinder betreut, verfügt der erwerbstätige Ehegatte regelmässig über eine wesentlich bessere Vorsorge als der nicht erwerbstätige. Sie wäre bei Fortsetzung der Ehe über den Beitrag des Versicherten an den gemeinsamen Unterhalt beiden Ehegatten zugekommen. Das ist mit der Scheidung nicht mehr der Fall.

10.54   Art. 122 ZGB sieht daher bei Scheidung einen **selbständigen Anspruch** auf Ausgleich der während der Ehedauer erworbenen Anwartschaften gegenüber den Einrichtungen der beruflichen Vorsorge vor. Dieser bezweckt einen Ausgleich für die vorsorgerechtlichen Nachteile der während der Ehe erfolgten Aufgabenteilung und dient der wirtschaftlichen Selbständigkeit jedes Ehegatten nach der Scheidung. Er ist somit Ausdruck der mit der Ehe verbundenen Schicksalsgemein-schaft.

Im **ZGB von 1907** war die unterschiedliche Altersvorsorge der Ehegatten über den nachehelichen Unterhalt (aArt. 151 Abs. 1 und 152 ZGB) auszugleichen. Nachteilig war diese Regelung, weil der nacheheliche Unterhalt an zwei wesentliche, nicht sachgemässe rechtliche Schranken gebunden war: Erstens konnte nur der an der Zerrüttung unschuldige Ehegatte die Ansprüche nach Art. 151 und 152 ZGB geltend machen. Das Bedürfnis einer angemessenen Altersvorsorge bestand aber für den während der Ehe nicht oder nur beschränkt erwerbstätigen, geschiedenen Ehegatten unabhän-gig von seinem Scheidungsverschulden. Zudem konnte der Erwerbstätige seine Altervorsorge oft nur deshalb aufbauen, weil sich der andere um die Kinderbetreuung gekümmert hatte. Es handelte sich insofern um einen gemeinsam erwirtschafteten Vorsorgeschutz. Der schuldige Ehegatte verlor damit nicht bloss die zukünftige Unterstützung des anderen (vielleicht ebenfalls schuldigen) Ehe-gatten, sondern auch die Früchte der gemeinsamen, zurückliegenden Anstrengung. Dies war umso stossender, als der Ausgleich im Rahmen der dritten Säule güterrechtlich (d.h. verschuldensunab-hängig) erfolgte, im Zusammenhang mit der ersten bis zur 10. AHV-Revision und hinsichtlich der zweiten Säule bis zum 1. Januar 2000 hingegen über den Unterhalt (d.h. verschuldensabhängig) herbeizuführen war. Zweitens hing es von den tatsächlichen Verhältnissen des konkreten Falls ab, ob überhaupt Ansprüche nach Art. 151 f. ZGB bestanden. Hatte der wirtschaftlich schwächere Ehegatte (i.d.R. die Frau) eine ausreichende, eigene wirtschaftliche Leistungskraft, war der andere Ehegatte nicht in der Lage, das Fehlende auszugleichen oder lebte die geschiedene Person im Konkubinat, entfielen die Ansprüche. | 10.55

c)   *Aufteilung bei Scheidung vor Eintritt des Vorsorgefalles*

aa)   *Grundsatz: (hälftige) Teilung der Austrittsleistung*

Die Schwierigkeit bei der Bestimmung des Werts des Versicherungsschutzes be-steht darin, dass **bedingte Ansprüche auf künftige Leistungen**, sogenannte **An-wartschaften,** geteilt werden müssen. Diese verwirklichen sich, sofern das versi-cherte Risiko in der Zukunft eintritt. Ob eine Vorsorgeeinrichtung einer versicherten Person oder deren Angehörigen jemals eine Leistung erbringen muss, ist demnach ungewiss. Die Höhe der evtl. zu erbringenden Leistung kann vor Eintritt des Versicherungsfalls nicht bestimmt werden. Zudem kann über diesen möglichen künftigen sozialversicherungsrechtlichen Leistungsanspruch vor Ein-tritt des Versicherungsfalles grundsätzlich nicht verfügt werden, d.h. der An-spruch ist weder abtretbar noch pfändbar oder verpfändbar. Dies bedeutet, dass bei der Auflösung des Güterstandes – beispielsweise infolge Scheidung – keine güterrechtliche Aufteilung möglich ist, weil es an einem teilbaren güterrechtlichen Vermögenswert fehlt. | 10.56

Dieses Problem stellt sich allerdings nicht nur bei der Scheidung, sondern auch, wenn eine versicherte Person die Vorsorgeeinrichtung im Zusammenhang mit ei-ner beruflichen Veränderung wechselt. Art. 122 Abs. 1 ZGB legt deshalb dem Teilungsanspruch die **während der Ehedauer erworbene Austrittsleistung nach dem Freizügigkeitsgesetz** (Art. 15 ff. FZG) zu Grunde: «Gehört ein Ehe-gatte oder gehören beide Ehegatten einer Einrichtung der beruflichen Vorsorge an und ist bei keinem Ehegatten ein Vorsorgefall eingetreten, so hat jeder Ehegatte Anspruch auf die Hälfte der nach dem Freizügigkeitsgesetz vom 17. Dezember 1993 für die Ehedauer zu ermittelnden Austrittsleistung des ande-ren Ehegatten» (zum einseitig eingetretenen Vorsorgefall nach Art. 124 ZGB: BGE vom 29. Juni 2001 [5C.111/2001]). Unter dieser Austrittsleistung versteht | 10.57

das FZG den Anspruch, der einer Person gegenüber ihrer bisherigen Vorsorgeeinrichtung zusteht, wenn sie von einer Einrichtung der beruflichen Vorsorge in eine andere übertritt. Dieser Anspruch lässt sich in jedem beliebigen Zeitpunkt berechnen.

10.58

Zunächst ist zur Bestimmung der während der Ehedauer akkumulierten Austrittsleistung für jeden Ehegatten die bei der Scheidung vorhandene Austrittsleistung zu berechnen. Davon ist die Austrittsleistung, welche er im Zeitpunkt der Heirat bereits erworben hatte, abzuziehen, wobei auch der bis zur Scheidung aufgelaufene Zins (Zinseszins zu 4%) zu berücksichtigen ist. **Die Hälfte** dieses Saldos **steht dem anderen Ehegatten zu** (Art. 122 ZGB). Haben beide Ehegatten Anrecht auf eine Austrittsleistung, ist nur der Differenzbetrag zwischen den beiden Austrittsleistungssaldi Gegenstand der Aufteilung (Art. 122 Abs. 2 ZGB). Vgl. zum Ganzen GEISER, in: Vom alten zum neuen Scheidungsrecht, Bern 1999, S. 69 ff. Massgeblicher Zeitraum für die Ermittlung des Anspruchs nach Art. 122 ZGB ist die Ehedauer. Die Parteien können aber in einer Konvention oder Prozessvereinbarung einen früheren Zeitpunkt als die Rechtskraft des Scheidungsurteils für massgebend erklären, um eine Berechnung im Scheidungsverfahren zu ermöglichen (BGE vom 6. September 2001 [5C.129/2001] E. 2).

10.59

Das ZGB regelt nur den Grundsatz. Wie die zu teilenden Austrittsleistungen im Einzelnen zu berechnen sind, wird im **Freizügigkeitsgesetz** (Art. 15 ff., insbes. 22 ff. FZG; SR 831.42) festgehalten. Die Vorsorgeeinrichtungen werden der versicherten Person oder dem Gericht die Höhe der aktuellen Austrittsleistung ohne jede Schwierigkeit bekannt geben können. Auch der Nachweis der Höhe der Austrittsleistung zum Zeitpunkt der Heirat sollte i.d.R. kaum Schwierigkeiten bereiten. Für den Fall, dass dieser Nachweis nicht möglich ist, enthält das FZG Bestimmungen, wie und aufgrund welcher Annahmen der Stand der Austrittsleistung zu berechnen ist.

10.60

Schematische Darstellung (vgl. dazu das Berechnungsbeispiel im Anhang I, S. 257):

10.61

Der berechtigte geschiedene Ehegatte erhält keine Barauszahlung, sondern eine **Freizügigkeitsleistung**, mit der er sich in eine Vorsorgeeinrichtung neu einkaufen oder mit der er eine Aufstockung seines bestehenden eigenen Versicherungsschutzes vornehmen kann. Damit wird sichergestellt, dass der erhaltene Betrag auch wirklich der Altersvorsorge zugute kommt.

Der verpflichtete Ehegatte hat im Ausmass der übertragenen Austrittsleistung eine 10.62
Einbusse in seinem eigenen nachehelichen Versicherungsschutz hinzunehmen. Er
kann sich aber bei der Vorsorgeeinrichtung entsprechend **wieder einkaufen**, falls
er dies wünscht und es ihm finanziell möglich ist.

Ein Ehegatte kann im Scheidungszeitpunkt, nicht aber im Voraus, auf seinen An- 10.63
spruch ganz oder teilweise freiwillig **verzichten**. Der Verzicht ist jedoch nur gültig, wenn eine entsprechende Alters- und Invalidenvorsorge auf andere Weise gewährleistet ist (Art. 123 ZGB). Diese Voraussetzung ist sicher dann gegeben,
wenn die Partei selber bereits eine ausreichende zweite Säule hat. Demgegenüber
dürfte eine dritte Säule nicht genügen, sofern die entsprechende Vermögensanlage
nicht unwiderruflich für die Vorsorge gebunden bleibt (Säule 3a). Vgl. dazu
GEISER, S. 89 ff.

bb)   *Einkäufe in die Pensionskasse während der Ehe*

Nicht alle Ehegatten sind schon bei ihrer Heirat in einer Pensionskasse versichert. 10.64
Zudem wird es häufig vorkommen, dass der versicherte Verdienst während der
Ehe erhöht wird und deshalb ein rückwirkender Einkauf in die Vorsorgeeinrichtung auf der Gehaltserhöhung erfolgt. Finanziert die versicherte Person den Einkauf selber, rechtfertigt es sich nicht in jedem Fall, die dadurch erreichte Vorsor-
geverbesserung bei der Scheidung mit dem Partner zu teilen. Gerechtfertigt ist
dies nur, soweit während der Ehe entgeltlich erworbene Mittel (Errungenschaft)
aufgewendet worden sind. Handelt es sich demgegenüber um Vermögenswerte,
die **Eigengut** eines Ehegatten darstellen, muss der entsprechende Teil der Austrittsleistung samt Zins(eszins) von der Teilung ausgenommen werden. Diese Regel gilt unabhängig vom Güterstand der Ehegatten. Selbst wenn diese der Gütertrennung unterstehen, sind nur jene Einkäufe von der zu teilenden
Austrittsleistung abzuziehen, die unter dem ordentlichen Güterstand Eigengut gewesen wären.

cc)   *Vorbezüge*

Eine versicherte Person kann einen Teil ihres Anspruchs auf Vorsorgeleistung vor 10.65
Eintritt des Vorsorgefalls (Alter, Invalidität, Tod) beziehen, um damit Wohnei-
gentum zu erwerben bzw. bestehende grundpfandliche Belastungen abzutragen
(Art. 30c BVG). Diese von der Vorsorgeeinrichtung ausbezahlten Beträge bleiben
jedoch gebunden. Sie gehören deshalb auch nicht zum güterrechtlich zu teilenden
Vermögen. Vielmehr ist ein solcher von der Vorsorgeeinrichtung geleisteter und
im Grundstück investierter Vorbezug zur Austrittsleistung im Zeitpunkt der
Scheidung **hinzuzurechnen**. Wie der Umstand zu berücksichtigen ist, dass der
Vorbezug keinen Zins mehr abwirft, ist umstritten (vgl. dazu die Zusammenstel-
lung bei BRUNNER, S. 525 ff. und KOLLER, ZBJV 137/2001, S. 137 ff.).

10.66   Beispiel:

Ehemann		Ehefrau	
zu teilender Saldo ⇨ ½ an Ehefrau	Austrittsleistung bei Scheidung	zu teilender Saldo ⇨ ½ an Ehemann	Austrittsleistung bei Scheidung
		Austrittsleistung bei Eheschluss	
Austrittsleistung bei Eheschluss	Vorbezug für Wohneigentum	Zins	
Zins	Zins		

dd)   Barauszahlungen

10.67   Verlässt eine versicherte Person die Schweiz endgültig, nimmt sie eine selbständige Erwerbstätigkeit auf oder ist die Freizügigkeitsleistung geringfügig, so kann
sie eine Barauszahlung der Austrittsleistung verlangen (Art. 5 FZG). Eine solche
führt zu einer Verminderung der Austrittsleistung im späteren Scheidungsfall und
schmälert somit den Anspruch des Ehegatten nach Art. 122 ZGB. Der Ausgleich
findet in diesem Fall **güterrechtlich** statt. Der Vorsorgenehmer kann über die mit
der Barauszahlung erhaltenen Vermögenswerte frei verfügen. Im ordentlichen
Güterstand bilden sie Errungenschaft (Art. 197 Abs. 2 Ziff. 2 ZGB) und sind damit grundsätzlich bei der güterrechtlichen Auseinandersetzung in die Vorschlagsteilung einzubeziehen (Rz 12.184). Damit hat es in aller Regel sein Bewenden.

10.68   Soweit die ausbezahlten Vermögenswerte allerdings ausnahmsweise immer noch
der Altersvorsorge dienen, ist der entsprechende Betrag bei der güterrechtlichen
Auseinandersetzung nach Art. 207 Abs. 2 ZGB dem Eigengut zuzuordnen (vgl.
Rz 12.16). Damit steht dieses Kapital für die Vorschlagteilung nicht zur Verfügung. Diesfalls werden die der Vorsorge dienenden Beträge somit weder nach
Art. 122 ZGB noch nach Güterrecht geteilt. Deshalb ist Art. 124 ZGB anwendbar,
wonach der Ehegatte, der die Barauszahlung erhalten hat, seinem Partner eine **angemessene Entschädigung** schuldet (vgl. BGE 127 III 437 E. 2b).

d)   Entschädigung bei Scheidung nach Eintritt des Vorsorgefalles

10.69   Ist bei einem Ehegatten bereits während der Ehe ein Vorsorgefall eingetreten, sei
es, dass er das Rentenalter erreicht hat, sei es, dass er invalid geworden ist, kann
keine Aufteilung der Austrittsleistung mehr stattfinden, da gar kein Anspruch auf
eine Austrittsleistung mehr besteht. Dies bedeutet jedoch nicht, dass kein Ausgleich stattfinden soll. In diesem Fall ist der Aufteilungsanspruch vielmehr durch
eine **angemessene Entschädigung** zu ersetzen (Art. 124 ZGB). Eine solche ist
gegeben, wenn sie die Ehedauer, die unterschiedlichen Vorsorgebedürfnisse der
Parteien je nach Alter und die verschiedenen wirtschaftlichen Verhältnisse mit
Blick auf die Vorsorge berücksichtigt. Eine Entschädigung, die ungeachtet dieser

wirtschaftlichen Verhältnisse immer dem Ergebnis der hälftigen Teilung der Austrittsleistung entspricht (so BAUMANN/LAUTERBURG, S. 205 ff.), lehnt BGE 127 III 439 E. 3 mit der herrschenden Lehre als zu schematisch ab (siehe auch BGE vom 1. Mai 2002 [5C.276/2001]). Je nach der vorhandenen Liquidität ist auch die Kombination eines bestimmten Kapitals gestützt auf Art. 124 ZGB mit einer unbefristeten *passiv vererblichen* Unterhaltsrente nach Art. 125 ZGB denkbar (BGE vom 7. Februar 2002 [5C.256/2001]). Zur Übertragung der angemessenen Entschädigung vom pflichtigen auf den berechtigten Ehegatten, vgl. KOLLER, ZBJV 138/2002, S. 1 ff. Zu unterscheiden ist die Übertragung von **Vorsorgemitteln** des Pflichtigen einerseits (nämlich innerhalb der zweiten Säule, als Barauszahlung der zweiten Säule oder in die gebundene Selbstvorsorge des Berechtigten, aus den gebundenen Vorsorgemitteln des Pflichtigen in die zweite Säule oder in die Säule 3a des Berechtigten) und jene von **freien Mitteln** des Pflichtigen in den Vorsorgebereich des Berechtigten andererseits. Gewisse Übertragungen sind ohne weiteres möglich (z.B. die Übertragung innerhalb der 2. Säulen), andere sind an gewisse Voraussetzungen gebunden (etwa die Barauszahlung aus der zweiten Säule) oder ganz ausgeschlossen (so die Überweisung von der zweiten Säule in jene 3a des Berechtigten). Zu beachten bleibt aber, dass nach Eintritt des Vorsorgefalls nur dann Mittel aus der zweiten Säule übertragen werden können, wenn noch solche vorhanden sind. Dies ist die Ausnahme, da nach Eintritt des Vorsorgefalls der Anspruch auf eine Austrittsleistung durch den Anspruch auf die Versicherungsleistung (regelmässig eine Invaliden- oder Altersrente) ersetzt wird. In einigen Fällen, beispielsweise bei Teilinvalidität, ist es aber durchaus möglich, dass auch nach dem Eintritt des Vorsorgefalles noch ein Anspruch auf Austrittsleistungen besteht, der übertragen werden kann.

4. Nachehelicher Unterhalt

a) *Ausgangslage*

Die Ehe ist auch eine **Wirtschaftsgemeinschaft** unter den Ehegatten für sich und die im gemeinsamen Haushalt lebenden Familienmitglieder, insbesondere die Kinder (vgl. Rz 08.04). Entsprechend umfasst der eheliche Unterhalt den gesamten Lebensbedarf der Familie. Für diesen haben die Ehegatten gemeinsam, ein jeder nach seinen Kräften, aufzukommen (Art. 163 ZGB, Rzn 08.14 ff.). Insbesondere, aber nicht allein (vgl. nachfolgend Rzn 10.72 ff.) je nach der im gegenseitigen Einverständnis gewählten Aufgabenteilung während der Ehe hat eine Scheidung unterschiedliche Auswirkungen auf die wirtschaftliche Lage der Ehegatten. Sind beide erwerbstätig geblieben, fallen die Auswirkungen der Scheidung für den einzelnen Ehegatten bezüglich Selbstversorgung (unter Vorbehalt eines grossen Einkommensunterschiedes: zu diesem Fall des sogenannten Aufbesserungsunterhaltes siehe Rz 10.72 h) weniger ins Gewicht, als wenn ein Ehegatte im Interesse der Familie während vieler Jahre auf eine Erwerbstätigkeit verzichtet hat. Deshalb geht das Scheidungsrecht vom Grundsatz aus, dass **ein Ehepaar die Folgen der in der Ehe *gewählten* Aufgabenteilung gemeinsam zu tragen hat** (BGE vom 4. April 2001 [5C.278/2000] E. 3a = ZBJV 138/2002, S. 30 ff., 33). Im Sinne des „clean break" Grundsatzes (dazu nachfolgend Rz 10.81) kann aber

10.70

nachehelichen Unterhalt nur verlangen, wer selber nicht in der Lage ist, für seinen im Sinne von Art. 125 Abs. 1 ZGB gebührenden Unterhalt in zumutbarer Weise aufzukommen (BGE 127 III 138 E. 2a, übersetzt in Pra 2001, 889). Der andere Ehegatte hat ihm grundsätzlich **verschuldensunabhängig**, d.h. unter Vorbehalt von Art. 125 Abs. 3 ZGB (Rz 10.06) einen **angemessenen Beitrag** zu leisten, sofern er dazu in der Lage ist, ohne seine eigene wirtschaftliche Existenz zu gefährden (Art. 125 Abs. 1 ZGB, vgl. dazu nachfolgend Rzn 10.88 ff. und das Prüfungsprogramm im Anhang II, S. 260).

10.71   Im **ZGB von 1907** setzte der nacheheliche Unterhaltsanspruch voraus, dass den Ansprecher kein Scheidungsverschulden traf (aArt 151/152 ZGB). Nur der schuldlos geschiedene Ehegatte sollte seinen Scheidungsschaden angemessen ersetzt erhalten, wenn ein Scheidungsverschulden beim Unterhaltsverpflichteten vorlag. Somit war die Haftung für Unterhaltsverlust vorab eine Verschuldenshaftung, und an sich jedes Selbstverschulden führte (im Unterschied zum allgemeinen Haftpflichtrecht) grundsätzlich zum Haftungsausschluss. Damit trug das Scheidungsrecht dem Grundgedanken von Art. 163 ZGB, nämlich dass die Ehegatten die Aufgabenteilung in der Ehe gemeinsam bestimmen und dass die geleisteten Beiträge grundsätzlich gleichwertig sind, nicht genügend Rechnung. Insbesondere wurde damit das Risiko des Verlustes der wirtschaftlichen Selbständigkeit über die Scheidung hinaus einseitig einem Ehegatten (i.d.R. der Frau) auferlegt, obwohl die Ehegatten die Aufgabenteilung seinerzeit einvernehmlich festgelegt hatten. Noch stossender war die Voraussetzung der Schuldlosigkeit in den Fällen, in denen die wirtschaftliche Selbständigkeit wegen der Betreuung gemeinsamer Kinder vorerst oder auf Dauer nicht mehr erlangt werden konnte. Die bundesgerichtliche Rechtsprechung hat denn diese Auswirkungen des bisherigen Scheidungsrechts auch nach Möglichkeit zu mildern versucht (vgl. HAUSHEER, ZBJV 122/1986, S. 49 ff.).

10.72   Je nach den konkreten Umständen im Scheidungszeitpunkt können sich verschiedene **wirtschaftliche Nachteile im Unterhaltsbereich** ergeben. Das Bundesgericht pflegt diesen „Scheidungsschaden“, bzw. diese „unterhaltsrelevanten Scheidungsnachteile“ als nachehelichen Unterhaltsverlust zu umschreiben, der bei der Scheidung dadurch entsteht, dass die Versorgung der Ehegatten und der Kinder nicht mehr durch das einträchtige Zusammenwirken von Mann und Frau im gemeinsamen Haushalt gesichert ist und nach Auflösung der Ehe auch nicht durch die Eigenversorgung der Geschiedenen wettgemacht werden kann (BGE 117 II 211 ff. E. 3, m.w.H.).

10.72 a   Dieser scheidungsbedingte Unterhaltsverlust lässt sich – wie BGE 127 III 291 E. 2a/aa im Zusammenhang mit einer chronischen Krankheit bestätigt – **nicht auf** die in der Literatur vereinzelt ganz in den Vordergrund gerückten – freilich praktisch besonders wichtigen – „**ehebedingten Nachteile**“ (dazu Rz 10.73) **beschränken**. Letztere berücksichtigen nur die auf die Aufgabenteilung während der Ehe zurückzuführende Beeinträchtigung der Erwerbsfähigkeit des unterhaltsbedürftigen geschiedenen Ehegatten (Aufgabenteilungsunterhalt) und die Behinderung der Ausübung der nachehelich noch verbleibenden Erwerbsfähigkeit zufolge der Kinderbetreuung (Betreuungsunterhalt). Ausgeschlossen bliebe sowohl der

10.72 b   • **Aufbesserungsunterhalt** zum Ausgleich grosser nachehelicher Einkommensunterschiede bei besonders langer Doppelverdienerehe als auch der

10.72 c   • **Solidargemeinschaftsunterhalt** u.a. im Zusammenhang mit einer während – aber nicht wegen – der Ehe eingetretenen chronischen Krankheit bzw. Invalidität.

Im Hinblick auf die unterschiedliche Rechtfertigung des nachehelichen Unterhalts 10.72 d und sodann mit Rücksicht auf die unterschiedlichen Anforderungen bezüglich Umfang und Dauer des angemessenen Unterhaltsbeitrages (vgl. Rzn 10.82 ff. und 10.88 ff.) sind somit zu **unterscheiden**:

- **Aufgabenteilungsunterhalt**: Haben sich die Ehegatten gemeinsam auf eine 10.72 e Ein- oder Zuverdienerehe geeinigt, sind die Folgen dieser Wahl auch nachehelich von beiden zu tragen: Ein Ehegatte hat im Hinblick auf innerhäusliche Aufgaben in der Ehe Einbussen seiner wirtschaftlichen Leistungsfähigkeit in Kauf genommen, die nachehelich nicht mehr oder nur mit besonderem Aufwand behoben werden können (daher werden sie denn bisweilen verkürzt und etwas irreführend (vgl. Rz 10.73) auch als „ehebedingter Nachteil" bezeichnet [dazu vorne Rz 10.72 a]; zur ehelichen Beeinträchtigung der wirtschaftlichen Selbständigkeit siehe sodann BGE 127 III 291 E. 2a/aa). Das rechtfertigt je nach der Nachhaltigkeit dieser Aufgabenteilung einen dauernden oder vorübergehenden Aufgabenteilungsunterhalt zum Ausgleich entsprechender unterhaltsrelevanter Scheidungsnachteile. Siehe dazu BGE 127 III 130, und u.a. BGE vom 19. April 2001 [5C.32/2001]; BGE vom 9. April 2001 [5C.54/2001] und BGE vom 4. April 2001 [5C.278/2000] E. 3a = ZBJV 138/2002, S. 30 ff.

- **Betreuungsunterhalt**: Die nacheheliche Kinderbetreuung durch den obhuts- 10.72 f berechtigten Elternteil bedeutet in erster Linie einen Unterhaltsbeitrag an die gemeinsamen Kinder, der dem Geldbeitrag des anderen Elternteils gegenübersteht. Es handelt sich dabei um eine die Scheidung überdauernde Folge der Ehe bzw. um eine auch nach der Eheauflösung andauernde Auswirkung der gemeinsamen Elternschaft. Die Kinderbetreuung stellt gleichzeitig ein vollständiges oder teilweises Hindernis eigener Erwerbstätigkeit dar (BGE 115 II 10), das grundsätzlich (d.h. abgesehen vom Fall der tatsächlich fehlenden Betreuungsaufgabe: BGE vom 4. April 2001 [5C.278/2000] E. 3c = ZBJV 138/2002, S. 30 ff.) vorbehaltlos durch den Betreuungsunterhalt seitens des andern geschiedenen Ehegatten auszugleichen ist.

- **Solidargemeinschaftsunterhalt**: Ist die Ehe in ihrer Nachhaltigkeit auf den 10.72 g Lebensplan der Ehegatten zur Schicksalsgemeinschaft geworden, auch wenn sie nicht bis zum Tod eines Ehegatten tragfähig war, ist Solidargemeinschaftsunterhalt gerechtfertigt, wenn die Erwerbsfähigkeit *nach besonders langer bzw. lebensprägender Ehedauer* ungeachtet der während der Ehe ausgeübten Erwerbstätigkeit allein durch das vorgerückte Alter oder zufolge chronischer Krankheit beeinträchtigt ist bzw. das Risiko eines schlechten Arbeitsmarktes sich verwirklicht. Vgl. dazu BGE 127 III 65 ff. und BGE 127 III 289 sowie den Entscheid der Genfer Cour de Justice in FamPra 2001 Nr. 101.

- **Aufbesserungsunterhalt**: Zum Ausgleich eines grösseren Einkommensgefälles bei voller Erwerbstätigkeit beider Ehegatten während und nach der Ehe 10.72 h rechtfertigt sich ein Aufbesserungsunterhalt ebenfalls nur *nach besonders langer bzw. lebensprägender Ehedauer* mit entsprechend nachhaltiger Lebensprägung. Der geschiedene Ehegatte mit der geringer entschädigten Erwerbstätigkeit kann nicht schon immer nach zehn Ehejahren voll darauf zählen, dass ihm auch nachehelich die Hälfte der Einkommensdifferenz beider nachehelichen Einkommen über Jahre und Jahrzehnte gesichert bleibt; er soll sich aber nach jahrzehntelanger Ehegemeinschaft nicht ausschliesslich auf seine finanziell schwächere Erwerbskraft zurückverwiesen sehen müssen (so im Ergebnis trotz eines gemeinsamen Kindes: BGE vom 4. April. 2001 [5C.278/2000] = ZBJV 138/2002, S. 30 ff.; aber auch schon grundlegend BGE 115 II 6 ff. mit keineswegs nur sehr seltenen Einkommensverhältnissen).

10.72 i
- **Kettenunterhalt**: Fällt ein Grund für den nachehelichen Unterhalt weg, bedeutet dies noch nicht, dass auch die Unterhaltsberechtigung insgesamt entfallen muss. Beispielsweise kann der Wegfall der Kinderbetreuung in einem Zeitpunkt eintreten, da das inzwischen vorgerückte Alter des die Kinder betreuenden geschiedenen Elternteils einer Wiederaufnahme der Erwerbstätigkeit entgegensteht. Der Betreuungsunterhalt kann so durch einen Aufgabenteilungsunterhalt abgelöst werden. Der Wechsel in der Rechtfertigung des Unterhaltsbeitrages kann allerdings bewirken, dass der bisherige Unterhaltsbeitrag gekürzt oder der neue zeitlich begrenzt wird. Dabei ist den konkreten Umständen (z.B. der Dauer der Ehe) Rechnung zu tragen.

Zum Ganzen HAUSHEER/SPYCHER, Unterhalt, Rzn 05.59/05.166.

10.72 j
Die Frage, ob überhaupt nachehelicher Unterhalt zu bezahlen ist, wenn ja in welchem Ausmass und wie lange, hängt somit von verschiedenen in jedem einzelnen Scheidungsfall näher zu prüfenden Kriterien ab. Zu beantworten bleiben im Wesentlichen folgende **vier Fragen**:

10.72 k
1. Was sind die **massgebenden Lebensverhältnisse** bzw. war die konkret gelebte Ehe lebensprägend oder nicht, und wenn ja, in welchem unterhaltsrelevanten Zusammenhang?

Dazu nachfolgend Rzn 10.73 – 10.76.

10.72 l
2. Welches ist die zumutbare **Eigenversorgung** im Hinblick auf den neu zu umschreibenden nachehelichen Bedarf und inwiefern ist diese Eigenversorgung im Vergleich zu jener des anderen geschiedenen Ehegatten unzureichend?

Zum Verhältnis der Eigenversorgung(spflicht) zur nachehelichen Solidarität vgl. Rzn 10.81 – 10.87.

10.72 m
3. Wo liegen die **Grenzen der Leistungsfähigkeit** des Unterhaltsverpflichteten?

Siehe zur Unantastbarkeit des Existenzminimums einerseits Rz 10.90 und zum zuletzt gelebten ehelichen Lebensstandard andererseits Rz 10.91.

10.72 n
4. Besteht trotz unzureichender Eigenversorgung des Ansprecherehegatten und an sich gegebener Leistungsfähigkeit des Unterhaltsverpflichteten ein **Ausschlussgrund** wegen grober Unbilligkeit, nämlich insbesondere zufolge Rechtsmissbrauchs i.S. von Art. 125 Abs. 3 ZGB?

Zu den einzelnen (Rechtsmissbrauchs-)Tatbeständen siehe Rzn 10.105 f.

b)   *Die Nachhaltigkeit der Ehe und ihre Bedeutung für den Scheidungsunterhalt*

10.73
Die durch eine Scheidung herbeigeführten wirtschaftlichen Nachteile sind in aller Regel bzw. typischerweise nur ausgleichspflichtig, wenn die Ehe **lebensprägend** geworden ist. Die Ehegatten durften in diesem Fall an sich auf das Andauern der ehelichen Versorgungsgemeinschaft vertrauen (so u.a. BGE vom 4. April 2001

[5C.278/2000] E. 3a = ZBJV 138/2002, S. 30 ff.), daher ist das „positive Vertragsinteresse" zu ersetzen. Damit ist grundsätzlich am letzten ehelichen Lebensstandard vor der Aufhebung des gemeinsamen Haushaltes anzuknüpfen (vgl. Rzn 10.79 und 10.89) und zwar auch dann, wenn der Aufgabenteilungsunterhalt in Frage steht, der an sich von der „Beeinträchtigung" der wirtschaftlichen Selbständigkeit durch den Eheabschluss und die gelebte Lebensgemeinschaft ausgeht und dementsprechend gar nicht beim Lebensstandard in der Ehe ansetzen dürfte. Insofern handelt es sich beim „ehebedingten Nachteil" um eine trügerische Begrifflichkeit, die dem Wechsel von der vorehelichen Eigenversorgung zur Versorgung in der Ehe nicht genügend Rechnung trägt, ob dieser nun vorteilhafter oder nachteiliger sei im Vergleich zur vorehelichen Eigenversorgungsmöglichkeit.

<u>Beispiele für eine lebensprägende Ehe:</u>　　　　　　　　　　　　　10.74

- Aus der Ehe sind **Kinder** hervorgegangen, die weiterhin **zu betreuen** sind (BGE 115 II 6 ff. E. 3c).

- **Lange Ehedauer**, die allerdings unterschiedlich zu definieren ist je nach der Art des in Frage stehenden Unterhalts. Während eine zehnjährige Ehedauer die Ehegemeinschaft bezüglich des Aufgabenteilungsunterhalts als lang erscheinen lässt, ist das für einen Aufbesserungs- oder Solidargemeinschaftsunterhalt noch (vgl. auch BGE vom 5. Oktober 1995 [5C.124/1995] = ZBJV 132/1996, S. 98 f.) nicht der Fall. Nach BGE 121 III 201 fehlt es sodann an der erforderlichen Nachhaltigkeit einer Ehe mit an sich langer Dauer, wenn bei langer faktischer Trennung vollständige Eigenversorgung vorlag.

- Die gelebte **eheliche Rollenteilung** (Hausgattenehe, Zuverdienerehe) hat unwiederbringlich die (ev. nur teilweise) Aufgabe der wirtschaftlichen Selbständigkeit bewirkt. Zum nicht unwesentlichen Bedeutungsunterschied zwischen (langer) Ein- und Zuverdienerehe siehe BGE vom 19. April 2001 [5C.32/2001].

- Ausnahmsweise auch schon nach kurzer Ehedauer, wenn ein unterhaltsbedürftiger Gatte „aus seinem **bisherigen Kulturkreis entwurzelt** worden ist" (so eine in BGE vom 4. April 2001 [5C.278/2000] E. 3a = ZBJV 138/2002, S. 30 ff. freilich bloss beispielhaft aber zurecht erwähnte Fallgruppe).

Ist die Ehe **nicht lebensprägend**, wird es i.d.R. beiden Ehegatten keine Mühe be-　10.75 reiten, mit ihrer Lebensweise an die vorehelichen Verhältnisse anzuknüpfen. Ein mit der Scheidung auftretender wirtschaftlicher Nachteil kann höchstens durch eine Behinderung der vorehelichen beruflichen Weiterentwicklung entstanden sein. Die Ehegatten sind deshalb so zu stellen, wie wenn die Ehe nie abgeschlossen worden wäre („negatives Vertragsinteresse": so schon BGE 109 II 186 f.; siehe sodann BGE vom 4. April 2001 [5C.278/2000] E. 3a = ZBJV 138/2002, S. 30 ff.]).

<u>Beispiele für eine nicht lebensprägende Ehe:</u>　　　　　　　　　　10.76

- Kurze, kinderlose Ehe (weniger als 5-10 Jahre).

- Ehe mit Kindern, aber ohne oder nur beschränkte tatsächliche Betreuung (BGE vom 4. April 2001 [5C.278/2000] = ZBJV 138/2002, S. 30 ff. im Zusammenhang mit der Kinderbetreuung in einer privaten Ganztagesschule).

- Altersehe von kurzer Dauer (siehe allerdings – den nicht über jeden Zweifel erhabenen – BGE vom 8. Februar 2001 [5C.187/2000] im Zusammenhang mit ausserordentlich guten wirtschaftlichen Verhältnissen).

10.77   Schematische Übersicht:

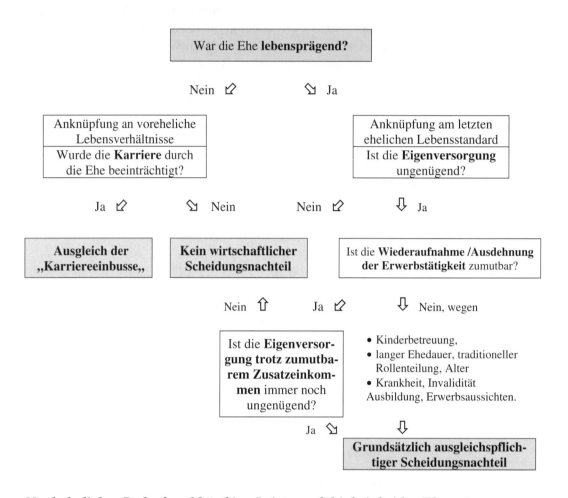

c)   *Nachehelicher Bedarf und künftige Leistungsfähigkeit beider Ehegatten*

10.78   Die tragenden Säulen im Unterhaltsrecht ganz allgemein sind der Bedarf und die
               Leistungsfähigkeit jedes Ehegatten, zwei **voneinander abhängige** Grössen. Ein
               bestimmter Bedarf kann nur bei entsprechender Leistungsfähigkeit befriedigt
               werden. Massgebend sind der nacheheliche Bedarf und die Leistungsfähigkeit
               nach der Scheidung aufgrund der im Vergleich zur Ehe veränderten Verhältnisse.

aa)   *Der nacheheliche Bedarf*

10.79   **Ausgangspunkt** (und nur Ausgangspunkt: vgl. Rz 10.89) bei der Ermittlung des
               nachehelichen Bedarfs ist der gebührende Unterhalt gemäss **Art. 163 ZGB**
               (Rzn 08.08 ff.). Dieser von den Ehegatten während der Ehe entsprechend ihrer
               Leistungsfähigkeit und Lebensstellung gewählte Umfang des Unterhalts bleibt
               auch nach der Scheidung insofern bedeutsam, als er dem ehelichen Lebensstan-
               dard entspricht (BGE vom 4. April 2001 [5C.278/2000] E. 3a = ZBJV 138/2002,
               S. 30 ff.; vgl. sodann Rzn 10.89 und 10.91).

10.80   Der nacheheliche Unterhaltsbedarf **verändert** sich regelmässig qualitativ und
               nicht bloss quantitativ. Die Auflösung des gemeinsamen Haushalts wirkt sich auf
               die bisherigen Beiträge an den ehelichen Unterhalt (Geld-, Sach- und Dienstlei-
               stungen) aus. Insbesondere führen zwei getrennte Haushalte meist nicht nur zu ei-

ner Verdoppelung von Fixkosten (Miete, Telekommunikation, Zeitungsabonnemente), sondern auch Dienstleistungen kommen nicht mehr dem gleichen Personenkreis zu. So hat beispielsweise ein Ehegatte, der während der Ehe als ausschliesslich Erwerbstätiger allein für den Geldbedarf aufgekommen ist, nach der Scheidung i.d.R. für einen eigenen Haushalt zu sorgen.

bb) Die Leistungsfähigkeit der Ehegatten

Der veränderte Bedarf beider Ehegatten ist wenn möglich durch Eigenleistungen (Geld-, Dienst- und Sachleistungen) zu decken, d.h. es gilt im nachehelichen Unterhaltsrecht der auf einen „clean break" abzielende **Grundsatz der Eigenverantwortlichkeit** (dazu BGE vom 19. April 2001 [5C.32/2001] E. 3a und BGE 127 III 138 E. a). Ein Unterhaltsbeitrag ist nur dann aber grundsätzlich (nämlich unter Vorbehalt von Art. 125 Abs. 3 ZGB und der mangelnden Leistungsfähigkeit des geschiedenen Ehegatten) immer dann geschuldet, wenn einem Ehegatten nicht zuzumuten ist, für den ihm gebührenden Unterhalt unter Einschluss einer angemessenen Altersvorsorge selbst aufzukommen. Insofern konkretisiert Art. 125 Abs. 1 ZGB nicht nur den Grundsatz der Auflösung der Wirtschaftsgemeinschaft durch die Scheidung mit der Pflicht zur Eigenversorgung, sondern auch jenen der nachehelichen Solidarität (so besonders klar BGE 127 III 291, im Unterschied zu BGE 127 III 136 ff.; vgl. oben Rz 10.72 a). | 10.81

BGE 127 III 289 ff., 291: «Art 125 ZGB ist zum einen Ausdruck des Prinzips der nach Beendigung der Ehe beiden Ehegatten obliegenden Eigenversorgung; zum anderen konkretisiert diese Bestimmung den Gedanken der nachehelichen Solidarität, der namentlich* Bedeutung erlangt, wenn es einem Gatten beispielsweise durch eine ehebedingte Beeinträchtigung seiner wirtschaftlichen Selbständigkeit nicht zumutbar ist, nach Auflösung der Ehe selbst für seinen Unterhalt aufzukommen.» | 10.81 a

*vorbehalten bleibt damit die nacheheliche Solidarität auch im Zusammenhang mit *nicht ehebedingten Scheidungsnachteilen* (vgl. vorne Rzn 10.72 a, 10.72 c und 10.72 g) wie der im konkreten Sachverhalt angesprochene Ausgleich von Beeinträchtigungen der Erwerbsfähigkeit zufolge einer nicht wegen der Ehe eingetretenen Krankheit oder infolge Alters und anderem mehr (z.B. schlechter Arbeitsmarkt: so denn auch der zitierte BGE auf S. 291 unten).

Die (mögliche, freilich nicht ohne weiteres auch zumutbare: vgl. Rzn 10.82 ff.) **Eigenversorgung** ist u.a. von folgenden Faktoren abhängig (Art. 125 Abs. 2 ZGB): | 10.81 b

- vom Ergebnis der **güterrechtlichen Auseinandersetzung mit** der Aussicht auf entsprechenden **Vermögensertrag** (siehe u.a. BGE 127 III 289 mit unveröffentlichter E. 2c [5C.20/2001] und BGE 117 II 16 E. 1b); | 10.81 c

- von **weiterem künftigen Vermögensanfall**, insbesondere Erbanwartschaften, sofern es sich um ein Zusatz- und nicht um blosses Ersatzeinkommen handelt (dazu BGE 117 II 519 und BGE 114 II 117); | 10.81 d

- vom Ertrag aus **selbstgenutzten** Vermögenswerten (Art. 125 Abs. 2 Ziff. 5 ZGB: dazu HAUSHEER/SPYCHER, Unterhalt, Rz 05.135); | 10.81 e

- von den **Anwartschaften** aus der eidgenössischen Alters- und Hinterlassenenversicherung (AHV/IV) und aus der beruflichen oder einer anderen **privaten oder staatlichen Vorsorge** einschliesslich dem voraussichtlichen Ergeb- | 10.81 f nis der Teilung der Austrittsleistungen im Sinne von Art. 122 ff. ZGB (Art. 125 Abs. 2 Ziff. 8 ZGB: vgl. Rzn 10.47 ff.);

10.81 g
- von **tatsächlichen und hypothetischen** (zum Begriff: BGE 127 III 136; BGE 126 III 10 in Bestätigung von BGE 117 II 16) **Erwerbseinkünften** (Art. 125 Abs. 2 Ziff. 5 ZGB).

10.81 h
Was diese letzteren ebenso wichtigen wie nicht leicht abschätzbaren zukünftigen Einkünfte betrifft, kann zwar das Scheidungsgericht einen geschiedenen Ehegatten nicht zum Wiedereinstieg oder zur Aufstockung einer schon während der Ehe ausgeübten Erwerbstätigkeit verpflichten. Sofern eine (zusätzliche) Erwerbstätigkeit nach der Scheidung aber nicht nur tatsächlich möglich, sondern auch zumutbar ist (Zusammenfassung der diesbezüglichen Rechtsprechung: BGE 128 III 5 f. E. 4a), wird dem Geschiedenen ein entsprechendes **hypothetisches Einkommen** mit Rücksicht auf die Eigenversorgung aufgerechnet (grundlegend in diesem Sinne u.a. schon BGE 115 II 6; siehe sodann BGE vom 19. April 2001 [5C.32/2001]; BGE vom 4. April 2001 [5C.278/2000] = ZBJV 138/2002, S. 30 ff.; BGE 127 III 139 E. 2a und BGE 119 II 317 E. 4a sowie zu den beweismässig abzuklärenden Beurteilungsgrundlagen BGE vom 18. Februar 2002 [5C.290/2001] sowie BGE vom 12. März 2002 [5C.296/2001]; zur (spiegelbildlich zu behandelnden) eigenwilligen Verminderung der Erwerbstätigkeit beim Unterhaltsverpflichteten vgl. BGE vom 27. März 2002 [5C.326/2001] den Kinderunterhalt betreffend und BGE vom 23. März 2001 [5C.64/2001]).

10.82
Bei der Abklärung der (als Rechtsfrage zu prüfenden: BGE vom 27. März 2002 [5C.326/2001]; BGE 128 III 7 E. 4c/bb; BGE 126 III 10 ff. unveröffentlichte E. 2) **Zumutbarkeit** der Wiederaufnahme oder Ausdehnung **einer Erwerbstätigkeit** sind – unter Vorbehalt der allgemeinen Lebenserfahrung als Tatfrage (BGE 127 III 136; BGE 121 III 297) – die konkreten Umstände des Einzelfalles zu berücksichtigen. Die massgebenden Kriterien dieser Abklärung sind in Art. 125 Abs. 2 aufgezählt, wobei insbesondere die Ziffern 4, 6 und 7 von Bedeutung sind (vgl. BGE 115 II 6):

10.83
- **Tatsächliche** (BGE vom 4. April 2001 [5C.278/2001] = ZBJV 138/2002, S. 30 ff.) **Betreuungspflichten gegenüber unmündigen Kindern** (Ziff. 6): Sie stehen grundsätzlich einer Wiederaufnahme oder Aufstockung zu einer vollen Erwerbstätigkeit insofern entgegen, als das jüngste der aus der Ehe hervorgegangenen Kinder das 16. Altersjahr noch nicht vollendet hat. Nach Vollendung des 10. Altersjahres des jüngsten Kindes ist die Aufnahme einer Teilzeitarbeit i.d.R. zumutbar (dazu BGE 115 II 9 f. E. 3c; BGE 109 II 286 f.). Der Betreuungsaufwand ist konkret abzuschätzen, wenn mehrere Kinder gleichzeitig zu betreuen sind (BGE vom 4. März 2002 [5P.424/2001] E. 3a). Soweit die Betreuung ein Erwerbseinkommen verhindert ist grundsätzlich sog. **Betreuungsunterhalt** geschuldet (vgl. vorne Rz 10.72 f.).

10.84
- Eine **lange Ehedauer** (Ziff. 2) lässt in Verbindung **mit** einer **traditionellen Rollenteilung** (Ziff. 1) eine Wiederaufnahme einer Erwerbstätigkeit i.d.R. nach Eintritt des 45. Altersjahres des Ansprecherehegatten als unzumutbar erscheinen. In neueren bundesgerichtlichen Entscheiden zeichnet sich allerdings die Tendenz ab, diese Altersgrenze auf 50 Jahre zu erhöhen (BGE 127 III 140; BGE vom 19. Oktober 2000 [5C.177/2000] E. 2c). In diesen Fällen ist der

Aufgabenteilungsunterhalt geschuldet (vgl. vorne Rz 10.72 e) Die Aufstockung einer Erwerbstätigkeit ist nach langen Ehejahren im Falle der Zuverdienerehe eher zumutbar als bei einer Hausgattenehe: BGE vom 19. April 2001 [5C.32/2001].

- Daneben können aber auch persönliche Umstände, wie insbesondere in der Ehe aufgetretene chronische **Krankheit** oder **Invalidität** (Gesundheitszustand der Ehegatten, Ziff. 4) als subjektives Hindernis der Wiederaufnahme oder Ausdehnung einer Erwerbstätigkeit entgegenstehen. Dies kann bei *besonders langer Dauer* der Ehe zu einem **Solidargemeinschaftsunterhalt** führen (dazu u.a. BGE vom 18. Februar 2002 [5C.290/2001] und sodann vorne Rz 10.72 g).   10.84 a

- Ausschlaggebend für Wiedererlangung bzw. Verbesserung der wirtschaftlichen Selbständigkeit eines Ehegatten sind die **Ausbildung** (ursprüngliche Ausbildung, Weiterbildung) **und die Erwerbsaussichten sowie der mutmassliche Aufwand für die berufliche Eingliederung** (Ziff. 7) der anspruchsberechtigten Person. Zu beachten ist somit auch die allgemeine Arbeitsmarktlage. Ein misslicher Arbeitsmarkt kann ein objektiver Hinderungsgrund für eine Wiedereingliederung bzw. Aufstockung der Erwerbstätigkeit sein. Ist die Ehe aufgrund ihrer *besonders langen Dauer* mit der entsprechend nachhaltigen Lebensprägung eine Schicksalsgemeinschaft geworden, kann (ungeachtet des Umstandes, dass die Arbeitsmarktlage – wie Krankheit bzw. Invalidität – nicht ehebedingt ist) ein **Solidargemeinschaftsunterhalt** (vgl. vorne Rz 10.72 g) gerechtfertigt sein.   10.85

Zur Berücksichtigung von Anwartschaften aus AHV/IV und aus der beruflichen oder einer anderen privaten oder staatlichen Vorsorge vgl. Rz 10.81 f.   10.86

cc)   *Schematische Übersicht: Beurteilung der Neuaufnahme oder Ausdehnung einer Erwerbstätigkeit*

10.87

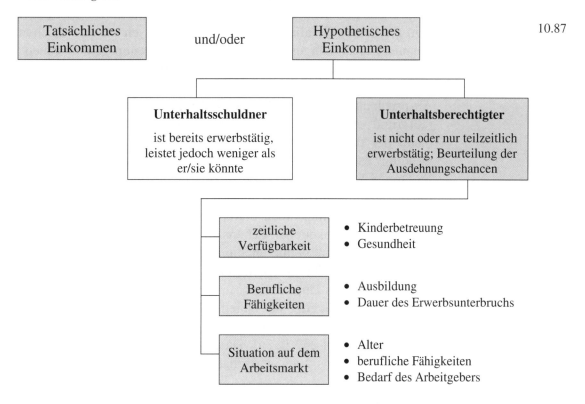

d)   *Angemessener Unterhaltsbeitrag des einen geschiedenen Ehegatten an den anderen*

10.88   Wenn bei einem Ehegatten trotz voller Ausschöpfung der zumutbaren Eigenversorgungskapazität im Vergleich zur letzten ehelichen Lebenshaltung eine Deckungslücke bleibt, steht fest, dass dieser Ehegatte grundsätzlich unterhaltsbedürftig ist. Das selbe gilt, wenn ein Ehegatte, der nur Anspruch auf die voreheliche Lebenshaltung hat, diese (vorübergehend noch) nicht zu decken vermag. Ob und inwiefern dieses Versorgungsdefizit durch den geschiedenen Ehepartner mit Hilfe eines nachehelichen Unterhaltsbeitrages zu decken ist, hängt – abgesehen von der Intensität der Lebensprägung durch die Ehe (Rzn 10.73) und vom Grund der Unterhaltsverpflichtung (vgl. dazu Rzn 10.72 d ff.), was gegen sogenannte Unterhaltstabellen nach deutscher Art spricht (a.M. SCHWENZER, AJP 1999, S. 169 im Gegensatz insbes. zu SCHWAB, S. 523), – von dessen **Leistungsfähigkeit** ab. Auseinanderzuhalten sind drei Fallgruppen, bei denen für die Berechnung und Bemessung des nachehelichen Unterhalts verschieden vorgegangen werden muss. Es ist danach zu unterscheiden, ob die Parteien in knappen, ausreichenden oder aussergewöhnlich guten wirtschaftlichen Verhältnissen leben:

10.89   • **Ausreichende Mittel:** Die vorhandenen bzw. zumutbarerweise erzielbaren Mittel reichen aus, die familienrechtlichen Existenzminima aller unterhaltsberechtigter Parteien zu decken. Im Vordergrund steht (bei der lebensprägenden Ehe) die grundsätzlich gleichmässige (siehe indessen BGE vom 19. Oktober 2000 [5C.177/2000], wonach eine schematische Halbierung des Überschusses abgelehnt wird; vgl. auch das Ergebnis in BGE vom 19. April 2001 [5C.32/2001] bei einem ehelichen Familieneinkommen von etwas über Fr. 10'000.– pro Monat sowie einem hypothetischen nachehelichen Einkommen von zwischen Fr. 3'000.– und Fr. 3'500.–; vgl. sodann Rz 10.102) Verteilung des allfälligen Überschusses (vgl. Rzn 10.97 ff.). Damit kann man vor allem den Fällen gerecht werden, bei denen zwischen den Ehepartnern zu Beginn der Ehe bezüglich Ausbildung und wirtschaftlicher Leistungsfähigkeit kein markantes Gefälle bestanden hat. Schliessen die zusätzlichen Kosten getrennter Haushaltungen die Fortsetzung des letzten gemeinsamen Lebensstandards aus, haben beide Geschiedene grundsätzlich (d.h. unter Berücksichtigung der Lebensprägung und des Grundes der Unterhaltsverpflichtung) Anspruch auf die **gleiche Lebenshaltung auf** der entsprechend **tieferen Stufe** (aufgrund der publizierten Berechnungsgrundlagen nicht nachvollziehbar bleibt der durch spätere Rückverweise durch das Bundesgericht selber als „leading case" behandelte BGE 127 III 136; dazu HAUSHEER/GEISER, in: FS Druey, S. 249 ff.). Dies muss (zufolge des unterschiedlichen Grundbedarfs für die geschiedenen Ehegatten) allerdings keineswegs auch einen gleichen Geldbetrag bedeuten. Weil beide geschiedenen Ehegatten die Einbussen bezüglich der nachehelichen Lebenshaltung gleichermassen zu tragen haben und insofern nicht am gebührenden Unterhalt nach Art. 163 ZGB angeknüpft werden kann, bleibt die Anwendung von Art. 129 Abs. 3 i.V. mit Art. 143 Ziff. 3 ZGB – im Unterschied zur Mangellage (vgl. Rz 10.90) – ausgeschlossen. Die **obere Grenze** des angemessenen nachehelichen Unterhalts im Sinne von Art. 125 ZGB bildet grundsätzlich die **zuletzt gelebte Lebenshaltung** (dazu BGE 118 II 232 E. 3a). Da die Scheidung die Ehe im Sinne des „clean break" Gedankens auch wirtschaftlich auflöst, fallen nacheheliche Karrieresprünge des unterhaltsverpflichteten Ehegatten ausser Betracht, wenn sie im Scheidungszeitpunkt nicht unmittelbar bevorstehen und deshalb noch als ehebedingt anzusehen sind (vgl. Rz 10.122).

„Fehlbetrag" ⇨ Abstrich an der letzten gemeinsamen Lebenshaltung
bisheriges Gesamteinkommen

Differenz zur letzten Gemeinsamen Lebenshaltung
Nacheheliche Lebenshaltung Ehefrau
Nacheheliche Lebenshaltung Ehemann

- **Mangellage**: Ist es selbst unter zumutbaren zusätzlichen Anstrengungen nicht 10.90 möglich, das familienrechtliche Existenzminimum aller unterhaltsberechtigter Parteien zu decken, liegt eine Mangellage vor. Der Schuldner hat bei dieser Sachlage nur insoweit **Unterhaltsleistungen** zu erbringen, als ihm das eigene *familienrechtliche Existenzminimum* (u.a. auch zur Vermeidung des Zwangs zur allzu raschen Zuhilfenahme von Sozialhilfe BGE vom 12. März 2002 [5C.296/2001] sowie unveröffentlichte E. 3 von BGE 127 III 65 ff. [5. 238/2000] verbleibt, wobei das Bundesgericht bei engen finanziellen Verhältnissen die Steuerlast beim Schuldner nicht berücksichtigt, weil es von einem (freilich nicht über jeden Zweifel erhabenen) Erlass der Steuerschuld ausgeht (so BGE 126 III 353; bestätigt in BGE 127 III 70 E. b; BGE 127 III 292 E. bb). Unter Umständen erhält daher der an sich unterhaltsberechtigte Ehegatte nicht einmal das Existenzminimum gedeckt. Es können nicht mehr Geldmittel verteilt werden, als überhaupt vorhanden sind. Unter diesen Umständen ist es angezeigt, im Scheidungsurteil wiederum - im Hinblick auf dessen allfällige Abänderung nach Art. 129 Abs. 3 i.V. mit Art. 143 Ziff. 3 ZGB – den Betrag festzuhalten, der zur Deckung des gebührenden Unterhalts des berechtigten Ehegatten fehlt.

Fehlbetrag ⇨ kein Unterhaltsbeitrag
Bisheriges Einkommen

Deckungslücke des Unterhaltsbedürftigen Ehegatten
Familienrechtliches Existenzminimum des unterhaltsverpflichteten Ehegatten

- Bei **ausserordentlich guten wirtschaftlichen Verhältnissen** ist konkret zu 10.91 berechnen, was es zur Fortführung der bisherigen Lebenshaltung bedarf (BGE vom 6. September 2001, [5C.129/2001] E. 3a; siehe auch BGE vom 2. Februar 2001 [5C.187/2000] nach verhältnismässig kurzer Altersehe und bei ganz besonders hohem Einkommen des Unterhaltsverpflichteten). Musste während der Ehe nicht das ganze Einkommen für den Unterhalt verwendet werden, so ist die bisherige Sparquote in erster Linie zur Finanzierung der durch zwei Haushalte verursachten Mehrkosten einzusetzen, um den bisherigen Lebensstandard beizubehalten. Bleibt trotz der Mehrkosten eine Sparquote übrig, kann keine hälftige Teilung des Überschusses Platz greifen (dazu BGE 119 II 314 E. 4 zu aArt. 145 jetzt Art. 137 ZGB; siehe sodann Rz 10.102). Auf mehr als den bisherigen Lebensstandard hat die unterhaltsberechtigte Partei keinen Anspruch. Die Unterhaltsregelung bezweckt keine Vermögensumverteilung.

| Einkommen des Unterhaltsverpflichteten Ehegatten | Sparquote des unterhaltsverpflichteten Ehegatten |
| | Konkreter Unterhaltsbedarf des unterhaltsberechtigten Ehegatten |

e)   Höhe, Dauer und Form des Unterhaltsbeitrages

10.92   Höhe und Dauer des Unterhaltsbeitrages können sich gegenseitig bedingen. Sodann kann je nach der voraussehbaren zukünftigen Entwicklung der Unterhaltsbeitrag auf einen bestimmten Zeitpunkt hin ansteigen (z.B. nach dem Wegfall von Kinderunterhaltsverpflichtungen beim Unterhaltsschuldner) oder abnehmen (u.a. infolge zumutbarer Ausweitung einer Erwerbstätigkeit des Unterhaltsgläubigers). Geschuldet ist ein Unterhaltsersatz grundsätzlich nur für so lange, als der entsprechende Bedarf über die Eigenversorgung hinaus in zeitlicher Hinsicht ausgewiesen ist. Die zeitlich unbefristete Dauerrente ist – auch bei lebensprägender Ehe – gegenüber der zeitlich befristeten Unterhaltsrente die Ausnahme. Es bleibt im Einzelfall abzuklären, wie es sich mit der **Eigenversorgungskapazität** nicht nur unmittelbar nach der Scheidung, sondern auch **auf lange Sicht** verhält.

10.93   Das Scheidungsgericht kann die Unterhaltspflicht eines Ehegatten auch von **Bedingungen** abhängig machen (Art. 126 Abs. 3 ZGB). Diese in der Praxis wichtige Möglichkeit dient der Einzelfallgerechtigkeit.

10.94   Beispiele:

- Die Parteien vereinbaren, dass der Vater an zwei Tagen pro Woche das Kind betreut, weshalb der nacheheliche Unterhalt der Mutter infolge eigener Erwerbstätigkeit tiefer angesetzt wird. Für den Fall, dass sich der Vater später nicht an die Vereinbarung hält, wird eine entsprechend höhere Rentenverpflichtung festgelegt. Ohne eine solche Bedingung im Scheidungsurteil könnte den veränderten Verhältnissen nachträglich nicht mehr Rechnung getragen werden, weil die Erhöhung einer Rente ohne die besonderen Voraussetzungen von Art. 129 Abs. 3 ZGB ausgeschlossen wäre.

- Durch eine bedingte Unterhaltsverpflichtung kann auch der Möglichkeit Rechnung getragen werden, dass eine bei der Scheidung in Aussicht genommene berufliche Wiedereingliederung nicht glückt.

10.95   In der Regel setzt das Scheidungsgericht als Unterhaltsbeitrag eine **Rente** fest (Art. 126 Abs. 1 ZGB). Rechtfertigen es besondere Umstände, kann anstelle einer Rente eine Kapitalabfindung festgesetzt werden (Art. 126 Abs. 2 ZGB). Ausserdem kann das Scheidungsgericht bezüglich einer Rente auf einen entsprechenden Antrag hin anordnen, dass der Unterhaltsbeitrag sich bei einer bestimmten Veränderung der Lebenskosten ohne Weiteres erhöht oder vermindert (Art. 128 ZGB).

Für die Modalitäten einer solchen **Indexierung** stellt das Gesetz keine Vorschriften auf, sondern überlässt diese der Praxis.

Beispiel einer Indexierungsklausel (sog. „Jahresklausel"): 10.96

Der Unterhaltsbeitrag beruht auf dem Landesindex der Konsumentenpreise von 101,3 Punkten (Stand Dezember 2001, Basis Mai 2000 = 100 Punkte). Er wird auf den 1. Januar jedes Jahres dem Indexstand vom November des Vorjahres angepasst, erstmals auf den 1.1.2003. Der neue Unterhaltsbeitrag berechnet sich wie folgt:

$$\text{neuer Unterhaltsbeitrag} = \frac{\text{neuer Indexstand x ursprünglicher Unterhaltsbeitrag}}{\text{ursprünglicher Indexstand}}$$

f) *Die unterschiedlichen Berechnungsmethoden im Besonderen*

aa) *Allgemeines*

Bei der Bemessung von Unterhaltsbeiträgen sind generell die beiden Richtgrössen 10.97 Leistungsfähigkeit und Bedarf (Rzn 10.78 ff.) von Gläubiger und Schuldner zu beachten. Die scheidungsbedingten Nachteile im Bereich des Unterhalts, die in einem gewissen Sinn als „gegenseitiger Versorgerschaden" bezeichnet werden können, lassen sich – im Unterschied zur Betrachtungsweise der gewöhnlichen ausservertraglichen Schadenszufügung im Sinne von Art. 45 Abs. 3 OR – nie ohne Rücksicht auf die zufolge der Eheauflösung neu umschriebene **Leistungsfähigkeit beider Geschiedener** definieren. Die Scheidung führt immer zu zwei „Geschädigten". Die Unterdeckung gegenüber der bisherigen gemeinsamen Lebenshaltung in der Ehe ist grundsätzlich auf beide Geschiedenen aufzuteilen, allerdings wie im Rahmen des Art. 163 ZGB auf jeden nach seinen Kräften. Insofern kann im Zusammenhang mit dem nachehelichen Unterhalt gemäss Art. 125 ZGB von einer familienrechtlichen Sondernorm mit nur noch beschränkt schadenersatzrechtlichem Charakter gesprochen werden.

Die gesetzlichen Bestimmungen zum Unterhalt geben abstrakt vor, nach welchen 10.98 Kriterien dieser zu berechnen ist. Den erwähnten Normen lässt sich jedoch nicht entnehmen, wie die abstrakten Vorgaben in konkrete Zahlen umzusetzen sind. Gebräuchlich sind heute **zwei** Grundformen von **Berechnungsmethoden**. Die eine, sogenannt abstrakte Methode, beruht auf der Annahme, dass der Bedarf jedes Beteiligten einem bestimmten Anteil des zur Verfügung stehenden Einkommens entspreche. Dementsprechend wird das massgebende nacheheliche Einkommen nach Quoten geteilt (vgl. Rz 10.99 f.). Demgegenüber geht die sogenannt konkrete Methode von einer detaillierteren, weniger summarischen Bedarfsermittlung aus (Rzn 10.101 ff.). Vgl. zum Ganzen HAUSHEER/SPYCHER, ZBJV 133/1997, S. 149 ff., m.w.H.

bb) *Abstrakte Methode*

Nach der abstrakten Methode wird der Unterhaltsanspruch als **Prozentanteil des** 10.99 **massgeblichen Einkommens** bestimmt. So besagt die sogenannte „Drittelsregel", dass der Anteil der nichterwerbstätigen Ehefrau am Einkommen des Ehemannes rund ein Drittel beträgt (vgl. BGE 108 II 82 E. 3). Diese Methode hat den Vorteil einer einfachen Berechnung, da der Bedarf nicht im Einzelnen abgeklärt wird. Allerdings haftet dem massgeblichen Prozentsatz etwas Willkürliches an.

10.100   Angewendet wird die abstrakte Methode heute vor allem bei Unterhaltsbeiträgen für unmündige **Kinder**. Die Anteile betragen regelmässig zwischen 15-17, 25-27 und 30-35 % für ein, zwei bzw. drei Kinder (Kanton Bern: 17, 27 und 35 %). Für den Unterhaltsbeitrag des Ehegatten lässt sich die abstrakte Methode heute bestenfalls noch zur Rückkontrolle bei durchschnittlichen finanziellen Verhältnissen verwenden, und dies auch nur dann, wenn dem berechtigten Ehegatten kein eigenes Einkommen anzurechnen ist (vgl. BGE 116 II 116 E. 3a).

cc)   Konkrete Methoden

10.101   Die konkreten Bemessungsmethoden beruhen – im Gegensatz zur abstrakten Methode – auf einer **Einkommens- und** einer zusätzlichen **Bedarfsermittlung**. Dabei wird jedoch nicht in jedem Fall eine gesonderte, individuelle Feststellung des tatsächlichen Bedarfs der beteiligten Personen durchgeführt. Der zeitliche Aufwand eines derartigen Vorgehens wäre kaum zu verkraften. Ausserdem käme es zu beträchtlichen Beweisschwierigkeiten. Alle konkreten Methoden gehen daher von **Pauschalisierungen** kombiniert mit individuellem Einzelbedarf (Wohnungskosten, Krankenkasse usw.: Rz 10.103) aus.

10.102   Zunehmend durchgesetzt hat sich die sogenannte **Methode der familienrechtlichen Existenzminimum- oder Grundbedarfsberechnung mit allfälliger Überschussverteilung**. Auf diese – im Zusammenhang mit dem Getrenntleben gemäss Art. 176 ZGB entwickelte – Methode kann unter dem neuen Scheidungsrecht um so eher zurückgegriffen werden, als kein Unterschied mehr zwischen der Unterhaltsersatzrente (aArt. 151 ZGB) und einer Bedürftigkeitsrente (aArt. 152 ZGB) zu machen ist und auch das Scheidungsverschulden (i.S. von Selbstverschulden und Verschulden an der Verschlechterung der Versorgung des anderen Partners) stark an Bedeutung verloren hat. Nach dieser Methode wird für alle Unterhaltsberechtigten vorerst der Bedarf, d.h. das familienrechtliche Existenzminimum konkret berechnet. Dabei wird in einem ersten Schritt das betreibungsrechtliche Existenzminimum ermittelt, das in einem zweiten Schritt zum familienrechtlichen Grundbedarf erweitert wird. Der Summe aller (familienrechtlicher) Existenzminima wird sodann unter Aufrechnung allfälliger hypothetischer Einkommen das gesamte massgebliche Einkommen nach der Auflösung des gemeinsamen Haushalts gegenübergestellt. Daraus ergibt sich ein Fehlbetrag oder ein Überschuss. Letzterer ist bei ausreichenden Mitteln auf die Berechtigten an sich gleichmässig (vgl. aber BGE vom 19. April 2001 [5C.32/2001]; BGE vom 9. April 2001 [5C.54/2001]; BGE vom 19. Oktober 2000 [5C.177/2000] sowie vorne Rzn 10.89 und 10.91) zu verteilen, wobei für kleinere Kinder allenfalls nicht ein voller Anteil einzusetzen ist und der aufzuteilende Überschuss auf jeden Fall nicht mehr als den bisherigen Lebensstandard sicherzustellen hat. Dazu ausführlich HAUSHEER/SPYCHER, Handbuch, Rzn 02.27 ff. mit Berechnungsbeispielen in Rzn 02.71 ff.

10.103   Vorgehensweise (vgl. dazu das Berechnungsbeispiel im Anhang I, S. 257):

1.   Festlegung des **familienrechtlichen Grundbedarfs** (=familienrechtliches Existenzminimum): Als Grundlage werden dazu die „Richtlinien für die Berechnung des betreibungsrechtlichen

Existenzminimums (Notbedarf) nach Art. 93 SchKG vom 24. November 2000 verwendet (z.B. auf Internet abrufbar unter: http://www.be.ch/og/d/kreisschreiben.html). Das betreibungsrechtliche Existenzminimum setzt sich aus einem Grundbetrag sowie verschiedenen Zuschlägen zusammen. Der Grundbetrag steht jeder Person zu und dient der Abdeckung des Bedarfs an Nahrungsmitteln, Bekleidung, Auslagen für Hygiene sowie der Wohnnebenkosten. Demgegenüber sind die betreibungsrechtlichen Zuschläge für Wohnkosten, unumgängliche Berufsauslagen sowie gewisse Sozialversicherungsbeiträge (u.a. Krankenversicherung) nur anzurechnen, wenn die damit abzudeckenden Kosten tatsächlich anfallen. Zum familienrechtlichen Grundbedarf erweitert wird das betreibungsrechtliche Existenzminimum um bestimmte zusätzliche Kosten (Versicherungen, Steuern, Konzessionsgebühren für Telefon, Radio und Fernsehen, u.U. auch Kreditschulden). Zum Ganzen HAUSHEER/SPYCHER, ZBJV 133/1997, S. 166 ff. Allerdings hat die Steuerlast gemäss Bundesgericht bei engen finanziellen Verhältnissen unberücksichtigt zu bleiben (BGE 127 III 70 E. 2b; BGE 127 III 292 E. 2a/bb; BGE 126 III 356 E. 1a/aa).

2. Berechnung der **Eigenversorgungskapazität** beider Ehegatten: Diese besteht in erster Linie aus dem Nettolohn inkl. einem allfälligen 13. Monatsgehalt sowie aus Vermögenserträgen (Liegenschaften, Wertpapiere, Konti usw.). In der Regel wird vom tatsächlich Vorhandenen ausgegangen. Erzielt jedoch eine Partei ein geringeres Einkommen, als angesichts der Umstände von ihr erwartet werden kann, ist ihr allenfalls ein hypothetisches Einkommen anzurechnen. Gleiches gilt, wenn die Wiederaufnahme einer Erwerbstätigkeit als zumutbar erscheint (vgl. Rzn 10.81 ff.).

3. Berechnung des zu verteilenden **Überschusses** bzw. des **Fehlbetrages** (= Eigenversorgungskapazität minus familienrechtlicher Grundbedarf): Ein allfälliger Überschuss ist auf die Ehegatten und Kinder bis zur Höhe des letzten ehelichen Lebensstandards zu verteilen. Falls kein Überschuss, sondern ein Manko vorhanden ist, so wird dieses nicht geteilt, da dem Schuldner auf jeden Fall das Existenzminimum zu garantieren ist (dazu schon BGE 121 I 97; bestätigt in BGE 127 III 70 f.; BGE 127 III 292; BGE 126 III 356; BGE 123 III 7; BGE 121 III 301). Vgl. zur Aufteilung eines Fehlbetrages HAUSHEER/GEISER, ZBJV 134/1998, S. 93 ff.).

dd) *Schematischer Überblick über die Berechnungsmethoden*

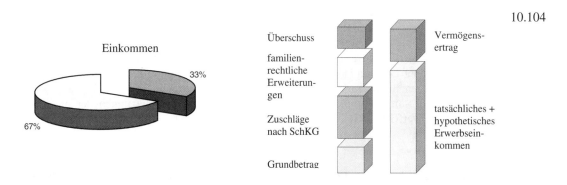

10.104

Abb. 1: Abstrakte Methode (Drittelsregel)   Abb. 2: (Konkrete) Methode der familienrechtlichen Existenzminimums- oder Grundbedarfsberechnung mit Überschussverteilung

g) ***Kürzung insbesondere zufolge Rechtsmissbrauchs***

Ein nachehelicher Unterhaltsbeitrag kann ausnahmsweise versagt oder gekürzt werden, wenn er **offensichtlich unbillig** wäre und jedem Gerechtigkeitsempfinden zweifelsfrei widerspräche (Art. 125 Abs. 3 ZGB). Im Vordergrund steht dabei   10.105

der Gesichtspunkt des venire contra factum proprium bzw. des Rechtsmissbrauchs im Zusammenhang mit einer Forderung eines nachehelichen Unterhalts ganz allgemein, wobei zu beachten bleibt, dass mit der Scheidung die Versorgung *beider* in Mitleidenschaft gerät. Ein Verschulden kann, braucht aber nicht unbedingt vorzuliegen.

10.106 Die erforderliche **Unbilligkeit** kann aufgrund der gesetzlichen Veranschaulichung einer Generalklausel vorab dann gegeben sein, wenn

- die unterhaltsberechtigte Person ihre **Pflicht zum Unterhalt** der Familie beizutragen, **grob verletzt** hat (Art. 125 Abs. 3 Ziff. 1 ZGB, die abgesehen von Tatbeständen, die zur Bestrafung aufgrund von Art. 217 StGB führen können, auch die gröbliche [grobfahrlässige] Vernachlässigung des Unterhaltsbeitrages in Form von Haushaltführung und Kinderbetreuung erfasst; siehe zur analogen Ziffer 5 des § 1579 dt. BGB: MAURER, MünchKomm., Rzn 37 ff.),

- die unterhaltsberechtigte Person ihre **Bedürftigkeit mutwillig herbeigeführt** hat (Art. 125 Abs. 3 Ziff. 2 ZGB: nach deutscher Lehre und Rechtsprechung zum analogen § 1579 Ziff. 3 BGB beispielsweise schon bei *leichtfertigem* und nicht erst bei vorsätzlichem Unterlassen einer in ihrer Tragweite noch erkennbaren [Alkohol- oder Drogen-]Entziehungskur; siehe dazu VERSCHRAEGEN, Rzn 67b ff. zu § 1579 BGB unter Hinweis auf BGH in FamRZ 1981, S. 1043 ff. und FamRZ 1987, S. 359 und auf verschiedene weitere Anwendungsfälle nicht ausgeübter Erwerbstätigkeit und anderes mehr in der deutschen Gerichtspraxis. In der Auslegung zu Art. 125 Abs. 3 Ziff. 2 ZGB insofern zu eng HINDERLING, passim. Hier wird nicht bei der vom Gesetzgeber tatsächlich gewollten Anlehnung an das dt. BGB, sondern beim Recht gewisser Gliedstaaten der USA und bei [als solche unverbindlichen, teils Einschränkungen von der Art des fraglichen Absatz 3 vorbehaltenden] Empfehlungen des Europarates und des American Law Institute angeknüpft, so dass die tatsächlich beschlossene [und auch bezüglich des vom Ständerat eingefügten «insbesondere» keineswegs auf einem Versehen beruhende] Gesetzesbestimmung nicht hätte zum Gesetz werden sollen bzw. dürfen.), oder

- wenn sie gegen die verpflichtete oder eine dieser nahe verbundenen Person eine **schwere Straftat** begangen hat (Art. 125 Abs. 3 Ziff. 3 ZGB in Anlehnung an Art. 477 Ziff. 1 ZGB und Art. 249 Ziff. 1 OR).

Aufgrund des «**insbesondere**» können im konkreten Einzelfall zudem weitere, mit den im Gesetz aufgeführten Tatbeständen vergleichbare Unbilligkeits- (insbesondere Rechtsmissbrauchs-)Tatbestände zum Ausschluss oder zu einer Herabsetzung eines an sich ausgewiesenen Unterhaltsbeitrags führen. Ein Unterhaltsbeitrag ist indessen selbst bei langandauernder ehelicher Untreue in einer Ehe von langer Dauer nicht ohne weiteres unbillig (BGE 127 III 65; zur verfassungsrechtlichen Begrenzung eines uneingeschränkten Betreuungsunterhaltes nach § 1579 Abs., 2 dt. BGB a.F. im Zusammenhang mit schwerstwiegenden Verletzungen der ehelichen Treuepflicht siehe BVerfG 57, 361). Zum Ganzen sodann HAUSHEER, in: Scheidungsrecht, S. 139 ff.

h)   *Erlöschen und nachträgliche Abänderung von Unterhaltsrenten*

aa)   *Allgemeines*

10.107 Bei der Berechnung von Unterhaltsbeiträgen wird von **Zukunftsprognosen** ausgegangen, welche sich im Nachhinein als unzutreffend erweisen können. Deshalb ist eine nachträgliche Aufhebung oder Abänderung manchmal notwendig. Grundlage einer solchen kann eine **Parteivereinbarung**, ein **gerichtliches Urteil** oder eine **gesetzliche Bestimmung** sein.

bb) *Erlöschen von Gesetzes wegen*

Mit Rücksicht auf die trotz Scheidung weiterhin engen Beziehungen zwischen den Parteien des Unterhaltsverhältnisses sowie auf den Unterhaltszweck sieht der Gesetzgeber vor, dass der Eintritt bestimmter Ereignisse zum Erlöschen der Unterhaltsverpflichtung führt (Art. 130 ZGB).   10.108

- Mit dem **Tod** der berechtigten oder der verpflichteten Person erlischt die Beitragspflicht (Art. 130 Abs. 1 ZGB). Eine aktive und passive Vererblichkeit von Unterhaltsbeiträgen wird damit – soweit nichts anderes vereinbart ist – ausgeschlossen (vgl. BGE 100 II 1 ff.).   10.109

- Die **Wiederverheiratung** des unterhaltsberechtigten geschiedenen Ehegatten lässt seinen Rentenanspruch – vorbehältlich einer anderen Vereinbarung – untergehen (Art. 130 Abs. 2 ZGB).   10.110

- Die Rechtsprechung unter dem alten Scheidungsrecht hat der Wiederverheiratung ein **qualifiziertes Konkubinat** gleichgestellt. In der Revision des Scheidungsrechts unterblieb eine Kodifikation der bisherigen Rechtsprechung des Bundesgerichts zum Erlöschen von Scheidungsrenten. Aufgrund der Materialien ist aber davon auszugehen, dass damit keine grundsätzliche Abkehr von der bisherigen Praxis zum Ausdruck gebracht werden sollte. Demnach erscheint das Festhalten an einer Scheidungsrente im Fall des qualifizierten Konkubinats auch unter neuem Recht als rechtsmissbräuchlich. Eine stabile eheähnliche Lebensgemeinschaft ist dann gegeben, wenn anzunehmen ist, der geschiedene Ehegatte erhalte vom neuen Partner dieselbe Unterstützung, wie sie einander von Ehegatten geschuldet wird (dazu BGE 118 II 237 E. 3a; vgl. Rz 03.07 f.). Dabei kommt es nicht darauf an, ob der Konkubinatspartner tatsächlich finanzielle Unterstützungsleistungen erbringt. «Entscheidend kann nur sein, ob die Bindung so eng ist, dass die Partner sich gegenseitig beistehen, so gut es geht, und sich im Guten wie im Schlechten helfen. Damit erbringen sie gegenseitig jene Leistungen, zu denen sie verpflichtet wären, wenn eine Ehe bestünde» (BGE 116 II 397; vgl. auch BGE 109 II 190).   10.111

Eine vom Bundesgericht schon unter dem ZGB von 1907 aufgestellte Tatsachenvermutung geht davon aus, dass bei einem im Zeitpunkt der Klageeinreichung **fünf Jahre** andauernden Konkubinat zu erwarten ist, die Beziehung sei qualifiziert im oben geschilderten Sinn. Dem/der Beklagten obliegt diesfalls der Beweis des Gegenteils (so BGE 114 II 299 E. 1c) oder der Nachweis, dass ernsthafte Gründe für ein Festhalten an der Rente trotz Vorliegens eines qualifizierten Konkubinats sprechen. Der Kläger hat jedoch als Vermutungsbasis das Bestehen einer eheähnlichen Lebensgemeinschaft zu beweisen (vgl. BGE 118 II 238 E. 3c). Zur blossen Sistierung vgl. Rzn 10.120 f.   10.112

Im Gegensatz zum Fall der Wiederverheiratung, wo sich der Zeitpunkt des Erlöschens der Verpflichtung leicht feststellen lässt, muss der Verpflichtete im Falle einer qualifizierten eheähnlichen Gemeinschaft regelmässig eine **Abänderungsklage** (Gestaltungsklage) anstrengen.   10.113

Wenn derjenige Ehegatte, der grundsätzlich die Zusprechung einer Rente verlangen könnte, im **Zeitpunkt der Scheidung** in einem **gefestigten Konkubinat** lebt, verweigert ihm neuerdings die bundesgerichtliche Rechtsprechung die Unterhaltsleistungen schon im Zeitpunkt der   10.114

Scheidung, und zwar in analoger Anwendung der obgenannten Rechtsprechung (Rzn 10.111 ff.; BGE 124 III 52).

10.115   • Mit **Abschluss der Ausbildung** erlischt (spätestens) der Unterhaltsanspruch des mündigen Kindes (Art. 277 Abs. 2 ZGB).

cc)   Aufhebung oder Abänderung nach vorheriger Vereinbarung

10.116   Im Scheidungsurteil oder in der Scheidungskonvention kann vorgesehen werden, dass – in den Schranken von Art. 19 Abs. 2 und 20 OR sowie Art. 27 Abs. 2 ZGB – bei **Eintritt eines bestimmten Ereignisses** eine Rente dahinfällt, herab- oder heraufgesetzt wird.

10.117   Beispiele:

• Indexierung der Unterhaltsrente (vgl. auch Art. 128 ZGB, Rz 10.96).

• Heraufsetzung der Rente im Zeitpunkt des Erlöschens der Unterhaltsverpflichtung gegenüber Kindern.

• Herabsetzung bei Erreichen des Rentenalters durch den Pflichtigen.

• Weiterdauer einer Rente über die Wiederverheiratung hinaus.

dd)   Nachträgliche Aufhebung oder Herabsetzung von Renten durch das Gericht

10.118   Bei einer **Veränderung der Verhältnisse**, sei es auf Seiten des Schuldners oder des Gläubigers, kann eine nacheheliche Unterhaltsrente unter bestimmten Voraussetzungen herauf- oder herabgesetzt werden (Art. 129 ZGB). Die Veränderungen müssen

• unvorhersehbar,

• erheblich und

• von Dauer

sein. Im Zeitpunkt der Scheidung vorhersehbare, unbedeutende oder bloss vorübergehende Schwankungen in der Leistungsfähigkeit oder im Bedarf vermögen eine Abänderung nicht zu rechtfertigen. Die Ehegatten dürfen sich auch nicht auf den Ausschluss der nachträglichen Abänderung geeinigt haben (Art. 127 ZGB).

10.119   Eine **Herabsetzung** oder **Aufhebung** der Rente kommt grundsätzlich in Frage, wenn sich die Verhältnisse der verpflichteten Person verschlechtert oder diejenigen der berechtigten Person verbessert haben. Allerdings wird die Verbesserung der Verhältnisse der berechtigten Person nur berücksichtigt, wenn im Scheidungsurteil eine den gebührenden Unterhalt deckende Rente festgesetzt werden konnte (Art. 129 Abs. 1 ZGB). Das ist regelmässig dort nicht der Fall, wo ein Ehegatte zufolge mangelnder Leistungsfähigkeit des Unterhaltsverpflichteten nicht einmal das Existenzminimum gedeckt erhält (Rz 10.90). Die Verbesserung der Verhältnisse der berechtigten Person wird aber nicht schon immer dann berücksichtigt, wenn der letzte eheliche Lebensstandard nicht mehr gehalten werden konnte und deshalb beide Geschiedenen gleicherweise zurückstecken mussten (Rz 10.89). Im Unterschied zu Art. 129 Abs. 3 ZGB setzt Abs. 1 zwar keinen entsprechenden Vermerk im Scheidungsurteil voraus (Art. 143 Ziff. 3 ZGB). Im Hinblick auf eine spätere Abänderungsklage kann sich dennoch ein Hinweis darauf empfehlen, dass der gebührende Unterhalt nach Abs. 1 gedeckt werden konnte.

Im Interesse der Anpassung an unterschiedliche Lebensverhältnisse und spätere Veränderungen ist die Möglichkeit einer **Einstellung der Zahlungspflicht** gegeben (Art. 129 Abs. 1 ZGB). Dies erlaubt es, die Entwicklung der Verhältnisse abzuwarten, bis die Grundlagen für den Entscheid über eine endgültige Aufhebung der Zahlungspflicht gesichert sind. Allerdings muss die **Sistierung** der Rente immer für eine bestimmte Zeit erfolgen. Nach Ablauf der Einstellungsfrist lebt die Rente bzw. die entsprechende Zahlungspflicht wieder auf. 10.120

Anwendungsbeispiele einer Renteneinstellung: 10.121

- Die Sistierung des im Scheidungsurteil festgehaltenen Unterhaltsbeitrags ist insbesondere im Hinblick auf ein **nacheheliches Konkubinat** möglich. Der Gesetzgeber wollte mit der Möglichkeit, Unterhaltsrenten zu sistieren, den Gerichten im Vergleich zur bisherigen Praxis einen grösseren Gestaltungsspielraum in Bezug auf die Regelung der Auswirkungen eines Konkubinats auf den Bestand der Unterhaltsrenten einräumen. Hingegen lässt sich ein weitergehendes Abrücken von der bisherigen bundesgerichtlichen Praxis den Materialien nicht entnehmen (BGE vom 12. März 2002 [5C.296/2001] gestützt auf Art. 129 Abs. 1 i.V. mit Art. 126 Abs. 3 ZGB; a.M. SUTTER/FREIBURGHAUS, Art 129, Rzn 26 ff.). Ebenso kann auch die in der Literatur vertretene Auffassung, wonach gewisse Renten wegen des Grundes ihrer Ausrichtung zu privilegieren seien (so SCHWENZER in: Praxiskommentar, Art. 129, Rzn 15 ff.), nicht durch die Materialien belegt werden. Indem Art. 130 Abs. 2 VE keine Aufnahme in den Gesetzestext fand, lehnte es der Gesetzgeber ab, gewisse Rentenarten „wiederverheiratungsresistent" auszugestalten. Dies gilt es bei der Auslegung von Art. 129 ZGB zu beachten (BGE 5C.296/2001 unter Bezugnahme auf HAUSHEER/SPYCHER, Unterhalt, Rz 10.30 h, m.w.H.). Tritt die Sistierung als zusätzliche Alternative neben die Gleichsetzung von *qualifiziertem* eheähnlichen Lebensverhältnis mit der Wiederverheiratung (so Entscheid des OGer LU vom 30. März 2001 in: FamPra 2002, S. 151 ff.), verschlechtert sich die Stellung des Unterhaltschuldners im Vergleich zum früheren Recht. Indessen sollte die neue Sistierungsmöglichkeit den Nachteil, dass mit der Auflösung des Konkubinats kein Unterhalt einhergeht, nicht vollumfänglich dem Unterhaltsverpflichteten auferlegen. Umgekehrt bezweckt das neue Scheidungsrecht aber auch keine Schlechterstellung des Unterhaltsgläubigers. Daher ist ein Ausgleich der Wirkungen einer Sistierung für die beiden betroffenen Parteien herbeizuführen. Dies mag nach HAUSHEER/SPYCHER (a.a.O., Rz 10.30 i) dazu führen, eine allfällige «Verkürzung der bisherigen Fünfjahresfrist [bis zum qualifizierten Konkubinat] im Hinblick auf die Sistierung derart auszugleichen, dass die Frist bis zur definitiven Aufhebung des Anspruchs um die gleiche Zeitspanne verlängert wird.» Sodann muss der Besonderheit degressiver Unterhaltsbeiträge Rechnung getragen werden.

- Einstellung während einer **vorübergehenden Arbeitslosigkeit** des Unterhaltsverpflichteten.

- Sistierung während des Zeitraums einer **Weiterbildung** des Unterhaltsverpflichteten.

Wurde im Scheidungsurteil festgehalten, dass keine zur Deckung des gebührenden Unterhalts ausreichende Rente festgesetzt werden konnte, also wiederum vorab im Falle der sogenannten Mangellage (Rz 10.90) und haben sich die wirtschaftlichen Verhältnisse der verpflichteten Person verbessert, kann innerhalb von fünf Jahren seit der Scheidung die **Festsetzung einer Rente** oder deren **Erhöhung** verlangt werden (Art. 129 Abs. 3 ZGB). Damit kann den Fällen Rechnung getragen werden, in welchen sich die Finanzlage des Zahlungsverpflichteten nach der Scheidung verhältnismässig rasch verbessert. Zudem ist eine Erhöhung in der Form der nachträglichen Anpassung nicht indexierter Unterhaltsbeiträge an die Teuerung möglich (Art. 129 Abs. 2 ZGB). Eine weitergehende gesetzliche Erhöhungsmöglichkeit ist nicht vorgesehen, denn die geschiedene Ehe soll nicht nach der Scheidung noch unbegrenzt als blosse „Einkommensausgleichsgemeinschaft" 10.122

weitergeführt werden. Dies würde dem Gedanken des „clean break" widersprechen. Es besteht insofern keine Spiegelbildlichkeit zwischen der Herabsetzung oder Aufhebung der Rente wegen einer nachträglich verbesserten Eigenversorgungskapazität und der nur beschränkten Möglichkeit der Rentenerhöhung aufgrund der Verbesserung der Leistungsfähigkeit des Unterhaltsschuldners.

10.123   <u>Übersicht:</u>

Herabsetzung/Aufhebung	• Bei unvorhersehbarer, erheblicher und dauerhafter **Verschlechterung der Verhältnisse der verpflichteten Person** (Art. 129 Abs. 1 ZGB). Bsp.: Krankheit, Arbeitslosigkeit. • Bei unvorhersehbarer, erheblicher und dauerhafter **Verbesserung der Verhältnisse der berechtigten Person**, jedoch nur, wenn im Scheidungsurteil eine den gebührenden Unterhalt deckende Rente festgesetzt werden konnte (Art. 129 Abs. 1 ZGB). Bsp.: unerwartete Aufnahme oder Erhöhung der Erwerbstätigkeit, Anfall einer Erbschaft.
Festsetzung/Erhöhung	• Bei unvorhersehbarer, erheblicher und dauerhafter **Verbesserung der Verhältnisse der verpflichteten Person**, jedoch nur innert fünf Jahren nach der Scheidung und wenn im Scheidungsurteil festgehalten wurde, dass keine zur Deckung des gebührenden Unterhalts ausreichende Rente festgesetzt werden konnte (Art. 129 Abs. 3 ZGB).
Sistierung	• Bei unvorhersehbarer erheblicher und dauerhafter **Veränderung der Verhältnisse**, wobei diese Veränderung **noch nicht zum Abschluss gekommen** ist (Art. 129 Abs. 1 ZGB). Bsp.: Unfall, Weiterbildung, Konkubinat.

i)   *Durchsetzung des Unterhaltsbeitrages*

10.124   Da die gerichtlich festgelegten Unterhaltsbeiträge selten reibungslos ausgerichtet und vielfach nur schleppend und unregelmässig bzw. gar nicht erbracht werden, sieht Art. 131 ZGB die **Inkassohilfe** seitens der Vormundschaftsbehörde oder einer anderen vom Kanton bezeichneten Stelle vor. Hingegen ist die **Alimentenbevorschussung** durch die öffentliche Hand aus Gründen der verfassungsrechtlichen Zuständigkeit von den Kantonen zu regeln (Art. 131 Abs. 2 ZGB). Das Gericht kann jedoch, wenn die verpflichtete Person die Erfüllung der Unterhaltspflicht vernachlässigt, deren **Schuldner anweisen**, die Zahlung ganz oder teilweise an die berechtigte Person zu leisten (Art. 132 ZGB, vgl. auch Art. 177 und 291 ZGB, Rzn 09.40 ff.). Aufgrund einer gerichtlichen Anordnung kann somit insbesondere der Arbeitgeber des Schuldners bis zur Höhe des Unterhaltsbeitrages den Lohn mit befreiender Wirkung im Rahmen des Arbeitsvertrages nur noch an den Unterhaltsberechtigten entrichten.

V. Kind und Scheidung der Eltern

1. Offizial- und Untersuchungsmaxime

Im Hinblick auf die grosse Belastung und Verunsicherung, welche die Kinder durch die 10.125
Scheidung erfahren, ist deren Schicksal nicht einfach Privatangelegenheit der Eltern.
Deshalb gelten bezüglich der Kinderbelange die Offizial- und die Untersuchungsmaxime (Art. 145 ZGB). Das Gericht hat auch ohne Parteiantrag über die Zuweisung der
elterlichen Sorge, den persönlichen Verkehr, die Unterhaltsbeiträge sowie allfällige
Kindesschutzmassnahmen zu befinden und den Sachverhalt **von Amtes wegen** abzuklären.

2. Zuteilung der elterlichen Sorge

Während der Ehe üben die Eltern die elterliche Sorge gemeinsam aus (Art. 159 Abs. 2 10.126
und 297 Abs. 1 ZGB). Bei der Scheidung ist die **elterliche Sorge** vom Scheidungsgericht **grundsätzlich einem Elternteil zuzuteilen** (Art. 133 Abs. 1 ZGB). Dabei hat die
Mutter keinen absoluten Vorrang mehr (BGE 114 II 200). Massgebend sind alle für das
Kindeswohl wichtigen Umstände. Das Interesse des Kindes, und nicht dasjenige der
Eltern, ist für die Zuteilung ausschlaggebend (BGE 117 II 353). Zu berücksichtigen sind
insbesondere:

- stabile Lebensverhältnisse,

- die Möglichkeit der unmittelbaren Betreuung und Pflege durch einen Elternteil
  (BGE 117 II 355; BGE 114 II 202 E. 3b),

- die Beziehungen zwischen dem Kind und den Eltern,

- die Erziehungsfähigkeit der Eltern,

- die Persönlichkeit von Eltern und Kindern sowie

- alle übrigen für das Kindeswohl wichtigen Umstände und allenfalls – je nach Alter
  und Entwicklung – der Zuteilungswunsch des Kindes (BGE 122 III 401).

Wesentlich sind die **Umstände des Einzelfalles**. Dem Gericht muss deshalb ein erheb- 10.127
licher Ermessensspielraum eingeräumt werden. Es hat allerdings bei der Entscheidung
auf die gemeinsamen Anträge der Eltern und – soweit tunlich – auf den Zuteilungswunsch des Kindes (vgl. Rz 10.133) Rücksicht zu nehmen (Art. 133 Abs. 2 ZGB). Sind
diese mit dem Kindeswohl vereinbar, so ist den Anträgen der Eltern statt zu geben. Zum
Anspruch auf rechtliches Gehör der Eltern im Verfahren betreffend die Kinderzuteilung
siehe BGE 122 I 55 E. 4a.

Damit das Gericht den Eltern das **Sorgerecht gemeinsam** belassen kann, müssen fol- 10.128
gende Voraussetzungen erfüllt sein (Art. 133 Abs. 3 ZGB):

- Es liegt ein **gemeinsamer Antrag** der Eltern bezüglich der elterlichen Sorge vor.
  Damit drücken die Ehegatten ihren Kooperationswillen aus.

- Die gemeinsame elterliche Sorge muss mit dem **Kindeswohl** vereinbar sein: Beide Eltern müssen sich als erziehungs- und (ungeachtet der Scheidung) als kooperationsfähig erweisen.

- Die Eltern müssen dem Gericht eine **Vereinbarung** zur Genehmigung vorlegen, woraus ersichtlich ist, wie sie sich über ihre Anteile an der künftigen Betreuung des Kindes und über die Verteilung der Unterhaltskosten verständigt haben. Der zeitliche Einsatz der Eltern soll in den Grundzügen festgelegt werden, so dass diesbezüglichen späteren Schwierigkeiten und Auseinandersetzungen vorgebeugt wird.

10.129   In Frage kommt die gemeinsame elterliche Sorge i.d.R. nur bei einer **Scheidung auf gemeinsames Begehren** (Art. 111 und 112 ZGB), nicht jedoch bei einer Streitscheidung (Art. 113-116 ZGB).

3.   Besuchsrecht

10.130   Neben der Zuweisung der elterlichen Sorge hat das Gericht auch den **persönlichen Verkehr** des Kindes mit dem Elternteil zu regeln, der die elterliche Sorge verliert (Art. 133 Abs. 1 ZGB). Dies soll es dem Kind ermöglichen, zu beiden Elternteilen persönliche Beziehungen zu pflegen. Beim Anspruch auf persönlichen Verkehr handelt es sich um ein **gegenseitiges Recht des nicht obhutsberechtigten Elternteils und des Kindes** im Sinne eines nicht absolut höchstpersönlichen Persönlichkeitsrechts (Art. 273 Abs. 1 ZGB, Art. 9 Abs. 3 KRK). In erster Linie dient das Besuchsrecht dem Interessen des Kindes. Bei dessen Festsetzung geht es nicht darum, einen gerechten Interessenausgleich zwischen den Eltern zu finden, sondern den elterlichen Kontakt mit dem Kind in dessen Interessen zu regeln. Als oberste Richtschnur für die Ausgestaltung des Besuchsrechts gilt das Kindeswohl, das anhand der Umstände des konkreten Einzelfalles zu beurteilen ist (BGE 127 III 298). Dessen Durchsetzung sind allerdings Schranken gesetzt. Lediglich der besuchsberechtigte Elternteil kann verbindliche Anordnungen über den Umfang seines Besuchsrechts verlangen (Art. 273 Abs. 3 und Art. 133 Abs. 1 ZGB). Die Ordnung des Besuchsrechts des Kindes dagegen muss grundsätzlich den Beteiligten überlassen werden. Eine staatliche Stelle kann keinen Elternteil verpflichten, sich für eine bestimmte Zeit dem Kind zur Verfügung zu halten. Den Elternteil, der sein Besuchsrecht zum Nachteil des Kindes nicht ausübt, kann die Vormundschaftsbehörde ermahnen bzw. ihm Weisungen erteilen (Art. 272 Abs. 2 ZGB). Übt der Besuchsberechtigte sein Besuchsrecht in ungerechtfertigter Weise nicht aus, kann das u.U. auch zu einer Abänderung der Unterhaltsbeiträge führen, sofern damit eine wesentliche Mehrbelastung des Inhabers der elterlichen Sorge verbunden ist (Art. 285 Abs. 1 ZGB).

10.131   In der Praxis wird **normalerweise** - mit regionalen Unterschieden - ein Besuchsrecht von 1-2 Wochenenden pro Monat mit einem Ferienrecht von 2-3 Wochen im Jahr vereinbart, wobei das Alter des Kindes berücksichtigt werden muss. Die Feiertage (Weihnachten, Ostern, Pfingsten usw.) sind jeweils abwechslungsweise beim einen oder anderen Elternteil zu verbringen.

10.132   Anlass zu Schwierigkeiten gibt das Besuchsrecht immer wieder im konkreten **Vollzug.** Der sorgeberechtigte Elternteil hat alles vorzukehren, damit ein sinnvoller persönlicher Verkehr mit dem anderen Elternteil stattfinden kann. Nötigenfalls kann er dazu mit den Mitteln des kantonalen Vollstreckungsrechts, insbesondere durch Androhung von Ordnungsbusse und Ungehorsamsstrafe nach Art. 292 StGB (BGE 118 II 392) verhalten werden. Der Besuchsberechtigte, der eigenmächtig den persönlichen Verkehr durchsetzt oder nach Ablauf der Besuchszeit das Kind nicht zurückgibt, macht sich nach Art. 220 StGB strafbar (BGE 125 IV 14). Das unmündige Kind schliesslich ist verpflichtet, die Anordnungen des Inhabers der elterlichen Gewalt über das Besuchsrecht zu befolgen (Art. 301 Abs. 2 ZGB). Die Ausgestaltung des Besuchsrechts darf nicht allein von seinem Willen abhängen (BGE 111 II 405). Die Anwendung körperlichen oder psychischen Zwangs gegen ein urteilsfähiges Kind, das die Besuche ablehnt, widerspricht jedoch mindestens dem Grundsatz nach dem Zwecke des persönlichen Verkehrs (BGE 107 II 303 E. 5).

4. Anhörung des Kindes und Prozessbeistand

Die Lebensverhältnisse des Kindes werden durch die Scheidung seiner Eltern grundlegend verändert. Weil das Kind Anspruch darauf hat, seine Zukunft mit zu gestalten, muss soweit tunlich auf seine Meinung Rücksicht genommen werden. Zu diesem Zweck hat das Gericht das Kind grundsätzlich persönlich anzuhören (vgl. Art. 12 KRK; BGE 126 III 498 E. 4b im Zusammenhang schon mit vorsorglichen Massnahmen; BGE 124 III 90). Die **Anhörung der Kinder** ist immer durch das Gericht oder eine geeignete Drittperson durchzuführen, wenn nicht das Alter oder andere wichtige Gründe dagegen sprechen (Art. 144 Abs. 2 ZGB). Wenn ein Kind von einem gewissen Alter (d.h. wenn die Urteilsfähigkeit zu bejahen ist) eine feste Meinung hinsichtlich seiner Anhörung oder bezüglich seiner Belange ganz allgemein äussert, muss das Gericht begründen, weshalb es gegenteilig entschieden hat. 10.133

Das Anhörungsrecht dient, soweit das Kind für die Frage der Zuteilung der elterlichen Sorge und des Besuchsrechts **urteilsfähig** ist, neben der Sachverhaltsfeststellung der Wahrung seiner **Persönlichkeitsrechte** und des **rechtlichen Gehörs**. Das Gericht ist an die Meinung des Kindes jedoch nicht gebunden. 10.134

Bei **urteilsunfähigen** Kindern steht dagegen lediglich die Sachverhaltsermittlung in Frage. Ziel der Anhörung ist unter diesen Umständen, sich mehr Klarheit über das Verhältnis des Kindes zu seinen beiden Eltern zu verschaffen, ohne dass sich das Kind für oder gegen einen Elternteil entscheiden muss. 10.135

Zu unterscheiden sind verschiedene **Alters- bzw. Reifekategorien** (BGE 126 III 499 E. 4c; vgl. sodann REUSSER, in: Vom alten zum neuen Scheidungsrecht, S. 197 f. sowie FELDER/NUFER, ebd., S. 211 ff.), indessen bleibt auch der individuellen kindlichen Entwicklung Rechnung zu tragen: 10.136

- Eine Anhörung der Kinder **vor dem siebten Lebensjahr** fällt im Normalfall kaum je in Betracht.

- **Vom siebten bis zum zwölften Altersjahr** kann zwar grundsätzlich eine Anhörung in Erwägung gezogen werden, allerdings ist regelmässig nur von einem beschränkten „Beweiswert" der gemachten Aussagen auszugehen. Kinder sind in diesem Alter noch besonders anfällig für Druckversuche und bringen vorab ihre momentanen, spontanen Gefühle zum Ausdruck.

- **Ab dem dreizehnten Altersjahr** sollten demgegenüber gewöhnlich die Voraussetzungen für die Urteilsfähigkeit im Sinne von Art. 19 Abs. 2 ZGB zu bejahen sein, so dass eine umfassende Beweisaussage und die Ausübung des Persönlichkeitsrechts möglich ist.

Kanton Bern: vgl. dazu Art. 24 und 25 der Verordnung betreffend die Einführung der Änderung des Schweizerischen Zivilgesetzbuches vom 26. Juni 1998 [BSG 211.111]

Kanton St. Gallen: vgl. dazu Art. 19 und 20 der Verordnung über das Scheidungsverfahren vom 5. Oktober 1999 [sGS 961.22]

10.137 Bei Vorliegen wichtiger Gründe ordnet das Gericht die Vertretung des Kindes im Verfahren durch einen **Beistand** an (Art. 146 ZGB). Ein solcher ist zwingend, wenn das urteilsfähige Kind dies beantragt. Dagegen erfolgt die Ernennung nach pflichtgemässem Ermessen, wenn sich die Eltern über die Kindeszuteilung nicht einig sind, die Vormundschaftsbehörde einen entsprechenden Antrag stellt oder besondere Anzeichen dafür bestehen, dass die Interessen des Kindes durch die Eltern nicht hinreichend wahrgenommen werden (dazu BGE vom 28. August 2001 [5P.173/2001]). Der Beistand hat das Recht, bezüglich der Zuteilung der elterlichen Sorge, des persönlichen Verkehrs oder im Zusammenhang mit Kindesschutzmassnahmen Anträge zu stellen und Rechtsmittel einzulegen. Dem Kind dürfen aus der Vertretung keine Verfahrens- oder Gerichtskosten entstehen.

Kanton Bern: vgl. dazu Art. 26 der Verordnung betreffend die Einführung der Änderung des Schweizerischen Zivilgesetzbuches vom 26. Juni 1998 [BSG 211.111].

Kanton St. Gallen: vgl. dazu Art. 21 und 22 der Verordnung über das Scheidungsverfahren vom 5. Oktober 1999 [sGS 961.22].

5.   Kinderunterhalt

10.138 Die Festsetzung des Unterhaltsbeitrags für die Kinder erfolgt entsprechend den **Bestimmungen des Kindesrechts** (Art. 276 ff. ZGB). Er ist von jenem des geschiedenen Elternteils zu trennen, da er ein unterschiedliches Schicksal haben kann (BGE 115 Ia 325). Indessen bleibt zu beachten, dass die Kinderrenten jederzeit auch erhöht werden können und dies Rückwirkungen auf die Leistungsfähigkeit des Unterhaltsverpflichteten bezüglich der Unterhaltsersatzrente an den geschiedenen Ehegatten haben kann.

10.139 Bei der **Bemessung** des Unterhaltsbeitrages sind neben den Bedürfnissen des Kindes die Lebensstellung und Leistungsfähigkeit der Eltern zu berücksichtigen (Art. 285 Abs. 1 ZGB). Geschwister (auch Halbgeschwister: vgl. dazu BGE 127 III 70 E. 2c) haben grundsätzlich Anspruch auf Gleichbehandlung. Kinderzulagen, Sozialversicherungsrenten und ähnliche Leistungen, die zwar für den Unterhalt des Kindes bestimmt sind, jedoch dem unterhaltspflichtigen Elternteil zustehen, sind zusätzlich zum Unterhaltsbeitrag dieses Elternteils zu bezahlen (Art. 285 Abs. 2 ZGB). Für den nachträglichen Anfall solcher Leistungen vgl. aber Art. 285 Abs. 2bis ZGB. Zu den Bemessungsmethoden vgl. vorne Rzn 10.97 ff.

10.140 Für den Unterhalt unmündiger Kinder wird häufig auf ein vom Zürcher Jugendamt herausgegebenes Tabellenwerk, die sog. **Zürcher Tabellen**, zurückgegriffen. Diese sind jedoch grundsätzlich nur für die Berechnung von Unterhaltsbeiträgen für (fremdplazierte) Kinder, nicht aber für die Berechnung des Unterhalts von ganzen Familien, d.h. von Eltern und Kindern gemeinsam, gedacht, und deshalb bei Scheidungen i.d.R. ungeeignet. Der Bedarf eines Kindes wird – in Abhängigkeit von seinem Alter sowie der Anzahl der in einer Familie zusammenlebenden Kinder – durch Addition einzelner, auf Erfahrungswerten und statistischen Erhebungen beruhender Bedarfsposten ermittelt (Zur beschränkten Nutzbarkeit der sog. Zürcher Tabellen vgl. BGE vom 4. April 2001 [5C.278/2000] = ZBJV 138/2002 S. 30 ff.; siehe zum Ganzen auch HAUSHEER/SPYCHER, Handbuch, Rzn 06.120 ff.).

6. Änderung des Scheidungsurteils bezüglich der Kinderbelange

Bei nachträglichen Abänderungen ist zwischen der gerichtlichen Zuständigkeit und jener der Vormundschaftsbehörde zu unterscheiden (vgl. auch Rzn 09.63 f.). Art. 134 ZGB regelt die Abänderung des Scheidungsurteils in Bezug auf die Kinderbelange wegen wesentlicher Veränderung der Verhältnisse durch das **Gericht**, während Art. 315b ZGB die Zuständigkeit der **vormundschaftlichen Behörden** zur Abänderung gerichtlicher Anordnungen über die Kinderzuteilung und den Kindesschutz festlegt. Die beiden Bestimmungen stehen in einem engen Zusammenhang und müssen jeweils zusammen gelesen werden. 10.141

Das **Gericht** ist zuständig für streitige Abänderungen der Zuteilung der elterlichen Sorge und der Alimente (Art. 134 i.V.m. 315b ZGB). Im Übrigen gilt der Grundsatz der Kompetenzattraktion zu Gunsten des Gerichtes, soweit es ohnehin mit einem strittigen, die Kinder betreffenden Verfahren befasst ist (Art. 134 Abs. 4 ZGB). Hingegen ist die **Vormundschaftsbehörde** zuständig zur Übertragung der elterlichen Sorge von einem Elternteil auf den andern in nichtstreitigen Fällen. Ausserdem kann sie das Besuchsrecht neu ordnen, wenn nicht gleichzeitig über die streitige Umteilung der elterlichen Sorge oder über eine streitige Änderung des Unterhaltsbeitrags zu entscheiden ist (Art. 134 Abs. 4 i.V.m. 275 Abs. 1 ZGB). 10.142

Voraussetzung für eine (strittige) Umteilung der **elterlichen Sorge** bzw. für eine Aufhebung der gemeinsamen elterlichen Sorge ist, dass eine Neuregelung wegen wesentlicher Veränderung der Verhältnisse zum Wohle des Kindes geboten ist (Art. 134 Abs. 1 ZGB). Massgebend sind die konkreten Umstände des Einzelfalles. Für die Abänderung des **persönlichen Verkehrs** ist erforderlich, dass die bestehende Regelung infolge der Entwicklung der Verhältnisse unangemessen geworden ist. Den **Unterhaltsbeitrag** schliesslich setzt das Gericht bei erheblicher Veränderung der Verhältnisse auf Antrag eines Elternteils oder des Kindes neu fest oder hebt ihn auf (Art. 134 Abs. 2 i.V.m. 286 Abs. 2 ZGB). Bei nicht vorhergesehenen ausserordentlichen Bedürfnissen des Kindes – z.B. bei einer besonders aufwendigen Zahnkorrektur – können die Eltern neben dem ordentlichen Unterhaltsbeitrag zur Leistung eines besonderen Beitrags verpflichtet werden (Art. 286 Abs. 3 ZGB). 10.143

VI. Das Scheidungsverfahren

1. Zuständigkeit

Für die Scheidung, die Abänderung des Scheidungsurteils und für das Begehren auf Anweisung an den Schuldner oder auf Sicherstellung der Unterhaltsbeiträge ist **örtlich** wahlweise zwingend das Gericht am **Wohnsitz des einen oder des anderen** (scheidungswilligen bzw. geschiedenen) **Ehegatten** zuständig (Art. 135 ZGB i.V.m. Art. 15 GestG). Entscheidend sind die Verhältnisse im Zeitpunkt der Rechtshängigkeit, d.h. bei Klageanhebung oder Einreichung des Begehrens (Art. 136 ZGB). Die **sachliche** Zuständigkeit richtet sich nach kantonalem Recht. 10.144

10.145   Kanton Bern: Sachlich ist der Gerichtspräsident bzw. die Gerichtspräsidentin zuständig (Art. 3 Abs. 2 EG ZGB [BSG 211.1], Art. 6 Abs. 1 und 14 der Verordnung betreffend die Einführung der Änderung des Schweizerischen Zivilgesetzbuches vom 26. Juni 1998 [BSG 211.111]). Er bzw. sie entscheidet im ordentlichen Verfahren über Ehescheidungen und Abänderungen von Scheidungsurteilen.

Kanton St. Gallen: Der Bezirkspräsident (Familienrichter) ist sachlich zuständig für die Scheidung nach Art. 111 ZGB (umfassende Einigung) (Art. 3 lit. a, Art. 5 ff. Verordnung über das Scheidungsverfahren). Das Bezirksgericht (Art. 4, Art. 17 f. Verordnung über das Scheidungsverfahren) spricht im Instruktionsprozess die Scheidung nach Art. 112 ZGB (Teileinigung) aus und entscheidet über die Scheidung auf Klage (Art. 114, 115 ZGB). Die vorangehende Instruktion führt der Familienrichter (Art. 3 Abs. 2 lit. b und Art. 15 Abs. 1 Verordnung über das Scheidungsverfahren). Das Zivilprozessgesetz regelt die Zuständigkeit und das Verfahren für die gerichtliche Abänderung des Scheidungsurteils (Art. 2 Verordnung über das Scheidungsverfahren). Über die Anweisung an den Schuldner und Sicherstellung der Unterhaltsbeiträge wird im summarischen Verfahren geurteilt (Ziff. 18ter, Anhang Zivilprozessverordnung [sGS 961.21].

2.   Rechtshängigkeit

10.146   Das **gemeinsame Scheidungsbegehren** wird im Zeitpunkt der Einreichung beim Gericht rechtshängig (Art. 136 Abs. 1 ZGB). Ein Sühneverfahren ist von Bundesrechts wegen ausgeschlossen. Die Rechtshängigkeit der **Klage** eines Ehegatten auf Scheidung tritt mit der Klageanhebung ein (Art. 136 Abs. 2 ZGB). Ob in diesem Zusammenhang ein Sühneverfahren durchzuführen ist, entscheidet das kantonale Recht.

10.147   Kanton Bern: Der Verzicht auf einen Aussöhnungsversuch gilt für alle Scheidungsverfahren, d.h. auch für die Scheidung auf Klage (Art. 20 der Verordnung betreffend die Einführung der Änderung des Schweizerischen Zivilgesetzbuches vom 26. Juni 1998 [BSG 211.111]).

Kanton St. Gallen: Die Verordnung über das Scheidungsverfahren sieht keinen Verzicht auf das Schlichtungsverfahren vor. Damit gilt die allgemeine Regel (vgl. Art. 1 Verordnung über das Scheidungsverfahren), wonach ein Versöhnungsversuch vor dem Vermittler zwingend ist (Art. 134 ZPG).

10.148   Die Rechtshängigkeit hat verschiedene prozessrechtliche **Wirkungen**: Sie führt beispielsweise zur Fixierung des Gerichtsstandes, zum Ausschluss weiterer gleichgerichteter Prozesse sowie zum grundsätzlichen Verbot der Klageänderung. Im Scheidungsverfahren geht zudem die Zuständigkeit für vorsorgliche Massnahmen vom Eheschutz- auf das Scheidungsgericht über. Weiter kann mit Eintritt der Rechtshängigkeit jeder Ehegatte voraussetzungslos den gemeinsamen Haushalt für die Dauer des Verfahrens aufheben, und die Auflösung des Güterstandes wird auf den Zeitpunkt des Eintritts der Rechtshängigkeit zurückbezogen (Art. 204 Abs. 2; 236 Abs. 2 ZGB).

3.   Vorsorgliche Massnahmen

10.149   Sobald das gemeinsame Scheidungsbegehren oder die Scheidungsklage rechtshängig ist, kann das Gericht auf Antrag einer Partei **alle nötigen vorsorglichen Massnahmen** anordnen (Art. 137 Abs. 2 ZGB). Vorher ist das Eheschutzgericht für die Regelung des Getrenntlebens nach Art. 176 ZGB zuständig. Inhaltlich beziehen sich die vorsorglichen Massnahmen auf die Lebensbedingungen der Ehegatten und der Kinder. Zu regeln sind etwa der Unterhaltsbeitrag (BGE 114 II 393, BGE 111 II 106), die Zuteilung der Familienwohnung (BGE 114 II 17), Vorkehrungen im Zusammenhang mit dem Vermögen (BGE 109 Ia 53), die güterrechtlichen Verhältnisse, die Obhut über die Kinder (BGE 111 II 223) und ein allfälliger Prozesskostenvorschuss. Es besteht keine Beschränkung auf die gesetzlich vorgesehenen Massnahmen wie gemäss Art. 173 ZGB, sondern geregelt kann alles werden, was nötig ist. Die **Auflösung des ehelichen Haushaltes** bedarf – im Unterschied zu Art. 175 ZGB – keiner besonderen Rechtfertigung (Art. 137 Abs. 1 ZGB).

Örtlich zuständig für vorsorgliche Massnahmen ist das Gericht am Wohnsitz eines Ehegatten (Art. 135 ZGB i.V.m. Art. 15 GestG). Die sachliche **Zuständigkeit** richtet sich nach kantonalem Recht.   10.150

<u>Kanton Bern</u>: Der Gerichtspräsident bzw. die Gerichtspräsidentin ist zuständig (Art. 2 Abs. 2 i.V.m. Art. 322 Abs. 2 ZPO und Art. 2 EG ZGB). Massgebend ist regelmässig ein summarisches Verfahren (Art. 21 der Verordnung betreffend die Einführung der Änderung des Schweizerischen Zivilgesetzbuches vom 26. Juni 1998 [BSG 211.111] i.V.m. Art. 322 Abs. 2 ZPO), d.h. Glaubhaftmachung genügt, und es findet eine Beschränkung auf liquide Beweise statt. Gegen den Entscheid ist innert 10 Tagen die Appellation möglich (Art. 336 i.V.m. 338 ZPO), wobei zur Vollstreckbarkeit Art. 397 2. Satz ZPO (sofortige Vollstreckbarkeit) zu beachten ist.

<u>Kanton St. Gallen</u>: Sachlich ist der Familienrichter zuständig (Art. 3 lit. c der Verordnung über das Scheidungsverfahren). Es wird im Summarverfahren entschieden (Ziff. 20, Anhang Zivilprozessverordnung). Gegen den Entscheid kann kein ordentliches Rechtsmittel (im Summarverfahren wäre das grundsätzlich der Rekurs) ergriffen werden (Art. 218 lit. c ZPG). Offen steht nur die Rechtsverweigerungsbeschwerde. Im Beschwerdeverfahren gilt das Rügeprinzip (Art. 255 Abs. 2 ZPG). Die Rügegründe sind auf Willkür, Rechtsverweigerung oder -verzögerung, Amtsmissbrauch bzw. strafbare Handlung oder Unterlassung beschränkt (vgl. Art. 254 ZPG). Neue Vorbringen oder Beweismittel sind unzulässig (Novenverbot). Der Entscheid wirkt ausschliesslich kassatorisch.

4. Freie Beweiswürdigung

Von **Bundesrechts** wegen gilt für das Scheidungsverfahren, insbesondere das streitige, der Grundsatz der freien Beweiswürdigung (Art. 139 Abs. 1 ZGB). Welche Beweismittel zulässig sind, bestimmt das kantonale Recht. Für scheidungsbegründende Tatsachen gilt die Untersuchungsmaxime insofern, als sich das Gericht bei Scheidungsverfahren nach Art. 114 und 115 ZGB vom Vorhandensein dieser Tatsachen überzeugen muss (Art. 139 Abs. 2 ZGB). Damit soll verhindert werden, dass die Vorschriften über die Scheidung auf gemeinsames Begehren, insbesondere die zweimonatige Bedenkfrist, umgangen werden.   10.151

5. Rechtsmittel

Die Rechtsmittel gegen ein erstinstanzliches Scheidungsurteil richten sich zunächst nach **kantonalem Recht**. Gegen das instanzabschliessende kantonale Urteil ist sodann die **Berufung** an das Bundesgericht möglich (Art. 44 OG, nicht vermögensrechtliche Zivilrechtsstreitigkeit).   10.152

Da sich das Verfahren der **Scheidung auf gemeinsames Begehren** durch zahlreiche verfahrensmässige Sicherungen auszeichnet (vgl. Rzn 10.11 ff.), welche die Ehegatten vor übereilten Entschlüssen schützen, soll das Scheidungsurteil nur noch unter qualifizierten Voraussetzungen mit einem ordentlichen Rechtsmittel angefochten werden können. So muss der Rechtsmittelkläger durch das Urteil dergestalt beschwert sein, dass sein Scheidungsentschluss mit einem Mangel in der Willensbildung (Irrtum, Täuschung, Drohung) behaftet gewesen oder unter Verletzung bundesrechtlicher Verfahrensvorschriften über die Scheidung auf gemeinsames Begehren zustande gekommen ist (Art. 149 Abs. 1 ZGB). Ficht eine Partei mit einem ordentlichen Rechtsmittel die einverständlich geregelten Scheidungsfolgen an, kann die andere innert einer vom Gericht angesetzten Frist erklären, dass sie ihre Zustimmung zur Scheidung auf gemeinsames Begehren widerruft, wenn der betreffende Teil des Urteils geändert würde (Art. 149 Abs. 2 ZGB).   10.153

10.154 <u>Kanton Bern</u>: Gegen das erstinstanzliche Scheidungsurteil ist die Appellation möglich (Art. 10 und 12 Abs. 2 der Verordnung betreffend die Einführung der Änderung des Schweizerischen Zivilgesetzbuches vom 26. Juni 1998, Art. 335 ZPO).

<u>Kanton St. Gallen</u>: Gegen das erstinstanzliche Scheidungsurteil steht die Berufung offen. Entscheidet der Familienrichter so ist die Berufung an den Präsidenten der zuständigen Kammer des Kantonsgerichts zu richten (Art. 16 Verordnung über das Scheidungsverfahren). Für Entscheide des Bezirksgerichts gilt hingegen die allgemeine Regel (Art. 224 Abs. 1 lit. d ZPG), wonach das Kantonsgericht zuständig ist.

10.155 Ein Rechtsmittel gegen das Scheidungsurteil hemmt den **Eintritt der Rechtskraft** nur im Umfang der Anträge (Art. 148 ZGB, Art. 54 Abs. 2 OG). Eine Ausnahme von diesem Grundsatz der Teilrechtskraft ist bloss bezüglich des Unterhalts vorgesehen: Wird der Unterhaltsbeitrag für den Ehegatten angefochten, so können wegen des Zusammenhangs mit den Unterhaltsbeiträgen für die Kinder auch letztere neu beurteilt werden.

10.156 Die Vereinbarung über die vermögensrechtlichen Folgen der Scheidung, die Bestandteil des Scheidungsurteils wurden, kann auch noch nach Ablauf der Fristen für die ordentlichen Rechtsmittel angefochten werden. Neben den kantonalrechtlichen Revisionsgründen sind auch Mängel im Vertragsschluss (Irrtum, absichtliche Täuschung, Furchterregung Art. 23 ff. OR) **von Bundesrechts wegen** ein **Revisionsgrund** (Art. 148 Abs. 2 ZGB). Das Revisionsverfahren, insbesondere die Zuständigkeit, richtet sich allerdings nach kantonalem Recht.

VII. Die Ehetrennung

10.157 **Bei Vorliegen eines Scheidungsgrundes** kann auf Antrag der Ehegatten oder eines Ehegatten an Stelle der Scheidung die Trennung auf bestimmte oder unbestimmte Zeit angeordnet werden (Art. 117 ZGB). Gedacht ist die Ehetrennung für Paare, die sich insbesondere aus religiösen Gründen oder im Hinblick auf ihr Alter nicht scheiden, sondern nur trennen lassen wollen, u.a. um erb- und sozialversicherungsrechtliche Ansprüche nicht untergehen zu lassen. Das Recht, die Scheidung zu verlangen, wird durch das Trennungsurteil nicht berührt (Art. 117 Abs. 3 ZGB). Vielmehr kann jederzeit aus den gleichen Gründen statt der Trennung die Scheidung verlangt werden. Insbesondere beginnt die vierjährige Frist von Art. 114 ZGB mit der Trennung nicht neu zu laufen. So kann bei einer einverständlichen Trennung spätestens nach vier Jahren einseitig jede Partei gestützt auf Art. 114 ZGB die Scheidung verlangen.

10.158 Bezüglich der **Wirkungen** der Ehetrennung verweist das Gesetz auf die „sinngemäss anzuwendenden" Bestimmungen über die Massnahmen zum Schutz der ehelichen Gesellschaft (Art. 172 ff. ZGB). Namentlich finden die scheidungsrechtlichen Vorschriften über die Wohnung (Art. 121 ZGB) und den nachehelichen Unterhalt (Art. 125 ff. ZGB) keine Anwendung. Die Bestimmungen über die Wirkungen der Ehe gelten – soweit sie nicht das Zusammenleben voraussetzen – weiterhin, mit Ausnahme der Pflicht zum Zusammenleben. Erb- und sozialversicherungsrechtliche Ansprüche der Ehegatten bleiben unberührt.

10.159 Der Unterschied zur Aufhebung des gemeinsamen Haushaltes gemäss **Art. 175 ZGB** besteht bezüglich der Wirkungen im Wesentlichen darin, dass im Falle der gerichtlichen Trennung von Gesetzes wegen die Gütertrennung eintritt (Art. 118 ZGB), währenddem dies bei der Aufhebung des gemeinsamen Haushaltes nur der Fall ist, wenn die Gütertrennung gerichtlich angeordnet wurde (Art. 176 Abs. 1 Ziff. 3 ZGB).

Ehegüterrecht

§ 11   Allgemeine Vorschriften zum ehelichen Güterrecht

Literatur

AEBI-MÜLLER REGINA, Die optimale Begünstigung des überlebenden Ehegatten, Diss. Bern 2000; BARBATTI MARCO, Verwaltung des Vermögens eines Ehegatten durch den andern (Art. 195 ZGB), Diss. Zürich 1991; BRÄM BEAT, Gemeinschaftliches Eigentum unter Ehegatten an Grundstücken, Diss. Bern 1997; CESEROLI ALESSANDRA, Art. 200 Abs. 2 und Art. 248 Abs. 2 ZGB – Miteigentumsvermutung unter Ehegatten und Miteigentumsnachweis, Diss. Basel 1992; DESCHENAUX/STEINAUER/BADDELEY, §§ 8-11; ZGB-HAUSHEER, Art. 181-195a ZGB; BK-HAUSHEER/REUSSER/GEISER, Art. 181-195a ZGB, Vorbemerkungen vor Art. 221 ff. ZGB, N 40 ff. (Ehegattengesellschaft); HEGNAUER/BREITSCHMID, §§ 22-24; HENNINGER ANTON, Der ausserordentliche Güterstand im neuen Eherecht, Diss. Freiburg 1989; HOHL IRENE, Gesellschaften unter Ehegatten, Diss. Basel 1995; KOBEL ESTHER, Eherechtliche und schuldrechtliche Leistungen unter Ehegatten, Diss. Bern 2000; REUSSER RUTH, Die allgemeinen Vorschriften des Güterrechts, in: Hausheer (Hrsg.), Vom alten zum neuen Eherecht, Bern 1986; TUOR/SCHNYDER/SCHMID, § 25.

I.   Güterrecht und Güterstand

1.   Güterrecht

a)   Begriff

Das eheliche Güterrecht umschreibt die **Wirkungen der Ehe auf das Vermögen** 11.01
der Ehegatten, wobei es im Rahmen verschiedener Güterstände unterschiedliche Ordnungen zulässt. Es beschränkt sich im Wesentlichen auf die Fragen der Zuordnung und Behandlung der zu den Gütermassen der Ehegatten gehörenden Vermögenswerte (Eigentum, Verwaltung, Nutzung und Verfügung), der Haftung sowie der Aufteilung der einzelnen Vermögensmassen auf die Ehegatten bei Auflösung des Güterstandes bzw. der Ehe.

Auf das **Konkubinat** ist das eheliche Güterrecht nicht analog anwendbar (BGE 108 II 204; vgl. 11.02
Rzn 03.29 f. und 03.57 ff.).

b)   Verhältnis zwischen Güterrecht und ehelichem Vermögensrecht

Das eheliche Güterrecht umfasst nur einen **Ausschnitt aus dem ehelichen Ver-** 11.03
mögensrecht. Den allgemeinen Wirkungen der Ehe bleibt insbesondere die – bisweilen als Primärgüterstand bezeichnete – Regelung des ehelichen Unterhalts (Art. 163-165 ZGB) und der Vertretung der ehelichen Gemeinschaft gegenüber Dritten (Art. 166 ZGB) vorbehalten. Diese allgemeinen Wirkungen gelten unab-

hängig von dem von den Ehegatten gewählten Güterstand und zählen nicht zum ehelichen Güterrecht im engeren Sinne.

2.   Güterstände und ihre Ordnung

a)   Begriff

11.04   Der **einzelne Güterstand** ordnet das Vermögen der Ehegatten unter dem Gesichtspunkt der mehr oder weniger ausgeprägten Verbindung der ehelichen Gemeinschaft mit den vermögenswerten Rechten der Ehegatten. Während die Gütertrennung der Stellung der Ehegatten vermögensrechtlich grundsätzlich keine Bedeutung beimisst, verbindet die Gütergemeinschaft die Ehegatten auch zur vermögensrechtlichen Gemeinschaft und zwar ungeachtet der Herkunft des Vermögens.

11.05   Seit der Eherechtsreform von 1984 (i.K. seit 1.1.1988) stehen **drei Güterstände** zur Verfügung:

- die Gütertrennung (dazu Rzn 11.60 ff. und 13.49 ff.),
- die Gütergemeinschaft (dazu Rzn 13.01 ff.) und
- die Errungenschaftsbeteiligung (dazu Rzn 12.01 ff.).

11.06   Die **Wahlmöglichkeit** zwischen diesen Güterständen ermöglicht es den Ehegatten, die verschiedenen Regelungsbereiche (Rz 11.01) nach ihren individuellen Bedürfnissen auszugestalten. Die Wahl des Güterstandes beeinflusst die Zuteilung bestimmter Kategorien von Vermögensgegenständen zu den Vermögensmassen der Ehegatten sowie den Grad der Bindung dieser Massen an die eheliche Gemeinschaft. Die Massenzuteilung kann u.U. auch eine Veränderung der Eigentumsverhältnisse bewirken.

11.07   Beispiel:

Durch Zuweisung einer bisher im Alleineigentum der Ehefrau stehenden Sache zum Gesamtgut (Gütergemeinschaft) wird neu Gesamteigentum daran begründet.

b)   Überblick über die Güterstände

aa)   Ordentlicher, subsidiärer Güterstand

11.08   Der Gesetzgeber stellt zwar mehrere Güterstände zur Wahl, er verpflichtet die Ehegatten aber nicht, einen Güterstand zu wählen. Einigen sich die Ehegatten nicht durch Ehevertrag auf einen besonderen Güterstand und ist auch nicht der ausserordentliche Güterstand eingetreten, unterstehen die Ehegatten den Vorschriften über die **Errungenschaftsbeteiligung** (Art. 181 ZGB, vgl. Rzn 12.01 ff.). Subsidiär ist dieser Güterstand insofern, als er von der fehlenden Rechtswahl und den mangelnden Voraussetzungen für den ausserordentlichen Güterstand abhängt. Ordentlicher Güterstand wird die Errungenschaftsbeteiligung genannt, weil sie nach der Interessenlage auf die Bedürfnisse einer grossen Zahl von Ehepaaren zugeschnitten, dementsprechend am weitesten verbreitet ist, und sodann kein Grund für den ausserordentlichen Güterstand der Gütertrennung vorliegt.

bb) Vertragliche Güterstände

Die vertraglichen Güterstände, d.h. die **Gütergemeinschaft** (Rzn 13.01 ff.) und die **Gütertrennung** (Rzn 13.49 ff.), beruhen auf der freien Willenseinigung der Ehegatten und werden durch einen Ehevertrag gewählt. Aufgrund des Prinzips der Wandelbarkeit des Güterstandes kann die Wahl eines vertraglichen Güterstandes schon beim Abschluss oder erst im Verlaufe der Ehe vorgenommen werden. Ausnahmsweise kann auch die Errungenschaftsbeteiligung auf vertraglicher Grundlage beruhen, nämlich dann, wenn die Ehegatten bisher unter einem anderen Güterstand gelebt haben und nun die Errungenschaftsbeteiligung wählen (vgl. Art. 187 Abs. 1 und Art. 191 Abs. 2 ZGB sowie Rz 11.30).   11.09

cc) Ausserordentlicher Güterstand

Der ausserordentliche Güterstand der **Gütertrennung** (Rzn 11.60 ff.) tritt unter besonderen Voraussetzungen auf **gerichtliche Anordnung** hin (Art. 176 Abs. 1 Ziff. 3, 185 und 189 ZGB) oder **von Gesetzes wegen** (Art. 188 ZGB) ein. Unter besonderen Umständen sollen die Interessen eines Ehegatten oder der ehelichen Gemeinschaft als solcher bzw. der Gläubiger durch den Eintritt der Gütertrennung geschützt werden.   11.10

Die **Gütertrennung** kann ohne inhaltlichen Unterschied **ausserordentlicher** oder **vertraglicher** Güterstand sein. Es unterscheiden sich aber im einen oder andern Fall die Möglichkeiten, diesen Güterstand wieder aufzugeben.   11.11

dd) Schematische Übersicht

11.12

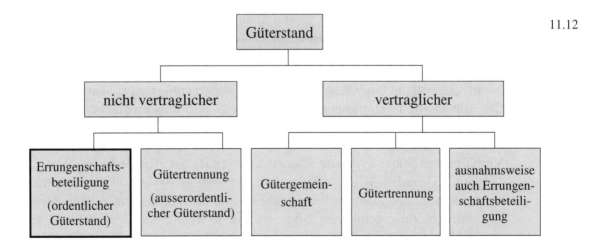

3.   Übergangsrechtliche Güterstände des ZGB von 1907

11.13   Übergangsrechtlich können neben den geltenden drei Güterständen noch die Güterstände des ZGB von 1907 weiterbestehen. Ihr Verhältnis zum neuen Recht und die Möglichkeit eines Wechsels zu einem Güterstand des neuen Rechts regeln die Art. 9 bis 10e SchlT ZGB. Von Bedeutung sind nach wie vor in erster Linie der Güterstand der **Güterverbindung** (aArt. 194 ff. ZGB, vgl. dazu Rzn 14.01 ff.) und sodann in geringerem Masse die altrechtlichen Varianten der **Gütergemeinschaft** (aArt. 215 ff. ZGB).

II.   Der Ehevertrag

1.   Begriff und Gegenstand

11.14   Der Ehevertrag ist die besonderen Formvorschriften unterstehende vertragliche Vereinbarung der Brautleute oder der Ehegatten zum Zweck der **erstmaligen Begründung**, des **Wechsels** oder der **Modifikation** ihres Güterstandes. Währenddem sich die Wahl eines Güterstandes immer auf einen Güterstand insgesamt erstreckt, beschränkt die Modifikation eines Güterstandes den Ehevertrag notwendigerweise auf einen Teilbereich dieser güterrechtlichen Ordnung (vgl. Rz 11.29).

11.15   <u>Bemerkungen:</u>

- Der Abschluss eines Ehevertrages zur erstmaligen Begründung eines Güterstandes ist nur notwendig, wenn die Brautleute einen anderen als den subsidiären gesetzlichen Güterstand der Errungenschaftsbeteiligung wählen.

- Ein Wechsel des Güterstandes zur Gütertrennung oder von der Gütertrennung zum früheren Güterstand kann unter bestimmten Voraussetzungen von Gesetzes wegen oder auf gerichtliche Anordnung hin erfolgen (vgl. dazu Rzn 11.64 ff.).

11.16   In den Ehevertrag können auch **Feststellungen tatsächlicher Natur** aufgenommen werden. Diese geben einerseits die Grundlagen wieder, auf die sich die güterrechtliche Regelung unter den Eheleuten stützt, andererseits können sie – wie das Inventar (Rzn 11.48 ff.) – den Bestand und die Massenzugehörigkeit von Vermögenswerten der Ehegatten im Zeitpunkt des Abschlusses des Ehevertrages betreffen.

11.17   **Nicht** Gegenstand eines Ehevertrages sind die **vermögensrechtlichen Bestimmungen der allgemeinen Wirkungen der Ehe**. Diese sind teils zwingender Natur und schliessen deshalb zum vornherein jeden Ehevertrag aus (z.B. Art. 166 und 169 ZGB), teils handelt es sich um individuelle Absprachen der Ehegatten, welche man veränderten Verhältnissen leicht anpassen können muss (z.B. Art. 163-165, 166 Abs. 2 Ziff. 1 und 175 ZGB). Werden solche Absprachen dennoch anlässlich eines Ehevertrages vorgenommen, sind sie insofern nicht wesentlicher Bestandteil und damit Gegenstand des Ehevertrages im eigentlichen Sinn, als die Einigung formlos zustande kommen und diese Absprache auch wieder formlos und selbständig abgeändert werden kann. Zur Abgrenzung des Ehevertrages als Vermögensordnung für die Ehegatten von der im Ehevertrag vorweggenommene Scheidungsfolgeregelung siehe den (nicht in jeder Hinsicht überzeugenden) BGE 121 III 393. Zu – allenfalls, nämlich bei einer Verknüpfung mit den Scheidungsfolgen, indirekt genehmigungsbedürftigen – scheidungsüberdauernden erbrechtlichen Anordnungen siehe BGE 122 III 308 und Art. 120 Abs. 2 ZGB. Letzterer lässt, aufgrund eines beabsichtigten e contrario – Schlusses, nach der Rechtshängigkeit des Scheidungsverfahrens bis zur Rechtskraft des Scheidungsurteils die Möglichkeit von Verfügungen von Todes wegen zu.

Beispiele: 11.18

- Vereinbarung über den Unterhaltsbeitrag beider Ehegatten gemäss Art. 163 ZGB.

- Vertretung der ehelichen Gemeinschaft über die laufenden Bedürfnisse hinaus gemäss Art. 166 Abs. 2 ZGB.

- Abrede über die Inventaraufnahme nach Art. 195a ZGB.

2. Voraussetzungen

a) *Persönliche Voraussetzungen*

Nach Art. 183 Abs. 1 ZGB bedarf es zum Abschluss eines Ehevertrages der **Ur-**   11.19
teilsfähigkeit der Brautleute oder Ehegatten (Art. 16 ZGB). Sodann ist grundsätzlich auch **Mündigkeit** erforderlich.

Die Vertretung zum Abschluss eines Ehevertrages durch den gesetzlichen Ver-   11.20
treter oder einen gewillkürten Stellvertreter ist ausgeschlossen. Bei fehlender Mündigkeit der urteilsfähigen Vertragspartei ist zusätzlich zur eigenen Zustimmung die **Zustimmung und Mitunterzeichnung** (Art. 184 ZGB) **des gesetzlichen Vertreters,** der über keine Vertretungsbefugnis verfügt, erforderlich (Art. 183 Abs. 2 ZGB). Während bei unmündigen Verlobten die Zustimmung des Inhabers der elterlichen Gewalt gemäss Art. 297 und 298 ZGB für den Ehevertrag ausreicht (Art. 304 Abs. 3 ZGB), bedarf es beim urteilsfähigen Bevormundeten neben der Zustimmung des Vormundes auch jener der Vormundschaftsbehörde (Art. 410 i.V.m. Art. 421 Ziff. 9 ZGB).

Da der Abschluss eines Ehevertrages der Vertretung gar nicht zugänglich ist, wird das Recht dar-   11.21
auf als absolut höchstpersönliches (vgl. dazu Rzn 01.14 ff.) bezeichnet. Für die Ausübung dieses höchstpersönlichen Rechts (Art. 19 Abs. 2 ZGB) sieht nun aber die gesetzliche Sonderregelung in Art. 183 Abs. 2 ZGB eine zusätzliche Zustimmung des gesetzlichen Vertreters vor.

Fehlt die **Urteilsfähigkeit** eines Ehegatten, bleibt zwar der Abschluss eines Ehe-   11.22
vertrages ausgeschlossen, indessen kann sowohl der andere Ehegatte unter Berufung auf Art. 185 Abs. 2 Ziff. 5 ZGB als auch der gesetzliche Vertreter des dauernd Urteilsfähigen gestützt auf Art. 185 Abs. 3 ZGB die gerichtliche Anordnung der Gütertrennung verlangen.

b) *Formelle Voraussetzungen*

Der Ehevertrag bedarf zu seiner Gültigkeit der **öffentlichen Beurkundung**   11.23
(Art. 184 ZGB). Dieser Formvorschrift kommt für die Ehegatten selbst eine gewisse Schutzfunktion zu: Sie stellt die erforderliche Rechtsberatung sicher. Sodann soll auf diese Weise u.a. auch garantiert werden, dass die entsprechenden Eintragungen ins Grundbuch vorgenommen werden können.

11.24   Auch die **Abänderung und die Aufhebung** des Ehevertrages erfordern – soweit das Ehegüterrecht selber betroffen ist (vgl. Rz 11.27) – die gesetzlich vorgeschriebene Form.

11.25   Die Ehevertragsform ist ausnahmsweise dort nicht erforderlich, wo das **Gesetz selber** im Rahmen des Güterstandes eine **andere Formvorschrift** vorsieht.

11.26   Beispiele:

- **Schriftlichkeit genügt**, um im Zusammenhang mit einem konkreten Geschäft den Mehrwertanteil des andern Ehegatten auszuschliessen oder zu ändern (Art. 206 Abs. 3 ZGB).

- **Formlos** kann die Vermögensverwaltung dem anderen Ehegatten überlassen und im Sinne von Art. 218 Abs. 2 ZGB auf eine Verzinsung verzichtet werden. Formlos können auch verschiedene gesetzlich vorgeschriebene Zustimmungen unter den Ehegatten erfolgen (Art. 201 Abs. 2, 208 Abs. 1 Ziff. 1, 228, 229, 230 ZGB).

11.27   Gemäss Art. 55 SchlT ZGB regeln die **Kantone** – abgesehen von der Unterschrift der Parteien und jener deren gesetzlichen Vertreter – die öffentliche Beurkundung im Einzelnen und bestimmen die Urkundsperson. Der Begriff der öffentlichen Urkunde ist jedoch ein bundesrechtlicher. Von Bundesrechts wegen kann der Ehevertrag irgendwo in der Schweiz beurkundet werden. Im Hinblick auf den Grundbucheintrag einer (nicht durch einen Güterstandswechsel bedingten und damit nicht aussergrundbuchlich erfolgenden) Handänderung einer Liegenschaft unter Ehegatten steht es jedoch den Kantonen frei, eine zusätzliche Beurkundung am Ort der gelegenen Sache zu verlangen (BGE 113 II 502).

3.   Inhaltliche Schranken

a)   *Typengebundenheit und Modifikationen*

11.28   Die Brautleute und Ehegatten können ihren Güterstand **nur innerhalb der gesetzlichen Schranken** wählen, aufheben oder ändern (Art. 182 Abs. 2 ZGB). Gemäss diesem Grundsatz der **Typengebundenheit** ist demnach unter den drei Güterständen, die das Gesetz anbietet, zu wählen. Die Kombination verschiedener Güterstände ist unzulässig, hingegen sind **Modifikationen** eines Güterstandes in einem eng begrenzten Rahmen möglich.

11.29   Beispiele zulässiger Modifikationen eines Güterstandes:

- **Veränderungen in der Zusammensetzung der Gütermassen:**

  - Im Rahmen der Errungenschaftsbeteiligung kommt der Möglichkeit besondere Bedeutung zu, Errungenschaft im Zusammenhang mit der Ausübung eines Berufes oder Gewerbes dem Eigengut zuzuweisen, bzw. Erträgnisse des Eigengutes der Errungenschaft vorzuenthalten (Art. 199 ZGB, vgl. dazu Rz 12.35). Unzulässig ist dagegen die Vergrösserung der Errungenschaft zu Lasten des Eigenguts.

  - Bei der Gütergemeinschaft können die Ehegatten den Umfang des Gesamtgutes unterschiedlich gross werden lassen. Beispielsweise können sie das Gesamtgut auf die Errungenschaft beschränken („Errungenschaftsgemeinschaft", Rz 13.08) oder bestimmte Vermögensgegenstände vom Gesamtgut ausschliessen („Ausschlussgemeinschaften", Rzn 13.09 f.).

- **Abänderung der gesetzlichen Beteiligungsansprüche bei Auflösung des Güterstandes**:
  - Abänderung der Beteiligung am Vorschlag (Errungenschaftsbeteiligung, Art. 216 ZGB, Rzn 12.186 ff.).

  - Abänderung der Beteiligung am Gesamtgut (Gütergemeinschaft, Art. 241 Abs. 2 und 3 ZGB, siehe auch Rz 13.42).

- **Ausschluss von Mehrwertanteilen**: Es ist umstritten, ob ein genereller Ausschluss der Mehrwertbeteiligung unter den Ehegatten gestützt auf Art. 206 Abs. 3 ZGB in einem Ehevertrag vereinbart werden kann (vgl. dazu Rz 12.112).

- Regelung der **Verfügung über Miteigentum** und **Zuteilung von Hausrat** (Errungenschaft: Art. 201 Abs. 2 und 219 ZGB; Gütergemeinschaft: Art. 228 und 241 ff. ZGB).

- Ehevertragliche Regelung von **Nebenfolgen der Ehescheidung**: Nebenfolgen für den Fall der Scheidung unterliegen der Genehmigungspflicht nach Art. 140 ZGB. Der von den Parteien im Ehevertrag getroffenen Regelung ist die gerichtliche Genehmigung zu versagen, wenn die Vereinbarung unklar ist und/oder die dem einen Ehegatten zuerkannten Leistungen offensichtlich unbillig sind (BGE 121 III 393).

b) *Schranken der rechtsgeschäftlichen Autonomie beim Wechsel des Güterstandes*

Hat das Gericht gestützt auf Art. 185 ZGB auf Begehren eines Ehegatten den ausserordentlichen Güterstand angeordnet (Rzn 11.64 ff.), können die Ehegatten durch Ehevertrag jederzeit wieder auf ihren früheren Güterstand zurückkommen oder einen anderen vertraglichen Güterstand wählen. Anders verhält es sich hingegen, wenn zufolge des Konkurses eines Ehegatten, der in Gütergemeinschaft lebt, die Gütertrennung von Gesetzes wegen eingetreten ist (Art. 188 ZGB) oder das Gericht auf Ersuchen der Aufsichtsbehörde in Betreibungssachen die Gütertrennung angeordnet hat, weil der Anteil eines Ehegatten am Gesamtgut gepfändet wurde (Art. 189 ZGB). Unter diesen Umständen sind die Ehegatten ehevertraglich auf die Wahl der Errungenschaftsbeteiligung beschränkt, welche die Stellung der Gläubiger nicht verändert. Erst nach der Befriedigung der Gläubiger kann das Gericht auf Begehren eines Ehegatten die Gütergemeinschaft gestützt auf Art. 191 Abs. 1 ZGB wieder herstellen (vgl. Rzn 11.78 ff.). 11.30

4. Wirkungen des Ehevertrages

Der Ehevertrag wird mit dem **Abschluss** durch die Ehegatten wirksam und dauert bis zur Auflösung der Ehe, wenn er nicht vorher durch Eintritt des ausserordentlichen Güterstandes hinfällig (Rzn 11.60 ff.) oder durch Ehevertrag wieder aufgelöst wird. Wird der Ehevertrag unter Brautleuten abgeschlossen, tritt eine Bindung unter den Vertragsparteien mit dem Vertragsschluss insofern ein, als es zur Aufhebung des Ehevertrages der Mitwirkung beider Verlobten bedarf. Der gewählte Güterstand bzw. die gewollte Güterstandsmodifikation kann dagegen frühestens auf den Zeitpunkt der Trauung wirksam werden. 11.31

Die Wirkungen des Ehevertrages erstrecken sich sowohl auf das Verhältnis unter den **Vertragsparteien** als auch auf das Verhältnis zu **Dritten**. Als Gläubiger bleiben letztere indessen im Zusammenhang mit einem Güterstandswechsel hinsichtlich ihrer bisherigen Rechtsposition gegenüber dem Schuldnerehegatten geschützt (Art. 193 ZGB, vgl. Rzn 11.51 ff.). 11.32

III. Exkurs: Die Ehegattengesellschaft

1. Begriff und Bedeutung

11.33   Im Rahmen der Errungenschaftsbeteiligung ist es in verschiedenen Kantonen üblich, für Liegenschaften, die der Familie dienen (Familienwohnung), **einfache Gesellschaften** zu begründen, welche sich ausschliesslich auf diesen **Liegenschaftsbesitz** beschränken. Bezweckt wird mit einer Ehegattengesellschaft eine Ergänzung der Errungenschaftsbeteiligung durch ein – relativ schwerfälliges und zudem für den anderen Ehegatten risikobehaftetes, jedoch den Gemeinschaftsgedanken stärker zum Ausdruck bringendes – **Gesamthandverhältnis**. Zum Ganzen u.a. HAUSHEER, ZBJV 131/1995, S. 617 ff.

11.34   Die Ehegattengesellschaften werden häufig als **Alternative zur Gütergemeinschaft** gewählt. Zwar könnte im Rahmen der Gütergemeinschaft das Gesamtgut auch auf solche Liegenschaften beschränkt werden (vgl. Rz 13.09), allerdings würde dies dazu führen, dass die Eigengüter vielfach einen bedeutend grösseren Umfang hätten, als im Rahmen der Errungenschaftsbeteiligung. Insbesondere würde erspartes Erwerbseinkommen nicht mehr unter den Ehegatten geteilt. Vgl. BK-HAUSHEER/REUSSER/GEISER, Vorbemerkungen vor Art. 221 ff. ZGB, N 40.

2. Gesellschaftsvertrag

11.35   Der Gesellschaftsvertrag unter den Eheleuten ist an sich **formlos** möglich (Art. 530 OR; BGE 109 II 230). Das Vorhandensein eines übereinstimmenden Willens der Ehegatten kann zuweilen nur aus den Umständen geschlossen werden. Ersichtlich wird er regelmässig im Zusammenhang mit der zum Liegenschaftserwerb notwendigen öffentlichen Beurkundung.

3. Gesellschaftsbeschlüsse, Vertretung und Haftung

11.36   Während ihrer Dauer wird die Ehegattengesellschaft in erster Linie von den **Regeln der einfachen Gesellschaft** (Art. 530 ff. OR) beherrscht. Für Gesellschaftsbeschlüsse bedarf es der Einstimmigkeit (Art. 534 Abs. 1 OR). Die Geschäftsführung im engeren Sinn (ohne rechtsgeschäftliche Vertretung) steht jedem Gesellschafter einzeln zu. Sodann gilt die Vermutung, dass ein Gesellschafter im Rahmen der ihm überlassenen Geschäftsführung auch zur Stellvertretung befugt ist (Art. 543 Abs. 3 OR). Für im Zusammenhang mit der Ehegattengesellschaft eingegangene Schulden haften die Ehegatten nach Art. 544 Abs. 3 OR solidarisch.

4. Auflösung der Ehegattengesellschaft

11.37   Die Auflösung der Gesellschaft ist aus den in Art. 545 OR genannten Gründen möglich. Sie führt vorerst zu einer Liquidationsgesellschaft. Das vorhandene Vermögen dient in erster Linie der Tilgung gemeinschaftlicher Schulden und dem Ersatz von Auslagen und Aufwendungen (Art. 549 OR). Sodann sind die Einlagen der Gesellschafter dem Werte nach, berechnet auf den Zeitpunkt des Einbringens, zurückzuerstatten (Art. 548 OR). Eine Natural- oder Realteilung des Gesamteigentums erfordert die Zustimmung aller Gesellschafter (Art. 654 i.V.m. 651 ZGB). Ein verbleibender **Überschuss**, der auch konjukturelle Mehrwerte (dazu Rzn 12.83 f.) erfasst, ist als Gewinn, ein allfälliger **Fehlbetrag**, der auch die Einlagen übersteigen kann, als Verlust im Sinne von Art. 533 OR unter den Ehegatten aufzuteilen, d.h. mangels anderer Vereinbarung hälftig zu teilen. Die Nennwertgarantie von Art. 206 ZGB (siehe Rzn 12.86 und 12.96) wird dadurch – u.U. zum Nachteil des wirtschaftlich schwächeren Ehegatten – aufgehoben.

5. Güterrechtliche Auseinandersetzung

Die Auflösung der Ehe führt in der Regel auch zur Auflösung der einfachen Gesell- 11.38 schaft. Die Ehegattengesellschaft gehört zum Vermögen der Ehegatten und wird deshalb vom ehelichen Güterrecht erfasst. Der (nach Tilgung der Gesellschaftsschulden) erzielte **Gewinn bzw. Verlust** ist **nach den güterrechtlichen Vorschriften** auf die Ehegatten zu verteilen. Unter dem Güterstand der Errungenschaftsbeteiligung ist also eine Zuordnung zur Errungenschaft und zum Eigengut der Ehegatten vorzunehmen. Entscheidend ist somit der Erwerbsgrund bzw. die Finanzierung der Gesellschaftsanteile (vgl. Rzn 12.163 ff.).

Hat ein **Ehegatte** weniger und der andere **mehr als seinen Gesellschaftsanteil finan-** 11.39 **ziert**, stellt sich die Frage, ob es sich beim Beitrag des Mehrleistenden um eine Schenkung handelt, oder ob dieser gestützt auf Art. 206 ZGB (Investition) einen Rückforderungsanspruch geltend machen kann. Eine Schenkung ist nicht zu vermuten (BGE 96 II 1; BGE 85 II 70; BGE 83 II 209 E. 2). Vgl. dazu BK-Hausheer/Reusser/ Geiser, Vorbemerkungen vor Art. 221 ff. ZGB, N 49 ff.

Liegt eine **Schenkung** aus der Errungenschaft des anderen Ehegatten vor, führt dies beim Beschenkten zu 11.40 Eigengut, das nicht mehr zu teilen ist, während der Schenker seinen Gesellschaftsanteil in der Errungenschaft mit dem beschenkten Ehegatten (ein zweites Mal, nämlich güterrechtlich: Vorschlagsbeteiligung) teilen muss. Es entsteht hier eine – wohl meist ungewollte – Ungleichbehandlung der Ehegatten.

IV. Verwaltung des Vermögens der Ehegatten

1. Zuständigkeit

Grundsätzlich verwaltet **jeder Ehegatte** die in seinem Alleineigentum stehenden Ver- 11.41 mögenswerte **selbst** (Art. 201 Abs. 1, 232 und 247 ZGB). Für in gemeinschaftlichem Eigentum (Miteigentum, Gesamteigentum) stehende Gegenstände gelten die Bestimmungen des Sachenrechts (Art. 646 Abs. 3 und 653 ZGB) sowie die ergänzenden, z.T. abweichenden Vorschriften des Eherechts (Art. 201 Abs. 2 und 227 ZGB).

2. Verwaltung durch den Nichteigentümer

a) *Grundsatz: Vermutung eines Auftragsverhältnisses*

Überlässt ein Ehegatte dem anderen die Verwaltung seines Vermögens, so wird, 11.42 sofern kein anderes Vertragsverhältnis begründet wurde (z.B. eine einfache Gesellschaft oder ein Arbeitsvertrag), unabhängig vom Güterstand das Vorliegen eines **Auftrags** vermutet (Art. 195 Abs. 1 ZGB). Erforderlich ist nur, dass sich die Ehegatten ausdrücklich oder stillschweigend auf die Vermögensverwaltung durch den Nichteigentümer geeinigt haben.

11.43   Grundsätzliche **Voraussetzung** für eine solche Verwaltung durch den andern Ehegatten ist das **getrennte Eigentum**, nicht aber die Zuordnung der entsprechenden Vermögenswerte zur Errungenschaft oder zum Eigengut. Indessen sollte die vertragliche Überlassung der Verwaltung auch beim Gesamtgut der Gütergemeinschaft nicht ausgeschlossen sein. Der Einbezug des Gesamtgutes in Art. 195 ZGB kommt so wenig wie bei der Errungenschaftsbeteiligung einer Missachtung des Grundsatzes der Typengebundenheit des Güterstandes gleich, zumal der Auftrag jederzeit einseitig widerrufen werden kann.

11.44   Eine Verpflichtung zur Übertragung der Vermögensverwaltung durch den anderen Ehegatten besteht nicht, doch kann unter Umständen die **Beistandspflicht** (Art. 159 Abs. 3 ZGB) die Übernahme einer solchen Vermögensverwaltung gebieten, falls ein Ehegatte dazu nicht in der Lage ist.

b)   *Wirkungen*

11.45   Anwendbar sind grundsätzlich die **Regeln des Obligationenrechts** über den Auftrag (Art. 394 ff. OR). Die Verwaltung durch den andern Ehegatten muss sich nicht auf das ganze Vermögen erstrecken. Zudem kann diese Verwaltung auch inhaltlich auf bestimmte Aufgaben (z.B. Verwaltung einer Liegenschaft ohne Mieterauswahl) beschränkt sein. Eine solche Beschränkung bedarf indessen der ausdrücklichen Vereinbarung (Art. 396 Abs. 1 OR). Der Beauftragte hat die Interessen des Auftraggebers gemäss Art. 398 Abs. 1 OR mit der gehörigen **Sorgfalt** zu wahren. Dabei kann er auch die erforderlichen Rechtshandlungen vornehmen. Einer besonderen Ermächtigung bedarf er dagegen bezüglich Prozessführung und Vergleich sowie hinsichtlich von Wechselverbindlichkeiten, Grundstückveräusserungen oder -belastungen und Schenkungen (Art. 396 Abs. 2 und 3 OR). Der Vermögensverwalter ist jederzeit zur Rechenschaftsablage und zur Herausgabe all dessen verpflichtet, was ihm zugekommen ist (Art. 400 f. OR).

11.46   Was unter Berücksichtigung des Auslagenersatzes (Art. 402 OR) durch die Vermögensverwaltung erwirtschaftet wird, steht dem Eigentümer zu und nicht von Gesetzes wegen der ehelichen Gemeinschaft zur Befriedigung der Unterhaltsbedürfnisse. Der Verbundenheit unter den Ehegatten ist jedoch insoweit Rechnung zu tragen, als der Auftrag grundsätzlich – d.h. abgesehen von einer allfälligen Berücksichtigung im Rahmen des Unterhaltsbeitrages – **unentgeltlich** ausgeführt wird (Art. 394 Abs. 3 OR) und den Massstab für die Haftung gemäss Art. 398 OR beeinflussen kann.

11.47   Im Sinne von Art. 404 Abs. 1 OR kann der Auftrag von beiden Ehegatten **jederzeit widerrufen** oder gekündigt werden. Eine Auflösung des Vertragsverhältnisses zur Unzeit kann jedoch zu Schadenersatzansprüchen Anlass geben (Art. 404 Abs. 2 OR). Das Widerrufsrecht ist unverzichtbar und kann auch durch Ehevertrag nicht aufgehoben werden. Von Gesetzes wegen erlischt der Auftrag unter den Voraussetzungen von Art. 405 Abs. 1 OR.

V. Inventar

1. Zweck, Form und Mitwirkung

Unter allen Güterständen kann die güterrechtliche Auseinandersetzung zu **Beweis-** 11.48
schwierigkeiten hinsichtlich des Eigentums und der **Massenzugehörigkeit** der einzelnen Vermögenswerte führen. Mit der Verlängerung der durchschnittlichen Ehedauer bei Ehen, die durch den Tod eines Ehegatten aufgelöst werden, hat sich dieses Problem zunehmend verschärft. Ihm begegnet das Eherecht mit gesetzlichen Beweisvermutungen (Art. 200, 226 und 248 Abs. 2 ZGB) einerseits und mit der auf alle Güterstände erweiterten Möglichkeit des Inventars mit **öffentlicher Urkunde** (Art. 195a ZGB) andererseits. Die gleiche Funktion wie das Inventar erfüllen auch die güterrechtlichen Feststellungen im Ehevertrag (vgl. Rz 11.16).

Das Inventar kann **von jedem Ehegatten verlangt** werden. Der andere ist zur Mitwir- 11.49
kung verpflichtet. Im Verweigerungsfall kann das – nach Art. 15 Abs. 1 lit. a GestG – örtlich zuständige (Eheschutz-)Gericht am Wohnsitz eines Ehegatten) angegangen werden.

2. Bedeutung des Inventars

Das Inventar erbringt bis zum Beweis des Gegenteils den **Nachweis der Richtigkeit** 11.50
der durch die Urkundsperson bezeugten Tatsachen (Art. 9 ZGB). Diese letzteren beschränken sich zwar auf das, was die Ehegatten der Urkundsperson zu einem bestimmten Zeitpunkt bezüglich ihrer Vermögensverhältnisse vortragen. Eine weitergehende Prüfungspflicht trifft die Urkundsperson nicht. Trotzdem vermutet das Gesetz in Art. 195a ZGB über Art. 9 ZGB hinausreichend bezüglich Einbringen, Zuordnung und Vollständigkeit der verzeichneten Vermögenswerte die inhaltliche Richtigkeit des Inventars. Voraussetzung ist allerdings, dass es binnen eines Jahres seit dem Einbringen der ins Inventar aufgenommenen Vermögenswerte errichtet worden ist. Nach Ablauf dieser Jahresfrist beschränken sich die Wirkungen des Inventars auf jene von Art. 9 ZGB: Abgesehen von der Tatsache der übereinstimmenden Erklärungen der Ehegatten und der Festlegung des entsprechenden Zeitpunktes entspricht der Beweiswert jenem einer privaten Urkunde.

VI. Schutz der Gläubiger

1. Zweck und Inhalt von Art. 193 ZGB

Die ehevertraglichen Möglichkeiten sollen nicht dazu führen, dass Gläubiger eines Ehe- 11.51
gatten oder der ehelichen Gemeinschaft geschädigt werden. **Bisherige Gläubiger** sollen vielmehr **in ihrem Vertrauen auf die Vermögensverhältnisse geschützt** werden, wie sie vor einer ehevertraglichen Veränderung bzw. einer güterrechtlichen Auseinandersetzung bestanden haben (vgl. BGE 127 III 6): «Durch Begründung oder Änderung des Güterstandes oder durch güterrechtliche Auseinandersetzung kann ein Vermögen, aus dem bis anhin die Gläubiger eines Ehegatten oder der Gemeinschaft Befriedigung

verlangen konnten, dieser Haftung nicht entzogen werden. Ist ein solches Vermögen auf einen Ehegatten übergegangen, so hat er die Schulden zu bezahlen, kann sich aber von dieser Haftung so weit befreien, als er nachweist, dass das empfangene Vermögen nicht ausreicht.» (Art. 193 Abs. 1 und 2 ZGB).

11.52   Der Gläubigerschutz besteht darin, dass der Gläubiger so behandelt wird, **wie wenn** die ihm nachteilige **Änderung der Vermögenszuordnung nicht eingetreten** wäre. Dies gilt unabhängig davon, ob zwischen den Ehegatten tatsächlich Vermögen verschoben worden ist oder nicht. Ist aber Vermögen verschoben worden, kann auch der Empfänger direkt belangt werden, allerdings nur im Ausmass des Empfangenen. Im entsprechenden Rahmen können unter Ehegatten Forderungen wieder aufleben. Zum Verhältnis von Art. 193 ZGB zum subsidiären Gläubigerschutz gemäss Art. 285 ff. SchKG siehe BGE 127 III 1.

2.   Anwendungsbereich

a)   *Begründung und Änderung des Güterstandes*

11.53   Weder durch den ordentlichen Güterstand der Errungenschaftsbeteiligung noch durch die Gütertrennung wird die Stellung der Gläubiger eines Ehegatten beeinträchtigt. Unter beiden Güterständen haftet jeder Ehegatte uneingeschränkt mit seinem ganzen Vermögen wie ein nicht Verheirateter (Art. 202 und 249 ZGB). Deshalb kann die Begründung und die Änderung eines Güterstandes nur die in Art. 193 ZGB vorgesehenen Folgen haben, wenn eine **Gütergemeinschaft als Ausgangspunkt oder** als **Ziel** des Rechtsgeschäfts in Frage steht.

11.54   Beispiele:

- Eine für den Gläubigerschutz bedeutsame **Begründung** eines Güterstandes liegt vor, wenn die Brautleute in einem Ehevertrag eine Gütergemeinschaft vereinbaren.

- Eine für den Gläubigerschutz relevante **Änderung** des Güterstandes liegt vor, wenn die Ehegatten von der Errungenschaftsbeteiligung oder der Gütertrennung zur Gütergemeinschaft übergehen sowie wenn sie eine Gütergemeinschaft aufheben, um fortan dem ordentlichen Güterstand oder der Gütertrennung zu unterstehen.

b)   *Güterrechtliche Auseinandersetzung*

11.55   Der Schutz der Gläubiger erfasst zudem jede Vermögensübertragung vom Schuldner auf seinen Ehegatten, die in **Erfüllung güterrechtlicher Ansprüche** erfolgt ist, und sei dies auch nur gestützt auf die (möglicherweise antizipierte) Beteiligung am Vorschlag des andern Ehegatten (dazu BGE 123 III 438) oder am Gesamtgut (einschliesslich Art. 219 und 244 ZGB).

11.56   Beispiele:

- Erfüllung der (Vorschlags-)Beteiligungsforderung (Art. 215 ff. ZGB).

- Teilung des Gesamtgutes (Art. 241 f. ZGB).

- Zuwendung eines Vermögenswerts auf Anrechnung an den zukünftigen Vorschlags- oder Gesamtgutanteil (so in BGE 123 III 438 die Übertragung eines Miteigentumsanteils).

Keine güterrechtliche Auseinandersetzung bedeutet dagegen die Abwicklung von 11.57
Rechtsgeschäften unter den Ehegatten, die auch unter nicht verheirateten Personen
bestehen können (Schenkung, Kauf, Darlehen usw.). Das gilt selbst für die
Mehrwertbeteiligung, der in jedem Fall eine „gewöhnliche" Forderung eines
Ehegatten gegen den andern zugrunde liegt. Ausserhalb des Schutzzweckes von
Art. 193 ZGB liegen sodann Unterhaltsforderungen (Art. 163 f. ZGB) sowie For-
derungen gemäss Art. 165 Abs. 1 und 2 ZGB.

c)   *Entzug des Vermögens*

Dem Gläubiger eines Ehegatten oder eines der Brautleute muss mit dem Wechsel 11.58
des Güterstandes bzw. der güterrechtlichen Auseinandersetzung **Haftungssubstrat** für seine Forderungen **entzogen** werden.

Beispiele: 11.59

* Begründung von Gesamteigentum an einem Vermögensgegenstand durch Zuweisung zum Gesamtgut (Begründung der Gütergemeinschaft): Der Gläubiger kann nicht mehr direkt auf diesen Vermögenswert greifen.
* Überführung von Vermögenswerten vom Gesamtgut ins Eigengut eines Ehegatten (Auflösung
  der Gütergemeinschaft): Die Gläubiger von Vollschulden des anderen Ehegatten können nicht
  mehr auf diesen Vermögenswert greifen.
* Übertragung von Vermögenswerten vom Alleineigentum des einen in dasjenige des anderen
  Ehegatten (zufolge güterrechtlicher Auseinandersetzung): Der entsprechende Vermögenswert
  gehört nicht mehr zum pfändbaren Vermögen des Schuldners.
* BGE 127 III 1 betreffend Rentenansprüche des Gläubigers gegen den Ehegatten des Schuldners.

VII. Der ausserordentliche Güterstand der Gütertrennung

1.   Zweck und Wirkungen der Gütertrennung

Die Gütertrennung als ausserordentlicher Güterstand ist für Sachlagen bestimmt, in 11.60
welchen das einträchtige **Zusammenwirken der Ehegatten im wirtschaftlichen Bereich gestört oder** bei einem Ehegatten ein **Vermögensverfall** eingetreten ist. Bezweckt wird damit die Trennung der vermögensrechtlichen Interessen der Ehegatten.
Trotz seiner systematischen Einordnung bei den allgemeinen Vorschriften des Güterrechts handelt es sich bei Art. 185 ZGB um eine **Eheschutzmassnahme** im weiteren
Sinn (Rzn 09.19 f.). Da es um den Übergang zur Gütertrennung geht, ist der ausserordentliche Güterstand nur auf Ehegatten mit Errungenschaftsbeteiligung oder Gütergemeinschaft, nicht jedoch auf Ehegatten mit vertraglicher Gütertrennung anwendbar.

Die Wirkungen der vertraglichen Gütertrennung und des ausserordentlichen Güterstan- 11.61
des sind identisch, d.h. die Ehegatten unterstehen in beiden Fällen den Art. 247-
251 ZGB (vgl. Rzn 13.49 ff.). Dies bedeutet insbesondere, dass bei Auflösung des Güterstandes den Ehegatten keine gegenseitigen Ansprüche aus Güterrecht zustehen. Sie
werden so gestellt, **wie** wenn sie **in vermögensrechtlicher Hinsicht nicht verheiratet**
wären.

11.62   Im Gegensatz zur Errungenschaftsbeteiligung **entfällt** die gegenseitige **Beteiligung** am Nettoergebnis der Errungenschaft und die Mehrwertbeteiligung. Im Vergleich zur Gütergemeinschaft entfällt die Beteiligung am Gesamtgut.

11.63   Bei der Gütertrennung handelt es sich insofern um einen ausserordentlichen Güterstand, als er auch gegen den Willen eines oder beider Ehegatten eintritt. Demgegenüber gilt vertragliche Gütertrennung nur, wenn beide Ehegatten dies wünschen. Angeordnet wird der ausserordentliche Güterstand entweder **durch das Gericht** auf Begehren eines Ehegatten oder der Aufsichtsbehörde in Betreibungssachen. Bei Vorliegen bestimmter Umstände kann er zudem **von Gesetzes wegen** eintreten.

2.   Eintritt des ausserordentlichen Güterstandes aufgrund gerichtlicher Anordnung

a)   Auf Begehren eines Ehegatten

11.64   Die Gütertrennung wird auf Begehren eines Ehegatten vom Gericht in drei Fällen angeordnet, nämlich

- wenn ein **wichtiger Grund** vorliegt (Art. 185 ZGB),

- als **Eheschutzmassnahme** bei Getrenntleben (Art. 176 Abs. 1 Ziff. 3 ZGB, Rz 09.33) und

- im Rahmen von **vorsorglichen Massnahmen** im Scheidungs- oder Trennungsverfahren (Art. 137 ZGB).

11.65   Der **wichtige Grund** wird in Art. 185 Abs. 2 ZGB näher, aber nicht abschliessend umschrieben. Das bedeutet, dass die ideellen und materiellen Grundlagen der Errungenschaftsbeteiligung oder der Gütergemeinschaft aus der Sicht des einen Ehegatten oder ganz allgemein ernstlich gefährdet sind und keine Abhilfe ersichtlich ist, weil der andere Ehegatte dazu nicht Hand bieten will oder es wegen Handlungsunfähigkeit nicht kann. Derjenige Ehegatte, der den wichtigen Grund zu verantworten hat, kann sich nicht auf diesen berufen.

11.66   Beispielhafte Aufzählung wichtiger Gründe in Art. 185 Abs. 2 ZGB:
- **Überschuldung eines Ehegatten** (Ziff. 1): Die Gläubiger sollen damit von der künftigen Äuffnung von Errungenschaft beim anderen Ehegatten ausgeschlossen werden. Bei der Gütergemeinschaft muss die Überschuldung nicht abgewartet werden. Es genügt schon die Pfändung eines Anteils am Gesamtgut, wenn ein Ehegatte gestützt auf Art. 234 ZGB für eine Eigenschuld betrieben wird.

- **Gefährdung der Interessen des anderen Ehegatten oder der ehelichen Gemeinschaft** (Ziff. 2): Eine Gefährdung ist bei jeder Art von Misswirtschaft zu bejahen, ein Verschulden wird nicht vorausgesetzt. Von einer Gefährdung der Gemeinschaft kann auch schon gesprochen werden, wenn der eine Ehegatte ohne Rücksichtnahme auf den andern einen besonders aufwendigen Lebensstil pflegt, der angesichts der Vorschlagsbeteiligung bzw. des Gesamtgutanteils vom Partner letztlich indirekt wesentlich mit zu finanzieren wäre.

- **Ungenügendes Zusammenwirken bei der Verwaltung des Gesamtgutes nach Art. 228 ZGB** (Ziff. 3): Das Verhalten des die Zustimmung verweigernden Ehegatten muss grundlos sein.

- **Ungerechtfertigte Auskunftsverweigerung über die Vermögensverhältnisse nach Art. 170 ZGB** (Ziff. 4): Das Begehren um Gütertrennung setzt nicht voraus, dass Massnahmen zur Durchsetzung der Auskunftspflicht (Art. 170 Abs. 2 ZGB) verlangt wurden oder erfolglos waren.

- **Dauernde Urteilsunfähigkeit des andern Ehegatten** (Ziff. 5): Auch der Urteilsunfähige selber bzw. sein gesetzlicher Vertreter (Art. 185 Abs. 3 ZGB) kann mit Zustimmung der Vormundschaftsbehörde (Art. 421 Ziff. 8 ZGB) das Gericht um die Anordnung der Gütertrennung ersuchen.

Als Eheschutzmassnahme im Zusammenhang mit dem Getrenntleben rechtfertigt sich die Anordnung der Gütertrennung bloss bei begründeter Aufhebung des gemeinsamen Haushaltes (Art. 175 ZGB), und nur, wenn es die Umstände rechtfertigen (Art. 176 Abs. 1 Ziff. 3 ZGB). Dies trifft zu, wenn ein wichtiger Grund im Sinne von Art. 185 Abs. 1 ZGB vorliegt und die Interessen des Gesuchstellers nicht anders, z.B. durch eine Verfügungsbeschränkung, geschützt werden können. Die Tatsache des Getrenntlebens allein stellt somit noch keinen ausreichenden Grund für die Anordnung der Gütertrennung dar (BGE 116 II 29 E. 5; vgl. Rz 09.33). 11.67

Die Gütertrennung gehört demgegenüber regelmässig zu den nötigen **vorsorglichen Massnahmen** auf Grund von Art. 137 ZGB. Meistens stellt die Hängigkeit einer Scheidungsklage einen wichtigen Grund im Sinne von Art. 185 Abs. 1 ZGB dar. 11.68

b) *Auf Begehren der Aufsichtsbehörde in Betreibungs- und Konkurssachen*

Das Gericht kann – in Analogie zu Art. 185 Abs. 2 Ziff. 1 ZGB – bei Ehegatten in **Gütergemeinschaft** die Gütertrennung anordnen, wenn für eine Eigenschuld eines Ehegatten sein Anteil am Gesamtgut gepfändet wird (Art. 189 ZGB, vgl. Rzn 13.33 f.). Ein solcher Anteil kann gemäss Art. 68b Abs. 4 SchKG nicht versteigert werden. 11.69

c) *Zuständigkeiten und Verfahren*

Örtlich zuständig ist für das Begehren auf Anordnung der Gütertrennung zwingend das Gericht am Wohnsitz eines Ehegatten (Art. 15 Abs. 1 lit. a GestG). Für das Begehren der Aufsichtsbehörde in Betreibungssachen ist es nach Art. 15 Abs. 2 GestG das Gericht am Wohnsitz des Schuldnerehegatten. 11.70

Das **sachlich** zuständige Gericht bestimmen weiterhin die Kantone. In der Regel dürfte dies das Eheschutzgericht sein (vgl. Art. 176 Abs. 1 Ziff. 3 ZGB). Für Streitigkeiten betreffend die güterrechtliche Auseinandersetzung, die sich nach den Regeln des bisherigen Güterstandes vollzieht (Art. 192 ZGB), ist auf jeden Fall das ordentliche Gericht zuständig. Die Kantone ordnen auch das **Verfahren**. 11.71

Kanton Bern: Zuständig ist der Gerichtspräsident/die Gerichtspräsidentin als Einzelrichter/-in (Art. 2 EG ZGB i.V.m. Art. 322 Abs. 1 und Art. 2 Abs. 2 ZPO). Der Entscheid ergeht im Summarverfahren (Art. 322 Abs. 1 ZPO). 11.72

Kanton St. Gallen: Zuständig ist der Bezirksgerichtspräsident/die Bezirksgerichtspräsidentin (Art. 7 lit. b ZPG i.V.m. Anhang II b Ziff. 24 f. Zivilprozessverordnung). Der Entscheid ergeht im Summarverfahren (Anhang II b Ziff. 24 f. Zivilprozessverordnung).

11.73   Die gerichtliche Anordnung der Gütertrennung gilt nach geltender bundesgerichtlicher Rechtsprechung als bloss provisorische Massnahme und stellt daher keinen endgültigen Entscheid im Sinne des Art. 48 OG dar. Auf Bundesebene stehen deshalb nur ausserordentliche **Rechtsmittel** in Frage, nicht jedoch die Berufung (BGE 116 II 22 ff. E. 1; vgl. Rz 09.67). Allerdings wird in BGE 127 III 474 wiederum offen gelassen , ob ausnahmsweise die Anordnung einer Gütertrennung oder beispielsweise eine richterliche Ermächtigung wie gemäss Art. 169 ZGB nicht doch als endgültiger Entscheid und demgemäss als berufungsfähig zu betrachten sei.

11.74   <u>Kanton Bern</u>: Appellation innert 10 Tagen (Art. 338 ZPO).

 <u>Kanton St. Gallen</u>: Rekurs beim Einzelrichter innert 10 Tagen (Art. 16 lit. a i.V.m. Art. 219 Abs. 1 ZPG).

3.   Eintritt des ausserordentlichen Güterstandes von Gesetzes wegen

11.75   Von Gesetzes wegen erfolgt der Wechsel zur Gütertrennung einerseits im Falle der **gerichtlichen Ehetrennung** (Art. 118 Abs. 1 ZGB, Rzn 10.157 ff.), andererseits während der richterlich nicht getrennten Ehe, wenn über einen **Ehegatten unter Gütergemeinschaft** der **Konkurs** eröffnet wird (Art. 188 ZGB, Rz 13.35). Daran ändert auch der nachträgliche Widerruf des Konkurses oder die Einstellung mangels Aktiven nichts.

4.   Beginn der Wirkungen

11.76   Die Gütertrennung tritt **rückwirkend auf den Tag des Begehrens** an das Gericht oder des Begehrens auf Ehetrennung bzw. mit der rechtskräftigen Konkurseröffnung (vgl. Art. 204 Abs. 2 und 236 Abs. 2 ZGB) ein:

- bei Gütertrennung kraft gerichtlicher Anordnung: Tag der Einreichung des Begehrens beim Gericht (Rückwirkung).

- bei Gütertrennung wegen Ehetrennung: Tag der Einreichung der Trennungsklage.

- bei Konkurs: Datum der Konkurseröffnung.

5.   Vornahme der güterrechtlichen Auseinandersetzung

11.77   Die güterrechtliche Auseinandersetzung ist grundsätzlich Sache der **Ehegatten**, doch wirken bei Konkurs oder Pfändung – also nur bei Gütergemeinschaft – die entsprechenden **Behörden** mit (vgl. dazu die Verordnung des Bundesgerichts über die Pfändung und Verwertung von Anteilen an Gemeinschaftsvermögen, SR 281.41). Zur Anwendung kommen die Art. 205 ff. und 237 ff. ZGB, insbesondere aber Art. 242 Abs. 1 ZGB, wonach jeder Ehegatte vom Gesamtgut zurücknimmt, was unter der Errungenschaftsbeteiligung sein Eigengut wäre. Bevor aber das Gesamtgut geteilt wird, gilt es die Gläubiger zu befriedigen. Vereinbarungen über eine vom Gesetz abweichende Vorschlags- bzw. Gesamtgutteilung haben in Analogie zu Art. 217 und 242 Abs. 3 ZGB nur Bestand, wenn sie dies ausdrücklich vorsehen.

6. Aufhebung der Gütertrennung

a) Aufhebung durch Ehevertrag

Wo die Gütertrennung auf Begehren und zum Schutze eines Ehegatten, sei es gestützt auf Art. 185 oder 176 Abs. 1 Ziff. 3 ZGB, sei es aber auch im Zusammenhang mit Art. 137 ZGB, angeordnet worden ist, steht es den Ehegatten frei, **jederzeit** durch Ehevertrag wieder ihren früheren oder einen andern Güterstand zu vereinbaren (Art. 187 Abs. 1 ZGB). | 11.78

Soweit im Rahmen von Art. 188 und 189 ZGB auch **Gläubigerinteressen** zu schützen sind, steht aus der Sicht des Gläubigerschutzes der Vereinbarung der Errungenschaftsbeteiligung nichts entgegen (Art. 191 Abs. 2 ZGB). Dagegen bedarf es zur Wiederherstellung der Gütergemeinschaft (auf Begehren eines oder beider Ehegatten) der gerichtlichen Anordnung. Sie setzt gemäss Art. 191 Abs. 1 ZGB die Befriedigung oder einen entsprechenden Verzicht der Gläubiger voraus. Dabei ist unerheblich, ob der ausserordentliche Güterstand von Gesetzes wegen oder auf gerichtliche Anordnung hin eingetreten ist. | 11.79

b) Aufhebung durch das Gericht

Auf Begehren eines Ehegatten kann das Gericht auch gegen den Willen des anderen den früheren Güterstand wieder herstellen, wenn der **Grund**, der zur Gütertrennung geführt hat, **weggefallen** ist (Art. 187 Abs. 2 ZGB). | 11.80

Übergangsrechtlich ist für die Gütertrennung Art. 9f SchlT ZGB zu beachten. Für die Aufhebung sodann sinngemäss Art. 187 und 191 ZGB. Eine ehevertragliche Rückkehr zu einem altrechtlichen Güterstand bleibt ausgeschlossen. Dauert ein altrechtlicher Güterstand nach dem 1. Januar 1988 an, richtet sich der Eintritt wie die Aufhebung des ausserordentlichen Güterstandes nach dem neuen Recht (Art. 9a SchlT ZGB). | 11.81

VIII. Örtliche und sachliche Zuständigkeit für Klagen über die güterrechtliche Auseinandersetzung

Der bisherige Art. 194 ZGB ist durch Art. 15 Abs. 1 bzw. (für den Fall der Güterstandsauflösung durch Tod eines Ehegatten) Art. 18 Abs. 1 GestG abgelöst worden, welcher die Zuständigkeit für Klagen über die güterrechtliche Auseinandersetzung unter den Ehegatten oder eines Ehegatten mit den Erben des andern regeln. Streng betrachtet kann von einer güterrechtlichen Auseinandersetzung nur bei der Auflösung der Errungenschaftsbeteiligung oder der Gütergemeinschaft gesprochen werden, indessen erstreckt sich die Gesetzesbestimmung auch auf die Gütertrennung. | 11.82

Örtlich sind die folgenden ausschliesslichen und zwingenden Gerichtsstände vorgeschrieben: | 11.83

- Bei Auflösung des Güterstandes durch **Tod eines Ehegatten**: das Gericht am letzten Wohnsitz des Erblassers oder der Erblasserin (Art. 18 Abs. 1 GestG); bei Auflösung des Güterstandes durch **Scheidung, Trennung und Ungültigerklärung der Ehe**: das Gericht am Wohnsitz einer Partei (Art. 15 Abs. 1 lit. b GestG).

- **In den übrigen Fällen**, also beispielsweise bei gerichtlicher Anordnung der Gütertrennung (Art. 185, 189 ZGB), bei Eintritt der Gütertrennung von Gesetzes wegen, bei Konkurs eines in Gütergemeinschaft lebenden Ehegatten (Art. 188 ZGB) und bei vertraglicher Vereinbarung eines neuen Güterstandes, ist ebenfalls das Gericht am Wohnsitz einer Partei zuständig (Art. 15 Abs. 1 lit. c GestG).

11.84   **Sachlich** zuständig ist das ordentliche Gericht, sofern nicht in einem bereits hängigen Verfahren (z.B. einer Scheidung) über die güterrechtliche Auseinandersetzung zu befinden ist.

§ 12 Die Errungenschaftsbeteiligung

Literatur

AEBI-MÜLLER REGINA, Die optimale Begünstigung des überlebenden Ehegatten, Diss. Bern 2000, DESCHENAUX/STEINAUER/BADDELEY, §§ 12-25; ZGB-HAUSHEER, Art. 196-220 ZGB; HAUSHEER HEINZ, in FS Grossen, Basel 1992, S. 148 ff.; HAUSHEER HEINZ, Grundpfandgesichertes Darlehen und Güterrecht, in dubio (Zeitschrift des Bernischen Anwaltsverbandes) 5/1992, S. 6 ff.; HAUSHEER HEINZ/JAUN MANUEL, ZBJV 133/1997, S. 512 ff.; BK-HAUSHEER/REUSSER/GEISER, Art. 196-220 ZGB; HEGNAUER/BREITSCHMID, §§ 25-27; PIOTET PAUL, Die Errungenschaftsbeteiligung nach schweizerischem Ehegüterrecht, Bern 1987; TUOR/SCHNYDER/SCHMID, § 26.

I. Überblick über die Gütermassen

12.01

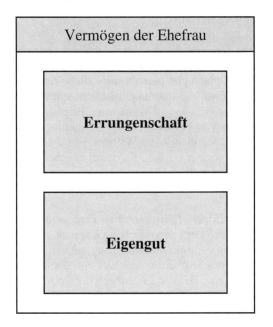
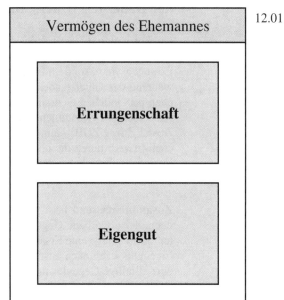

Vermögen der Ehefrau — Errungenschaft — Eigengut

Vermögen des Ehemannes — Errungenschaft — Eigengut

= 4 Vermögensmassen

II. Allgemeine Charakterisierung

Bei der Errungenschaftsbeteiligung besteht – im Unterschied zur früheren Güterverbin- 12.02
dung (vgl. Rzn 14.01 ff.) – **kein eheliches Vermögen**, das in besonderer Weise der
ehelichen Gemeinschaft zu dienen hätte. **Jeder Ehegatte** verfügt innerhalb seines Vermögens über **zwei getrennte Vermögensmassen**. Die Vermögenswerte, aus denen sie
zusammengesetzt sind, kann er innerhalb der gesetzlichen Schranken – z.B. Art. 169
oder 201 Abs. 2 ZGB – selbständig nutzen, verwalten und über sie verfügen (Art. 201
Abs. 1 ZGB). Bei der Errungenschaftsbeteiligung sieht das Gesetz – im Gegensatz zur
Gütergemeinschaft – keine Vermögensmasse vor, die beiden Ehegatten gemeinsam gehört.

12.03   Trotz dieser Trennung der beiden Vermögen lässt sich nicht sagen, die Errungenschaftsbeteiligung ent-
spreche während der Dauer des Güterstandes einer Gütertrennung. Das Eigenleben der verschiedenen
Gütermassen als Sondervermögen, insbesondere bezüglich konjunktureller Mehr- und Minderwerte
(Art. 206 [vorab Abs. 2] und 209 ZGB), aber auch hinsichtlich der Eigengutserklärung (Art. 199 ZGB),
der Hinzurechnung (Art. 208 ZGB) und der Ersatzanschaffungen (Art. 197 Abs. 2 Ziff. 5 und 198
Ziff. 4 ZGB) widerspricht der Vorstellung einer **Gütertrennung während der Ehe**.

III. Die einzelnen Gütermassen

1. Errungenschaft

a) *Gesetzliche Umschreibung*

12.04   Art. 197 Abs. 1 ZGB enthält eine Legaldefinition der Errungenschaft. Danach besteht die Errungenschaft aus den **Vermögenswerten, die ein Ehegatte während
der Dauer des Güterstandes entgeltlich erwirbt**.

12.05   Die Formulierung „entgeltlicher Erwerb während des Güterstandes" ist jedoch **nicht** ganz **präzise**.
Wie aus Art. 198 Ziff. 4 ZGB ersichtlich wird, bilden die Ersatzanschaffungen für Eigengut nicht
Errungenschaft, sondern Eigengut (Rzn 12.21 ff.). Sodann gibt es auch entgeltliche Anschaffungen
während des Güterstandes, welche aufgrund ihrer Zweckbestimmung, nämlich zum ausschliessli-
chen persönlichen Gebrauch eines Ehegatten (Art. 198 Ziff. 1 ZGB) nicht zu Errungenschaft füh-
ren. Auch im Zusammenhang mit den Leistungen von Personalfürsorgeeinrichtungen (Art. 197
Abs. 2 Ziff. 2 ZGB) kann mangels einer Gegenleistung nicht ohne Weiteres von einem entgeltlichen Erwerb durch die eheliche Gemeinschaft gesprochen werden. Kein entgeltlicher Erwerb aus
Errungenschaft liegt schliesslich bei den Erträgen des Eigengutes vor (Art. 197 Abs. 2
Ziff. 4 ZGB).

12.06   **Zusammenfassend** lässt sich sagen: Entgeltlicher Erwerb führt immer zu Errungenschaft, es sei
denn, der erworbene Gegenstand diene ausschliesslich dem persönlichen Gebrauch eines Ehegatten oder es liege eine Ersatzanschaffung für Eigengut vor. Im Zusammenhang mit den Erträgen des
Eigenguts kann nach ausdrücklicher gesetzlicher Vorschrift Errungenschaft entstehen, auch wenn
eine allfällige Gegenleistung aus dem Eigengut stammt. Bei den Leistungen der Personalfürsorgeeinrichtungen und familienrechtlichen Unterhaltsbeiträgen führt in erster Linie der Zweck (Unterhalt, Ersatz für Arbeitserwerb) zu Errungenschaft.

b) *Entgeltlichkeit*

12.07   Entgeltlichkeit ergibt sich in erster Linie aufgrund von **Rechtsgeschäften mit
Austauschcharakter**. Zu Errungenschaft führt immer die (entlohnte) persönliche
Leistung eines Ehegatten, während beim Austausch von Sachen oder bei der Ent-
gegennahme einer nicht rechtsgeschäftlich geschuldeten Leistung die Massenzugehörigkeit der vom Ehegatten erbrachten Gegenleistung massgebend ist.

12.08   **Unentgeltlich** sind Schenkungen unter Lebenden und von Todes wegen sowie
gewisse gesetzliche Erwerbstatbestände ohne Gegenleistung (originärer Eigentumserwerb bei herrenlosen Sachen und verwandten Tatbeständen).

c) *Gesetzestechnische Anmerkung zu Art. 197 Abs. 2 und 198 ZGB*

Die Aufzählung in Art. 198 ZGB ist abschliessend, im Gegensatz zu derjenigen 12.09
des Art. 197 Abs. 2 ZGB, die nur beispielhaft einige Errungenschaftstatbestände
aufzählt. Die **Errungenschaft** ist somit **komplementär zum Eigengut**: Was nicht
den (abschliessend umschriebenen) Kategorien des Eigenguts zuzuordnen ist,
stellt Errungenschaft dar.

Beispiele: 12.10

Weitere, vom Gesetzgeber nicht ausdrücklich genannte Bestandteile der Errungenschaft sind:

* Geldbeiträge im Rahmen des ehelichen Unterhalts (Art. 163, 173 und 176 ZGB).

* Leistungen nach Art. 164 und 165 Abs. 1 und ev. Abs. 2 ZGB.

* Unterhaltsleistungen Dritter (Art. 276 Abs. 1 i.V.m. Art. 277 Abs. 1 und 2 ZGB, Art. 319 Abs. 1 und 323 Abs. 2 ZGB).

* Schadenersatz für Versorgerschaden (Art. 45 Abs. 3 OR).

* Erträge der Errungenschaft.

* Familienzulagen.

d) *Grundsatz der Unveränderlichkeit der Gütermassen*

Die gesetzliche **Massenzuordnung** ist insofern **zwingend**, als sie von den Ehe- 12.11
gatten nur im Rahmen von Art. 199 ZGB abgeändert werden kann, und dies lediglich zu Lasten der Errungenschaft (vgl. Rzn 11.29 und 12.35 f.). Soll dagegen
das Eigengut verringert werden, ist der Güterstand der Gütergemeinschaft zu
wählen (Rzn 13.01 ff.).

e) *Arbeitserwerb*

Zum **Arbeitserwerb** gemäss Art. 197 Abs. 2 Ziff. 1 ZGB gehören vorab die Ein- 12.12
künfte aus selbständiger und unselbständiger Erwerbstätigkeit sowie Gewinn im
Zusammenhang mit einem Gewerbe oder Unternehmen, soweit auf unternehme-
rischer Tätigkeit beruhend. Hinzu kommen auch **industrielle Mehrwerte** im Unterschied zu solchen konjltureller Art, welche den einzelnen Vermögensmassen
verbleiben. Das kann insbesondere im Zusammenhang mit einem eigenen Unternehmen zu schwierigen Abgrenzungen führen.

Industrielle Mehrwerte sind auf den Einsatz der Arbeitskraft eines Ehegatten zurückzuführen. 12.13
Wird ein Vermögenswert nicht unternehmerisch eingesetzt, entsteht nur dann ein industrieller
Mehrwert, wenn die Bewirtschaftung über eine normale Verwaltung hinausgeht (BGE 123 III 156
E. 6a; BGE 112 II 384). **Konjunkturelle Mehrwerte** entstehen durch die Marktmechanismen von
Angebot und Nachfrage: z.B. Wertschwankungen von Aktien im Wertschriftenportefeuille einer
Unternehmung bzw. im Privatvermögen, solange dieses Portefeuille nicht selber wieder pro-
fessionell – und damit über eine ordentliche Verwaltung hinausgehend – bewirtschaftet wird.

Der Arbeitserwerb im Zusammenhang mit **Vermögen, das dem Beruf, Gewerbe** 12.14
oder Unternehmen dient, umfasst jegliche Entschädigung der wirtschaftlichen
Tätigkeit des Ehegatten. Der Charakter des Arbeitserwerbes fällt auch nicht dahin,
wenn die Entschädigung im Unternehmen investiert bleibt und so zu einem Wert-

zuwachs des Geschäftsvermögens führt. Entsprechend führt der Zuwachs eines zum Eigengut gehörenden Berufs- oder Geschäftsvermögens zu einer Ersatzforderung der Errungenschaft, wenn der Zuwachs darauf zurück zu führen ist, dass eine Arbeitsleistung eines Ehegatten nicht entschädigt worden ist. Nicht zum Arbeitserwerb gehört der Zuwachs des Berufs-, Gewerbe- oder Unternehmensvermögens, der seinen Grund ausserhalb der Tätigkeit eines Ehegatten hat, nämlich die Vermögenserträge des wirtschaftlich investierten Kapitals und Mehrwerte aufgrund von reinen Sach- und Geldinvestitionen.

f)   Leistungen von Personalfürsorgeeinrichtungen, Sozialversicherungen und Sozialfürsorgeeinrichtungen

12.15   Art. 197 Abs. 2 Ziff. 2 ZGB ordnet die während der Dauer des Güterstandes (dazu BGE 123 III 290 E. 3 und 443 E. 2d) **ausgerichteten Leistungen** von Personalfürsorgeeinrichtungen, Sozialversicherungen und Sozialfürsorgeeinrichtungen der Errungenschaft zu. Es handelt sich hier um Ersatz für Erwerbseinkommen bei Erreichen des Pensionsalters, bei Invalidität oder im Todesfall. Diese Zuordnung erfolgt unabhängig davon, welche Masse für den Versicherungsschutz finanziell aufgekommen ist. Das bedeutet eine wichtige Ausnahme des sonst strikte geltenden Grundsatzes der güterrechtlichen Surrogation (Rzn 12.21 ff.).

12.16   Ein Korrektiv bezüglich der **Kapitalleistungen von Vorsorgeeinrichtungen oder wegen Arbeitsunfähigkeit** stellt Art. 207 Abs. 2 ZGB dar. Mit der Kapitalabfindung wird eine Rente ersetzt, welche auch nach der Auflösung des Güterstandes ausgerichtet worden wäre. Zur Errungenschaft zählt deshalb nur der Teil des Kapitals, welcher die Rente bis zur Auflösung des Güterstandes ersetzt. Demgegenüber ist jener Teil des Kapitals dem Eigengut zuzuschreiben, der dem Barwert der Rente nach Auflösung des Güterstandes entspricht (BGE 127 III 438).

g)   Entschädigungen wegen Arbeitsunfähigkeit

12.17   Bei der Entschädigung wegen Arbeitsunfähigkeit (Art. 197 Abs. 2 Ziff. 3 ZGB) geht es **insbesondere**, aber nicht notwendigerweise, um die Nachteile der Arbeitsunfähigkeit im Sinne von **Art. 46 Abs. 2 OR**. Im Vordergrund stehen Kostenersatz, Ausfall von Erwerbseinkommen und die Erschwerung des wirtschaftlichen Fortkommens, soweit diese Entschädigungen während des Güterstandes anfallen. Soweit es sich um Kapitalleistungen handelt, findet Art. 207 Abs. 2 ZGB ebenfalls Anwendung.

h)   Erträge des Eigengutes

12.18   Die Erträge des Eigenguts umfassen sowohl die **natürlichen** (Art. 643 Abs. 2 ZGB) als auch die sogenannten **zivilen Früchte** (z.B. Zinsen, Dividenden). Insofern als diese Erträge des Eigengutes zu Errungenschaft werden (Art. 197 Abs. 2 Ziff. 4 ZGB), bedeutet dies eine Ausnahme zur sachenrechtlichen Regel in Art. 643 Abs. 1 ZGB, wonach natürliche Früchte eigentumsmässig der Muttersache folgen.

Keine Erträge sind nach h.L. Liquidationsgewinne bei der Auflösung von Handelsgesellschaften und Gratisaktien. Stellt die Überlassung eines zum Eigengut eines Ehegatten gehörenden Vermögenswertes zur Nutzung durch die Familie einen Beitrag an deren Unterhalt dar (Art. 163 ZGB), entsteht keine Errungenschaft aus dem (hypothetischen) Ertrag. 12.19

Grundsätzlich ist der **Bruttoertrag** massgebend. Bei produktiven Vermögenswerten ist jedoch zu beachten, dass die Errungenschaft im Rahmen des Ertrages für den Unterhalt der Vermögenswerte aufzukommen hat. So ist der Liegenschaftsunterhalt beispielsweise aus den Mietzinseinnahmen im Zusammenhang mit dieser Liegenschaft zu bestreiten. 12.20

i) *Ersatzanschaffungen für Gegenstände der Errungenschaft*

Ersatzanschaffungen für Gegenstände aus der Errungenschaft führen aufgrund des **Grundsatzes der vermögensrechtlichen Surrogation** wieder zu Errungenschaft (Art. 197 Abs. 2 Ziff. 5 ZGB). Sie dienen der Erhaltung des *wertmässigen* Bestandes der Gütermasse (BGE 100 II 184). Diese Surrogation tritt von Gesetzes wegen, d.h. unabhängig von einem entsprechenden rechtsgeschäftlichen Willen ein. Dieser letztere ist nur insofern beteiligt, als gewisse Vorgänge des Rechtsverkehrs eingeleitet werden, die dann ihrerseits zur Surrogation führen. 12.21

Unter dem **Begriff der Surrogation** versteht man die vom Willen der Parteien unabhängige Zuordnung eines neu erworbenen Vermögensgegenstandes zu einer (von zwei) Vermögensmasse, mit deren Verringerung der Erwerb in einem ursächlichen Zusammenhang steht (vgl. BGE 100 II 182). Der Grundsatz der Surrogation kommt in der Errungenschaftsbeteiligung nur bei der Zuordnung von Vermögensgegenständen eines Ehegatten zum Tragen, nicht aber im Verhältnis zwischen den Ehegatten. 12.22

In der Errungenschaftsbeteiligung geht es nicht um Zweck-, sondern um **Wertersatz** (vgl. aber Rz 12.15 und auch Rz 12.28). Surrogation als Wertersatz bedeutet, dass für die Zuordnung des erworbenen Gegenstandes die **Herkunft der** dafür aufgewendeten **Mittel**, nicht sein Verwendungszweck bestimmend ist. Unerheblich ist dabei ein allfälliges Missverhältnis von Einsatz und Ertrag. 12.23

Beispiele: 12.24

- Frau X investiert einen Monatslohn in den Kauf eines Laptops, welches die ganze Familie sofort in Betrieb nimmt. Das Laptop steht im Eigentum von Frau X und ist ihrer Errungenschaft zuzurechnen.

- Herr X revanchiert sich und ersetzt (endlich) den abgewetzten Wohnzimmerteppich, den er vor 10 Jahren mit Errungenschaftsmitteln gekauft hatte. Die Mittel zum Kauf des neuen „Tibeters" stammen aus dem Nachlass von seiner Tante Ottilie. Der Teppich gehört Herrn X und ist seinem Eigengut zuzurechnen (vgl. Art. 198 Ziff. 4): kein Zweckersatz zu Gunsten der Errungenschaft.

- BGE 121 III 203 E. 4: Der Lottogewinn gehört zur Errungenschaft, wenn das Los mit Errungenschaftsmitteln erworben wurde.

2.   Eigengut

a)   Begriff

12.25   Das Eigengut ist ein gesetzlich abschliessend umschriebenes (Art. 198 ZGB), durch ehevertragliche Vereinbarung (Art. 199 ZGB) um bestimmte Kategorien von Vermögensgegenständen beschränkt erweiterbares **Sondervermögen**, welches bei Auflösung des Güterstandes vollumfänglich dem Eigentümer verbleibt. Die Erträge des Eigengutes fallen, vorbehältlich einer entgegengesetzten Vereinbarung der Ehegatten nach Art. 199 ZGB, der Errungenschaft zu.

b)   Gegenstände zum ausschliesslichen persönlichen Gebrauch eines Ehegatten

12.26   Bei den Gegenständen zum ausschliesslichen persönlichen Gebrauch eines Ehegatten (Art. 198 Ziff. 1 ZGB) handelt es sich regelmässig um bewegliche Sachen, die vielfach schon zu historischen Zeiten Mann oder Frau zugeordnet wurden (Jagdwaffen/Schmuck). Heute können darunter weitere Vermögensgegenstände fallen.

Beispiele: Kleider, Schmuck, Gegenstände zur Ausübung eines Hobbys, nicht jedoch Bargeld und Vermögen zu reinen Anlagezwecken.

12.27   **Mitgebrauch** der Gegenstände durch den andern Ehegatten oder weitere Familienmitglieder schliesst den Eigengutscharakter aus, nicht dagegen Mitgebrauch durch familienfremde Dritte.

12.28   Es gilt im Bereich der Gegenstände zum ausschliesslichen persönlichen Gebrauch eines Ehegatten ein gewisser „Zweckersatz": Auch wenn die Finanzierung durch Mittel der Errungenschaft erfolgt, ist der erworbene Gegenstand dennoch dem Eigengut zuzuordnen. Somit ist Art. 198 Ziff. 1 ZGB als Ausnahmeregelung zu Art. 197 Abs. 2 Ziff. 5 ZGB zu verstehen (vgl. Rz 12.21). Geht die Anschaffung allerdings über den Rahmen des gewöhnlichen Unterhalts hinaus (z.B. ein besonders wertvolles Schmuckstück), entsteht in diesem Umfang eine **Ersatzforderung** der Errungenschaft gegenüber dem Eigengut im Sinne von Art. 209 Abs. 3 ZGB (vgl. Rzn 12.54 ff.).

12.29   Beispiel:

Herr X kauft sich mit seinem Lohn einen neuen Wintermantel. Dieser ist seinem **Eigengut** zuzuordnen. Sofern diese Anschaffung noch unter den Unterhalt der Familie subsummierbar ist, besteht keine Ersatzforderung seiner Errungenschaft gegenüber seinem Eigengut. Anders verhält es sich, wenn Herr X bei durchschnittlichen finanziellen Verhältnissen der Familie, sich einen Luxusmantel (eines international führenden Modehauses) gönnt.

c)   Vermögenswerte, die ein Ehegatte vor der Ehe (entgeltlich oder unentgeltlich) oder während der Ehe unentgeltlich erworben hat

12.30   Abgestellt wird beim **Erwerb vor der Ehe** bzw. vor dem Güterstand auf ein rein zeitliches Unterscheidungskriterium, die Herkunft der Vermögenswerte spielt keine Rolle. Wiederverheiratung und Güterstandswechsel ohne Rückwirkung auf den Zeitpunkt des Eheabschlusses führen somit zu Eigengut. **Unentgeltlich** ist der Vermögensanfall während der Ehe, wenn weder eine persönliche noch eine vermögensmässige Gegenleistung erbracht worden ist (vgl. Rzn 12.07 f.).

Beispiele für unentgeltlichen Erwerb: 12.31

*   Erbschaft

*   Entgelt für Erbverzicht: das Entgelt ersetzt die Erbberechtigung, die zu unentgeltlichem Erbschaftserwerb geführt hätte.

*   Schenkungen von Todes wegen und unter Lebenden. Bei der gemischten Schenkung ist je nach Übergewicht der Entgeltlichkeit oder Unentgeltlichkeit die Massenzuordnung vorzunehmen, wobei der andern Gütermasse im Umfang der Entgeltlichkeit eine variable Ersatzforderung nach Art. 209 Abs. 3 ZGB zusteht.

*   originärer Eigentumserwerb: Aneignung herrenloser Sachen (Art. 658 und 718 ff. ZGB), Fund (Art. 720 ff. ZGB), Zuführung durch Naturgewalt oder Zufall (Art. 725 ZGB), Schatzfund (Art. 723 ZGB), Ersitzung (Art. 661 f. ZGB).

*   Schuldenerlass, Schuldentilgung durch einen Dritten

d)   *Genugtuungsansprüche*

Beim Genugtuungsanspruch handelt es sich um einen Vermögensvorteil um der   12.32
Person des Betroffenen willen, der von Gesetzes wegen physisches und psychisches Leiden im Zusammenhang mit einer **Persönlichkeitsverletzung** abgilt (z.B. gestützt auf Art. 28a, 29 Abs. 2 ZGB oder Art. 47 und 49 OR). Daher wird er dem Eigengut zugeordnet.

e)   *Ersatzanschaffungen für Eigengut*

Mit Ersatzanschaffungen für Eigengut (Art. 198 Ziff. 4 ZGB) ist **Wert- oder Mit-**   12.33
telersatz, nicht aber Zweckersatz gemeint.

Beispiele: 12.34

*   Herr X ersetzt einen abgewetzten Teppich, der noch aus dem Nachlass seiner Tante Olga stammt, aus Mitteln seiner Errungenschaft durch einen neuen „Tibeter". Dieser gehört zur Errungenschaft, obwohl er dem Zweck nach einen früher zum Eigengut gehörenden Gegenstand ersetzt.

*   Aus einem Teil ihres vor der Heirat ersparten Geldes kauft sich Frau X einen neuen Laserdrucker. Dieser gehört zu ihrem Eigengut.

f)   *Ehevertraglich begründetes Eigengut*

Art. 199 ZGB ermöglicht den Ehegatten in zweifacher Hinsicht ein ehevertragli-   12.35
ches Abweichen vom Grundsatz der Unveränderlichkeit der Gütermassen, nämlich einerseits bezüglich Vermögenswerten, die für die **Ausübung eines Berufes oder den Betrieb eines Gewerbes** bestimmt sind und andererseits bezüglich den **Erträgen des Eigenguts**. Gedacht sind diese zwei rechtsgeschäftlichen Quellen für zusätzliches Eigengut als Korrektiv für die generelle Besserstellung des über-

lebenden Ehegatten im Verhältnis zu den übrigen Erben (insbesondere den Nach-kommen), ohne dass insbesondere in Wirtschaftskreisen auf die (für den nichter-werbstätigen Ehegatten regelmässig nachteilige) Gütertrennung zurückgegriffen werden muss. Der Wirkung nach handelt es sich um eine indirekte Veränderung der Vorschlagsbeteiligung.

12.36   Die **Erträge des Eigenguts** entsprechen vorerst einmal Art. 197 Abs. 2 Ziff. 4 ZGB, d.h. unter Ausschluss des Arbeitserwerbs bzw. Geschäftsgewinns aufgrund der Unternehmertätigkeit. Dabei ist der Ertrag zufolge des Zweckes von Art. 199 ZGB weit auszulegen. Er umfasst alles was bleibt, nachdem die Arbeit des Ehegatten zu Gunsten der Errungenschaft angemessen entschädigt worden ist.

12.37   Auch **zukünftige** Erträge werden von Art. 199 ZGB erfasst.

3.   Beweisfragen

a)   *Nachweis des Eigentums*

12.38   Für den Fall, dass streitig ist, ob ein Vermögenswert dem Mann oder der Frau ge-hört, regelt Art. 200 ZGB die **Beweislast**. Bei – nach langen Ehejahren nicht sel-tener – Beweislosigkeit kommen sodann **Vermutungen** bzw. Fiktionen zum Zug. Die entsprechenden Regeln könnten schon weitgehend aufgrund von Art. 8 ZGB (Beweislast) und gestützt auf das Sachenrecht (Art. 930 ZGB, Vermutung des Ei-gentums aufgrund des Besitzes) gewonnen werden (BGE 118 II 28; BGE 117 II 124 ff.). Ausschliesslich Art. 8 ZGB kommt zur Anwendung, wenn streitig ist, ob ein bestimmter Vermögenswert im Zeitpunkt der Auflösung des Güterstandes überhaupt noch vorhanden gewesen ist (vgl. BGE 125 III 2 E. 3).

12.39   Beweisrechtlich ist vor allem die **Vermutung des Miteigentums** (Art. 200 Abs. 2 ZGB) von Bedeutung. Sie führt in „kleinen Verhältnissen" bzw. bei Ver-mögenswerten von geringem Wert vielfach zu einem „ehelichen Eintopf".

12.40   Ergänzt wird Art. 200 ZGB durch das **Inventar** nach Art. 195a ZGB, das gewisse Beweiserleichterungen bewirkt (vgl. dazu Rzn 11.48 ff.).

Die Regeln von Art. 200 Abs. 1 und 2 ZGB gelten nicht nur unter den Ehegatten, sondern auch im Verhältnis eines Ehegatten zu den Erben des anderen oder **zu Dritten**. Art. 200 ZGB gibt indessen keine Antwort auf die Frage, welcher Ehe-gatte Schuldner eines Dritten ist, bzw. wer eheintern eine Schuld zu tragen hat.

b)   *Zuordnung zu den Gütermassen*

12.41   Für Vermögenswerte eines Ehegatten gilt bis zum Beweis des Gegenteils eine ge-setzliche **Vermutung zu Gunsten der Errungenschaft** (Art. 200 Abs. 3 ZGB). Dies bedeutet, dass der die Zugehörigkeit eines Gegenstandes zum Eigengut be-hauptende Ehegatte die Nachteile einer allfälligen Beweislosigkeit zu tragen hat.

12.42   Art. 200 Abs. 3 ist in erster Linie für das Verhältnis zwischen den Ehegatten von Bedeutung. Für Dritte ist diese Norm nur insofern massgebend, als sie bei der

Auflösung des Güterstandes den Beteiligungsanspruch eines Ehegatten haben pfänden lassen.

4. Eigentumsunabhängige Vermögensaufteilung bei Auflösung des Güterstandes

Bei der Auflösung des Güterstandes behalten die Ehegatten ihr Eigengut und die Hälfte ihres Vorschlages. Die andere Hälfte des Vorschlages steht dagegen wertmässig je dem anderen Ehegatten zu. Dazu eingehend die Ausführungen zur güterrechtlichen Auseinandersetzung, Rzn 12.166 ff. 12.43

Unter dem **Vorschlag** versteht man den Überschuss der Aktiven über die Passiven der Errungenschaft (Art. 210 ZGB). Diese wiederum beurteilen sich nach dem Wert der zu einer Gütermasse gehörenden Vermögensgegenstände resp. der Höhe der ihr zugeordneten Schulden (Rzn 12.173 ff.). 12.44

IV. Verwaltung, Nutzung und Verfügung

Die Verwaltung, Nutzung und Verfügung über das Vermögen der Ehegatten ist in der Errungenschaftsbeteiligung denkbar einfach geregelt (Art. 201 ZGB). Die Ordnung entspricht grundsätzlich jener der Gütertrennung (siehe jedoch Art. 208 ZGB). **Jeder Ehegatte** nutzt **sein eigenes Vermögen** und ist auch der Verwalter seines Vermögens. Die Verwaltung kann jedoch dem andern Ehegatten auf rechtsgeschäftlicher Grundlage überlassen werden (vgl. Art. 195 ZGB, Rzn 11.41 ff.). Jeder Ehegatte verfügt grundsätzlich frei über sein Vermögen. Zu beachten sind allerdings die Verfügungsbeschränkungen in Art. 169, Art. 178 und in Art. 201 Abs. 2 ZGB. 12.45

Ein (indirektes) Eingreifen eherechtlicher Art des einen Ehegatten in das Vermögen des andern ergibt sich nur aufgrund der Vertretung der ehelichen Gemeinschaft mit der Wirkung der solidarischen Haftung auch des andern Ehegatten (Art. 166 ZGB).

V. Haftung

Jeder Ehegatte haftet für seine Schulden ausschliesslich **mit seinem gesamten Vermögen** (Art. 202 ZGB). Eine Ausnahme ist nur im Rahmen von Art. 193 ZGB zu machen (vgl. BGE 123 III 440 f. E. 3 und sodann Rzn 11.51 ff.). Welcher Ehegatte Schuldner ist, bestimmt sich in erster Linie nach den obligationenrechtlichen Regeln. 12.46

Solidarische Mithaftung des anderen Ehegatten kann sich im Rahmen des Unterhalts aus Art. 166 ZGB ergeben (vgl. vorne Rz 08.55) oder aus einer entsprechenden Vereinbarung mit dem Gläubiger. 12.47

VI. Massenzuordnung von Schulden

Eine Schuld belastet die Vermögensmasse, mit welcher sie **sachlich zusammenhängt**, im Zweifel aber die Errungenschaft (Art. 209 Abs. 2 ZGB; vgl. BGE 121 III 154 E. 3b). 12.48

Massgebend für die Massenzuordnung von **Schulden gegenüber Dritten** ist nicht der Rechtstitel auf Seiten des Gläubigers (Rechtsgeschäft, öffentlichrechtliche Abgabe, un- 12.49

erlaubte Handlung, ungerechtfertigte Bereicherung), ausschlaggebend ist vorerst einmal der **Entstehungszeitpunkt** der Schuld: Liegt dieser **vor** dem Abschluss **der Ehe**, wird immer das Eigengut belastet. Das gilt auch für Ausbildungskosten.

12.50   Bei **während der Ehe** entstandenen Schulden ist dagegen danach zu unterscheiden, ob die Schuld beim Einkommen anknüpft oder nicht:

- Ist dies der Fall, belastet die Schuld jene Gütermasse, welcher das entsprechende **Einkommen** zufliesst. Das ist regelmässig die Errungenschaft, indessen kann ehevertraglich gestützt auf Art. 199 ZGB Ertrag aus Eigengutsvermögen dem Eigengut vorbehalten werden. Die Zuordnung der Schuld zum Einkommen kann sowohl darin begründet sein, dass die Schuld selber mit der Einkommenserzielung in Verbindung steht, wie dies für gewisse Steuern oder Berufsauslagen zutrifft. Es kann der Zusammenhang zwischen dem Einkommen und der Schuld aber auch seinen Grund in der Einkommensquelle selbst oder im Zweck des Einkommens haben. So gehört die Arbeitskraft der Ehegatten der Errungenschaft und das Arbeitsergebnis soll in erster Linie dem ehelichen Unterhalt dienen.

- Nur soweit eine Schuld nicht beim Einkommen anknüpft, kommt es schliesslich auf die Massenzuordnung des **Vermögensgegenstandes** an, welcher die Schuld auslöst. Eine solche Objektschuld ist derjenigen Gütermasse zuzuordnen, der auch der fragliche Vermögensgegenstand zusteht. Ob dies aufgrund eines Rechtsgeschäfts, einer unerlaubten Handlung oder ungerechtfertigter Bereicherung usw. geschieht, spielt keine Rolle. Entscheidend ist nur die besondere Objektbezogenheit. Sie fehlt zum vornherein beim ehelichen Unterhalt, der seinerseits eine Vielzahl von Schuldverpflichtungen wie gewisse Steuern, gewisse Haftungen aus unerlaubter Handlung, Versicherungs- und Rechtsschutz umfassen kann.

12.51   An der Massenzuordnung der Schulden ändert sich auch nichts, wenn der **andere Ehegatte Schuldner** ist. Dabei kann es sich um gewöhnliche, d.h. durch das Obligationenrecht geregelte Schulden unter den Ehegatten handeln, oder aber um solche aufgrund der allgemeinen Wirkungen der Ehe oder des Güterrechts. Zur Begleichung von Schulden zwischen Ehegatten vgl. Rzn 08.92 ff.

VII. Das Zusammenwirken der verschiedenen Gütermassen im Verhältnis der Ehegatten untereinander und im Frauen- und Mannesgut

1.   Verhältnis zwischen den Ehegatten

12.52   Für die **eigentumsmässige Zuordnung** von Vermögenswerten ist grundsätzlich das **Sachenrecht** massgebend.

12.53   Hat ein Ehegatte einen im Eigentum des Partners stehenden Gegenstand ganz oder teilweise finanziert, so stellt sich – sofern es sich dabei nicht um eine Schenkung handelt – die Frage, welche seiner Gütermassen in welcher Form (und welchem Ausmass) an diesem Gegenstand und einer allfälligen späteren Wertsteigerung „**beteiligt**" ist. Die Antwort ergibt sich für den ordentlichen Güterstand aus Art. 206 ZGB (vgl. Rzn 12.75 ff.).

2. Verhältnis zwischen den Gütermassen eines Ehegatten

a) Ausgangslage

Beteiligen sich **beide Gütermassen eines Ehegatten** an der Finanzierung eines ihm gehörenden Vermögenswertes, müssen die Zuordnung des Gegenstandes zu einer der Gütermassen sowie deren Folge für die andere geklärt werden. 12.54

Erfolgt der Erwerb eines Vermögenswertes gleichzeitig mit Mitteln der Errungenschaft und des Eigengutes, so liegen die Voraussetzungen einer **doppelten Ersatzanschaffung** vor (Art. 197 Abs. 2 Ziff. 5 und 198 Ziff. 4 ZGB). Der Erwerb eines neuen Vermögenswertes kann auch insofern zur Beteiligung beider Gütermassen im Mannes- oder Frauengut führen, als er nur teilweise auf Entgelt seitens der Errungenschaft zurückzuführen ist, teilweise aber für das Eigengut unentgeltlich erworben wird (**partielle Ersatzanschaffung**). So verhält es sich beispielsweise beim Erwerb einer Liegenschaft von Todes wegen (Erbschaft), für welche aus der Errungenschaft gleichzeitig ein Teilentgelt (Auszahlung der Miterben) zu entrichten ist. Vgl. dazu das Beispiel in Rz 12.61. 12.55

b) Massenzuordnung

Für die Massenzuordnung kann im Verhältnis zwischen den Gütermassen eines Ehegatten – im Unterschied zum Verhältnis unter den Ehegatten – nicht das Eigentum massgebend sein. Der Gesetzgeber hat sich gegen eine proportionale Beteiligung der beiden Gütermassen im Verhältnis ihrer Beteiligungen entschieden (Art. 209 Abs. 3 ZGB). Entscheidend ist der engste sachliche Zusammenhang und damit das **Übergewicht der Beteiligung**. Bei gleicher Beteiligung beider Gütermassen kann in Analogie zu Art. 200 Abs. 3 und Art. 209 Abs. 2 ZGB von Errungenschaft ausgegangen werden. 12.56

Beispiele: 12.57

- Herr X kauft sich anlässlich einer Erbschaft eine Jacht. Einen Zehntel des Kaufpreises bezahlt er aus den Ersparnissen seines Arbeitserwerbs. Die Jacht wird dem Eigengut von Herrn X zugeordnet, da dieses mit 90% beteiligt ist.

- Frau X ersteigert sich bei einer Auktion eine Picasso-Lithographie, die sie zur Hälfte aus vorehelichen Ersparnissen, zur anderen Hälfte aus Vermögenserträgen ihrer geerbten Aktien finanziert. Da beide Gütermassen gleichermassen beteiligt sind (Art. 198 Ziff. 2 und 197 Abs. 2 Ziff. 4 ZGB), gehört der „Picasso" zu ihrer Errungenschaft.

c) Massgeblicher Zeitpunkt

Die Massenzuordnung bestimmt sich nach dem **Zeitpunkt der ersten Beteiligung** mehrerer Gütermassen. Spätere Veränderungen bleiben unbeachtlich. 12.58

d) Art der Beteiligung

Der anderen Gütermasse steht eine **variable Ersatzforderung** nach Art. 209 Abs. 3 ZGB zu (vgl. dazu BGE 123 III 152 ff.; und hinten, Rzn 12.113 ff.). 12.59

Ein Rechtsgrund, der eine derartige „Forderung" – analog zu Art. 206 Abs. 1 ZGB – ausschliessen würde, ist zwischen den Gütermassen eines Ehegatten nicht denkbar. Eine „Schenkung der Errun- 12.60

genschaft an das Eigengut" z.B. würde gegen den Grundsatz der Unveränderlichkeit der Gütermassen verstossen. Die Überlassung einer Geldsumme z.B. als Darlehen ist ebenfalls nur zwischen verschiedenen Rechtsträgern möglich.

e) Beispiel ("partielle Ersatzanschaffung")

12.61   Herr X übernimmt eine Liegenschaft aus dem Nachlass seiner Mutter. Die Differenz zwischen seinem Erbteil von Fr. 200'000 und dem Anrechnungswert (Fr. 300'000) zahlt er seinen beiden Miterben aus Mitteln seiner Errungenschaft aus. Der Erwerb der Liegenschaft erfüllt somit teilweise (partiell) den Tatbestand von Art. 197 Abs. 2 Ziff. 5 (Ersatzanschaffung für Errungenschaftsvermögen). Aufgrund des Übergewichts des Eigengutsanteils (2:1) ist die Liegenschaft jedoch dem *Eigengut* zuzuweisen. Daran ändert sich auch nichts, wenn in einem späteren Zeitpunkt Herr X Fr. 150'000 aus seiner Errungenschaft in die Renovation des Hauses investiert (vgl. Rz 12.58). Der Errungenschaft des Herrn X steht eine variable Ersatzforderung gegenüber seinem Eigengut nach Art. 209 Abs. 3 ZGB zu (Rzn 12.113 ff.).

3.   Sonderfall: Massenzuordnung einer Liegenschaft bei Erwerb mittels grundpfandgesicherter Kredite ("Hypotheken")

a) Reiner Kreditkauf

12.62   Erfolgt der Erwerb ausschliesslich durch Mittel, die aus einem grundpfandgesicherten Kredit stammen, ist er immer entgeltlich, so dass eine Zuordnung der Liegenschaft zur **Errungenschaft** des oder der sich am Erwerb beteiligenden Ehegatten erfolgt. Dasselbe gilt, wenn der Erwerb zwar nicht ausschliesslich durch Kreditmittel erfolgt, die verwendeten Eigengutsmittel aber im Verhältnis zum Gesamtpreis derart unbedeutend sind, dass sie vernachlässigt werden können.

12.63   Beispiel:

Es ändert an der Tatsache des reinen Kreditkaufs nichts, wenn die Handänderungskosten aus dem Eigengut des Käufers bezahlt worden sind.

b) Erwerb durch Eigenmittel und Mittel aus grundpfandgesichertem Kredit

aa) Zuordnung der Liegenschaft im Verhältnis zwischen den Ehegatten nach sachenrechtlichen Kriterien

12.64   Eine (durch Kreditmittel und/oder eigene Mittel) erworbene Liegenschaft wird dem Vermögen desjenigen Ehegatten zugeordnet, welcher **sachenrechtlich**, d.h. durch Grundbucheintrag als deren **Eigentümer** ausgewiesen ist. Hat der andere Ehegatte sich ebenfalls am Erwerb beteiligt, steht diesem eine mehrwertberechtigte Forderung nach Art. 206 ZGB zu (vgl. dazu als Anwendungsbeispiel BGE vom 14. Januar 2002 [5C.81/2001]; vgl. sodann Rzn 12.75 ff.).

12.65   Anders noch bei der altrechtlichen **Güterverbindung**: jeder Kauf unter Zuhilfenahme eines Kredites stellte dort entgeltlichen Erwerb dar, so dass eine Zuordnung des erworbenen Objekts zur Errungenschaft (welche zum Vermögen des Ehemannes gehörte) erfolgte (zuletzt BGE 116 II 225). Eine Liegenschaft konnte nur Eigentum der Ehefrau werden, wenn sie allein durch Mittel ihres

Sondergutes erworben wurde (vgl. Rz 14.13), oder ausschliesslich Ersatzanschaffung für ihr eingebrachtes Gut war.

bb) *Zuordnung der Liegenschaft innerhalb der Gütermassen des Eigentümers oder der Eigentümer nach dem Übergewicht der Beteiligung*

Innerhalb des Vermögens des Eigentümerehegatten wird eine teilweise durch Eigenmittel und Mitteln aus grundpfandgesichertem Kredit erworbene Liegenschaft derjenigen seiner Gütermassen zugeordnet, die den **engsten sachlichen Zusammenhang** aufweist (Übergewicht der Beteiligungen, BGE 123 III 152 ff.). Die andere allenfalls auch am Erwerb beteiligte Gütermasse erhält gegen die Gütermasse, welcher die Liegenschaft zugeordnet ist, einen Ersatzanspruch nach Art. 209 ZGB (vgl. unten Rzn 12.113 ff.). 12.66

	Eigentümerehegatte	**Nichteigentümerehegatte**	12.67
Zuteilung der Liegenschaft zwischen den Ehegatten	Zuordnung nach rein **sachenrechtlichen** Kriterien.		
	Die Liegenschaft fällt in das Vermögen des nach dem Grundbuch Eigentumsberechtigten.	Mehrwertberechtigte (einseitig variable) Forderung gegen den Eigentümerehegatten nach Art. 206 ZGB für die investierende Vermögensmasse.	
Zuordnung der Liegenschaft innerhalb des Vermögens des Eigentümers	Massgeblich ist das **Übergewicht der Beteiligungen** (= engster sachlicher Zusammenhang).		
	Die Liegenschaft fällt in jene Gütermasse des Eigentümers, welche die grössere Investition getätigt hat. Die andere Gütermasse des Eigentümers erhält gegen diese eine (zweiseitig variable) Ersatzforderung nach Art. 209 ZGB.		

Sind **beide Beteiligungen** des Eigentümerehegatten **gleich gross**, kann in Anlehnung an Art. 200 Abs. 3 und 209 Abs. 2 ZGB von **Errungenschaft** ausgegangen werden. 12.68

cc) *Zuordnung der Hypothek*

Grundsatz: Eine Hypothek als Schuld stellt keinen vom Vermögensgegenstand losgelösten Wert dar, sondern folgt diesem (Art. 209 Abs. 2 ZGB). Sie wird grundsätzlich als Ganzes derjenigen Vermögensmasse zugerechnet, mit welcher sie **sachlich zusammenhängt**, d.h. derjenigen Vermögensmasse, der auch die Liegenschaft angehört (BGE vom 14. Januar 2002 [5C.81/2001]). Die Hypothek wird nicht proportional zu den Beteiligungen auf die Vermögensmassen aufgeteilt (vgl. Rz 12.56). 12.69

Ausnahmsweise, wenn die **Hypothekarzinsen** dauernd und regelmässig durch eine andere Gütermasse (des Eigentümers oder des anderen Ehegatten) erbracht 12.70

werden als diejenige, der die Hypothek an sich zuzuordnen ist, so rechtfertigt sich eine **Neuzuteilung** der Hypothekarschuld an die zinserbringende Gütermasse. In diesem Fall ist nämlich im Umfang der Hypothek von einer Investition der anderen Gütermasse (Art. 209 Abs. 3 ZGB, Rzn 12.113 ff.) bzw. des anderen Ehegatten (Art. 206 Abs. 1 ZGB, Rzn 12.75 ff.) auszugehen.

12.71   Zu dieser Regelung gibt es allerdings zwei **Gegenausnahmen:**

- Einerseits wenn die **Hypothekarzinsen** für eine vermietete Eigengutsliegenschaft aus dem Mietertrag erbracht werden. Mieterträge einer Eigengutsliegenschaft würden an sich in die Errungenschaft fallen (Art. 197 Abs. 2 Ziff. 4 ZGB). So betrachtet erbrächte die Errungenschaft den Zinsendienst für die Hypothek, was deren Neuzuteilung zur Folge hätte (Rz 12.70). Dennoch rechtfertigt sich eine Massenumteilung nicht. Die Errungenschaft kann im Zusammenhang mit Grundstücken nur Anspruch auf den Nettoertrag (Mietzinseinnahmen minus Aufwendungen für Substanzerhaltung) erheben.

- Andererseits wird dann keine Umteilung vorgenommen, wenn die Eigengutsliegenschaft als **Familienwohnung** genutzt und der Hypothekarzins aus Errungenschaftsmitteln eines Ehegatten bezahlt wird: es handelt sich dabei um einen **Beitrag an den Unterhalt** der Familie, der keine güterrechtlichen Konsequenzen nach sich zieht. Denn würde die Hypothek in diesem Fall umgeteilt, wäre der Eigentümer schlechter gestellt, als wenn er die Liegenschaft Dritten vermietet hätte.

12.72   **Amortisationen** durch die belastete Gütermasse ersetzen nur die Hypothek und ändern an deren Zuordnung nichts. Amortisationen durch eine nicht belastete Gütermasse führen zu nachträglichen Investitionen im Sinne von Art. 206 Abs. 1 und 209 Abs. 3. Vgl. dazu Rzn 12.129 ff.

12.73

	Eigentümerehegatte	**Nichteigentümerehegatte**
Zuteilung der Hypothek	Die Hypothek belastet grundsätzlich diejenige Vermögensmasse, welcher die Liegenschaft angehört (Art. 209 Abs. 2 ZGB): **Keine proportionale Aufteilung.** Zur Mehr- bzw. Minderwertaufteilung aufgrund einer Hypothek siehe allerdings Rz 12.78 und Rzn 12.129 ff.	
	Eine **Umteilung** der Hypothek in eine andere Gütermasse (auch in eine des Nichteigentümers) kommt allenfalls bei dauernder und regelmässiger Übernahme des Zinsendienstes durch diese andere Gütermasse in Betracht.	

12.74   Beispiel:

Frau X erwirbt aus dem Nachlass ihres Vaters eine Liegenschaft im Wert von Fr. 600'000 unter Anrechnung auf ihren Erbteil von Fr. 150'000. Die hypothekarische Belastung, für welche Frau X die Zinsen leistet, macht Fr. 200'000 aus. Die verbleibende Ausgleichszahlung an die Miterben von Fr. 250'000 wird im Umfang von Fr. 200'000 aus dem Eigengut von Herrn X finanziert. Fr. 50'000 bringt Frau X aus ihrer Errungenschaft auf.

Betrag	Tilgung Anrechnungswert	Gütermasse
Fr. 150'000	unentgeltlicher Erwerb von Todes wegen	Eigengut Ehefrau
Fr. 50'000	Ausgleichszahlung	Errungenschaft Ehefrau
Fr. 200'000	Schuldübernahme (Hypothek)	Eigengut Ehefrau
Fr. 200'000	Ausgleichszahlung	Eigengut Ehemann
Fr. 600'000	Total (Liegenschaftswert)	

Die Liegenschaft befindet sich im Eigentum der Ehefrau (Grundbucheintrag). Dem Eigengut des Ehemannes steht eine variable Forderung nach Art. 206 Abs. 1 ZGB zu (vgl. Rzn 12.75 ff.). Von den Gütermassen der Ehefrau hat das Eigengut den grösseren Anteil am Erwerb beigesteuert. Die Liegenschaft gehört deshalb zum Eigengut, währenddem der Errungenschaft der Ehefrau eine variable Ersatzforderung nach Art. 209 Abs. 3 ZGB zukommt (Rzn 12.113 ff.). Die Hypothek belastet jene Vermögensmasse, welcher die Liegenschaft zuzuordnen ist, d.h. also das Eigengut der Ehefrau.

VIII. Die Mehrwertbeteiligung nach Art. 206 ZGB

1. Zweck der Bestimmung

Ist auf einem Vermögenswert eines Ehegatten (und sei es auch auf einem Miteigentumsanteil: BGE vom 14. Januar 2002 [5C.81/2001] E. 4) ein konjunktureller (= durch Marktmechanismen hervorgerufener; vgl. Rzn 12.13 und 12.87) Mehrwert eingetreten und hat ein durch die besondere Stellung der Ehegatten zueinander bedingtes und auch erwünschtes Zusammenwirken im vermögensrechtlichen Bereich zur Finanzierung des Vermögenswertes beigetragen, so soll der „Gewinn" nicht allein dem Eigentümer des Vermögensgegenstandes, sondern auch seinem Ehepartner zugute kommen. Damit soll verhindert werden, dass **eine Gütermasse zu Lasten des anderen Ehegatten finanziert** wird. 12.75

2. Voraussetzungen

a) *Investition eines Ehegatten in einen Vermögenswert des anderen*

Erforderlich ist vorerst ein Beitrag, d.h. eine Investition eines Ehegatten in einen Vermögenswert des Eigentümerehegatten. Dieser kann in **Geld** oder aber in einer **geldwerten Sach- oder Arbeitsleistung** bestehen (BGE 123 III 152 ff.). Die Leistung kann auch eine Schuldübernahme sein, denn mit Schulden lassen sich Mehrwerte schaffen. 12.76

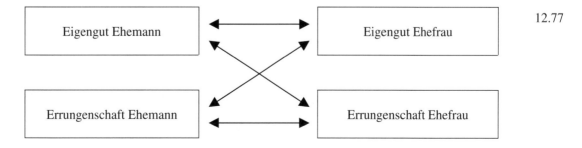

12.77

12.78

<u>Beispiel:</u>

Herr X erwirbt eine Eigentumswohnung für Fr. 300'000 als Familienwohnung zu Alleineigentum. Fr. 250'000 werden durch einen mittels Grundpfand gesicherten Kredit aufgebracht, Fr. 50'000 in bar bezahlt. Von den Barmitteln stammen je Fr. 25'000 aus den Eigengütern des Ehemanns und der Ehefrau. Die Hypothekarzinsen werden aus der Errungenschaft des Ehemannes entrichtet. Im Zeitpunkt der güterrechtlichen Auseinandersetzung ist die Wohnung Fr. 360'000 wert.

	EG Ehefrau	EG Ehemann	Hypothek	Total
Investitionen	25'000	25'000	250'000	300'000
Beteiligungsverhältnis	1	1	10	12
Mehrwert	*5'000*	5'000	50'000*	60'000
Zuteilung des Mehrwerts auf der Hypothek		50'000*	↵	
Total Ansprüche (Investitionen + Mehrwerte)	**30'000**	**80'000**	**250'000**	**360'000**

*   Erläuterung:

Eine Umteilung der Hypothek an die Errungenschaft des Ehemannes wegen des Zinsendienstes findet nicht statt, da diese Leistung einen Beitrag an den ehelichen Unterhalt darstellt. Dasselbe wäre der Fall bei einer vermieteten Liegenschaft: Der Errungenschaft kommt lediglich der Nettoertrag des Eigengutes zu (vgl. dazu Rz 12.70). Zur Verteilung des Mehrwerts auf der Hypothek vgl. Rz 12.130.

b)   *Verwendung der Investition*

12.79

Der investierte Betrag dient dem Erwerb, der Verbesserung oder der Erhaltung eines konkreten Vermögensgegenstandes (vgl. dazu BGE 125 III 3 ff. E. 4 betreffend Arztpraxis; BGE 121 III 151 betreffend ein Unternehmen; siehe sodann BGE 123 III 156 E. 6a). Dieser kann ein Grundstück oder Fahrnis einschliesslich Wertpapiere sein:

- Der **Erwerb** umfasst alles, was es an finanziellem Aufwand zur Erlangung des Eigentums bedarf. Der Beitrag an die Erwerbskosten kann auch nach der Erlangung des Eigentums geleistet werden, z.B. durch nachträgliche Amortisation einer grundpfandgesicherten Schuld.

- Die **Verbesserung** bedeutet eine wesentliche Veränderung der Gebrauchsfähigkeit, so wenn der Ehemann in die von der Ehefrau ererbte Liegenschaft ein Bad oder neu die Zentralheizung einbaut.

- Bei der **Erhaltung** schliesslich geht es nicht um eine Wertschöpfung, sondern um die Verhinderung von Wertzerfall, die den normalen Unterhalt im Sinne von Art. 765 ZGB (des Nutzniessers) übersteigt.

c)   *Ohne entsprechende Gegenleistung*

12.80

Der Beitrag eines Ehegatten darf weder auf Schenkung beruhen noch durch eine Gegenleistung abgegolten werden, vielmehr muss er zu einem **entschädigungslosen Rückforderungsanspruch** führen.

Was geschenkt worden ist, berührt nur noch das Vermögen des beschenkten Ehe- 12.81
gatten. Eine Rückforderung ist grundsätzlich (d.h. unter Vorbehalt von
Art. 249 OR) ausgeschlossen. Eine **Schenkung** wird unter Ehegatten – wie auch
unter Dritten – nicht vermutet (BGE 96 II 1; BGE 85 II 70; BGE 83 II 209 E. 2).
Sie ist von jenem Teil nachzuweisen, der sich darauf beruft.

Mit einer **Gegenleistung** für den Beitrag stellt sich der die Leistung erbringende 12.82
Ehegatte grundsätzlich gleich wie wenn er mit einem Dritten Geschäfte eingegan-
gen wäre. Daran ändert auch der Umstand nichts, dass das Entgelt, beispielsweise
der Darlehenszins, besonders günstig angesetzt wird. Unbeachtlich ist auch der
Rechtsgrund eines Entgelts für den Beitrag. Er kann **obligationenrechtlicher**
(Zins, Lohn Art. 320 Abs. 2 OR) **oder familienrechtlicher Natur** (Anspruch aus
Art. 165 ZGB) sein.

d) *Beschränkung auf konjunkturelle Mehrwerte*

Der entschädigungslose rückforderbare Beitrag muss zu einem **konjunkturellen** 12.83
Mehrwert führen. Dabei handelt es sich um einen Wertzuwachs, der nicht auf die
wertschöpfende Tätigkeit eines Ehegatten oder eines Dritten zurückzuführen,
sondern in der allgemeinen Marktlage, d.h. den Veränderungen von Angebot und
Nachfrage begründet ist (vgl. Rz 12.13). Industrielle Mehrwerte dagegen beruhen
auf einer die ordentliche Verwaltung übersteigenden Tätigkeit eines Ehegatten
und führen als Arbeitsentgelt zu Errungenschaft bzw. zu einem Ersatzanspruch
der Errungenschaft (BGE 112 II 384 ff.).

Beispiel: 12.84

Eine über die ordentliche Verwaltung hinausgehende Bewirtschaftung eines vom Mann geerbten
Wertschriftenportefeuilles durch die Ehefrau führt innert 10 Jahren zu einer Wertverdoppelung.
Ohne die intensive Bewirtschaftung hätte der Ertrag nur die Hälfte ausgemacht. Die durch die
Ehefrau zusätzlich erwirtschaftete Hälfte des „Gewinns" ist als Investition (Arbeitsleistung) der
Ehefrau in das Vermögen ihres Mannes zu sehen. Wenn sich nach Rücknahme der Wertschriften
durch den Ehemann bis zur Auflösung des Güterstandes noch einmal eine Wertsteigerung ergibt,
ist dieser die Beteiligung von 3:1 Mann/Frau zugrunde zu legen, da die investierte Arbeitsleistung
der Ehefrau zu einer mehrwertberechtigten Ersatzforderung geführt hat.

Der Mehrwert muss – unter Vorbehalt von Art. 206 Abs. 2 ZGB – **im Zeitpunkt** 12.85
der güterrechtlichen Auseinandersetzung vorhanden sein (BGE 125 III 2; vgl.
Rzn 12.110 f.). Unerheblich ist, ob es sich beim Mehrwert um vermehrte Kauf-
kraft oder aber nur um einen Inflationsausgleich handelt. Aber auch eine über den
Beitrag als solchen hinausgehende **Kausalität** zum Mehrwert ist nicht erforderlich.

e) *Keine Beteiligung am Minderwert (Nennwertgarantie)*

Ein **Minderwert** bleibt im Verhältnis unter den Ehegatten **unbeachtlich**, der 12.86
Beitragsleistende hat in jedem Fall Anspruch auf Rückerstattung des Nennwerts
seines Beitrags (Art. 206 Abs. 1 ZGB, vgl. das Beispiel in Rz 12.108). Damit soll
dem Umstand Rechnung getragen werden, dass sich ein Ehegatte zur Mitfinanzie-
rung vielfach mehr oder weniger gezwungen sieht. Anders verhält es sich bei den

Mehrwerten innerhalb des Vermögens eines Ehegatten nach Art. 209 Abs. 3 ZGB (vgl. Rz 12.117).

3.   Berechnung des Mehrwertanteils

a)   *Berechnung des Mehrwerts*

12.87   Bei einer Investition in einen Vermögensgegenstand ist der **Anfangswert**, d.h. der Wert aller Investitionen, festzuhalten und dem **Endwert**, d.h. regelmässig dem Verkehrswert oder ausnahmsweise dem Ertragswert zur Zeit der Veräusserung oder güterrechtlichen Auseinandersetzung, gegenüberzustellen (siehe als Anwendungsbeispiel BGE vom 14. Januar 2002 [5C.81/2001]). Die Differenz ergibt den Mehrwert, welcher aufzuteilen ist.

b)   *Feststellung des Beitragsverhältnisses aufgrund des ursprünglichen oder späteren Erwerbs-Zeitwertes*

12.88   Ausgangspunkt ist somit die konkrete Wertsteigerung eines bestimmten Vermögenswertes, den es anteilsmässig auf die Eigenleistung des Eigentümerehegatten und des Beitragsleistenden aufzuteilen gilt. Entscheidend ist dabei das ursprüngliche **proportionale Beitragsverhältnis** zum Wert **im Zeitpunkt der Investition**.

c)   *Aufteilung des Mehrwerts im errechneten Verhältnis*

12.89   Der Mehrwert wird im Verhältnis der verschiedenen Beteiligungen auf die beteiligten Gütermassen aufgeteilt.

12.90   Beispiel:

Frau X erbt aus dem Nachlass ihrer Mutter eine Liegenschaft im Wert von Fr. 400'000. Sie investiert weitere Fr. 50'000 in Renovationsarbeiten, während Herr X Arbeit und Material im Wert von ebenfalls Fr. 50'000 beisteuert. Der Verkehrswert der Liegenschaft beträgt nach dem Umbau Fr. 500'000 und bei der güterrechtlichen Auseinandersetzung Fr. 750'000.

Berechnung:

	Frau X	Herr X	Total
Wert der übernommenen Liegenschaft	400'000		400'000
Investitionen (Kapital, Arbeit, Material)	50'000	50'000	100'000
Total Investitionen	450'000	50'000	500'000
Beteiligungsverhältnis	9	1	10
Mehrwert	225'000	*25'000*	250'000
Total der Ansprüche (Investitionen + Mehrwerte)	**675'000**	**75'000**	**750'000**

d) Zeitlich gestaffelte Investitionen

Bei jeder neuen Investition ist der bisher eingetretene Mehrwert auf die früher er- 12.91
folgten Investitionen zu verteilen. Unter Umständen (vereinfachend indessen BGE
123 III 157 E. 6a/cc) sind also **nacheinander mehrere Berechnungen** durchzuführen.

Beispiel: 12.92

Frau X erbt eine Liegenschaft (Wert Fr. 400'000). Herr X lässt diese auf seine Kosten (Fr. 200'000
aus seinem Eigengut) umbauen. Zwei Jahre später investiert er weitere Fr. 80'000 aus seiner Errungenschaft in die Liegenschaft. Der Verkehrswert der Liegenschaft beträgt vor der zweiten Investition Fr. 720'000, bei der güterrechtlichen Auseinandersetzung Fr. 1'000'000.

Berechnung 1:

	EG Ehefrau	ER Ehemann	EG Ehemann	Total
Wert der übernommenen Liegenschaft	400'000			400'000
Investition in den Umbau			200'000	200'000
Total der Investitionen	400'000		200'000	600'000
Beteiligungsverhältnis	2		1	3
Mehrwertanteile im Zeitpunkt der 2. Investition (= 1. Mehrwert)	80'000		40'000	120'000
(Zwischen-)Total der Ansprüche (Investitionen + Mehrwerte)	**480'000**		**240'000**	**720'000**

Berechnung 2:

	EG Ehefrau	ER Ehemann	EG Ehemann	Total
Bereits investierte Beträge (vgl. Berechnung 1)	480'000		240'000	720'000
Neuinvestition		80'000		80'000
Total der Investitionen	480'000	80'000	240'000	800'000
Beteiligungsverhältnis	6	1	3	10
Mehrwertanteile bei der Auseinander-setzung (= 2. Mehrwert)	120'000	20'000	60'000	200'000
Total der Ansprüche (Investitionen + Mehrwerte)	**600'000**	**100'000**	**300'000**	1'000'000

e) Mehrere Investitionen in unterschiedliche Vermögenswerte

Werden mehrere Investitionen in unterschiedliche Vermögenswerte vorgenom- 12.93
men, muss eine **Globalabrechnung** erfolgen. Dabei ist für jeden Vermögensgegenstand vorerst einzeln abzurechnen. Ergeben sich dabei auch Minderwerte, sind
diese mit den Mehrwerten zu verrechnen. Die **Nennwertgarantie** gemäss
Art. 206 Abs. 1 ZGB (vgl. Rz 12.86) gilt nicht im Hinblick auf einzelne Vermögenswerte, sondern nur **hinsichtlich aller Investitionen**.

Beispiel: 12.94

Herr X erwirbt ein Grundstück für Fr. 100'000. Finanziert hat er es durch ein zinsloses Darlehen
seiner Frau in der Höhe von Fr. 80'000 und durch eigene Ersparnisse (Fr. 20'000). An einen späteren Aktienkauf ihres Ehemanns von Fr. 500'000 steuert Frau X Fr. 100'000 bei. Beide Beiträge der

Ehefrau stammen aus ihrer Errungenschaft. Im Zeitpunkt der güterrechtlichen Auseinandersetzung beträgt der Verkehrswert der Liegenschaft Fr. 400'000, der Kurswert der Aktien Fr. 300'000.

	ER Ehefrau	Vermögen Ehemann	Total
Aktien	100'000	400'000	500'000
Beteiligungsverhältnis	1	4	5
Minderwert	(- 40'000)*	- 160'000	- 200'000
Ansprüche aus den Aktien	*100'000 * *Nennwertgarantie!*	240'000	300'000
Liegenschaft	80'000	20'000	100'000
Beteiligungsverhältnis	4	1	5
Mehrwert	240'000	60'000	300'000
Ansprüche aus der Liegenschaft	320'000	80'000	400'000
abzüglich des Min- derwertanteils auf den Aktien	*- 40'000**		
Total Ansprüche	**380'000**	**320'000**	**700'000**

* Erläuterungen:

Der „Minderwertanteil" von der Ehefrau Fr. 40'000 kann wegen der Nennwertgarantie nicht bei der Investition in die Aktien in Abzug gebracht werden. Da sich jedoch bei der Investition in die Liegenschaft ein Mehrwert (Fr. 240'000) ergeben hat, wird der Minderwert aus den Aktien im Sinne der Globalabrechnung dort abgezogen.

4.   Rechtsnatur des Mehrwertanteils

12.95   Die Rechtsnatur des Mehrwertanteils ergibt sich aus dem Zweck der Mehrwertbeteiligung. Es handelt sich insofern um eine **einheitliche, einseitig variable Forderung**, als sie von Gesetzes wegen vom Schicksal des Vermögensgegenstandes im Vermögen des Eigentümerehegatten abhängig ist.

12.96   **Einheitlich** ist die Forderung, weil sie sowohl den ursprünglich investierten Betrag wie auch den seither eingetretenen Mehrwert umfasst. **Variabel** bedeutet, dass der Umfang der Forderung veränderlich und vom Schicksal des Vermögenswertes, bei dem investiert wurde, abhängig ist. Er bestimmt sich danach, welche konjunkturelle Wertveränderung bis zum Zeitpunkt der Abrechnung eingetreten ist. Schliesslich ist die Forderung **einseitig**, weil im Verhältnis unter den Ehegatten nur ein Mehrwert, nicht jedoch ein Minderwert berücksichtigt wird (vgl. Rz 12.86; als Anwendungsbeispiel für das System der variablen (Ersatz-)Forderung nach Art. 206 bzw. Art. 209 ZGB siehe BGE vom 14. Januar 2002 [5C.81/2001]).

5.   Massenzuordnung

a)   *Im Vermögen des Berechtigten*

12.97   Der Mehrwertanteil wird derjenigen **Masse** zugeordnet, welche **die Investition erbracht** hat (BGE 123 III 152 ff.). Sind mehrere Beiträge geleistet worden, erfolgt die Massenzuordnung nach der Herkunft und dem Umfang der einzelnen Beiträge.

Beispiel: 12.98

Herr X übernimmt aus der Erbschaft seines Vaters eine Liegenschaft im Wert von Fr. 300'000. Sein Erbanteil beträgt Fr. 250'000. Frau X erbringt die Ausgleichszahlung von Fr. 50'000 aus ihrem Eigengut (Verhältnis der Beteiligungen = 5 : 1). Im weiteren erwirbt Herr X Aktien im Wert von Fr. 120'000 aus Errungenschaftsvermögen. Davon bezahlt Frau X Fr. 40'000 aus ihrer Errungenschaft (Verhältnis 2 : 1). Im Zeitpunkt der güterrechtlichen Auseinandersetzung sind Mehrwerte von Fr. 150'000 (Liegenschaft) und Fr. 15'000 (Aktien) eingetreten.

Berechnung der Ansprüche von Frau X:

	ER Ehefrau	EG Ehefrau	Vermögen Ehemann	Total
Liegenschaft		50'000	250'000	300'000
Beteiligungsverhältnis		1	5	6
Mehrwert		25'000	125'000	150'000
Ansprüche aus der Liegenschaft		75'000	375'000	450'000
Aktien	40'000		80'000	120'000
Beteiligungsverhältnis	1		2	3
Mehrwert	5'000		10'000	15'000
Ansprüche aus den Aktien	45'000		90'000	135'000
Total Ansprüche	**45'000**	**75'000**	**465'000**	**585'000**

Hat eine **globale Abrechnung** über Mehr- und Minderwerte zu erfolgen (Berech-   12.99
nung und Verrechnung verschiedener Mehr- und Minderwerte, vgl. Rz 12.93), so ist zu beachten, dass jeder Masse mindestens der Wert der ursprünglichen Investition zusteht. Der Restmehrwertanteil ist nicht proportional auf die Beiträge zu verteilen, sondern derjenigen Masse zuzuordnen, auf der er entstanden ist.

Beispiel: 12.100

Sachverhalt wie im obigen Beispiel (Rz 12.98), mit dem Unterschied, dass auf den Aktien ein Minderwert von Fr. 30'000 eingetreten ist.

Berechnung der Ansprüche von Frau X:

	ER Ehefrau	EG Ehefrau	Vermögen Ehemann	Total
Aktien	40'000		80'000	120'000
Beteiligungsverhältnis	1		2	3
Minderwert	(- 10'000)*		- 20'000	- 30'000
Total Ansprüche Aktien	*40'000** *Nennwertgarantie*		60'000	90'000
Liegenschaft		50'000	250'000	300'000
Beteiligungsverhältnis		1	5	6
Mehrwert		*25'000*	125'000	150'000
Total Ansprüche Liegenschaft		75'000	375'000	450'000
abzüglich des Minderwertanteils auf den Aktien		*- 10'000**		
Total Ansprüche	**40'000**	**65'000**	**435'000**	**540'000**

* Erläuterungen:

Der „Minderwertanteil" von Fr. 10'000 kann wegen der Nennwertgarantie nicht bei der Investition der Errungenschaft, sondern muss beim Mehrwertanteil, welcher dem Eigengut zusteht (Fr. 25'000), in Abzug gebracht werden. Der Restmehrwertanteil von Fr. 15'000 ist nicht im Verhältnis von 5:4 (Fr. 50'000 aus Eigengut und Fr. 40'000 aus Errungenschaft) aufzuteilen. Er bleibt beim Eigengut, auf dem ein Mehrwert entstanden ist.

b)   *Im Vermögen des Verpflichteten*

12.101   Im Vermögen des Verpflichteten handelt es sich bei Forderungen nach Art. 206 Abs. 1 ZGB um **Schulden**, welche das Vermögen und nicht das Einkommen betreffen. Sie belasten jene **Vermögensmasse, welcher der fragliche Vermögenswert angehört** (Art. 209 Abs. 2 ZGB). Anders als im Vermögen des Berechtigten ist keine Nennwertgarantie zu beachten.

12.102   Besonderheiten können sich aufgrund der **Globalabrechnung** ergeben. Zu unterscheiden sind drei Fallkonstellationen (Rzn 12.103, 12.105 und 12.107).

12.103   Die Investitionen verteilen sich auf **Errungenschaft und Eigengut** und alle führen zu **Mehrwerten mit unterschiedlichem Erfolg**. Hier sind die beiden Gütermassen entsprechend der unterschiedlichen Beitragshöhe mit den einzeln errechneten Mehrwertanteilen zu belasten.

12.104   <u>Beispiel:</u>

Herr X erbt eine Liegenschaft im Wert von Fr. 300'000. Sein Erbanteil beträgt Fr. 200'000, die Ausgleichszahlung von Fr. 100'000 an die Miterben wird aus der Errungenschaft der Ehefrau geleistet. Der spätere Kauf eines Bildes von Cuno Amiet wird zu Fr. 40'000 aus der Errungenschaft des Ehemannes, zu Fr. 20'000 aus dem Eigengut der Ehefrau finanziert. Im Zeitpunkt der güterrechtlichen Auseinandersetzung beträgt der Verkehrswert der Liegenschaft Fr. 600'000, derjenige des „Amiet" Fr. 90'000 (Schätzungen).

Berechnung:

	ER Ehefrau	EG Ehefrau	ER Ehemann	EG Ehemann	Total
Liegenschaft	100'000			200'000	300'000
Beteiligungs-verhältnis	1			2	3
Mehrwert	100'000			200'000	300'000
Ansprüche Liegenschaft	200'000			400'000	600'000
„Amiet"		20'000	40'000		60'000
Beteiligungs-verhältnis		1	2		3
Mehrwert		10'000	20'000		30'000
Ansprüche „Amiet"		30'000	60'000		90'000
Total Ansprüche	**200'000**	**30'000**	**60'000**	**400'000**	**690'000**

Belastung Gütermassen Ehemann: - Errungenschaft   - 30'000   (Forderung EG Ehefrau)
                                - Eigengut   <u>- 200'000</u>   (Forderung ER Ehefrau)
                                - Total   <u>- 230'000</u>

12.105   Ergibt die Aufrechnung von Mehr- und Minderwerten einen **Gesamtbetrag**, der **über der Summe der ursprünglich investierten Einzelbeträge** liegt, erfolgt die Schuldenbelastung beim Verpflichteten ungeachtet der Nennwertgarantie beim

Berechtigten im vollen Ausmass des Mehrwertes einerseits und des Minderwerts andererseits.

Beispiel: 12.106

Bilder von Amiet sind auf dem Kunstmarkt nicht mehr so begehrt wie auch schon: das Herrn X gehörende Gemälde wird lediglich noch auf Fr. 30'000 geschätzt.

Berechnung:

	ER Ehefrau	EG Ehefrau	ER Ehemann	EG Ehemann	Total
„Amiet"		20'000	40'000		60'000
Beteiligungsverhält- nis		1	2		3
Minderwert		(- 10'000)*	- 20'000		- 30'000
Ansprüche aus dem „Amiet"		*20'000** *Nennwertgarantie!*	20'000		30'000
Liegenschaft	100'000			200'000	300'000
Beteiligungsverhält- nis	1			2	3
Mehrwert	100'000			200'000	300'000
Ansprüche aus der Liegenschaft	200'000			400'000	600'000
abzüglich Minder- wertanteil „Amiet"	*- 10'000**				
Total Ansprüche	**190'000**	**20'000**	**20'000**	**400'000**	**630'000**

Belastung Gütermassen Ehemann   Errungenschaft - 10'000 (Investition - MWA Amiet Ehefrau)
                                 Eigengut   - 200'000 (Investition + MWA Liegenschaft)
                                 Total   - 210'000

* Erläuterungen:

Da die Globalabrechnung insgesamt einen Mehrwert ergibt, kann der auf die Ehefrau entfallende Minderwertanteil berücksichtigt bzw. von ihren Ansprüchen abgezogen werden. Da die Nenn- wertgarantie jedoch auch innerhalb der einzelnen Gütermassen des investierenden Ehegatten zu beachten ist, wird der Minderwert nicht dem Eigengut, sondern der Errungenschaft von Frau X angerechnet. Auf Seiten des Schuldners findet die Verrechnung hingegen so oder so bei derjenigen Gütermasse statt, welcher der Vermögensgegenstand zuzuordnen ist.

Ergibt die Globalrechnung einen **Gesamtbetrag, der unter der Summe aller ur-** 12.107 **sprünglichen Investitionen** bleibt, hat der Ansprecher Anspruch auf den letzteren Betrag. Im Vermögen des Schuldners ist jene Gütermasse, welche unter Mithilfe des Beitrages des anderen einen Mehrwert erfahren hat, mit der entsprechenden, um den Mehrwertanteil bereinigten Forderung zu belasten, während die andere Vermögensmasse für den Restbetrag bis zur Summe der ursprünglichen Investi- tionen aufzukommen hat.

Beispiel: 12.108

Auch die Investition in die Liegenschaft hat sich kaum gelohnt: Der Mehrwert beträgt lediglich Fr. 15'000.

Berechnung:

	ER Ehefrau	EG Ehefrau	ER Ehemann	EG Ehemann	Total
„Amiet"		20'000	40'000		60'000
Beteiligungsverhältnis		1	2		3
Minderwert		(- 10'000)*	- 20'000		- 30'000
Ansprüche aus dem „Amiet"		*20'000** *Nennwertgarantie!*	20'000		30'000
Liegenschaft	100'000			200'000	300'000
Beteiligungsverhältnis	1			2	3
Mehrwert	5'000			10'000	15'000
Ansprüche aus der Liegenschaft	105'000			210'000	315'000
abzüglich Minderwert-anteil „Amiet"	*- 5'000** *Nennwertgarantie!*	→Rest*→	- 5'000*		
Total Ansprüche	**100'000**	**20'000**	**15'000**	**210'000**	**345'000**

Belastung Gütermassen Ehemann: Errungenschaft Ehemann   -15'000   (= 10'000 + 5'000)*
                                  Eigengut Ehemann   - 105'000   (= 100'000 + 5'000)
                                  Total   - 120'000

* Erläuterungen:

Die Globalabrechnung ergibt hier, dass der (theoretisch) auf die Ehefrau entfallende Minderwert (Fr. 10'000/Eigengut) grösser ist als der ihr zustehende Mehrwert (Fr. 5'000/Errungenschaft). Da keine Beteiligung an Minderwerten stattfindet, ist der den Mehrwert übersteigende Minderwertanteil von Fr. 5'000 voll durch die Errungenschaft des Ehemannes zu tragen.

c)   Teilweise „Neutralisation" der Mehrwertbeteiligung durch Vorschlagsbeteiligung

12.109   Die Mehrwertanteile für Beiträge aus der Errungenschaft des einen Ehegatten an diejenige des anderen neutralisieren sich durch die Vorschlagsbeteiligung gegenseitig, sofern beide Errungenschaften einen Aktivsaldo aufweisen und kein ungleicher Beteiligungsanspruch ehevertraglich vereinbart wurde (Art. 216 ZGB, vgl. Rz 12.184).

6.   Fälligkeit und Rückzahlbarkeit

12.110   Fällig wird der Mehrwertanteil erst mit der **güterrechtlichen Auseinandersetzung**, es sei denn, der fragliche Vermögensgegenstand sei **schon vorher veräussert** worden. Die vorzeitige Veräusserung des Vermögensgegenstandes führt zur vorgezogenen Abrechnung über die um den Mehrwertanteil bereinigte Forderung. Nach Art. 206 Abs. 2 ZGB wird diese Forderung sofort fällig und berechnet sich aufgrund des erzielten Erlöses. Diese Teilabrechnung ist allerdings in eine bei Auflösung des Güterstandes erfolgende Globalabrechnung einzubeziehen.

12.111   Eine **vorzeitige Rückzahlung** des Beitrages ist nur mit Zustimmung des Gläubigerehegatten möglich (Art. 81 OR). Dessen Erwartung auf einen möglichen Mehrwert soll nicht enttäuscht werden. Die Berechnung des Mehrwertanteils hat der Dauer des Beitrages Rechnung zu tragen, d.h. die Beteiligungsverhältnisse werden im Rückzahlungszeitpunkt neu berechnet.

7. Ausschluss der Mehrwertbeteiligung

Die Mehrwertbeteiligung nach Art. 206 Abs. 1 ZGB ist – anders als jene nach Art. 209 12.112
Abs. 3 ZGB (Rz 12.126) – **dispositiven Rechts**. Sie kann im Zusammenhang mit der
einzelnen Investition **im Voraus mit einfacher Schriftlichkeit ausgeschlossen** werden
(Art. 206 Abs. 3 ZGB). Selbstverständlich ist auch ein nachträglicher formloser
Verzicht auf den angefallenen Mehrwertanteil möglich. Umstritten ist, ob die Mehr-
wertbeteiligung **durch Ehevertrag generell** ausgeschlossen werden kann. Dies wird in
der Lehre überwiegend bejaht (vgl. BK-HAUSHEER/REUSSER/GEISER, Art. 206 ZGB,
N 62, m.w.H.). Der ehevertragliche Ausschluss gilt auch für die Scheidung.
Art. 217 ZGB ist bezüglich der Mehrwertbeteiligung unbeachtlich.

IX. Die Mehr- und Minderwertbeteiligung nach Art. 209 Abs. 3 ZGB

1. Zweck

Das Zusammenwirken von Eigengut und Errungenschaft ist bei der Nutzung und Ver- 12.113
waltung des Vermögens eines Ehegatten eine Selbstverständlichkeit. Dient dieses Zusammenwirken dem **Erwerb,** der **Verbesserung** oder der **Erhaltung eines Vermögensgegenstandes** in der anderen Gütermasse des Eigentümers, soll die
mitfinanzierende Gütermasse an den Wertschwankungen des entsprechenden Vermögenswertes teilhaben. Damit wird erreicht, dass es nicht zu Vermögensverschiebungen
zu Lasten einer Gütermasse, insbesondere der Errungenschaft und damit letztlich zu Lasten des Beteiligungsanspruchs des anderen Ehegatten (vgl. Rzn 12.173 ff.) kommt
(BGE 123 III 152 ff.). Um das Zusammenwirken der beiden Gütermassen möglichst
interessenneutral auszugestalten, sieht Art. 209 ZGB eine Ersatzforderung zwischen der
Errungenschaft und dem Eigengut innerhalb des Vermögens eines Ehegatten vor (vgl.
BGE vom 14. Januar 2002 [5C.81/2001] E. 5b). Im Ergebnis wird dadurch dem Grundsatz der Unveränderlichkeit der Gütermassen (Rz 12.11) Nachachtung verschafft.

12.114

Eigengut Ehemann	Eigengut Ehefrau
⇓ Ersatzforderungen ⇑	⇓ Ersatzforderungen ⇑
Errungenschaft Ehemann	Errungenschaft Ehefrau

2. Ausgestaltung

a) *Gemeinsamkeiten mit der und Unterschiede zur einseitigen Mehrwertbeteiligung nach Art. 206 Abs. 1 ZGB*

In der **gesetzgeberischen Grundausrichtung** stimmen Art. 209 Abs. 3 und 12.115
Art. 206 ZGB überein. Es gilt zu verhindern, dass die Eigenständigkeit der Gü-

termassen mit unterschiedlichem rechtlichem Schicksal dadurch unterlaufen wird, dass die eine Gütermasse zur Finanzierung der andern herangezogen wird. Übereinstimmung herrscht zwischen Art. 206 und 209 Abs. 3 ZGB auch bezüglich der Voraussetzung für die Mehr- und Minderwertbeteiligung, wonach der investierte Beitrag **dem Erwerb, der Verbesserung oder der Erhaltung von Vermögenswerten** dienen muss (vgl. dazu Rz 12.79).

12.116   Indessen besteht **keine völlige Gleichförmigkeit** zwischen den beiden Bestimmungen, da den Besonderheiten Rechnung getragen werden muss, welche dem Zusammenwirken der beiden Gütermassen innerhalb des Vermögens eines Ehegatten allein eigen sind:

aa)   *Keine Nennwertgarantie*

12.117   Im Unterschied zum Verhältnis unter den Ehegatten, das von gegenseitiger Unterstützung und Solidarität geprägt ist und damit dem einen Ehegatten gegen den andern nicht die gleiche Entscheidungsfreiheit belässt wie gegenüber einem Dritten, ist jeder Ehegatte völlig frei, ob und wie er seine beiden Gütermassen einzeln oder gemeinsam einsetzt. Ein **Schutz des ursprünglichen Beitrages**, wie er in Art. 206 Abs. 1 ZGB vorgesehen wird (Rz 12.86), ist **nicht erforderlich**. Art. 209 Abs. 3 ZGB beschränkt sich somit im Unterschied zu Art. 206 ZGB nicht auf eine einseitige Mehrwertbeteiligung, sondern umfasst **auch Minderwerte**.

bb)   *Keine „Schenkung" zwischen Gütermassen*

12.118   Im Verhältnis zwischen den beiden Gütermassen des gleichen Eigentümers verbietet – unter Vorbehalt von Art. 199 ZGB – der **Grundsatz der Unabänderlichkeit der Gütermassen** (Rz 12.11) Verschiebungen, die in ihrer Wirkung einer Schenkung von der einen Gütermasse an die andere gleichkämen. Im Mannes- oder Frauengut fehlt von vornherein ein Vertragspartner. Die Mehr- und Minderwertbeteiligung nach Art. 209 Abs. 3 ZGB setzt somit **nicht** das **Fehlen einer Schenkung** voraus, wie dies im Zusammenhang mit Art. 206 Abs. 1 ZGB der Fall ist (Rzn 12.80 f.).

cc)   *Kein anderer Rechtsgrund für die Leistung*

12.119   Nachdem Errungenschaft und Eigengut dem gleichen Eigentümer (oder Rechtsträger) zustehen, entfällt auch die Möglichkeit, ein Entgelt für die Leistung der einen Gütermasse an die andere zu vereinbaren. Art. 209 Abs. 3 ZGB setzt daher auch **kein Fehlen einer Gegenleistung** voraus, wie dies für Art. 206 zutrifft.

dd)   *Vorzeitige Rückzahlung jederzeit möglich*

12.120   Im Unterschied zu Art. 206 ZGB bedarf es für die vorzeitige Rückzahlung des Beitrages (nach der Teilveräusserung der mit Mitteln der Errungenschaft und des Eigengutes gekauften Aktien geht z.B. der Errungenschaftsbetrag wieder auf das Sparheft zurück) **keiner Zustimmung des andern Ehegatten**.

b) Massenzuordnung

Die Massenzugehörigkeit der Ersatzforderung hängt davon ab, welcher der beiden 12.121
Gütermassen der finanzierte Vermögensgegenstand angehört (als Anwendungs-
beispiel siehe BGE vom 14. Januar 2002 [5C.81/2001] E. 3; siehe sodann
Rz 12.56). Bei einer **nachträglichen Investition** verbleibt der mitfinanzierte
Vermögensgegenstand der bisherigen Vermögensmasse auch dann, wenn der
Beitrag wertmässig die Leistung der andern Masse übersteigt. Ein späterer Mas-
senwechsel unterbleibt demnach auch, wenn die nachträgliche Überbauung eines
Grundstücks mit Mitteln einer Gütermasse den Wert des Bodens der andern
Vermögensmasse bei weitem übertrifft. Findet das Zusammenwirken der beiden
Gütermassen schon **im Zeitpunkt des Erwerbs** des Vermögensgegenstandes
statt, entscheidet das wertmässige Übergewicht zu Gunsten einer Gütermasse über
die Massenzugehörigkeit, während der anderen eine Ersatzforderung zusteht.

c) Berechnung

Zur Berechnung des **Mehrwertanteils** nach Art. 209 Abs. 3 ZGB kann auf 12.122
Art. 206 Abs. 1 ZGB verwiesen werden (vgl. dazu Rzn 12.87 ff.). Die Berechnung
des **Minderwertanteils** erfolgt analog zur Mehrwertbeteiligung. Als Minderwert
gilt auch der Verbrauch. Dabei spielt es keine Rolle, ob es sich um einen ordentlichen Verbrauch handelt oder um eine gewollte Vernichtung bzw. um einen zufäl-
ligen Untergang. Auch eine Schenkung an einen Dritten gilt als Minderwert, der
somit auf beide Gütermassen verteilt wird und dabei die Ersatzforderung untergehen lässt.

Hat eine Veräusserung zu einem neuen Vermögensgegenstand geführt, überträgt 12.123
sich die Ersatzforderung auf die **Ersatzanschaffung**. Ist die Veräusserung gegen
Geld erfolgt, bestimmt der entsprechende Erlös den Betrag, der im Zeitpunkt der
güterrechtlichen Auseinandersetzung der Mehr- oder Minderwertanteilsberech-
nung zu Grunde zu legen ist.

Sind **mehrere Investitionen** vorgenommen worden, ist jede einzeln zu berechnen. 12.124
Mehr- und Minderwerte sind gegenseitig innerhalb der einen und anderen Gütermasse und sodann im Verhältnis zu beiden Gütermassen aufzurechnen. Als Ersatzforderung im Sinne von Art. 209 Abs. 3 ZGB verbleibt somit nur noch eine
Saldoforderung zu Gunsten jener Gütermasse, welche eine positive Differenz zu
ihren Gunsten aufweist.

12.125
Beispiel:

Frau X erbt eine Liegenschaft im Wert von Fr. 400'000. An die Miterbinnen hat sie eine Ausgleichszahlung von Fr. 100'000 zu entrichten, eine Summe, die sie ihrer Errungenschaft entnimmt.
Einen späteren Aktienkauf finanziert sie mit Fr. 20'000 aus Eigengut, mit Fr. 40'000 aus Errungenschaftsmitteln. Im Zeitpunkt der güterrechtlichen Auseinandersetzung sind noch die Hälfte der
Aktien vorhanden, die andere Hälfte wurde für Fr. 45'000 verkauft. Der Verkehrswert der Liegenschaft beträgt Fr. 600'000, derjenige der noch verbliebenen Aktien (1/2) Fr. 9'000.

Berechnung:

	ER Ehefrau	EG Ehefrau	Total
Liegenschaft	100'000	300'000	400'000
Beteiligungsverhältnis	1	3	4
Mehrwert	50'000	150'000	200'000
Total Ansprüche Liegenschaft	*150'000*	450'000	600'000
Aktien	40'000	20'000	60'000
Beteiligungsverhältnis	2	1	3
Mehrwert der 1. Hälfte	10'000	5'000	15'000
Minderwert der 2. Hälfte	- 14'000	- 7'000	- 21'000
Total Ansprüche aus den Aktien	36'000*	*18'000*	54'000*
Total Ansprüche	**186'000**	**468'000**	**654'000**

Anspruch der Errungenschaft gegen das Eigengut: Fr.   150'000   (Liegenschaft)
Anspruch des Eigenguts gegen die Errungenschaft: Fr.   18'000   (Aktien)
Saldoforderung der Errungenschaft: Fr   132'000

* Erläuterung: Keine Nominalwertgarantie innerhalb der Gütermassen ein und derselben Person!

d)   Rechtsnatur

12.126   Die Mehr- und Minderwertbeteiligung nach Art. 209 Abs. 3 ZGB ist – im Gegensatz zur Mehrwertbeteiligung nach Art. 206 ZGB (Rz 12.112) – **grundsätzlich zwingendes Recht**. Im Zeitpunkt der güterrechtlichen Auseinandersetzung kann auf einen Mehrwertanteil zu Lasten des Eigenguts verzichtet werden. Ein Verzicht zu Lasten der Errungenschaft bedarf der Zustimmung des andern Ehegatten. Im Voraus ist ein ehevertraglicher Ausschluss der Mehr- und Minderwertbeteiligung nur im Rahmen von Art. 199 ZGB zulässig.

12.127   Wie bei der einseitig variablen Forderung im Verhältnis unter den Ehegatten (Rzn 12.95 f.) handelt es sich auch bei der Ersatzforderung im Mannes- oder Frauengut um eine **einheitliche Forderung**, die jedoch **zweiseitig variabel** (dazu u.a. BGE vom 14. Januar 2002 [5C.81/2001]) ist, da es keine Nennwertgarantie gibt.

12.128   Die Ersatzforderung bleibt ein **rein interner Vorgang** zwischen den betroffenen Gütermassen. Weder eine **Abtretung** noch eine **Verpfändung** an einen Dritten ist daher an einem Mehrwertanteil zulässig.

3.   Sonderproblem: Die Berechnung und Zuordnung von Mehr- oder Minderwertanteilen auf einer Hypothek

a)   Aufteilung des Mehrwerts auf die beteiligten Gütermassen

12.129   Ist eine Liegenschaft aus Eigengut und aus Errungenschaft des Eigentümers sowie mittels grundpfandgesicherter Kreditmittel (Hypothek) finanziert worden (vgl.

Rz 12.62 ff.), so fragt sich, wie die **auf die Hypothek entfallenden Mehr- oder Minderwerte** auf die beiden Gütermassen zu verteilen sind.

Bei der Verteilung des Mehrwerts innerhalb der Gütermassen desjenigen Ehegatten, dem die Hypothek zugeordnet ist, gilt folgendes: Ist bloss **eine Gütermasse** an der Finanzierung der Liegenschaft beteiligt, verbleibt eine Hypothek und somit auch ein mit deren Hilfe erwirtschafteter Mehrwert regelmässig dem Eigengut, wenn es sich um eine Eigengutsliegenschaft handelt bzw. der Errungenschaft, wenn es sich um eine Errungenschaftsliegenschaft handelt. Sind **beide Gütermassen** des Ehegatten an der Liegenschaft beteiligt, sollen beide von einem daraus resultierenden Mehrwert profitieren, da sie ja ungeachtet dessen, ob die Finanzierung durch Eigenkapital oder durch Fremdkapital erfolgte, auch das **wirtschaftliche Risiko** der Hypothek gemeinsam tragen (BGE 123 III 152 ff.; dazu ZBJV 133/1997, S. 512 ff.). 12.130

Somit wird der auf die Hypothek entfallende Mehr- oder Minderwertanteil, je nach **Übergewicht der Beteiligungen,** der Errungenschaft oder dem Eigengut des Eigentümers zugeordnet, während der anderen, d.h. der finanziell in geringerem Masse beteiligten Gütermasse eine **variable Ersatzforderung** im Sinne von Art. 209 Abs. 3 ZGB zusteht. 12.131

b) *Praktisches Vorgehen*

1. Schritt: Zunächst wird das Verhältnis der Beteiligungen aller Vermögensmassen und der auf der Liegenschaft lastenden Hypothek zueinander berechnet. Die seit der Investition in die Liegenschaft eingetretene Wertsteigerung (Mehrwert) bzw. Wertminderung (Minderwert) wird anschliessend nach diesem berechneten Verhältnis auf die Hypothek und die andern beteiligten Vermögensmassen aufgeteilt (die Hypothek wird vorerst wie eine zusätzliche beteiligte „Gütermasse" behandelt; vgl. Rz 12.89). 12.132

Beispiel: 12.133

Eine Liegenschaft wird zu einem Wert von Fr. 600'000 erworben. Die Ehefrau investiert aus ihrem Eigengut 200'000 und aus der Errungenschaft Fr. 100'000. Der Ehemann aus seinem Eigengut Fr. 100'000. Der Rest (Fr. 200'000) entfällt auf eine Hypothek, welche dem Eigengut der Ehefrau zugeordnet ist (Rz 12.69). Im Zeitpunkt der güterrechtlichen Auseinandersetzung ist die Liegenschaft Fr. 690'000 wert.

	ER Frau	EG Frau	EG Mann	Hypothek	Total
Investitionen der Gütermassen	100'000	200'000	100'000	200'000	600'000
Beteiligungsverhältnis	1	2	1	2	6
Mehrwert	15'000	30'000	15'000	*30'000*	90'000

12.134   **2. Schritt:** Der auf die Hypothek entfallende Mehr- oder Minderwert ist auf das Eigengut und die Errungenschaft des Eigentümers im Verhältnis der Beteiligungen dieser beiden Vermögensmassen aufzuteilen.

12.135   Beispiel:

Der unter Schritt 1 berechnete Mehrwert von 30'000 wird nun im Verhältnis 2:1 auf das Eigengut und die Errungenschaft der Ehefrau verteilt.

	ER Frau	EG Frau	EG Mann	Hypothek	Total
Mehrwert	15'000	30'000	15'000	30'000	90'000
Beteiligungsverhältnis	1	2			3
Verteilung des Mehrwerts auf der Hypothek	10'000	20'000		↵	
Total Ansprüche	**125'000**	**250'000**	**115'000**	**200'000**	**690'000**

12.136   Bei jeder neuen Investition bzw. **Amortisation der Hypothek** ist der bis dahin eingetretene Mehrwert auf die früher erfolgten Investitionen zu verteilen. Unter Umständen sind also nacheinander mehrere Berechnungen durchzuführen (vgl. schon oben Rz 12.91). Eine – aus Gründen der Praktikabilität – pauschale Betrachtung, die eine grössere Zahl von kleineren Amortisationen (Investitionen) des gleichen Ehegatten und aus der gleichen Vermögensmasse so behandelt, wie wenn sie zu einem einzumittelnden Zeitpunkt als Einheit stattgefunden hätten, kommt nur ausnahmsweise zum Tragen (z.B. bei geringem Liegenschaftswert; vgl. dazu BK-HAUSHEER/REUSSER/GEISER, Art. 206 ZGB, N 40).

c) *Ausnahme: Aufteilung von Mehr- und Minderwerten bei einer dem Nichteigentümer zugeteilten Hypothek*

12.137   Werden die Hypothekarzinsen dauernd und regelmässig durch eine Gütermasse des Nichteigentümerehegatten erbracht, und handelt es sich dabei nicht um einen Beitrag an den ehelichen Unterhalt, so wird die Hypothekarschuld ausnahmsweise an die zinserbringende Gütermasse zugeteilt (vgl. Rz 12.70). In diesem Fall kommt auch der auf der Hypothek entstandene **Mehrwert** dem Nichteigentümerehegatten zu. Ein bezüglich einer Liegenschaft eingetretener **Minderwert** wird auf die Investitionen des Nichteigentümerehegatten hingegen **nicht verteilt**, da Art. 206 ZGB nur eine Beteiligung an Mehrwerten vorsieht (einseitig variable Forderung mit Nennwertgarantie). Der Minderwert wird daher im Verhältnis der Beteiligungen auf die beiden Vermögensmassen des Eigentümers verteilt.

d) *Übersicht*

12.138

	Eigentümerehegatte	Nichteigentümerehegatte
1. Zuweisung und Aufteilung der Hypothek: *Grundsatz (Rz 12.69)*	Die Hypothek verbleibt dem Eigentümer: - wenn dieser den Zinsendienst übernommen hat, oder - wenn der Nichteigentümer die Hypothekarzinsen als Beitrag an den ehelichen Unterhalt leistete.	Grundsätzlich kein Anspruch auf einen allfälligen auf die Hypothek entfallenden Mehrwert.
Ausnahme (Rzn 12.70 f.)	Grundsätzlich kein Anspruch auf einen allfälligen auf die Hypothek entfallenden Mehrwert.	Die Hypothek wird dem Nichteigentümer zugeteilt, wenn die Hypothekarzinsen dauernd und regelmässig durch eine seiner Gütermassen erbracht wurden.
2. Aufteilung des Mehrwerts auf Frauen- und Mannesgut sowie auf die Hypothek ("Grobverteilung")	Der seit der Investition eingetretene Mehrwert auf der Liegenschaft wird im Verhältnis der Beteiligungen aller (maximal vier) Vermögensmassen sowie der auf der Liegenschaft lastenden Hypothek verteilt (Rz 12.132).	
3. Verteilung des Mehr- oder Minderwerts, der auf die Hypothek entfällt, auf Errungenschaft und Eigengut des mit der Hypothek belasteten Ehegatten ("Feinverteilung")	Grundsatz (Rz 12.134): Verteilung des Mehr- oder Minderwerts im Verhältnis der betragsmässigen Beteiligungen von Eigengut und Errungenschaft.	Ausnahme (Rz 12.137): Verteilung des Mehr- oder Minderwerts im Verhältnis der betragsmässigen Beteiligungen von Eigengut und Errungenschaft. ⇨ keine Tragung eines Minderwerts (Nennwertgarantie).

X. Hinzurechnung und Herabsetzung nach Art. 208 und 220 ZGB

1. Zweck der Bestimmungen

Sowohl die Hinzurechnung (Art. 208 ZGB) wie auch die Herabsetzung (Art. 220 ZGB) dient dem **Schutz des Anspruchs eines Ehegatten auf Beteiligung am Vorschlag** nach Art. 215 ZGB (BGE 118 II 29 f E. 3b). Notwendig sind diese Rechtsinstitute deshalb, weil im Güterstand der Errungenschaftsbeteiligung jeder Ehegatte grundsätzlich frei über seine Errungenschaft verfügen, und sie – zum Nachteil des vorschlagsbeteiligten anderen Ehegatten – auch verschleudern kann. Zum Verhältnis von Art. 208 ZGB einerseits zu Art. 206 und 209 ZGB andererseits siehe BGE 123 III 152 ff. und kritisch dazu HAUSHEER/JAUN, ZBJV 133/1997, S. 512 ff.

12.139

2. Tatbestände der Hinzurechnung

Art. 208 Abs. 1 ZGB umschreibt **zwei Tatbestände**, die dazu führen, dass ein bestimmter Vermögenswert, der sich im Zeitpunkt der Auflösung des Güterstandes nicht mehr im Vermögen des Ehegatten befindet, für die Berechnung des Vorschlages (vgl. Rzn 12.173 ff.) dennoch zu berücksichtigen ist:

12.140

a)   Unentgeltliche Zuwendungen ohne Zustimmung des Ehegatten

12.141   Erfasst werden zunächst **unentgeltliche Zuwendungen**, die ein Ehegatte **während der letzten fünf Jahre** vor Auflösung des Güterstandes ohne Zustimmung des andern Ehegatten gemacht hat, soweit es sich **nicht** um **Gelegenheitsgeschenke** handelt (Art. 208 Abs. 1 Ziff. 1 ZGB). Dass damit nur Zuwendungen aus der Errungenschaft gemeint sein können, nicht aber solche aus dem Eigengut, ergibt sich aus der Grundidee der Errungenschaftsbeteiligung.

b)   Vermögensentäusserungen in Schädigungsabsicht

12.142   Art. 208 Abs. 1 Ziff. 2 ZGB bezieht sich sodann auf eigentliche **Umgehungsgeschäfte**, auch wenn sie nicht völlig unentgeltlich erfolgten oder weiter als fünf Jahre zurückliegen. Voraussetzung dafür ist eine Schmälerungsabsicht, d.h. dass der Entäusserer mit der Absicht gehandelt hat, den Beteiligungsanspruch des anderen Ehegatten zu vermindern (beispielsweise im Zusammenhang mit einer sehr geringen Gegenleistung).

c)   Erbrechtliche Parallelbestimmung: Art. 527 Ziff. 1-3 bzw. 4 ZGB

12.143   Der Tatbestand **Art. 208 Abs. 1 Ziff. 1 ZGB** findet seine **Parallele in Art. 527 Ziff. 1 bis 3 ZGB**, der entsprechende Verfügungen erbrechtlich auch einer Hinzurechnung unterwirft. Hier wie dort werden nicht nur eigentliche Schenkungen, sondern auch Zuwendungen auf Anrechnung an den Erbteil oder Erbabfindungen erfasst. Ausdrücklich ausgenommen sind nur Gelegenheitsgeschenke. Für die Auslegung von Art. 208 Abs. 1 Ziff. 1 ZGB können Rechtsprechung und Lehre zur genannten erbrechtlichen Bestimmung herangezogen werden. Eine Abstimmung unter beiden Vorschriften drängt sich geradezu auf, da bei Auflösung der Ehe durch Tod eines Ehegatten, soweit er über seine Errungenschaft verfügt hat, beide Bestimmungen nebeneinander zur Anwendung gelangen können.

12.144   In zweifacher Hinsicht **weicht** allerdings Art. 208 Abs. 1 Ziff. 1 ZGB entscheidend und bewusst von Art. 527 Ziff. 1-3 ZGB **ab**:

- Erstens werden im Güterrecht unentgeltliche Zuwendungen nur insoweit hinzugerechnet, als sie **in den letzten fünf Jahren** vor der Auflösung des Güterstandes erfolgten, während im Erbrecht für Erbvorbezüge und bei Erbabfindungen diese Befristung nicht gilt. Die Befristung wurde im Güterrecht deshalb vorgesehen, weil man nicht nach Jahren noch Vermögensentäusserungen aufrechnen will, deren genaue Umstände kaum mehr beweisbar sind.

- Zweitens findet im Güterrecht die Hinzurechnung dann **nicht** statt, wenn der Ehegatte der Zuwendung **zugestimmt** hat. Diese Zustimmung ist an keine Form gebunden und kann auch im Nachhinein erfolgen.

12.145   Auch **Art. 208 Abs. 1 Ziff. 2 ZGB** ist dem Erbrecht nachgebildet, entspricht aber **Art. 527 Ziff. 4 ZGB** ebenfalls nicht vollständig:

- Zum einen muss die Handlung **nicht offenbar zum Zweck der Umgehung** vorgenommen worden sein, womit allzu grosse Beweisschwierigkeiten vermieden werden sollen.

- Zum andern deckt sich aber der Anwendungsbereich auch deshalb nicht, weil im Güterrecht die Handlung den Zweck gehabt haben muss, den **Vorschlagsanspruch** zu **umgehen**, im Erbrecht dagegen die Pflichtteile. Es ist somit sehr wohl möglich, dass der gleiche Sachverhalt nur unter die eine dieser beiden Normen fällt, auch wenn die Ehe durch den Tod des Ehegatten, der die entsprechenden Rechtsgeschäfte vorgenommen hatte, aufgelöst wurde.

3. Hinzurechnungswert

Die Hinzurechnung erfolgt **bloss wertmässig**. Im Allgemeinen ist der **Verkehrswert** 12.146 (Art. 211 ZGB, vgl. Rz 12.182), bei landwirtschaftlichen Gewerben in Anwendung der Art. 212 f. ZGB der **Ertragswert** (Rz 12.183) massgebend.

Im Gegensatz zum Erbrecht ist im Güterrecht immer der Wert **im Zeitpunkt der Ver-** 12.147 **äusserung** massgeblich (Art. 214 Abs. 2 ZGB). Wird die Ehe durch Tod aufgelöst, mag es bedauerlich sein, dass für die güterrechtliche Auseinandersetzung nicht (wie beim Erbgang) der Wert des Gegenstandes im Zeitpunkt des Todes ausschlaggebend ist. Die familienrechtliche, vom Erbrecht abweichende Regel findet ihre Begründung darin, dass die güterrechtliche Hinzurechnung bewirkt, dass der Ehegatte, der den Vermögenswert veräusserte, durch die Hinzurechnung zu einer zusätzlichen Leistung angehalten wird, und nicht – wie im Erbrecht – derjenige, der den Vermögenswert empfangen hat. Es wäre aber kaum gerechtfertigt, dem Veräusserer das Risiko einer späteren Wertsteigerung, von der er ja nie profitieren kann, aufzubürden. Entsprechend sieht auch das Erbrecht vor, dass der Wert im Zeitpunkt der Veräusserung massgeblich ist, sofern der Bedachte den Gegenstand veräusserte (Art. 630 Abs. 1 ZGB).

4. Berechtigte(r)

Die Hinzurechnung zu verlangen ist jener **Ehegatte** berechtigt, welcher der Entäusse- 12.148 rung nicht zugestimmt hat. Ist er gestorben, können **seine Erben** dieses Recht geltend machen. Demgegenüber haben – anders als bei der erbrechtlichen Herabsetzungsklage (Art. 524 ZGB) – die Gläubiger des Ehegatten oder der Erben kein Klagerecht. Sie können höchstens den Anspruch pfänden oder ihn sich nach Art. 131 Abs. 1 SchKG abtreten lassen.

Weil das Recht, die Herabsetzung zu verlangen, auf die Erben des Ehegatten übergeht, 12.149 kann auch der **Empfänger** in die Lage kommen, die Hinzurechnung geltend zu machen. Diesfalls ist dem Veräusserer die Möglichkeit einzuräumen, die Schenkung im Rahmen der Hinzurechnung zu widerrufen, da sie als unter der Bedingung erfolgt gelten kann, dass der Beschenkte von seinem ererbten Hinzurechnungsrecht keinen Gebrauch machen wird.

Zu den Erben kann auch der **überlebende Ehegatte** gehören, der sich des Vermö- 12.150 genswertes entäusserte. Er kann die Hinzurechnung allerdings auch als Erbe nicht verlangen. Dies wäre ein venire contra factum proprium und würde dem Zweck der Norm, die nicht ihn, sondern den andern Gatten schützen will, zuwiderlaufen. Verlangt aber ein Erbe die Hinzurechnung, ist bei der Erbteilung dennoch stets zu berücksichtigen, dass auch der überlebende Ehegatte sowohl güterrechtlich als auch erbrechtlich an dem Vermögenswert beteiligt gewesen wäre (a.M. zur Güterverbindung BGE 107 II 226 ff. E. 2d, e). Jeder Erbe kann nur den seinem Erbteil entsprechenden Betrag geltend machen (vgl. zum Ganzen BK-HAUSHEER/REUSSER/GEISER, Art. 208 ZGB, N 55 und ZGB-HAUSHEER, Art. 208 ZGB, N 25 ff.).

5.   Verjährung

12.151   Das Eherecht enthält keine besondere Bestimmung darüber, wann der Anspruch auf güterrechtliche Hinzurechnung geltend gemacht werden muss. Aus der Systematik des Gesetzes ergibt sich, dass er **mit der Auflösung des Güterstandes fällig** wird. Seine Verjährungsfrist beginnt somit, wie bei allen Forderungen, die sich aus der Auflösung des Güterstandes ergeben, mit diesem Zeitpunkt zu laufen. Die absolute Verjährungsfrist beträgt nach den allgemeinen Grundsätzen zehn Jahre. In der güterrechtlichen Auseinandersetzung ist der Anspruch mit den übrigen Forderungen zu verrechnen.

6.   Verhältnis zur erbrechtlichen Hinzurechnung

12.152   Die güterrechtliche Hinzurechnung ist wohl der erbrechtlichen nachgebildet, die **Anwendungsbereiche decken sich** aber **nicht**. Soweit die güterrechtliche, nicht aber die erbrechtliche Hinzurechnung zur Anwendung gelangt (insbesondere bei der Scheidung), entstehen daraus keine weiteren Schwierigkeiten. Demgegenüber können solche auftreten, wenn eine Vermögensentäusserung erbrechtlich der Herabsetzung unterliegt, güterrechtlich aber nicht der Hinzurechnung. Die Fragen, die sich in diesem Fall stellen, sind jedoch nicht im Güterrecht begründet, sondern im Erbrecht (BK-HAUSHEER/REUSSER/GEISER, Art. 208 ZGB, N 57).

7.   Wirkung der Hinzurechnung

12.153   Die Hinzurechnung wirkt **grundsätzlich nur unter den Ehegatten**, und **nur rechnerisch**, d.h. sie hebt die Verfügung über den Vermögensgegenstand nicht auf. In erster Linie richtet sich die Hinzurechnung deshalb gegen den Veräusserer, das heisst den Ehegatten, nicht gegen den Empfänger des Vermögenswertes. Somit bewirkt Art. 208 ZGB, dass durch die Vermögensentäusserung ohne Zustimmung des Ehegatten **in erster Linie das Eigengut des Veräusserers belastet** wird. Das Risiko der Verringerung des Eigenguts soll die Ehegatten dazu bewegen, unentgeltliche Zuwendungen an Drittpersonen grundsätzlich nur aus ihrem Eigengut vorzunehmen.

12.154   Die Hinzurechnung wirkt sich in einem **höheren Beteiligungsanspruch am Vorschlag** des anderen Ehegatten nach Art. 215 Abs. 1 ZGB aus, was wiederum Rückwirkungen auf die Verrechnung der gegenseitigen Ansprüche nach Art. 215 Abs. 2 ZGB hat. Zu beachten ist allerdings, dass der Ehegatte, der die Hinzurechnung verlangt – vorbehältlich anderer ehevertraglicher Regelung – nur hälftig an der Errungenschaft des andern Ehegatten beteiligt ist, also nur vom halben Wert des der Hinzurechnung unterliegenden Vermögenswertes direkt profitiert.

8. Klage gegen Dritte (Herabsetzung)

a) Zweck

Reicht das Vermögen desjenigen Ehegatten, der ohne Zustimmung des andern einen Vermögenswert unentgeltlich veräusserte, nicht aus, um die aufgrund der Hinzurechnung entstandene Forderung zu begleichen, kann der aus der Hinzurechnung Berechtigte das Fehlende beim bedachten Dritten (d.h. dem Zuwendungsempfänger) einfordern (Art. 220 ZGB). Bei einem gutgläubigen Empfänger begrenzt sich der Umfang der Rückleistungspflicht auf die im Zeitpunkt der Auflösung des Güterstandes noch **vorhandene Bereicherung** (Art. 220 Abs. 3 ZGB verweist insbesondere auf Art. 525 Abs. 1, 528, 529 und 532 ZGB). Es handelt sich immer um eine **Geldforderung**, nicht um einen Anspruch auf Herausgabe einer Sache. 12.155

Passivlegitimiert ist bei der güterrechtlichen Herabsetzungsklage immer der bedachte Dritte. Er bleibt dies auch, wenn er den Gegenstand weiter veräussert hat. Ist er gestorben, richtet sich die Klage gegen seine Erben. 12.156

Ob allenfalls der zur Rückleistung verpflichtete Bedachte seinerseits eine **Schadenersatzforderung** gegenüber dem veräussernden Ehegatten bzw. seinem Nachlass geltend machen kann, beurteilt sich nach dem Verhältnis, das zwischen diesen beiden besteht. 12.157

b) Massgebender Wert

Für die Beurteilung, ob das Vermögen zur Deckung der Vorschlagsforderung ausreicht, ist der **Zeitpunkt der güterrechtlichen Auseinandersetzung**, nicht derjenige der Auflösung des Güterstandes massgeblich. Das ist insofern sachgerecht, als sich der Wert der Errungenschaft nach diesem Zeitpunkt bemisst (Art. 214 Abs. 1 ZGB). Diese Regel dürfte allerdings dann Schwierigkeiten bereiten, wenn ein eigentlicher Vermögenszerfall erst nach der Auflösung des Güterstandes eingetreten ist und die güterrechtliche Auseinandersetzung erst Jahre später erfolgt. Die Praxis wird zeigen, ob es denkbar ist, gestützt auf ein Verschulden des Berechtigten den Anspruch herabzusetzen oder gar auszuschliessen. 12.158

Art. 220 ZGB kommt nur zur Anwendung, wenn das Vermögen des verpflichteten Ehegatten im Zeitpunkt der güterrechtlichen Auseinandersetzung, bzw. das Nachlassvermögen des inzwischen verstorbenen Schuldners die Beteiligungsforderung nicht deckt. Zukünftiges Einkommen wird nicht berücksichtigt. Die Einkommensentwicklung nach der güterrechtlichen Auseinandersetzung muss auch dann ausser Betracht bleiben, wenn Zahlungsfristen nach Art. 218 ZGB gewährt worden sind, weil sonst der Begriff „Vermögen" in Art. 220 ZGB überdehnt würde. 12.159

c) *Frist*

12.160 Die Klage gegen den Dritten kann nur **binnen eines Jahres seit Kenntnis der Verletzung** (relative Frist) und **innert zehn Jahren seit Auflösung des Güterstandes** (absolute Frist) geltend gemacht werden. Die einjährige Frist kann frühestens mit der Auflösung des Güterstandes zu laufen beginnen. Vorher kann gar noch nicht feststehen, dass die Rechte des Ehegatten verletzt wurden.

d) *Prozessuales*

12.161 Wurde in einer allfälligen Streitigkeit zwischen den Ehegatten dem Empfänger eines Vermögenswertes der Errungenschaft der **Streit verkündet** (Art. 208 Abs. 2 ZGB), so werden die Wirkungen dieses Urteils auf das zweite Verfahren ausgedehnt.

12.162 Zwar findet keine Ausdehnung der materiellen Rechtskraft des ersten Urteils auf den aussenstehenden Dritten statt. Dessen Einreden werden jedoch nicht mehr gehört, sofern er nach Treu und Glauben zu ihrer Geltendmachung im ersten Prozess verpflichtet war.

XI. Auflösung des Güterstandes und güterrechtliche Auseinandersetzung

1. Auflösung des Güterstandes

12.162 a Der Tod eines Ehegatten, die Vereinbarung eines anderen Güterstandes sowie die Scheidung, Trennung, Ungültigerklärung der Ehe oder die gerichtliche Anordnung der Gütertrennung bewirken die Auflösung des ordentlichen Güterstandes der Errungenschaftsbeteiligung (Art. 204 ZGB). Der Zeitpunkt der Auflösung fällt beim Tod bzw. bei der Vereinbarung eines andern Güterstandes mit diesen Ereignissen selber zusammen. In den übrigen Fällen wird die Auflösung auf den Tag der Einreichung des entsprechenden Begehrens zurückbezogen. Im Gesetz unerwähnt bleibt der Beendigungsgrund der Verschollenheit. Nach Art. 38 Abs. 3 ZGB (in Kraft seit dem 1.1.2000) wird die Ehe – und damit der ordentliche Güterstand – nunmehr mit der Verschollenerklärung von Gesetzes wegen aufgelöst. Massgeblich ist der Zeitpunkt der Todesgefahr bzw. der letzten Nachricht (Art. 38 Abs. 2 ZGB).

2. Zweck der güterrechtlichen Auseinandersetzung

12.163 Obwohl bei der Errungenschaftsbeteiligung grundsätzlich die beiden Vermögen von Ehemann und Ehefrau rechtlich getrennt sind, bewirkt die Ehe als Wirtschaftsgemeinschaft im Laufe der Zeit mannigfaltige Verflechtungen von Mannes- und Frauengut. Die güterrechtliche Auseinandersetzung hat vorerst die Aufgabe, das **Vermögen jedes Ehegatten auszusondern**. Sodann gilt es bei Auflösung des Güterstandes die **Vorschlags- und Mehrwertbeteiligung** zu verwirklichen.

12.164 Wird die Ehe durch den **Tod eines Ehegatten** aufgelöst, geht die güterrechtliche Auseinandersetzung der erbrechtlichen voraus. Der Nachlass des Verstorbenen hängt vom Ergebnis der güterrechtlichen Auseinandersetzung ab.

Durchgeführt wird die güterrechtliche Auseinandersetzung in **vier Schritten** (vgl. dazu auch das Berechnungsbeispiel im Anhang III, S. 262): 12.165

- Trennung des Vermögens von Mann und Frau (Rzn 12.166 ff.).
- Berechnung des Vorschlags (Rzn 12.173 ff.) mit Berücksichtigung allfälliger Mehrwertanteile.
- Bestimmung der Beteiligung am Vorschlag (Rzn 12.184 ff.).
- Erfüllung der Ansprüche (Rzn 12.191 ff.).

3. Die Trennung von Frauen- und Mannesgut

a) *Rücknahme des Eigentums*

Die Ehegatten haben ihr Eigentum zurückzunehmen, soweit es sich nicht schon in ihrer Hand befindet, und zwar ungeachtet der Massenzugehörigkeit (Art. 205 Abs. 1 ZGB). 12.166

Stehen Vermögenswerte im **Miteigentum** und besteht zwischen den Miteigentümern Uneinigkeit, kann das zuständige Gericht – im Gegensatz zur sachenrechtlichen Regelung (Art. 651 Abs. 2 ZGB, körperliche Teilung oder Verkauf) – auf entsprechenden Antrag einer Partei die Sache gegen volle Entschädigung jenem Ehegatten zu Alleineigentum zuweisen, der ein **überwiegendes Interesse** daran nachweist (Art. 205 Abs. 2 ZGB; vgl. dazu das Anwendungsbeispiel in BGE vom 4. März 2002 [5C.325/2001]). Ist noch nicht klar, welchem Ehegatten ein Gegenstand zu Alleineigentum zugewiesen wird, so ist dem Vermögen eines jeden vorerst der Wert des jeweiligen Miteigentumsanteils zuzuordnen. 12.167

BGE 119 II 197: Zuweisung einer in Miteigentum stehenden Liegenschaft an die geschiedene Ehefrau aufgrund ihrer familiären Verbundenheit mit den Grundstücken (welche die Ehegatten von den Eltern der Ehefrau erworben hatten) und unter Berücksichtigung der Interessen des bei der Mutter verbleibenden Sohnes der Ehegatten. 12.168

b) *Begleichung der gegenseitigen Schulden*

Die Ehegatten haben ihre gegenseitigen Schulden – unabhängig von deren Rechtsgrund – zu regeln (Art. 205 Abs. 3 ZGB). Die Schulden sind grundsätzlich mit dem **Nennwert** einzusetzen. 12.169

Beispiele: 12.170

- Schulden aus den Pflichten gegenüber der Familie (Art. 163-165 ZGB).
- Schulden aus Verwaltung des Vermögens des anderen (Art. 195 ZGB).
- Schulden aus einem Rechtsgeschäft wie Darlehen, Arbeitsvertrag usw.
- Gewöhnliche Forderungen, welche dadurch entstanden sind, dass die Schulden des einen Ehegatten durch den andern beglichen worden sind (Art. 206 Abs. 1 i.V.m. 209 Abs. 1 ZGB soweit die letztere Bestimmung anwendbar ist: ZGB-HAUSHEER, N 2 zu Art. 209 ZGB).

Zu bereinigen sind sodann von Gesetzes wegen die Forderungen nach Art. 206 Abs. 1 ZGB, nachdem sich der **Mehrwertanteil** grundsätzlich auf den Wert des 12.171

Vermögensgegenstandes im Zeitpunkt der güterrechtlichen Auseinandersetzung bezieht (BGE 123 III 160 E. 6c).

c)   Zuordnung von Schulden gegenüber Dritten

12.172
Schliesslich sind auch die Schulden eines oder beider Ehegatten gegenüber Dritten zu regeln (vgl. Rzn 12.48 ff.).

4.   Berechnung des Vorschlags

a)   Allgemeines

12.173
Nach der Festlegung der Aktiven und Passiven des Vermögens von Frau und Mann gilt es, für beide Ehegatten den **Saldo der Errungenschaft**, d.h. soweit positiv den **Vorschlag**, soweit negativ den **Rückschlag** zu bestimmen. Jeder Ehegatte oder seine Erben haben Anspruch auf einen Teil des Vorschlags des anderen. Wer einen **Rückschlag** erleidet, hat ihn allein zu tragen (Art. 210 Abs. 2 ZGB, vgl. Rz 12.184).

b)   Vorgehensweise

aa)   Zuweisung innerhalb des Mannes- und Frauengutes

12.174
Das Vermögen jedes Ehegatten ist auf das **Eigengut und** die **Errungenschaft** aufgeteilt. Jeder Vermögensgegenstand ist einheitlich entweder der Errungenschaft oder dem Eigengut zugeordnet (BGE 125 III 2 E. 3; vgl. Rz 12.03). Entscheidend ist dabei der engste sachliche Zusammenhang (Rz 12.56). Ist eine andere Masse beteiligt, so steht dieser eine Ersatzforderung zu (Art. 209 ZGB, Rzn 12.113 ff.).

12.175
Der **massgebliche Zeitpunkt für** die **Zugehörigkeit** eines Vermögenswertes zur **Errungenschaft** bestimmt sich nach dem Zeitpunkt der Auflösung des Güterstandes (Art. 207 Abs. 1 ZGB; BGE 121 III 152). Gemäss Art. 204 Abs. 1 ZGB fällt dieser Zeitpunkt mit dem Tod eines Ehegatten oder der Vereinbarung eines andern Güterstandes zusammen. Bei Scheidung, gerichtlicher Trennung, Ungültigerklärung der Ehe oder gerichtlicher Anordnung der Gütertrennung wird die Auflösung des Güterstandes auf den Tag zurückbezogen, an dem das an das Gericht gerichtete Rechtsbegehren (nach kantonalem Recht) rechtshängig geworden ist (Art. 204 Abs. 2 ZGB).

12.176
Für den **Wert** (Art. 211 ff. ZGB, vgl. Rzn 12.182 f.) der bei der Auflösung des Güterstandes vorhandenen Errungenschaft ist der **Zeitpunkt der Auseinandersetzung** massgebend (Art. 214 ZGB; zu dessen allenfalls bloss sinngemässen Anwendung vgl. BGE vom 14. Januar 2002 [5C.81/2001] E. 3b).

bb) *Feststellung und Begleichung von Ersatzforderungen zwischen den Gütermassen*

Die **Schulden** jedes Ehegatten sind entweder seinem Eigengut oder seiner Errun- 12.177
genschaft **zuzuordnen**. Eine Schuld belastet diejenige Vermögensmasse, mit welcher sie sachlich zusammenhängt, im Zweifel aber die Errungenschaft (Art. 209 Abs. 2 ZGB, Rzn 12.48 f.). Sind während des Güterstandes Schulden der Errungenschaft aus dem Eigengut oder Schulden des Eigenguts aus der Errungenschaft eines Ehegatten bezahlt worden, so besteht bei der Auseinandersetzung eine **Ersatzforderung** (Art. 209 Abs. 1 ZGB).

cc) *Berechnung und Zuordnung von Mehr- und Minderwertanteilen*

Haben Mittel der einen Vermögensmasse zum Erwerb, zur Verbesserung oder zur 12.178
Erhaltung von Vermögensgegenständen der anderen beigetragen und ist ein Mehr- oder Minderwert eingetreten, so entspricht die Ersatzforderung dem Anteil des Beitrages und wird nach dem Wert der Vermögensgegenstände im Zeitpunkt der Auseinandersetzung oder der Veräusserung berechnet (**Art. 209 Abs. 3 ZGB,** vgl. Rzn 12.113 ff.). Eine Ersatzforderung des Eigenguts gegen die Errungenschaft ist in der Vorschlagsrechnung als Passivum, die der Errungenschaft gegen das Eigengut als Aktivum einzusetzen.

dd) *Korrektur zu Gunsten des Eigengutes*

Eine allfällige Kapitalleistung, die ein Ehegatte von einer Vorsorgeeinrichtung 12.179
oder wegen Arbeitsunfähigkeit erhalten hat und zu Errungenschaft geworden ist, wird im Betrag des Kapitalwerts der Rente, die dem Ehegatten bei Auflösung des Güterstandes zustünde, dem Eigengut zugerechnet (**Art. 207 Abs. 2 ZGB,** vgl. Rz 12.16).

ee) *Hinzurechnung veräusserter Vermögenswerte*

Zur Errungenschaft hinzuzurechnen sind allenfalls unentgeltliche Zuwendungen, 12.180
die ein Ehegatte während der letzten fünf Jahre vor Auflösung des Güterstandes ohne Zustimmung des anderen Ehegatten gemacht hat sowie Vermögensentäusserungen, die ein Ehegatte während der Dauer des Güterstandes vorgenommen hat, um den Beteiligungsanspruch des anderen zu schmälern (**Art. 208 ZGB,** vgl. Rzn 12.139 ff.).

c) **Bestimmung des Saldos der Errungenschaft**

Unabhängig davon, dass der **Zeitpunkt** der Auflösung des Güterstandes den Um- 12.181
fang der Errungenschaft bestimmt, bemisst sich deren Wert nach dem Zeitpunkt der güterrechtlichen Auseinandersetzung (Art. 214 Abs. 1 ZGB; BGE 121 III 152). Werden Gegenstände zwischen Auflösung des Güterstandes und güterrechtlicher Auseinandersetzung veräussert oder verbraucht, sind eingetretene Wertveränderungen nur bis zum Zeitpunkt des Ausscheidens des Gegenstandes aus dem Vermögen der Ehegatten zu berücksichtigen (Art. 214 Abs. 2 ZGB analog).

12.182

Für die Berechnung der einzelnen Vermögenswerte der Errungenschaft ist grundsätzlich der **Verkehrswert**, d.h. der aktuelle Marktwert des konkreten Vermögensgegenstandes (z.B. der Börsenwert von Aktien), einzusetzen (Art. 211 ZGB; dazu BGE vom 14. Januar 2002 [5C.81/2001] E. 3b; BGE 125 III 5 E. 5 und BGE 121 II 152). Massgebend ist der **Nettoverkehrswert** nach Abzug der auf den Vermögenswerten lastenden Schulden (Art. 210 Abs. 1 ZGB). Dies bedeutet namentlich, dass bei einer Veräusserung eines Vermögenswertes **laufende** Gebühren, Abgaben und Steuerlasten (Handänderungsgebühren, Grundstückgewinnsteuern oder Steuern und AHV-Beiträge bei Privatentnahmen aus Geschäftsvermögen) abzuziehen sind (BK-HAUSHEER/REUSSER/GEISER, Art. 211 ZGB, N 15; BGE 121 III 305 E. 3b). Wird der Vermögenswert nicht veräussert, gilt dies grundsätzlich auch für **latente**, nur schätzungsweise festzustellende **Lasten** (BK-HAUSHEER/REUSSER/GEISER, a.a.O.; so nun in Änderung der früheren Rechtsprechung [BGE 121 III 305 E. 3b] BGE 125 III 55 E. 2a/cc, noch die altrechtliche Güterverbindung betreffend).

12.183

Besondere Vorschriften gelten indessen für das landwirtschaftliche Gewerbe, die dem **Ertragswertprinzip** Rechnung tragen. Indessen ist auch Art. 212 Abs. 2 ZGB zu beachten, wonach die Mehrwertanteile sowie der Beteiligungsanspruch am Vorschlag des (durch die Übernahme zum Ertragswert bevorteilten) Eigentümers des Gewerbes (oder seiner Erben) den (diesmal) zu Verkehrswerten berechneten Forderungen des anderen Ehegatten gegenübergestellt werden. Dadurch soll verhindert werden, dass der privilegierte Ehegatte doppelt begünstigt wird. Im Übrigen gilt für die Ertragswertberechnung Art. 10 BGBB (SR 211.412.11). Sollte die Berücksichtigung des Ertragswertprinzips den andern Ehegatten vor allem im Zusammenhang mit seinen Unterhaltsbedürfnissen in Schwierigkeiten versetzen, kann das Gericht aufgrund der in Art. 213 ZGB erhaltenen Härteklausel den Anrechnungswert für das landwirtschaftliche Heimwesen angemessen erhöhen.

5.   Verteilung des Vorschlags

a)   *Gesetzliche Regelung*

12.184

Jedem Ehegatten steht **die Hälfte des Vorschlages des andern** zu, wobei die gegenseitigen Forderungen zu verrechnen sind (Art. 215 ZGB). Auszugleichen ist somit die Hälfte jener Differenz, welche sich daraus ergibt, dass der kleinere Vorschlag vom grösseren abgezogen wird. Diese gesetzliche Berechnung mag als überflüssig kompliziert erscheinen. Sie ist jedoch deshalb erforderlich, weil ein **Rückschlag** eines Ehegatten bei der Errungenschaftsbeteiligung **unbeachtlich** bleibt (Art. 210 Abs. 2 ZGB). Der andere Ehegatte hat in jedem Fall nicht mehr als die Hälfte seines Vorschlages abzugeben. Steht auf der einen Seite ein Rückschlag fest, muss nur die verbleibende Errungenschaft von den beiden Eigengütern ausgeschieden werden. Sind dagegen beide Errungenschaften positiv, können sie auch gemeinsam berechnet werden und dann in ihrer Gesamtheit geteilt werden.

12.185

Bemerkung zur Berechnungsweise:

Sofern beide **Errungenschaften positiv** sind, können ihre Saldi zur Ermittlung der Ansprüche beider Ehegatten addiert und das Resultat anschliessend halbiert werden. Statt dessen kann auch der kleinere Vorschlag vom grösseren abgezogen werden. Die Hälfte der Differenz ist vom grösseren Vorschlag an den kleineren abzuführen. Beispiel: Vorschlag Ehefrau Fr. 300'000, Vorschlag Ehemann Fr. 400'000. Variante 1: (300'000+400'000):2 = 350'000, die Ehefrau hat einen Anspruch auf Fr. 50'000 (=350'000-300'000). Variante 2: (400'000-300'000):2= Fr. 50'000 zu Gunsten der Ehefrau.

Liegt ein **Rückschlag** vor oder haben die Ehegatten eine **ungleiche Vorschlagsbeteiligung** vereinbart, sind die Ansprüche getrennt zu berechnen. Beispiel: Vorschlag Ehefrau Fr. 300'000, Rückschlag Ehemann Fr. 400'000, der Ehemann hat Anspruch auf Fr. 150'000 (= 300'000:2), die Ehefrau auf Fr. 0 (negativer Vorschlag des Ehemannes).

b) *Ehevertragliche Abänderung der Vorschlagsteilung*

Ehevertraglich kann eine Änderung des Teilungsschlüssels für den gegenseitigen Vorschlag vereinbart werden (Art. 216 Abs. 1 ZGB). Die Zuweisung des Vorschlags über den gesetzlichen Anteil hinaus stellt im Falle der Überlebensklausel eine Verfügung von Todes wegen dar und unterliegt deshalb der erbrechtlichen Herabsetzung (BGE 102 II 313 in Sachen "Nobel": so die weit überwiegende Doktrin; a.M. STEINAUER, FS Engel, S. 411 f.; BK-WEIMAR, Einl. vor Art. 467 ZGB, N 106.).   12.186

Nach Art. 216 Abs. 2 ZGB dürfen die **Pflichtteilsansprüche der nichtgemeinsamen Kinder** und deren Nachkommen nicht beeinträchtigt werden. Es handelt sich dabei um den erbrechtlichen Pflichtteil, der sich nach dem Vermögen des Verstorbenen berechnet, wie es aufgrund der gesetzlichen Beteiligung am Vorschlag nach Art. 215 Abs. 1 ZGB vorläge. Die Berechnungsmasse (Art. 474 ZGB) umfasst demnach das Eigengut, die Hälfte der Summe des Vorschlags beider Ehegatten sowie allfällige Hinzurechnungen (Art. 475 ZGB). Verletzt die ehevertragliche Begünstigung den Pflichtteil der nichtgemeinsamen Nachkommen, können diese (und nur diese) die Herabsetzung der Begünstigung nach den erbrechtlichen Bestimmungen (Art. 522 ff. ZGB) verlangen (vgl. zum Ganzen: BK–HAUSHEER/REUSSER/GEISER, Art. 216 ZGB, N 43 ff.).   12.186 a

Sind keine nichtgemeinsamen Kinder oder deren Nachkommen mit im Spiel, geht die Begünstigungsmöglichkeit des überlebenden Ehegatten bis zu 100%. Sind nur nichtgemeinsame Kinder bzw. deren Nachkommen vorhanden, so können dem überlebenden Ehegatten insgesamt 81.25% des Errungenschaftsvermögens zugewendet werden. Dazu kommt im letzteren Fall noch die Möglichkeit von Art. 199 ZGB, wonach ehevertraglich ohne Rücksicht auf das Pflichtteilsrecht Errungenschaft im Zusammenhang mit Vermögenswerten, die für die Ausübung eines Berufes oder den Betrieb eines Gewerbes bestimmt sind, zu Eigengut erklärt werden kann. Aber auch die Erträgnisse des Eigengutes können der Errungenschaft ohne Verletzung der Pflichtteile nichtgemeinsamer Kinder und deren Nachkommen vorenthalten und dem Eigengut vorbehalten werden.   12.187

Ob der Pflichtteil der **gemeinsamen Kinder** gleich wie derjenige der nichtgemeinsamen Kinder zu berechnen ist, ist in der Lehre umstritten. Nach h.M. berechnen sich die Pflichtteile aller Nachkommen gleich, d.h. unter Einschluss der ehevertraglichen Begünstigung. Aufgrund von Art. 216 Abs. 2 ZGB ist es den gemeinsamen Nachkommen zwar verwehrt, die Herabsetzung der ehevertraglichen Begünstigung zu verlangen. Fällt allerdings Eigengut des vorverstorbenen Ehegatten in den Nachlass, können die gemeinsamen Nachkommen die Pflichtteilsverletzung ganz oder teilweise im Erbgang „kompensieren". Demgegenüber führt die von STEINAUER vertretene Auffassung zu einer unterschiedlichen Pflichtteilsberechnung je nach der durch einen Pflichtteil geschützten Erbenkategorie (vgl. zum Meinungsstreit: BK–HAUSHEER/REUSSER/GEISER, Art. 216 ZGB, N 50 ff.).   12.188

12.189   Die **Herabsetzungsreihenfolge** von Verfügungen, die den Pflichtteil der Noterben verletzen, ergibt sich aus Art. 532 ZGB. Der Herabsetzung unterliegen demnach zunächst die Verfügungen von Todes wegen und dann die Zuwendungen unter Lebenden, wobei jeweils die späteren vor den früheren herabgesetzt werden. Gleichzeitig ausgerichtete Zuwendungen werden nach Art. 525 bzw. Art. 523 ZGB verhältnismässig gekürzt. Der Intestaterwerb ist im Verhältnis zur letztwilligen Verfügung in jedem Fall zuerst herabzusetzen und geht damit im Rang auch der ehevertraglichen Begünstigung vor. Zusammenfassend ist folgende Herabsetzungsreihenfolge massgebend (vgl. zum Ganzen: BK–HAUSHEER/REUSSER/GEISER, Art. 216 ZGB, N 45 ff.):

1. Intestaterwerb
2. Letztwillige Verfügungen bzw. Zuwendungen von Todes wegen
3. Ehe- und Erbverträge (Merke: aufgrund von Art. 216 Abs. 2 ZGB kann die ehevertragliche Begünstigung nur von den nichtgemeinsamen Nachkommen angefochten werden)
4. Unentgeltliche Zuwendungen unter Lebenden

c)   *Zur Scheidungsresistenz einer abgeänderten Vorschlagsteilung*

12.190   Eine ehevertragliche Abänderung der Vorschlagsteilung gilt nur dann auch im Scheidungsfall, bei Ehetrennung, Ungültigkeit der Ehe oder bei gerichtlicher Anordnung der Gütertrennung, wenn die Ehegatten dies **ausdrücklich vereinbart** haben (Art. 217 ZGB). Eine solche Vereinbarung, welche eine unterschiedliche Vorschlagsteilung für die Auflösung der Ehe durch Tod und durch Scheidung vorsieht, dürfte zwar die Ausnahme sein. Sie ermöglicht aber vor allem im Zusammenhang mit Zweitehen und in Unternehmerkreisen eine durchaus sinnvolle Alternative zur Gütertrennung. Ein Unternehmerehegatte kann ehevertraglich mit seinem Partner beispielsweise vereinbaren, dass bei Scheidung oder Eheungültigkeit dem Gewerbetreibenden in jedem Fall 2/3 oder 3/4 des gesamten Vorschlags verbleiben sollen.

6.   Erfüllung der Ansprüche

a)   *Fälligkeit und besondere Zahlungsfristen*

12.191   In der Schlussabrechnung der güterrechtlichen Auseinandersetzung sind die verschiedenen Forderungen der Ehegatten aus Güterrecht miteinander zu verrechnen (vgl. das Beispiel einer güterrechtlichen Auseinandersetzung im Anhang III, S. 262). **Fällig** werden der Saldo der Vorschlagsanteile sowie der von der Vorschlagsberechnung nicht erfasste Mehrwertanteil für Investitionen des Eigengutes des einen Ehegatten in das Eigengut des anderen (Art. 206 ZGB) **mit Abschluss der güterrechtlichen Auseinandersetzung**.

12.192   Unter den Vorschriften über die Abwicklung der güterrechtlichen Auseinandersetzung findet sich – wie schon bei der Schuldenregulierung gemäss Art. 203 Abs. 2 ZGB – in Art. 218 Abs. 1 ZGB eine Schutzbestimmung zu Gunsten des Leistungspflichtigen. Bei ernsthaften Schwierigkeiten kann ihm das Gericht einen **Zahlungsaufschub** gewähren. Anderseits entsteht mit dem Abschluss der güterrechtlichen Auseinandersetzung eine **Zinspflicht** und je nach Umständen auch eine **Sicherstellungspflicht** (Art. 218 Abs. 2 ZGB).

b) *Klage gegen Dritte*

Vermag das Vermögen des pflichtigen Ehegatten oder seine Erbschaft die Beteili- 12.193
gungsforderung des andern Ehegatten nicht zu decken, können der berechtigte
Ehegatte oder seine Erben Zuwendungen, die der Errungenschaft hinzuzurechnen
sind (Art. 208 Abs. 1 ZGB, Rz 12.141), bis zur Höhe des Fehlbetrages bei den be-
günstigten Dritten einfordern (Art. 220 ZGB). Es gelten sinngemäss die Bestimmungen über die erbrechtliche Herabsetzungsklage (Art. 220 Abs. 3 ZGB).

c) *Zuteilung von Wohnung und Hausrat bei Tod eines Ehegatten*

Damit der **überlebende Ehegatte** seine bisherige Lebensweise beibehalten kann, 12.194
wird ihm auf seinen **Antrag** am Haus oder an der **Wohnung**, worin die Ehegatten
gelebt haben und die dem verstorbenen Ehegatten gehört hat, die Nutzniessung
oder ein Wohnrecht zugeteilt (Art. 219 Abs. 1 ZGB). Unter den gleichen Voraussetzungen kann er die Zuteilung des Eigentums am **Hausrat** verlangen (Art. 219
Abs. 2 ZGB). Ein Eigentumsanspruch an der Wohnung bzw. am Haus soll vor
dem Gericht auf Antrag des überlebenden Ehegatten oder der Erben des Verstorbenen nur unter besonderen Umständen geltend gemacht werden können (Art. 219
Abs. 3 ZGB). Zu berücksichtigen ist unter anderem der Altersunterschied
zwischen den Berechtigten und den Erben des andern Ehegatten, aber auch die
Zusammensetzung des Nachlasses.

Soweit Art. 219 ZGB zur Anwendung gelangt, erfolgt eine **Anrechnung** auf die 12.195
güterrechtlichen Ansprüche des überlebenden Ehegatten. Ehevertraglich kann
allerdings etwas anderes vereinbart werden, wie der Anspruch auch gestützt auf
Art. 219 ZGB insgesamt ausgeschlossen werden kann. Im Übrigen steht das Recht
auf Wohnung und Hausrat unter dem Vorbehalt weiterer gewerblicher Nutzung
durch einen Nachkommen und unter Vorbehalt des bäuerlichen Erbrechts
(Art. 219 Abs. 4 ZGB).

Eine dem Art. 219 ZGB analoge Bestimmung findet sich im Erbrecht (Art. 612a ZGB). Die er- 12.196
brechtliche Norm bedeutet im Verhältnis zu Art. 219 ZGB einen Auffangtatbestand und kann namentlich dann zur Anwendung gelangen, wenn dem überlebenden Ehegatten keine (güterrechtliche) Beteiligungsforderung zusteht und ehevertraglich nichts anderes vereinbart wurde. Kommt
ihm eine Beteiligungsforderung zu, ist diese aber kleiner als der Wert der Nutzniessung bzw. des
Wohnrechts, bleibt die Anrechnung nach Art. 219 ZGB unter Vorbehalt einer Ausgleichszahlung
(Art. 608 Abs. 2 ZGB) im Umfang der Differenz möglich. Zu den einzelnen Unterschieden zwischen Art. 219 und 612a ZGB, vgl. BK–HAUSHEER/REUSSER/GEISER, Art. 219 ZGB, N. 16 ff.; zur
dispositiven Natur von Art. 612a ZGB vgl. BGE 119 II 323 ff.); zur Zuteilung der Familienwohnung im Scheidungsfall siehe sodann Art. 121 ZGB (Rzn 10.35 ff.).

§ 13   Die vertraglichen Güterstände

Literatur

AEBI-MÜLLER REGINA, Die optimale Begünstigung des überlebenden Ehegatten, Diss. Bern 2000; DESCHENAUX/STEINAUER/BADDELEY, §§ 26-31; GEISER THOMAS, Die vertraglichen Güterstände, in: Hausheer (Hrsg.), Vom alten zum neuen Eherecht, Bern 1986, S. 111 ff.; ZGB-HAUSHEER, Art. 221-251 ZGB; BK-HAUSHEER/REUSSER/GEISER, Art. 221-251 ZGB; HEGNAUER CYRIL, Die Gütergemeinschaft des neuen Eherechts, ZBGR 1986, S. 275 ff.; HEGNAUER/BREITSCHMID, §§ 28-29; MASANTI-MÜLLER REGULA, Verwaltung und Vertretung in der Gütergemeinschaft, Diss. Bern 1995; TUOR/SCHNYDER/SCHMID, §§ 27-29; WOLF STEPHAN, Vorschlags- und Gesamtgutszuweisung an den überlebenden Ehegatten, Diss. Bern 1996.

I.   Die Gütergemeinschaft

1.   Merkmale der Gütergemeinschaft

13.01   Die Gütergemeinschaft überträgt die Idee der Ehe als engste Lebens- und Schicksalsgemeinschaft in das eheliche Vermögensrecht. Kennzeichnend ist das **Gesamtgut** (Rz 13.11), d.h. das gemeinschaftliche Eigentum der Ehegatten an einem mehr oder weniger grossen Teil des Vermögens, das beiden Ehegatten während der Ehe zur Verfügung steht. Dieses gemeinschaftliche Eigentum an den Einkünften und am Vermögen führt zu einer **materiellen vermögensrechtlichen Gleichstellung der Ehepartner** und nicht nur zu einer formellen Gleichbehandlung wie bei der Errungenschaftsbeteiligung und der Gütertrennung.

13.02   Trotz aller Vorteile ist die Gütergemeinschaft von ihrer gesetzlichen Ausgestaltung her ein **schwerfälliger**, nicht leicht durchschaubarer **Güterstand** und will deshalb wohl überlegt sein. Beispielsweise verzichtet das Zivilgesetzbuch im Rahmen der ordentlichen Verwaltung auf ein gemeinsames Zusammenwirken beider Ehegatten. Je weiter aber die konkurrierende Verwaltung und Verfügung reicht, um so gefährlicher kann die Gütergemeinschaft für den anderen Ehegatten werden. Denn dadurch, dass das Gesamtgut selbst dort indirekt Haftungssubstrat ist, wo nur Eigenschulden eines Ehegatten begründet sind, berührt Misswirtschaft eines Ehegatten immer auch den anderen. Sodann erfordert die Gütergemeinschaft ein grosses Mass an Kooperationsbereitschaft, die im Fall von Ehekrisen nicht mehr ohne weiteres gewährleistet ist. Das kann zur Gütertrennung führen (Art. 185 Abs. 2 Ziff. 3 ZGB, vgl. Rz 11.65). Bezüglich der Schuldbetreibung bei Gütergemeinschaft vgl. Rz 13.34.

13.03   Zur **Ehegattengesellschaft** als Ergänzung zur Errungenschaftsbeteiligung und als Alternative zur Gütergemeinschaft vgl. Rzn 11.33 ff.

2. Überblick über die Gütermassen

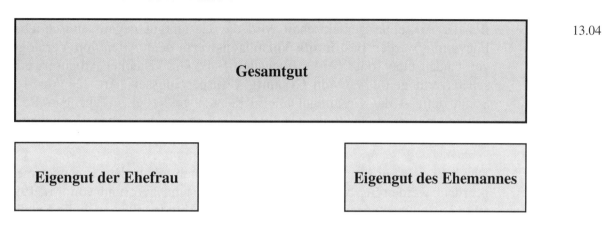

13.04

= 3 Gütermassen

3. Vertragsfreiheit innerhalb des Güterstandes

a) Wahlfreiheit der Ehegatten

Der Gesetzgeber überlässt es dem Willen der Ehegatten, was während des Güter- 13.05
standes zum **Gesamtgut** werden soll und was entsprechend Eigengut bleibt. Über
den Bestand und die Zusammensetzung der drei Massen kann ein Inventar aufgenommen werden (Art. 195a ZGB).

Das Gesetz sieht bezüglich der Aufteilung von Gesamt- und Eigengut ein Grund- 13.06
modell (Rz 13.07) und zwei Varianten (Rzn 13.08 und 13.09 f.) vor. Die Ehegatten entscheiden sich bei der Begründung des Güterstandes für ein Modell, können
es jedoch jederzeit durch (einen weiteren) **Ehevertrag** modifizieren.

b) Allgemeine Gütergemeinschaft

Bei der allgemeinen Gütergemeinschaft umfasst das **Gesamtgut alles Vermögen** 13.07
und alle Einkünfte der Ehegatten, mit **Ausnahme des gesetzlichen Eigengutes**
(Art. 222 ZGB, Rz 13.22). Dieses Grundmodell der Gütergemeinschaft kommt
immer dann zur Anwendung, wenn der Ehevertrag über das Gesamtgut nichts Nä-
heres bestimmt.

c) Errungenschaftsgemeinschaft

Das **Gesamtgut** wird bei der Errungenschaftsgemeinschaft positiv umschrieben. 13.08
Es ist beschränkt auf die **Errungenschaft** (Art. 223 ZGB). Diese umfasst – wie
bei der Errungenschaftsbeteiligung (vgl. Rzn 12.04 ff.) – die Vermögenswerte,
welche die Ehegatten während der Dauer des Güterstandes entgeltlich erwerben
(vgl. zu dieser etwas missverständlichen Umschreibung Rzn 12.05 f.), insbesondere auch den Arbeitserwerb sowie die Erträge des Eigengutes (Art. 223
Abs. 2 ZGB).

d)   Ausschlussgemeinschaft

13.09   Bei der Ausschlussgemeinschaft wird das Gesamtgut negativ umschrieben. Im Ehevertrag werden **bestimmte Vermögenswerte** oder Arten von Vermögensgegenständen eines oder beider Ehegatten (z.B. Grundstücke, Arbeitserwerb, Geschäftsvermögen usw.) **vom Gesamtgut ausgeschlossen** (Art. 224 Abs. 1 ZGB). Somit umfasst das Gesamtgut alle nicht zum gesetzlichen Eigengut (Rz 13.22) gehörenden und nicht durch den Ehevertrag ausgeschlossenen Vermögenswerte, aber nur diese.

13.10   Durch Ehevertrag kann bei der Ausschlussgemeinschaft dem Eigengut mehr zugeordnet werden als beim ordentlichen Güterstand aufgrund von Art. 199 ZGB (Rz 12.11). Ohne gegenteilige ehevertragliche Abrede fallen auch die **Erträge** der ausgeschlossenen Vermögenswerte nicht in das Gesamtgut (Art. 224 Abs. 2 ZGB).

4.   Das Gesamtgut

a)   Umfang

13.11   Das Gesamtgut oder wenigstens die Möglichkeit, solches zu bilden, ist **notwendige Voraussetzung** der Gütergemeinschaft. Es darf nicht inexistent sein, sondern muss in absehbarer Zukunft irgendwelche Vermögenswerte umfassen, da sonst eine Gütertrennung vorliegt. Das Gesamtgut steht in einem Komplementärverhältnis zum Eigengut, hat aber je nach gewähltem Modell einen unterschiedlichen Umfang (vgl. Rzn 13.05 ff.). Zwingend vom Gesamtgut ausgenommen sind Vermögensgegenstände, welche von Gesetzes wegen Eigengut sind (Art. 222 Abs. 1 ZGB). Mangels einer anders lautenden ehevertraglichen Vereinbarung fallen die Erträge des Eigenguts in das Gesamtgut (Art. 223 Abs. 2 ZGB).

13.12   Weiter ging das ZGB **von 1907**, welches das gesetzliche Sondergut und damit auch den Arbeitserwerb der Ehefrau vom Gesamtgut ausschloss (BGE 98 Ib 393 E. 2).

b)   Eigentumsverhältnisse

13.13   Eigentumsmässig handelt es sich beim **Gesamtgut** um **gemeinschaftliches Eigentum zur gesamten Hand**. Es wird durch die Art. 652-654a ZGB geregelt, soweit das Eherecht nicht Sondervorschriften aufstellt. Der Ehevertrag hat dingliche Wirkung, indem er für sich allein **aussergrundbuchlich** den **Eigentumswechsel** bewirkt. Jeder Ehegatte kann die Anmeldung im Grundbuch vornehmen (Art. 665 Abs. 3 ZGB), wobei dem Eintrag nur deklaratorische Bedeutung zukommt.

c)   Beweisfragen

13.14   Hinsichtlich des Nachweises von Gesamtgut ist solches gemäss Art. 226 ZGB zu vermuten. Die Ehegatten haben somit Eigengut zu beweisen. Darauf kann sich der

Notar verlassen, der bei Grundstücken immer nach Gütergemeinschaft zu fragen hat und im Rahmen von dieser über die fragliche Gütermasse Bescheid wissen muss.

Art. 226 ZGB findet keine Anwendung, wenn streitig ist, ob ein bestimmter Vermögenswert von der Gütergemeinschaft überhaupt erfasst wird. Diesfalls hat nach Art. 8 ZGB derjenige Ehegatte, der einen bestimmten Gesamtgutanteil (vgl. Rz 13.41) geltend macht, nachzuweisen, dass der betreffende Vermögenswert im Zeitpunkt der Auflösung des Güterstandes vorhanden gewesen ist (BGE 125 III 2 E. 3 und BGE 118 II 28 E. 2, beide zur Errungenschaftsbeteiligung). 13.14 a

d) *Verwaltung und Verfügung*

Die Verwaltung des Gesamtgutes steht grundsätzlich **beiden Ehegatten** zu. Massgebend ist dabei das Interesse der ehelichen Gemeinschaft (Art. 227 ZGB). Die Kosten der Verwaltung gehen zu Lasten des Gesamtgutes (Art. 231 Abs. 2 ZGB). 13.15

Zu unterscheiden gilt es zwischen **ordentlichen Verwaltungshandlungen**, für die jeder Ehegatte zuständig ist (Art. 227 ZGB als lex specialis zu Art. 653 Abs. 2 ZGB), und **ausserordentlichen Verwaltungshandlungen**, für welche es die Zustimmung beider Ehegatten braucht (Art. 228 Abs. 1 ZGB). Die ordentliche Verwaltung umfasst alle Handlungen, die eine gewissenhafte Vermögensverwaltung nach allgemeiner Lebenserfahrung gewöhnlich erfordert. Alle Handlungen, die über die ordentliche Verwaltung hinausgehen, gehören zur ausserordentlichen Verwaltung, welche die Ehegatten gemeinsam vornehmen müssen. Gutgläubige Dritte dürfen allerdings die Zustimmung des andern Ehegatten als gegeben voraussetzen. Die Vertretungsmacht eines Ehegatten ist somit grösser als seine Vertretungsbefugnis. 13.16

Jeder Ehegatte kann also nicht nur die eheliche Gemeinschaft für die laufenden Bedürfnisse der Familie vertreten (Art. 166 ZGB), sondern auch gewöhnliche Verwaltungs- und Verfügungshandlungen an den Vermögenswerten des Gesamtgutes vornehmen. Die Begriffe „ordentliche Verwaltungshandlung" und „laufende Bedürfnisse der ehelichen Gemeinschaft" decken sich nicht, aber auch die Wirkungen der beiden Vertretungsbereiche unterscheiden sich. Währenddem ein Ehegatte als Vertreter der ehelichen Gemeinschaft auch den anderen Ehegatten solidarisch verpflichtet (**Art. 166 Abs. 3 ZGB**, Rz 08.72), begründet er als Verwalter nur die Haftung seines Eigenguts und des Gesamtguts (Art. 233 Ziff. 1 ZGB, Rz 13.25). 13.17

Eine besondere und weitergehende Verwaltungs- und Verfügungsbefugnis für einen Ehegatten allein ergibt sich aus der **Berufsausübung** und dem **Gewerbebetrieb,** sofern der Ehegatte diese(n) mit Zustimmung des anderen vornimmt bzw. betreibt (Art. 229 ZGB). Alle anderen Verwaltungshandlungen haben gemeinsam zu erfolgen (Art. 228 Abs. 1 ZGB). Das gilt nach Art. 230 ZGB auch für die Ausschlagung einer Erbschaft, welche sonst in das Gesamtgut fallen würde. Darüber hinaus bedarf auch die Annahme einer überschuldeten Erbschaft dann der Zustimmung, wenn sie nicht ins Gesamtgut fällt. Selbst wenn nur Eigengutsschulden in Frage stehen, kann doch die Gütertrennung drohen (Art. 188 f. ZGB: dazu Rzn 13.33 f.) und können damit die Interessen des andern Ehegatten auf dem Spiel stehen. 13.18

Bei Auflösung des Güterstandes ist jeder Ehegatte für seine das Gesamtgut betreffenden Handlungen wie ein Beauftragter **verantwortlich** (Art. 231 Abs. 1 ZGB, 13.19

Art. 398 f. OR). Hingegen kann weder ein Ehegatte noch das Gericht dem anderen die gesetzliche Verwaltungsbefugnis entziehen. Das Gericht kann aber auf Begehren eines Ehegatten die Gütertrennung anordnen (Art. 185 ZGB).

5. Das Eigengut

a) Umfang und Entstehungsgründe

13.20   Entstehen kann Eigengut durch **Gesetz,** durch **Ehevertrag** oder durch **Zuwendung Dritter** (Art. 225 ZGB). Im Gesetz nicht aufgeführt ist der Entstehungsgrund der **Ersatzanschaffung für Eigengut**, der wegen des Grundsatzes der vermögensrechtlichen Surrogation gilt.

13.21   Eine Besonderheit gilt es hinsichtlich des **pflichtteilsgeschützten Erbanteils** eines Ehegatten zu beachten: Dieser kann durch den Erblasser nur dann gültig zu Eigengut bestimmt werden, wenn der Ehevertrag dies nicht ausschliesst (Art. 225 Abs. 3 ZGB). Unter Umständen ist nämlich die Gütergemeinschaft gerade im Hinblick auf die entsprechenden beidseitigen Erbschaften gewählt worden. Die Tragweite von Art. 225 Abs. 3 ZGB ergibt sich erst mit dem Erbfall, so dass schon vorgenommene Zuwendungen im Hinblick auf den Nachlass – von Gesetzes wegen und damit ohne Herabsetzungsklage – nachträglich einen Massenwechsel erleiden können (allerdings ohne dingliche Wirkung).

13.22   Das Eigengut bei der Gütergemeinschaft deckt sich nicht mit demjenigen beim ordentlichen Güterstand der Errungenschaftsbeteiligung (Art. 198 ZGB). Es steht in einem Komplementärverhältnis zum Gesamtgut und ist deshalb je nach gewähltem Modell verschieden (vgl. Rzn 13.05 ff.). Allerdings ist ein **gesetzlicher Mindestumfang** zu beachten (Art. 225 Abs. 2 ZGB): Eigengut sind zwingend Gegenstände, welche einem Ehegatten zum ausschliesslichen persönlichen Gebrauch dienen, Genugtuungsansprüche und Ersatzanschaffungen für solches Eigengut.

b) Nutzung, Verwaltung und Verfügung

13.23   **Jeder Ehegatte** hat an seinem Eigengut Alleineigentum und kann dieses demgemäss auch **selber** verwalten oder darüber verfügen (Art. 232), es sei denn, die Verwaltung liege im Rahmen der Vertretung der ehelichen Gemeinschaft. Fallen die Erträge ins Eigengut, trägt dieses auch die Kosten der Verwaltung.

6. Haftung der Ehegatten

a) Haftung gegenüber Dritten

aa) Unterscheidung zwischen Voll- und Eigenschulden

13.24   Zentral ist bei der Gütergemeinschaft die Haftungsregelung. Die Haftungsordnung muss für beide Ehegatten paritätisch ausgestaltet sein. Dabei ist ein Ausgleich zwischen dem Schutz des einzelnen Ehegatten und den Verkehrsinteressen zu finden. Zu entscheiden ist insbesondere, für welche Schulden neben dem Eigengut des Schuldnerehegatten das ganze Gesamtgut (Vollschulden) haftet und für welche nur ein Teil des Gesamtgutes – und welcher – neben dem Eigengut einzustehen hat (Eigenschulden). Eine allzu gläubigerfreundliche Umschreibung gefährdet den andern Ehegatten und letztlich auch den Güterstand, weil das Gesamtgut auch immer Mitberechtigung des andern Ehegatten bedeutet.

bb) Vollschulden

Für Vollschulden haftet jeder Ehegatte mit seinem **Eigengut und** dem **Gesamtgut**. Sie entstehen einerseits dort, wo beide Ehegatten aufgrund der Vertretung der ehelichen Gemeinschaft oder etwa zufolge einer unerlaubten Handlung zu **Solidarschuldnern** werden, da in solchen Fällen immer beide Gesamthandberechtigungen in Frage stehen (Art. 233 Ziff. 1 und 3 ZGB). Andererseits können die Ehegatten auch **mit dem Gläubiger eine entsprechende Vereinbarung** treffen (Art. 233 Ziff. 4 ZGB). Schliesslich haftet jeder Ehegatte voll, wenn die **Verwaltung des Gesamtgutes** in Frage steht (Art. 233 Ziff. 1 ZGB). Um eine solche Verwaltung handelt es sich auch, wo ein Ehegatte mit Zustimmung des andern mit Gesamtgut seinen **Beruf** ausübt oder seinem **Gewerbe** nachgeht (Art. 233 Ziff. 2 ZGB). Diesem Fall wird der andere gleichgestellt, wo die Erträge des Eigengutes ins Gesamtgut fallen und Beruf und Gewerbe mit Eigengut ausgeübt werden. Entsprechende Schulden sollen vorab aus dem Ertrag beglichen werden. 13.25

Nicht unter die Vollschulden fallen **Erbschaftsschulden**, auch wenn die Erbschaft in das Gesamtgut fällt. Immerhin ist die güterrechtliche **Bereicherungshaftung** nach Art. 234 Abs. 2 ZGB zu beachten: Wo dem Gesamtgut ohne Gegenleistung (wie in aller Regel bei einer Erbschaft) Vermögen zugefallen ist, haftet dieses Vermögen im Umfang der verbleibenden Bereicherung, auch wenn keine Vollhaftung besteht. Hier liegt somit eine gegenständlich beschränkte Vollhaftung vor, die den entsprechenden Gläubiger gegenüber dem andern Ehegatten und dessen Gläubiger privilegieren will. 13.26

cc) Eigenschulden

Für alle übrigen Schulden, die keine Vollschulden sind, haftet ein Ehegatte nur mit seinem **Eigengut** und der **Hälfte des Wertes des Gesamtgutes** (Art. 234 ZGB). Damit gilt der Grundsatz aller neuen Güterstände, dass jeder Ehegatte mit seinem ganzen Vermögen zu haften hat. Zum Vermögen der Ehegatten gehört aber neben dem Eigengut nur der Gesamtgutanteil. Regelmässig, d.h. ohne besondere Vereinbarung (Art. 241 ZGB) ist das die Hälfte des Gesamtgutes. Ist im Ehevertrag oder aufgrund von Art. 242 ZGB bei Scheidung ein anderer Aufteilungsschlüssel für das Gesamtgut vereinbart, hat dies keine Auswirkung auf die Haftungsordnung gegenüber bisherigen Gläubigern (vgl. Art. 193 ZGB, Rzn 11.51 ff.). 13.27

Um den **Wert des halben Gesamtgutanteils** zu bestimmen, sind auch die das Gesamtgut irgendwie belastenden **Schulden** (Art. 238 Abs. 2 ZGB) in Abzug zu bringen. Sodann sind die Ersatzforderungen zwischen dem Gesamtgut und den Eigengütern (Art. 238 Abs. 1 ZGB) zu bereinigen. 13.28

dd)   Übersicht

13.29

	Ehemann	**Ehefrau**
Vollschulden • Vertretung der ehelichen Gemeinschaft (Art. 233 Ziff. 1 ZGB) • Verwaltung des Gesamtguts (Art. 233 Ziff. 1 ZGB) • Ausübung eines Berufes oder Gewerbes (Art. 233 Ziff. 2 ZGB) • Solidarschulden (Art. 233 Ziff. 3 ZGB) • Vereinbarung mit Gläubiger (Art. 233 Ziff. 4 ZGB)	Eigengut + Gesamtgut	Eigengut + Gesamtgut
Eigenschulden Alle übrigen Schulden (Art. 234 ZGB)	Eigengut + ½ Gesamtgut	Eigengut + ½ Gesamtgut

b)   Schulden unter den Ehegatten

13.30   Bezüglich der Schulden unter den Ehegatten gilt grundsätzlich das Gleiche wie bei der Errungenschaftsbeteiligung (Rzn 12.48 ff.), d.h. sie belasten diejenige Vermögensmasse, mit welcher sie **sachlich zusammenhängen**, im Zweifel aber das Gesamtgut. Betroffen sind einerseits gewöhnliche Ersatzforderungen (Art. 238 Abs. 1 ZGB) und andererseits Beiträge, welche zu Mehrwertanteilen führen (Art. 239 ZGB). Art. 239 ZGB verweist auf Art. 206 Abs. 1, und nicht auf Art. 209 Abs. 3 ZGB, weil am Gesamtgut immer auch der andere Ehegatte beteiligt ist und in jedem Fall eine unterschiedliche Eigentumsordnung gilt.

13.31   Bereitet die Tilgung der Schulden dem verpflichteten Ehegatten ernstliche Schwierigkeiten, welche die eheliche Gemeinschaft gefährden, so kann er verlangen, dass ihm **Zahlungsfristen** eingeräumt werden (Art. 235 Abs. 2 ZGB).

7.   Besonderheiten der Schuldbetreibung

13.32   Leben die Ehegatten in Gütergemeinschaft, so sind bei einer Betreibung eines Ehegatten durch einen Dritten der Zahlungsbefehl sowie auch alle übrigen **Betreibungsurkunden dem Schuldner und seinem Ehegatten zuzustellen** (Art. 68a SchKG). Der Ehegatte wird somit zum Mitbetriebenen und kann als solcher alle Rechte eines Betriebenen ausüben, insbesondere Rechtsvorschlag erheben.

13.33   Liegt eine **Vollschuld** vor, kann sowohl Eigengut des Schuldners wie auch das Gesamtgut beider Ehegatten zur Vollstreckung herangezogen werden. Jeder Ehegatte kann im Widerspruchsverfahren geltend machen, dass ein gepfändeter Wert zum Eigengut des bloss mitbetriebenen Ehegatten gehöre und somit in der Betreibung nicht hafte (Art. 68b Abs. 1 SchKG). Handelt es sich hingegen um eine **Eigenschuld**, so darf nebst Eigengut des Schuldners nur sein rechnerischer Anteil am Gesamtgut gepfändet werden. Dies kommt allerdings erst dann in Betracht, wenn das Eigengut des Schuldners zur Deckung der Betreibungsforderung nicht ausreicht. Jeder Ehegatte kann sich durch Widerspruch der Pfändung von Gegenständen des Gesamtguts widersetzen (Art. 68b Abs. 2 SchKG).

Die Pfändung des Anteils am Gesamtgut führt meistens auch zur **Auflösung der Gü- tergemeinschaft** (Art. 68b Abs.3,4, 5 und Art. 132 SchKG und Art. 189 ZGB), da der Anteil eines Ehegatten am Gesamtgut nicht versteigert werden kann. Insofern muss die Gütergemeinschaft als wenig konfliktresistent bezeichnet werden („Schönwettergüterstand"). 13.34

Die **Konkurseröffnung** über einen in Gütergemeinschaft lebenden Ehegatten hat in jedem Fall von Gesetzes wegen Gütertrennung zur Folge, gleichgültig ob für eine Voll- oder eine Eigenschuld betrieben wurde (Art. 188 ZGB). 13.35

8. Auflösung des Güterstandes und güterrechtliche Auseinandersetzung

Die Gütergemeinschaft wird mit dem Tod eines Ehegatten, mit dessen Verschollenheit (Art. 38 Abs. 2 und 3 ZGB), mit der Vereinbarung eines anderen Güterstandes oder mit der Konkurseröffnung über einen Ehegatten aufgelöst (Art. 236 Abs. 1 ZGB). 13.36

Die **güterrechtliche Auseinandersetzung** ist bei der Gütergemeinschaft wesentlich einfacher als beim ordentlichen Güterstand. Sie gliedert sich in **drei Schritte**: 13.37

- Feststellung des Gesamtguts (Rzn 13.38 ff.).
- Bestimmung der Anteile (Rzn 13.41 ff.). ·
- Durchführung der Aufteilung (Rzn 13.46 ff.).

a) *Feststellung des Gesamtguts*

Zunächst gilt es, die **Eigengüter** und das Gesamtgut **auszuscheiden**. Massgebend ist für die Zusammensetzung der drei Massen der Zeitpunkt der Auflösung des Güterstandes (Art. 236 Abs. 3 ZGB). 13.38

Derjenige Ehegatte, der einen bestimmten Gesamtgutanteil (vgl. Rz 13.41) geltend macht, hat nachzuweisen, dass der betreffende Vermögenswert im Zeitpunkt der Auflösung des Güterstandes vorhanden gewesen ist (Art. 8 ZGB; BGE 125 III 2 E. 3 und BGE 118 II 28 E. 2, beide zur Errungenschaftsbeteiligung). 13.38 a

Schulden belasten die Vermögensmasse, mit welcher sie zusammenhängen, im Zweifel aber das Gesamtgut (Art. 238 Abs. 2 ZGB). Ein allfälliger Rückschlag des Gesamtgutes ist von den Ehegatten gemeinsam zu tragen. Falls Schulden, welche die eine Masse belasten, mit Mitteln einer anderen bezahlt worden sind, sind (Ersatz)Forderungen zwischen den Eigengütern und dem Gesamtgut, wie auch zwischen den Eigengütern abzurechnen (Art. 238 Abs. 1 ZGB). 13.39

Hat eine Masse zum Erwerb, zur Verbesserung oder zur Erhaltung eines Vermögensgegenstandes einer anderen Masse beigetragen, gelten sinngemäss die Bestimmungen über den **Mehrwertanteil** bei der Errungenschaftsbeteiligung (Art. 239 ZGB, Rzn 12.75 ff.). Verwiesen wird damit auf Art. 206, nicht auf Art. 209 Abs. 3 ZGB (vgl. die Anwendungsbeispiele in BGE 123 III 152 [dazu 13.40

insbesondere HAUSHEER/JAUN ZBJV 133/1997, S. 149 ff.] und BGE vom 14. Januar 2002 [5C.81/2001]).

b)   Bestimmung der Anteile

aa)   Bei Auflösung des Güterstandes durch ehevertragliche Vereinbarung eines anderen Güterstandes oder durch Tod eines Ehegatten

13.41   Wird die Gütergemeinschaft durch Tod eines Ehegatten , durch Vereinbarung eines anderen Güterstandes oder durch Verschollenerklärung (in Art. 241 ZGB nicht ausdrücklich erwähnt) aufgelöst, steht jedem Ehegatten oder seinen Erben die **Hälfte des Gesamtgutes** zu (Art. 241 Abs. 1 ZGB). Es gibt keine Rücknahme der Werte, welche unter Errungenschaftsbeteiligung Eigengut wären.

13.42   Durch Ehevertrag kann eine **andere Teilung vereinbart** werden (Art. 241 Abs. 2 ZGB). In diesem Fall sind die Pflichtteile aller Nachkommen – und nicht nur der nicht gemeinsamen Kinder gemäss Art. 216 Abs. 2 ZGB – zu wahren (Art. 241 Abs. 3 ZGB). Bei der Berechnung der Pflichtteile ist von der gesetzlichen Gesamtgutaufteilung des vertraglichen Güterstandes auszugehen.

13.43   Der Grund für die Berücksichtigung der **Pflichtteile aller Nachkommen** gemäss Art. 241 Abs. 3 ZGB liegt darin, dass der Güterstand der Gütergemeinschaft den Ehegatten erlaubt, „eingebrachtes Gut" dem Gesamtgut zuzuweisen, und damit eine u.U. weitgehende Verringerung der Eigengüter herbeizuführen.

bb)   Bei gerichtlicher Auflösung der Ehe oder Eintritt des ausserordentlichen Güterstandes

13.44   Bei Scheidung, Ungültigerklärung der Ehe, gesetzlicher oder gerichtlicher Gütertrennung nimmt **jeder Ehegatte** zurück, was unter der Errungenschaftsbeteiligung sein **Eigengut** wäre (Art. 242 ZGB mit Verweis auf Art. 198 ZGB). Diese Eheauflösung führt somit von Gesetzes wegen zu einer nachträglichen Errungenschaftsgemeinschaft. Das verbleibende **Gesamtgut** wird **hälftig geteilt** unter Vorbehalt eines andern vertraglichen Verteilungsschlüssels. Art. 242 Abs. 1 ZGB ist zwingendes Recht. Vor der Auflösung der Gütergemeinschaft können die Ehegatten nicht ehevertraglich darauf verzichten. Zu einer diesbezüglich neuerdings abweichenden Meinung in der Literatur vgl. ZGB-HAUSHEER, Art. 242 ZGB, N 3.

13.45   Gleiches gilt unter den Ehegatten, nicht aber gegenüber den Gläubigern, bei **Auflösung wegen einer Zwangsvollstreckung**.

c)   Durchführung der Teilung

13.46   Der **überlebende Ehegatte** kann verlangen, dass ihm auf Anrechnung überlassen wird, was unter der Errungenschaftsbeteiligung sein Eigengut wäre (Art. 243 ZGB), und dass ihm auf Anrechnung das Eigentum am Haus oder an der Wohnung, worin die Ehegatten gelebt haben, und/oder am Hausrat zugeteilt wird (Art. 244 ZGB). Weist er ein überwiegendes Interesse nach, kann er zudem verlangen, dass ihm auch andere Vermögenswerte auf Anrechnung zugeteilt werden (Art. 245 ZGB).

Wird die **Ehe nicht durch den Tod** eines Ehegatten **aufgelöst**, kann jeder Ehegatte dieselben Begehren wie der überlebende Ehegatte stellen, vorausgesetzt er weist ein überwiegendes Interesse nach (Art. 244 Abs. 3 und 245 ZGB). 13.47

Im Übrigen gelten für die Durchführung der Teilung die Bestimmungen über die Teilung von Miteigentum und die Durchführung der Erbteilung sinngemäss **(Art. 246 ZGB)**. 13.48

II. Die Gütertrennung

1. Merkmale der Gütertrennung

Die Gütertrennung ist eigentlich ein Nichtgüterstand bzw. die **Verneinung eines Güterstandes**, weil die Eheschliessung sowohl während der Dauer des Güterstandes wie auch bei dessen Auflösung grundsätzlich keinen Einfluss auf das Vermögen der Ehegatten hat. Diese werden wie unverheiratete Personen behandelt: Eigentum, Verwaltung, Verfügung, Nutzung im Zusammenhang mit den Vermögenswerten der Ehegatten und Haftung für Schulden bleiben vom Güterstand bzw. von der ehelichen Gemeinschaft unbeeinflusst. Mit Ausnahme des Art. 251 ZGB lässt auch die Auflösung des Güterstandes keine in der Ehe begründeten Forderungen entstehen (vgl. Rz 13.58), und zwar unabhängig davon, welche Aufgabenteilung die Ehegatten während der Dauer der Gütertrennung gewählt haben. Eherechtlich sind lediglich die vermögensrechtlichen Bestimmungen über die allgemeinen Wirkungen der Ehe von Bedeutung (Art. 159 ff. ZGB, vgl. Rzn 08.01 ff.). 13.49

Die Art. 247 ff. ZGB gelten sowohl für die vertragliche Gütertrennung wie auch für den ausserordentlichen Güterstand der Gütertrennung. Die gesetzliche Regelung der Gütertrennung beschränkt sich auf wenige Einzelfragen. **Ergänzt** wird das Gütertrennungsrecht durch die allgemeinen Vorschriften des Güterrechts über den Ehevertrag (Art. 182-184 ZGB), über den Eintritt und die Aufhebung des ausserordentlichen Güterstandes (Art. 185-192 ZGB), über den Schutz der Gläubiger bei Wechsel des Güterstandes (Art. 193 ZGB), über die Verwaltung des Vermögens eines Ehegatten durch den anderen (Art. 195 ZGB) und über das Inventar (Art. 195a ZGB). Aber auch den vermögensrechtlichen Vorschriften über die Wirkungen der Ehe im Allgemeinen (Art. 163 ff., 166, 169, 170 und 172 ff. ZGB), welche unabhängig vom Güterstand gelten, kommt in der Gütertrennung eine besondere Bedeutung zu. 13.50

2. Anordnung der Gütertrennung

Der Güterstand der Gütertrennung kann **ehevertraglich** entweder von Brautleuten oder während der Dauer der Ehe von Ehegatten unter Errungenschaftsbeteiligung oder Gütergemeinschaft vereinbart werden (Art. 182 ZGB). 13.51

Als **ausserordentlicher Güterstand** (Art. 185 ff. ZGB, vgl. Rzn 11.60 ff.) tritt die Gütertrennung entweder von Gesetzes wegen (gemäss Art. 188 ZGB bei Konkurs eines Ehegatten, der in Gütergemeinschaft lebt, oder bei Ehetrennung gemäss Art. 118 Abs. 1 ZGB) oder auf richterliche Anordnung hin ein. Letztere setzt ein Begehren eines Ehegatten nach Art. 137, 176 Abs. 1 Ziff. 3 oder 185 ZGB voraus. 13.52

3.   Überblick über die Vermögen der Ehegatten

13.53

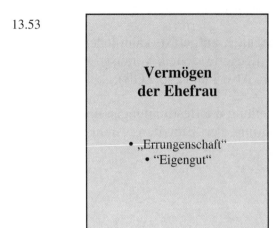

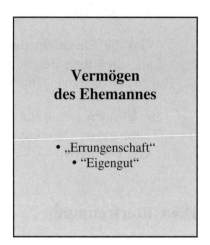

= 2 Vermögen
Eine Unterscheidung zwischen einzelnen Gütermassen entfällt.

4.   Verhältnisse während des Güterstandes

13.54   Während des Güterstandes stimmt die Gütertrennung in verschiedener Hinsicht mit der Errungenschaftsbeteiligung überein. Allerdings fehlt bei der Gütertrennung die Einschränkung von Art. 201 Abs. 2 ZGB bezüglich Verfügungen über Miteigentumsanteile. Zudem führen Investitionen in Vermögenswerte des Partners ohne Gegenleistung nicht zu einer Mehrwertbeteiligung wie Art. 206 ZGB, aber auch eine Hinzurechnung nach Art. 208 ZGB entfällt (Rz 12.03).

13.55   Innerhalb der gesetzlichen Schranken verwaltet und nutzt jeder Ehegatte sein Vermögen und verfügt darüber (Art. 247 ZGB). Gesetzliche Schranken ergeben sich aus den allgemeinen Wirkungen der Ehe (Rzn 08.01 ff.). Abgesehen von diesen Einwirkungen seitens der allgemeinen Wirkungen der Ehe gibt es auch beim Güterstand der Gütertrennung Vermischungen und damit Beweisprobleme. Es kommt daher auch hier die **Miteigentumsvermutung** (Art. 248 Abs. 2 ZGB) zum Tragen. Sie könnte allerdings schon weitgehend aus Art. 930 ZGB abgeleitet werden.

13.56   Auf die Fälligkeit von Schulden zwischen den Ehegatten hat die Gütertrennung keinen Einfluss. Hingegen kann ein Ehegatte verlangen, dass ihm **besondere Zahlungsfristen** eingeräumt werden, wenn ihm die Begleichung von Schulden ernstliche Schwierigkeiten bereitet, welche die eheliche Gemeinschaft gefährden (Art. 250 Abs. 2 ZGB). Dies ergibt sich aus der eherechtlichen Beistands- und Rücksichtnahmepflicht (Art. 159 ZGB), die auch bei der Gütertrennung gilt.

5.   Güterrechtliche Auseinandersetzung

13.57   Im Gegensatz zur Errungenschaftsbeteiligung und zur Gütergemeinschaft zieht die Beendigung der Gütertrennung **keine eigentliche güterrechtliche Auseinandersetzung** nach sich, da die Vermögen getrennt voneinander bleiben und die Auflösung, mit Ausnahme von Art. 251 ZGB, keine güterrechtlichen Ansprüche entstehen lässt. Kein Ehegatte hat Anspruch auf eine Beteiligung am Vorschlag des anderen, ebensowenig auf eine Mehrwertbeteiligung bei Investitionen. Die güterrechtliche Auseinandersetzung beschränkt sich auf die **Rücknahme der Vermögenswerte** und die **Regelung der Schulden** (Art. 205 Abs. 1 und 3 ZGB). Die Entflechtung der Vermögen hat sinngemäss gleich wie beim ersten Schritt im Zusammenhang mit der Auflösung der Errungenschaftsbeteiligung zu geschehen, weshalb auf die entsprechenden Ausführungen verwiesen werden kann (Rzn 12.166 ff.).

Steht ein Vermögenswert im **Miteigentum** beider Ehegatten und weist einer ein über-   13.58
wiegendes Interesse daran nach, so kann ihm das Gericht bei Auflösung des Güterstandes dieses Vermögenswert gegen Entschädigung des anderen Ehegatten ungeteilt zuweisen (Art. 251 ZGB).

§ 14   Rückblick: Die Güterverbindung

Literatur

HAUSHEER HEINZ/GEISER THOMAS, Güterrechtliche Sonderprobleme, in: Hausheer (Hrsg.), Vom alten zum neuen Eherecht, Bern 1986, S. 79 ff.; HEGNAUER CYRIL, Grundriss des Eherechts, 1. Auflage, Bern 1979, § 26 S. 139 ff.; BK-LEMP, Art. 178-214 ZGB; REUSSER RUTH, Das Übergangsrecht zu den vermögensrechtlichen Bestimmungen des neuen Eherechts, in: Hausheer (Hrsg.), Vom alten zum neuen Eherecht, Bern 1986, S. 135 ff.; TUOR/SCHNYDER/SCHMID, § 30 III.

I.   Überblick über die Gütermassen

14.01

```
┌─────────────────────────────────────────────────────────────────┐
│                     Eheliches Vermögen                            │
│                                                                   │
│                              ┌──────────────────────────────┐     │
│                              │        Mannesgut             │     │
│                              │                              │     │
│                              │   ┌──────────────────────┐   │     │
│                              │   │   Errungenschaft     │   │     │
│                              │   │                      │   │     │
│                              │   │ (= alles was nicht   │   │     │
│                              │   │ Sondergut oder       │   │     │
│   ┌─────────────────────┐    │   │ eingebrachtes Gut ist,│  │     │
│   │     Frauengut       │    │   │ insbes. Arbeitserwerb│   │     │
│                          │   │ des Ehemannes, Ertrag│   │     │
│   ┌──────────────────┐   │   │ aus den eingebrachten│   │     │
│   │ Eingebrachtes Gut │   │   │ Gütern)              │   │     │
│   │                   │   │   └──────────────────────┘   │     │
│   │ (= unentgeltlich  │   │   ┌──────────────────────┐   │     │
│   │ erworbenes und    │   │   │ Eingebrachtes Gut    │   │     │
│   │ eingebrachtes     │   │   │                      │   │     │
│   │ Gut i.e.S.)       │   │   │ (= unentgeltlich     │   │     │
│   └───────────────────┘   │   │ erworbenes und       │   │     │
│                            │   │ eingebrachtes Gut    │   │     │
│                            │   │ i.e.S.)              │   │     │
│   ┌──────────────────┐    │   └──────────────────────┘   │     │
│   │    Sondergut      │    │   ┌──────────────────────┐   │     │
│   │                   │    │   │    Sondergut         │   │     │
│   │ (insbes. auch     │    │   │                      │   │     │
│   │ Arbeitserwerb und │    │   └──────────────────────┘   │     │
│   │ Geschäfts-/Gewerbe│                                    │     │
│   │ vermögen der      │                                    │     │
│   │ Ehefrau)          │                                    │     │
│   └───────────────────┘                                    │     │
└─────────────────────────────────────────────────────────────────┘
```

= 5 Vermögensmassen

II. Die Weitergeltung der Güterverbindung nach 1988

Die Güterverbindung war bis zum 1. Januar 1988 der gesetzliche ordentliche bzw. sub- 14.02
sidiäre Güterstand (aArt. 178 ZGB). Der Wechsel zur Errungenschaftsbeteiligung ist
zwar vom Reformgesetzgeber begünstigt worden (Art. 9b SchlT ZGB). Ehegatten bleiben indessen weiterhin unter dem Güterstand der Güterverbindung:

- von Gesetzes wegen, wenn sie im Rahmen der Güterverbindung eine **ehevertragliche Änderung** vorgenommen hatten (Art. 10 SchlT ZGB) und bis am 31. Dezember
  1988 nicht vereinbarten, sich dem neuen ordentlichen Güterstand zu unterstellen,
  oder

- kraft Vereinbarung, wenn sie bis zum 31. Dezember 1988 gemeinsam schriftlich erklärt haben, die **Güterverbindung beizubehalten** (Art. 9e SchlT ZGB).

Über Jahrzehnte wird daher dieser Güterstand für eine beträchtliche Anzahl von Ehe- 14.03
paaren übergangsrechtlich noch von Bedeutung sein (vgl. Rzn 15.23 ff).

Besonders häufig wurde die Güterverbindung ehevertraglich in der Weise modifiziert, dass die gesetzli- 14.04
che Vorschlagsbeteiligung durch die **Zuweisung des gesamten Vorschlags an den überlebenden Ehegatten** ersetzt wurde (aArt. 214 Abs. 3 ZGB).

III. Merkmale der Güterverbindung

1. Das eheliche Vermögen

Hauptmerkmal der Güterverbindung ist das Bestehen eines ehelichen Vermögens. Es 14.05
vereinigt die Vermögenswerte der Ehegatten mit Ausnahme jener der Sondergüter und
umfasst drei Gütermassen, nämlich die **Errungenschaft** und die beiden **eingebrachten
Güter** (vgl. Rz 14.01). Das eheliche Vermögen ist eine wirtschaftliche Einheit, dagegen
bleibt das Eigentum getrennt (Rz 14.16). In erster Linie dient es dem Unterhalt der
Familie und untersteht einer besonderen Haftungs- und Verwaltungsordnung (vgl.
Rz 14.21 und 14.34).

Nach Gesetzeswortlaut (aArt. 194 ZGB) ist nur das Sondergut der Ehefrau vom ehelichen Vermögen 14.06
ausgenommen. Indessen gehört das Sondergut des Mannes nach herrschender Lehre (vgl. BK-LEMP,
aArt. 194 ZGB, N 4, m.w.H.) ebenfalls nicht zum ehelichen Vermögen.

2. Die Gütermassen

a) *Kategorien von Gütermassen*

Die Güterverbindung weist fünf Gütermassen auf. Je nach Nähe zur ehelichen 14.07
Gemeinschaft werden **drei Arten von Gütermassen** unterschieden. Es handelt
sich dabei um Sondervermögen im Rahmen der Vermögenswerte von Mann und
Frau. Eine Gütermasse, nämlich die **Errungenschaft**, findet sich nur im Vermö-

gen des Ehemannes, die zwei anderen, **eingebrachtes Gut** und **Sondergut**, sind sowohl im Frauen- als auch im Mannesgut anzutreffen.

b) Umschreibung der Gütermassen

aa) Errungenschaft

14.08   Die Errungenschaft wird im Rahmen der Güterverbindung nicht näher umschrieben, dagegen hält aArt. 239 Abs. 2 ZGB bei der Errungenschaftsgemeinschaft – mehr oder weniger ausdrücklich – fest, dass Errungenschaft ist, **was während der Ehe entgeltlich, aber nicht als Ersatz für eingebrachtes Gut oder Sondergut erworben** wird. Als entgeltlich erworben in diesem Sinne sind auch die natürlichen Früchte und der Ertrag der eingebrachten Güter, obwohl man sich fragen kann, ob hier ein Entgelt vorliegt. Als entgeltlich erworben gilt zudem Schadenersatz, soweit er die Arbeitskraft des Ehemannes oder sonstwie seine Person betrifft. Höchstpersönlich und damit dem Sondergut verbleibt dagegen u.a. die Genugtuung. Errungenschaft ist somit, was mindestens dem Grundsatz nach als durch die Ehe erwirtschaftet erscheint.

14.09   **Nicht** zur Errungenschaft zählt das **Erwerbseinkommen der Ehefrau** aus selbständiger, d.h. nicht im Dienste des Ehemanns bzw. der ehelichen Gemeinschaft ausgeübter Arbeit. Dieses stellt Sondergut dar (aArt. 191 Ziff. 3 ZGB), nachdem die Ehefrau keine Errungenschaft besitzt.

14.10   Somit ist die Errungenschaft grundsätzlich, d.h. insbesondere mit Ausnahme des Erwerbseinkommens der Ehefrau, gleich zusammengesetzt wie bei der heutigen Errungenschaftsbeteiligung (Art. 197 ZGB, vgl. Rz 12.04).

bb) Eingebrachtes Gut

14.11   Das eingebrachte Gut umfasst grundsätzlich alles Vermögen, das **zu Beginn des Güterstandes** vorhanden ist und was **während des Güterstandes unentgeltlich** – sei es unter Lebenden (Schenkung) oder von Todes wegen (Erbschaft, Vermächtnis) – **erworben** wird (aArt. 195 ZGB; BGE 127 III 51 E. ee; BGE 102 II 70). Dazu kommen **Ersatzanschaffungen** einschliesslich der blosse Erlös aus der Veräusserung eines Vermögenswertes im eingebrachten Gut (aArt. 196 Abs. 2 ZGB bezüglich des Frauengutes, BGE 100 II 184). Dabei braucht das Ersatzobjekt nicht gleicher Art zu sein und die Anschaffung hat nicht notwendigerweise sofort nach der Aufgabe des bisherigen Vermögenswertes zu erfolgen.

14.12   Das eingebrachte Gut entspricht einem Teil des Eigengutes bei der heutigen Errungenschaftsbeteiligung (Art. 198 Ziff. 2 und 4 ZGB, vgl. Rzn 12.30 und 12.33).

cc) Sondergut

14.13   Sondergut entsteht durch Ehevertrag, durch Zuwendungen Dritter zu Sondergut oder kraft Gesetzes. Das gesetzliche Sondergut ist **für Mann und Frau unterschiedlich** umschrieben: Bei beiden umfasst es die Gegenstände zum ausschliesslich persönlichen Gebrauch, Ersatzanschaffungen für Sondergut, Erträge des Sonderguts sowie Genugtuungsansprüche (aArt. 191 ZGB). Erträge der Sondergüter bleiben somit im Unterschied zum eingebrachten Gut Sondergut. Nur bei der Ehefrau umfasst das Sondergut zusätzlich den Arbeitserwerb sowie Berufs- oder Gewerbevermögen (aArt. 191 Ziff. 2 ZGB).

Das Sondergut der Ehefrau hat von Gesetzes wegen (aArt. 192 Abs. 2 und 3 ZGB) 14.14 einen grösseren Umfang als das Sondergut des Ehemannes. Damit wird dem Umstand Rechnung getragen, dass nur dem Ehemann die Errungenschaft der Ehegatten zusteht. Der (heute besonders wichtige) **Arbeitserwerb der Ehegatten** führt somit beim Ehemann zur Errungenschaft und bei der Ehefrau zu Sondergut. Er hat somit in güterrechtlicher Hinsicht ein unterschiedliches Schicksal. Insbesondere steht dem Ehemann keine güterrechtliche Beteiligung am ersparten Erwerbseinkommen der Ehefrau zu.

c) *Zuteilung der Vermögensgegenstände zu den Gütermassen: Gegenüberstellung Errungenschaftsbeteiligung – Güterverbindung*

Vermögensgegenstand	Errungenschaftsbeteiligung	Güterverbindung
Arbeitserwerb • Ehemann • Ehefrau	⇨ Errungenschaft ⇨ Errungenschaft	⇨ Errungenschaft ⇨ *Sondergut*
unentgeltlich erworbene Vermögensgegenstände	Eigengut	eingebrachtes Gut*
vor Begründung des Güterstandes erworbene Vermögensgegenstände	Eigengut	eingebrachtes Gut*
Genugtuungsansprüche	Eigengut	Sondergut
Ersatzanschaffungen für • Eigengut • eingebrachtes Gut • Sondergut	⇨ Eigengut	⇨ eingebrachtes Gut ⇨ Sondergut
Erträge • Eigengut • eingebrachtes Gut • Sondergut	⇨ Errungenschaft **	⇨ Errungenschaft ⇨ Sondergut ***

14.15

Erläuterungen:

* Sofern es sich dabei nicht um Sondergut handelt (von Gesetzes wegen oder durch Zuwendung Dritter).

** Kann ehevertraglich zu Eigengut erklärt werden (Art. 199 Abs. 2 ZGB).

*** Vgl. aber die Verpflichtung der Ehefrau, ihr Sondergut (bzw. die Erträge daraus) mindestens teilweise für den Familienunterhalt einzusetzen (aArt. 192 Abs. 2 ZGB).

3. Eigentumsverhältnisse

Grundsätzlich ist jeder Ehegatte Eigentümer der sich in seinen Gütermassen befindli- 14.16 chen Vermögenswerte. Bargeld, andere vertretbare Sachen und Inhaberpapiere im eingebrachten Gut der **Ehefrau** gehen jedoch in das Eigentum des Ehemannes, und zwar in seine Errungenschaft, über. Der Ehefrau steht – bis zum Zeitpunkt der güterrechtlichen Auseinandersetzung (dazu Rz 14.47) – bloss eine (nominale) Ersatzforderung zu (aArt. 201 Abs. 3 ZGB, Rz 14.39).

14.17   Mit dem Übergang vertretbarer Sachen der Ehefrau in das Eigentum des Ehemannes wird dem Umstand Rechnung getragen, dass solche Vermögenswerte sich leicht mit dem Mannesgut vermischen, sobald der Ehemann sie in seine Verwaltung genommen hat. Somit können sie später nicht ohne Weiteres oder überhaupt nicht mehr ausgeschieden werden.

4.   Beweisregeln

14.18   Der Nachweis der **Massenzugehörigkeit** eines bestimmten Vermögenswertes ist angesichts der engen Verbindung unter den Ehegatten nach langen Ehejahren auch unter der Güterverbindung recht schwierig, insbesondere wenn sich der Überlebende mit den Erben des Verstorbenen auseinander zu setzen hat (vgl. Rz 12.38 ff.). Gewisse Beweisvermutungen gehen noch auf das römische Recht zurück.

a)   *Beweisvermutungen*

14.19   Im Verhältnis **unter den Ehegatten** spricht die Vermutung für Mannesgut (praesumptio Muciana, aArt. 196 Abs. 1 ZGB). **Im Mannes- und Frauengut** lautet sodann die Beweisvermutung zu Gunsten des ehelichen Vermögens und damit gegen das Sondergut (aArt. 193 ZGB). Ein weiterer – in der Lehre anerkannter – Grundsatz geht schliesslich dahin, dass **im Rahmen des Mannesgutes** im Zweifel Errungenschaft anzunehmen ist.

b)   *Inventar*

14.20   Zur Erleichterung des Beweises kann gemäss aArt. 197 ZGB ein Inventar aufgenommen werden. Jeder Ehegatte kann jederzeit ein solches Inventar verlangen, welches den Bestand des eingebrachten Gutes im Rahmen einer öffentlichen Urkunde festhält. Der Inhalt dieses Inventars wird – trotz blosser Parteiaussage – **als richtig vermutet**, wenn das Inventar binnen sechs Monaten seit dem Einbringen errichtet worden ist. Mit dem Inventar kann sodann eine **Schätzung** verbunden werden (aArt. 198 ZGB). Fraglich muss allerdings das Verhältnis dieser Sondervorschriften des Güterverbindungsrechts zum neuen Art. 195a ZGB bleiben.

5.   Verwaltung und Nutzung der Gütermassen

a)   *Verwaltung und Nutzung des ehelichen Vermögens*

14.21   Das eheliche Vermögen bildet neben der Arbeitskraft der Ehegatten die wirtschaftliche Grundlage der Gemeinschaft. Seine Verwaltung und Nutzung obliegt grundsätzlich dem Ehemann (aArt. 200 ff. ZGB, vgl. Rz 14.27). Diese **Wirtschaftseinheit in der Hand des Ehemannes** entsprach im ZGB von 1907 den ehelichen Bedürfnissen, für welche der Ehemann als Haupt der Gemeinschaft nach gesetzlich vorgeschriebener Rollenverteilung unter den Ehegatten in erster Linie aufzukommen hatte (aArt. 160 Abs. 2 ZGB). Schon daraus erhellt, dass die Güterverbindung eng mit den bisherigen allgemeinen Wirkungen der Ehe verbunden war und dass die Weiterführung der Güterverbindung (nach 1988) nun in einem neuen Umfeld der allgemeinen Wirkungen der Ehe zwangsläufig eine andere Bedeutung erlangt.

Da das eheliche Vermögen neben dem Vermögen des Ehemannes auch das **eingebrachte Frauen-** 14.22 **gut** umfasst, verwaltet und nutzt der Ehemann auch dieses. Er hat es zu erhalten und zu sichern, sorgfältig zu bewirtschaften und nach Möglichkeit zu mehren. Erträge des eingebrachten Frauengutes fallen ihm zu. Als Besitzer der Vermögenswerte des Frauengutes handelt der Ehemann in eigenem Namen, nicht als Vertreter der Frau.

Die **Ehefrau** kann aktiv nur im Rahmen der sogenannten **Schlüsselgewalt**, d.h. 14.23 für die laufenden Bedürfnisse der Familie, das eheliche Vermögen verwalten (aArt. 200 Abs. 3 ZGB). Auch eine indirekte Einflussnahme durch Schuldenbegründung bleibt darüber hinausgehend ausgeschlossen, da die Haftung der Ehefrau für ihre Schulden ohne das Einverständnis des Ehemannes auf das Sondergut beschränkt ist (aArt. 208 Ziff. 2 und 3 ZGB, Rz 14.36).

b) *Verwaltung und Nutzung der Sondergüter*

Die Sondergüter bleiben vom ehelichen Vermögen und damit von der Verwal- 14.24 tungs- und Nutzungseinheit in der Hand des Ehemannes ausgeschlossen. Beide Ehegatten sind bezüglich der Nutzung sowie der Verwaltung und der Verfügung ihres Sondergutes, das sich in ihrem Eigentum befindet, frei.

c) *Verfügung über das eheliche Vermögen*

Dem **Ehemann** kommt – vorbehaltlich des eingebrachten Frauengutes – eine **um-** 14.25 **fassende Verfügungsberechtigung** und -macht über das eheliche Vermögen zu. Heute gilt immerhin die Einschränkung von Art. 169 ZGB bezüglich der Wohnung der Familie (vgl. dazu Rzn 08.95 ff.).

Nachdem ihm bis am 1.1.1988 die Pflicht oblag, für den Unterhalt von Frau und 14.26 Kind zu sorgen, sollte dem Ehemann **auch** die **Nutzung** des ehelichen Vermögens insgesamt, das heisst auch am eingebrachten Gut der Ehefrau, zukommen (aArt. 200 f. ZGB). Dieses in den allgemeinen Wirkungen der Ehe des ZGB von 1907 begründete Nutzungsinteresse, das sich auf den Ertrag des ehelichen Vermögens bezieht, führt sodann von selbst zu einer Mitsprache des Ehemannes bei der Verwaltung des eingebrachten Gutes der Ehefrau. Darauf kann der Ehemann nur auf Zusehen hin, nicht aber endgültig verzichten.

Die **Verwaltung** des Ehemannes ist dort nur eine **eingeschränkte**, wo er am eingebrachten Gut 14.27 der Ehefrau nach aArt. 201 Abs. 3 ZGB kein Eigentum erworben hat, so dass der Ehefrau nur eine Ersatzforderung zusteht. Zwar bleibt eine Verfügung über die im Eigentum der Frau verbleibenden Vermögensgegenstände des Ehemannes nicht ausgeschlossen, indessen beschränkt sich diese Verfügungsbefugnis nur auf die gewöhnliche Verwaltung (aArt. 202 Abs. 1 ZGB). Für die ausserordentliche Verwaltung (wesentliche Veränderung der Anlagepolitik) bedarf der Ehemann der Zustimmung seiner Frau. Diese Zustimmung darf indessen der Dritte vermuten (aArt. 202 Abs. 2 ZGB), wenn die Eigenschaft von eingebrachtem Eigengut nicht offensichtlich ist. Die Ehefrau geniesst somit nur einen gewissen Schutz gegen spekulative Geschäfte seitens des Ehemannes.

d)   *Verantwortlichkeit und Auskunftspflicht des Ehemannes*

14.28   Der Ehemann ist für die Verwaltung des Frauengutes gleich einem **Nutzniesser** verantwortlich (aArt. 201 Abs. 1 ZGB). Er haftet demnach für den Untergang und einen Minderwert, soweit er nicht nachweist, dass dieser Schaden ohne sein Verschulden eingetreten ist (aArt. 752 ZGB). Den Minderwert der Gegenstände, der durch den ordnungsgemässen Gebrauch der Sache eingetreten ist, hat er nicht zu vertreten.

14.29   Der Ehemann ist der Frau sodann an sich jederzeit zur **Auskunft** über den Stand ihres eingebrachten Gutes – nicht aber des Mannengutes – verpflichtet (aArt. 205 Abs. 1 ZGB). Die Ehefrau kann auch jederzeit **Sicherstellung** verlangen (Absatz 2). Diese Regelung ist indessen durch den heute geltenden Art. 170 ZGB weitgehend überholt (vgl. Rzn 09.37 ff.).

e)   *Übersicht*

14.30

	eingebrachtes Gut Frau (aArt. 195 Abs. 1)	Sondergut Frau (aArt. 190 ff.)	eingebrachtes Gut Mann (aArt. 195 Abs. 2)	Sondergut Mann (aArt. 190 ff.)	Errungenschaft (aArt. 195/214)
Eigentum	Frau, vertretbare Sachen Mann	Frau	Mann	Mann	Mann
Verwaltung	Mann, Frau beschränkt im Rahmen der Schlüsselgewalt	Frau	Mann, Frau beschränkt im Rahmen der Schlüsselgewalt	Mann	Mann, Frau beschränkt im Rahmen der Schlüsselgewalt
Verfügung	Mann und Frau	Frau	Mann, Frau beschränkt im Rahmen der Schlüsselgewalt	Mann	Mann, Frau beschränkt im Rahmen der Schlüsselgewalt
Nutzung	Mann	Frau	Mann	Mann	Mann

6.   Die Haftungsordnung

14.31   Die Haftungsordnung entspricht der gewollten Abgrenzung des ehelichen Vermögens gegenüber dem Sondergut der Ehefrau einerseits und der unterschiedlichen Stellung von Mann und Frau bezüglich des ehelichen Vermögens anderseits:

a) Voreheliche Schulden, Schulden aus unerlaubter Handlung und Erbschaftsschulden

Jeder Ehegatte haftet mit seinem ganzen Vermögen für seine vorehelichen 14.32
Schulden, seine Schulden aus unerlaubter Handlung und für seine Erbschaftsschulden.

Beim **Ehemann** trifft dies auch für seine persönlichen Schulden, die aus Rechts- 14.33
geschäften herrühren, zu. Für vertragliche Schulden der **Ehefrau** dagegen haftet
das ganze Frauengut – unter Vorbehalt der Berufs- und Gewerbeschulden, für
welche eine generelle Zustimmung besteht – nur, wenn die Zustimmung des Ehemannes im Sinne von aArt. 207 Ziff. 2 bzw. aArt. 208 Ziff. 2 ZGB vorliegt. Für
Schulden der Ehefrau, welche diese zu Gunsten des Ehemannes einging, bedurfte
es für die Vollhaftung sodann der Zustimmung der Vormundschaftsbehörden
(aArt. 177 ZGB), eine Sachlage, welche mit dem Wegfall von aArt. 177 ZGB
heute nicht mehr eintreten kann.

b) Nach Abschluss der Ehe eingegangene Schulden

aa) Schulden im Zusammenhang mit dem ehelichen Unterhalt

Für **Schulden im Zusammenhang mit dem ehelichen Unterhalt** haftet primär 14.34
der **Ehemann**, und zwar mit seinem ganzen Vermögen. Die Ehefrau haftet nur
subsidiär bei Zahlungsunfähigkeit des Ehemannes (aArt. 207 Abs. 2 und
206 ZGB). Diese Ordnung ist nun allerdings durch den neuen Art. 166 ZGB überholt worden, was deutlich macht, dass die Güterverbindung sich allein dadurch
verändert hat, dass sie nun in einem andern Umfeld in Erscheinung tritt.

bb) Persönliche Schulden des Ehemannes

Für persönliche Schulden haftet der Ehemann mit seinem gesamten Vermögen. 14.35

cc) Persönliche Schulden der Ehefrau

Die Ehefrau haftet mit dem gesamten Vermögen für mit Zustimmung des Ehe- 14.36
mannes begründete Schulden, für Schulden aus Führung eines Gewerbes oder Ar-
beitstätigkeit sowie für Schulden aus angetretener Erbschaft (aArt. 207 ZGB).
Hingegen haftet sie nur mit dem Sondergut für ohne Zustimmung des Ehemannes
oder in Überschreitung ihrer Vertretungsbefugnis eingegangene Schulden und für
Schulden, die als Sondergutsschulden begründet worden sind (aArt. 208 ZGB).

c)   ***Überblick***

14.37

Art der Schuld	Haftung Ehemann	Haftung Ehefrau
voreheliche Schulden	voll* (aArt. 206 Ziff. 1)	voll* (aArt. 207 Abs. 1 Ziff. 1)
Unterhaltsschulden**	voll* (aArt. 206 Ziff. 3)	*subsidiär* (aArt. 207 Abs. 2)
Ehemann: alle anderen Schulden	voll* (aArt. 206 Ziff. 2)	
Ehefrau: - Einwilligung Mann - aus Beruf - aus Erbschaft - ohne Einwilligung		voll* (aArt. 207 Abs. 1 Ziff. 2) voll* (aArt. 207 Abs. 1 Ziff. 3) voll* (aArt. 207 Abs. 1 Ziff. 4) *nur mit Sondergut*

Erläuterungen:

* *   volle Haftung = Haftung mit dem gesamten Vermögen der betreffenden Person
* **   im Zusammenhang mit der Vertretung der ehelichen Gemeinschaft begründet

7.   Wertveränderungen und Ersatzforderungen

14.38   Die Nutzungs- und Verwaltungseinheit des ehelichen Vermögens trotz Trennung des Eigentums verstärkt die aufgrund der ehelichen Gemeinschaft ohnehin gegebene Tendenz des **Zusammenwirkens verschiedener Vermögensmassen**. Dies nicht nur im Verhältnis unter den Ehegatten, sondern auch innerhalb des Mannes- und Frauengutes. Dies führt zu verschiedenen güterrechtlichen Ersatzforderungen.

a)   ***Gesetzliche Ersatzforderungen der Ehefrau für ihr eingebrachtes Gut***

14.39   Von Gesetzes wegen entsteht eine Ersatzforderung zu Gunsten der Ehefrau im Rahmen von **aArt. 201 Abs. 3 ZGB**, wonach bares Geld, andere vertretbare Sachen und Inhaberpapiere der Ehefrau, welche nur der Gattung nach bestimmt sind, in das Eigentum des Mannes übergehen (Rz 14.16). Sie geht auf Geld, nicht auf Sachleistungen. Ihre Höhe bestimmt sich nach dem Wert der Sache oder des Inhaberpapiers im Zeitpunkt, in dem das Eigentum auf den Mann überging, d.h. sie ist unveränderlich. Die Zunahme des Wertes der übergegangenen Sachen nach dem Einbringen kommt dem Ehemann zugute, der allerdings auch das Risiko allfälliger Wertverminderungen trägt (vgl. Rz 14.41). Im Falle der Scheidung fällt allerdings das Eigentum an den von der Ehefrau eingebrachten Inhaberpapieren, soweit diese noch vorhanden sind, an sie zurück.

b)   ***Andere Ersatzforderungen***

14.40   Führt die Geschäftsabwicklung unter den Ehegatten und/oder im Verhältnis zu Dritten dazu, dass eine Vermögensmasse für die andere einsteht, bedarf es zur Erhaltung der Gütermassen eines Ausgleichs auf dem Wege einer – weiteren Art von – Ersatzforderung (**aArt. 209 ZGB**).

c) *Höhe der Ersatzforderungen*

Stellen sich bei einem durch mehrere Vermögensmassen finanzierten Vermö- 14.41
genswert bis zur güterrechtlichen Auseinandersetzung konjunkturelle Wertschwankungen ein, fragt sich, wem bzw. welcher Gütermasse der Mehr- oder
Minderwert zugeordnet wird. Das Güterverbindungsrecht regelt diese Frage nicht
eigens, es sei denn, dass es die Massenzuordnung als selbstverständlich ansieht
und für die Ersatzforderungen vom **Grundsatz des Nennwertes** ausgeht (ausdrücklich allerdings nur in aArt. 199 ZGB). Die Ersatzforderung ist somit unveränderlich, eine zufällige Wertzunahme fällt dem Eigentümer des betreffenden
Vermögensgegenstandes zu, so wie auch eine Wertabnahme sein Vermögen belastet.

Das Nennwertprinzip gilt mit einer, durch die bundesgerichtliche Praxis geschaf- 14.42
fenen **Ausnahme**: es ist von einer **proportionalen Beteiligung** der investierenden
Gütermasse(n) des Nichteigentümers an dem **bei Grundstücken** (nicht aber bei
Mobilien) erzielten Mehrwert auszugehen, sofern die Investition bereits im Zeitpunkt des Erwerbs erfolgt war (BGE 116 II 225; BGE 112 II 385). Zudem wird
die proportionale Beteiligung auch im Vermögen des Ehemannes zugelassen, so
dass die Ehefrau über ihren Errungenschaftsanteil Nutzen ziehen kann (vgl.
Rz 14.50).

Die Finanzierung einer Liegenschaft mittels eines grundpfandgesicherten Kredites (**Hypothek**) 14.43
wird, im Gegensatz zum geltenden Recht (vgl. Rzn 12.62 ff.), stets als entgeltlich betrachtet und
deshalb eine Zuordnung der Hypothek zur Errungenschaft vorgenommen (BGE 116 II 225).

IV. Die güterrechtliche Auseinandersetzung

1. Allgemeines

Gegenstand der güterrechtlichen Auseinandersetzung ist das **eheliche Vermögen**. Für 14.44
die Sondergüter erübrigt sie sich wenigstens dem Grundsatz nach, da diese ohnehin
schon in der Verwaltung ihrer Eigentümer stehen. Von der güterrechtlichen Auseinandersetzung werden die Sondergüter – abgesehen von einer allfälligen Vermögensentflechtung wie bei der Gütertrennung – nur insofern betroffen, als die zwischen ihnen
und dem ehelichen Vermögen entstandenen Ersatzforderungen (aArt. 209 Abs. 2 ZGB)
spätestens in diesem Zeitpunkt auszugleichen sind.

Durchgeführt wird die güterrechtliche Auseinandersetzung in **drei Schritten**: 14.45

- Auflösung des ehelichen Vermögens, d.h. Eigentumsausscheidung zwischen Mann und Frau
  (Rzn 14.46 ff.).
- Aussonderung der Gütermassen innerhalb des Mannesgutes (Rz 14.49).
- Zuweisung bzw. Aufteilung von Vor- und Rückschlag (Rzn 14.50 ff.).

2. Vorgehen

a) *Eigentumsausscheidung zwischen Mann und Frau*

14.46 Die Eigentumsausscheidung zwischen Mann und Frau beginnt zweckmässigerweise mit den **Sondergütern**, die sich regelmässig in der Hand der entsprechenden Eigentümer befinden. Indessen gilt es allenfalls einschlägige Schulden bzw. Ersatzforderungen zuzuordnen.

14.47 Unbesehen um einen allfälligen Eigentumswechsel von der Ehefrau zum Ehemann aufgrund von aArt. 201 Abs. 3 ZGB nimmt die Ehefrau ihre **eingebrachten Vermögenswerte in natura zurück**, soweit sie noch vorhanden sind. Alles andere verbleibt im Eigentum des Ehemannes, allenfalls belastet mit einer Ersatzforderung zu Gunsten der Ehefrau. Sodann sind die noch unbeglichenen Schulden dem Mannes- und Frauengut zuzuordnen.

14.48 Ausnahmsweise kann auch die umgekehrte, vom Gesetz an sich nicht vorgesehene Sachlage eintreten, wenn die Ehefrau entgeltlich (aber nicht als Ersatzanschaffung) eine Liegenschaft erworben hat, die auf ihren Namen im Grundbuch eingetragen ist und nicht zum Sondergut gehört (zuletzt BGE 116 II 231 E. 3d; BGE 112 II 384 ff. und BGE 112 II 474). In diesem Falle verbleibt das Eigentum der Ehefrau, indessen ist es wertmässig der Errungenschaft zuzurechnen.

b) *Aussonderung der Gütermassen innerhalb des Mannesgutes*

14.49 Innerhalb des Mannesgutes hat schliesslich eine Aussonderung zwischen dem **eingebrachten Gut und** der **Errungenschaft** zu erfolgen. Neben der Zuordnung der entsprechenden Vermögenswerte gilt es auch in diesem Zusammenhang die Ersatzforderungen und die Schulden zu bereinigen. Die Errungenschaft erweist sich somit als jenes Vermögen, das übrig bleibt, nachdem die um ihre Ersatzforderungen und Schulden bereinigten Sonder- und eingebrachten Güter von Mann und Frau von der im Auflösungszeitpunkt vorhandenen Gesamtheit der Aktiven und Passiven abgezogen worden sind. Das Gesamtvermögen minus die Sondergüter führt zum ehelichen Vermögen, dieses minus die eingebrachten Güter zur Errungenschaft.

14.49 a Für die Berechnung der einzelnen Vermögenswerte der Errungenschaft ist grundsätzlich der Nettoverkehrswert massgebend. Bei Veräusserung eines Vermögenswertes sind laufende Gebühren, Abgaben und Steuerlasten abzuziehen (BGE 121 III 305 E. 3b). Wird der Vermögenswert nicht veräussert, gilt dies grundsätzlich auch für latente, nur schätzungsweise festzustellende Lasten (vgl. Rz 12.182; bestätigt in BGE 125 III 55 E. 2a/cc).

c) *Zuweisung bzw. Aufteilung von Vor- und Rückschlag*

aa) *Zuweisung des Vorschlags*

14.50 Steht der Umfang der einzelnen Gütermassen fest, fällt der positive Saldo der Errungenschaft, d.h. der **Vorschlag zu einem Drittel an die Ehefrau oder deren Nachkommen** und **zu zwei Dritteln an den Ehemann oder dessen Erben**. Die Ehefrau muss sich somit – unter Vorbehalt einer andern ehevertraglichen Aufteilung des Vorschlages nach aArt. 214 Abs. 3 ZGB (dazu nun übergangsrechtlich Art. 10 Abs. 3 SchlT ZGB im Hinblick auf BGE 102 II 313, „Fall Nobel") – mit einem bescheideneren Anteil begnügen. Ihr verbleibt indessen im Rahmen des Sondergutes der ganze ersparte Arbeitserwerb.

Die **Ungleichheit der Vorschlagsbeteiligung** (1/3:2/3) beruht einerseits auf der Vorstellung, dass   14.51
die Bildung des Vorschlags hauptsächlich dem Mann als Verwalter des ehelichen Vermögens zu verdanken sei, andererseits auf der Tatsache, dass wesentliche Teile des Frauenvermögens Sondergut sind und darum bei der Vorschlagsberechnung ausser Betracht fallen.

Wird die Güterverbindung durch den **Tod der Ehefrau** aufgelöst, findet eine   14.52
Teilung des Vorschlags nur statt, wenn sie Nachkommen hinterlässt (aArt. 214 Abs. 1 ZGB). Sind keine Nachkommen der Ehefrau vorhanden, behält der Ehemann das Eigentum an der ganzen Errungenschaft und die Berechnung des Vorschlags erübrigt sich.

Der Vorschlagsanteil ist im Übrigen bloss eine rechnerische Grösse und führt   14.53
nicht zu einem Eigentumsanspruch an der Errungenschaft. Der Ehefrau steht für ihren Vorschlagsanteil nur eine **Geldforderung** gegen den Mann zu (BGE 100 II 73).

bb) *Tragung des Rückschlags*

An einem allfälligen **Rückschlag** (negativer Saldo der Errungenschaft) ist die   14.54
Ehefrau nicht beteiligt, es sei denn, es gelinge der Nachweis, dass sie ihn verursacht hat. Verlangt wird allerdings nicht ein Verschulden der Ehefrau (BGE 58 II 235: hohe Gesundheitskosten).

Intertemporales Recht und internationales Privatrecht

---

§ 15   Intertemporales Recht

Literatur

ZGB-BREITSCHMID, Art. 12-13c SchlT ZGB; GEISER THOMAS, Übersicht zum Übergangsrecht des neuen Scheidungsrechts, in: Hausheer (Hrsg.), Vom alten zum neuen Scheidungsrecht, S. 249 ff.; ZGB-GEISER, Art. 9-11a SchlT ZGB; REUSSER RUTH, Das Übergangsrecht zu den vermögensrechtlichen Bestimmungen des neuen Eherechts, in: Hausheer (Hrsg.), Vom alten zum neuen Eherecht, S. 135 ff.; ZGB-REUSSER, Art. 8-8a SchlT ZGB; ZGB-SCHWANDER, Art. 8b SchlT ZGB; SUTER BRUNO, Übergangsrecht, in: Stiftung für juristische Weiterbildung Zürich (Hrsg.), Das neue Scheidungsrecht, S. 155 ff.; ZGB-VISCHER, Art. 1-4 SchlT ZGB, Basel 1996.

I.   Gegenstand des intertemporalen Rechts

15.01   Gesetzesbestimmungen regeln die Rechtsfolgen von Lebensverhältnissen. Die Rechtsfolge kann an ein einmaliges Ereignis geknüpft werden oder an einen bestimmten Zustand. Es ist deshalb zwischen **einmaligen Tatsachen** und **Dauertatsachen** zu unterscheiden. Gesetze werden im Laufe der Zeit in Kraft gesetzt, geändert oder aufgehoben. Dabei werden Rechtsfolgen an Tatsachen geknüpft, die bereits vor dem Inkrafttreten neuer Bestimmungen eingetreten sind (Art. 1 Abs. 1 SchlT ZGB). Es stellt sich dann die Frage, wie solche Tatsachen, für die vorher keine oder eine andere Rechtsfolge galt, nach Inkrafttreten der Gesetzesnovelle rechtlich zu beurteilen sind. Grundsätzlich können drei verschiedene mögliche rechtliche Folgen für Tatsachen gelten, die bereits vor dem Inkrafttreten einer neuen Bestimmung eingetreten sind:

- Das Gesetz beurteilt die Rechtswirkungen dieser Tatsache nach neuem Recht.

- Das Gesetz beurteilt die Rechtswirkungen dieser Tatsache nach altem Recht.

- Den betroffenen Personen bleibt die Wahl, ob die Tatsachen nach neuem oder nach altem Recht beurteilt werden sollen.

15.02   Gesetzesnovellen sehen oft **übergangsrechtliche Regelungen** vor. Diese halten fest, welche Folgen die Revision auf Tatsachen hat, die bereits vor dem Inkrafttreten der neuen Bestimmungen eingetreten und nun unter dem neuen Recht zu beurteilen sind. Unterlässt es der (Privatrechts-)Gesetzgeber, besondere übergangsrechtliche Regelungen vorzusehen, so sind die Bestimmungen des Schlusstitels des ZGB, insbesondere die **Art. 1-4 SchlT ZGB**, für die Beurteilung heranzuziehen (BGE 117 III 52).

15.03   Die Bestimmungen des **Schlusstitels zum ZGB** regeln **allgemein** (Art. 1-4 SchlT ZGB) oder auch **konkret** (Art. 5-50 SchlT ZGB) die rechtlichen Folgen im Bereich des ZGB von Tatsachen, die bereits vor Inkrafttreten der entsprechenden Gesetzesbestimmungen eingetreten sind.

II. Allgemeine Regeln des schweizerischen intertemporalen Privatrechts

1. Grundsatz der Nichtrückwirkung

Grundsätzlich gilt gemäss der Marginalie von **Art. 1 SchlT ZGB** die «Regel der Nichtrückwirkung» neuer gesetzlicher Bestimmungen auf Tatsachen, die bereits vor deren Inkrafttreten eingetreten sind. Diese sogenannten altrechtlichen Tatsachen werden weiterhin nach dem altem Recht beurteilt, das zum Zeitpunkt des Eintritts der Tatsache Geltung hatte (Art. 1 Abs. 1 SchlT ZGB). Für die neurechtlichen Tatsachen ist das neue Recht massgebend. 15.04

Für **Rechtsfolgen, welche an einmalige Ereignisse anknüpfen,** bietet die Abgrenzung zwischen altrechtlicher und neurechtlicher Tatsache keine Schwierigkeit. Erstere wird auch nach dem Inkrafttreten des neuen Rechts nach den alten Vorschriften beurteilt (Art. 1 Abs. 2 SchlT ZGB). Anders sieht es bei Rechtsfolgen aus, welche an einen bestimmten **Zustand** (Dauertatsachen) anknüpfen. Dieser kann zwar noch während der Gültigkeit des alten Rechts entstehen, aber allenfalls erst nach dem Inkrafttreten des neuen Rechts ein Ende finden. Zudem kann es sein, dass ein altrechtlich begründeter Zustand geändert wird, nachdem das neue Recht in Kraft getreten ist. Bei solchen Änderungen handelt es sich um «nach diesem Zeitpunkt eingetretene Tatsachen» und somit grundsätzlich um neurechtliche Tatsachen (Art. 1 Abs. 3 SchlT ZGB). 15.05

Beispiel: 15.06

BGE 119 V 16: Für Schulden aus dem laufenden Bedürfnis der Familie haften die Ehepartner nach den Bestimmungen des im Zeitpunkt des Eingehens der Schuld geltenden Rechts. Handelt es sich aber um ein Dauerschuldverhältnis, wird insofern das neue Eherecht angewendet, als die fragliche einzelne Schuld nach dem 1. Januar 1988 entstanden ist.

2. Ausnahmen

Grundsätzlich wirken Gesetzesänderungen nicht auf altrechtliche Tatsachen zurück. Diese Regel dient dem **Vertrauensschutz**. Diesem Grundsatz kann jedoch nicht ausnahmslos gefolgt werden. Es kann ein öffentliches Interesse daran bestehen, dass nach früherer Ordnung erworbene Rechte nach den revidierten Gesetzesbestimmungen beurteilt werden. Die Art. 2-4 SchlT ZGB regeln die Rückwirkung von Gesetzesnovellen und stehen so im Gegensatz zu Art. 1 SchlT ZGB. 15.07

a) *Art. 2 SchlT ZGB*

Gesetzesnovellen entstehen oft auf Grund eines sozialpolitischen Bedürfnisses oder gar eines ethischen Grundanliegens. So kann es der öffentlichen Ordnung oder gar der Sittlichkeit widersprechen, wenn altrechtliche Tatsachen nach dem Inkrafttreten der Gesetzesrevision keine Änderung in der rechtlichen Behandlung erfahren würden. Dabei geht es aber in jedem Fall um eine **Interessenabwägung** zwischen Vertrauensschutz und öffentlichem Interesse. 15.08

15.09   <u>Beispiel</u>:

BGE 119 II 48: Zuständigkeit des Gerichts für das Einsichtsrecht der Gläubiger bei einer Aktiengesellschaft: «Die Bestimmungen von Art. 2 SchlT ZGB sollten jedoch nur dann herangezogen werden, wenn es tatsächlich um die Verletzung grundsätzlicher sozialpolitischer und ethischer Anschauungen geht.»

b)   *Art. 3 SchlT ZGB*

15.10   In Art. 3 SchlT ZGB wird der Inhalt eines auf einer altrechtlichen Tatsache beruhenden Rechtsverhältnisses dem **neuen Gesetz** unterworfen, sofern es sich um ein gesetzliches und nicht um ein vertragliches Rechtsverhältnis handelt. Die gültige Entstehung des Rechtsverhältnisses nach altem Recht wird dabei nicht in Frage gestellt. Hinter dieser sogenannten **unechten Rückwirkung** steht der Gedanke, dass sich die Parteien häufig gar keine Vorstellung über die rechtlichen Wirkungen eines solchen Rechtsverhältnisses gemacht haben. Es besteht somit kein Vertrauen auf eine bestimmte Rechtswirkung, das geschützt werden müsste. Zudem haben auch die Parteien ein Interesse an der Fortentwicklung des Rechts, wenn sich die Gesellschaft ändert.

15.11   <u>Beispiel</u>:

In BGE 119 V 16 begründete das Eidgenössische Versicherungsgericht die Haftung der Ehefrau für Schulden der laufenden Bedürfnisse der Familie (laufende Krankenkassenbeiträge aus einem vorehelich abgeschlossenen Versicherungsvertrag) auch damit, dass die Bestimmungen des neuen Eherechts mit ihrem Inkrafttreten auch für Ehen Gültigkeit haben, die vor diesem Zeitpunkt geschlossen wurden, gelten doch die Normen des Eherechts grundsätzlich unabhängig vom konkreten Willen der Beteiligten.

c)   *Art. 4 SchlT ZGB*

15.12   Das Gesetz knüpft häufig eine bestimmte Rechtsfolge an eine Mehrheit von Ereignissen ein. Solange nicht alle notwendigen Tatsachen gegeben sind, ist das Recht noch nicht entstanden. Durch den Eintritt einzelner der geforderten Tatsachen entsteht aber die Hoffnung, mit dem Eintritt der übrigen Tatsachen das Recht zu erwerben. Es besteht vorerst nur eine **Erwartung oder Anwartschaft**.

15.13   Ändert nun das Recht, nachdem einzelne, nicht aber alle für die Entstehung des Rechts notwendigen Tatsachen bereits eingetreten sind, so ist die Entstehung des Rechts ausschliesslich nach dem neuen Gesetz zu beurteilen. Unter dem alten Gesetz war noch kein subjektives Recht entstanden. Solche **nicht voll erworbenen Rechte** sind nach Art. 4 SchlT ZGB bei Gesetzesänderungen nicht zu schützen, d.h. **nicht rechtsbeständig**.

15.14   Daraus folgt umgekehrt, dass erworbene, d.h. zum Zeitpunkt der Rechtsänderung entstandene subjektive Rechte zu schützen sind. Für diese **erworbenen Rechte** bleibt altes Recht massgebend. Letztlich handelt es sich hier um einen Aspekt des **Vertrauensschutzes**.

Beispiel:

In BGE 117 III 52 musste das Bundesgericht über die Abtretung von Lohnansprüchen entscheiden, die nach dem Inkrafttreten der Revision zu Art. 325 OR am 1. Juli 1991 nur noch für die Sicherung familienrechtlicher Unterhalts- oder Unterstützungspflichten erlaubt war. Die Abtretung künftiger Forderungen entfaltet ihre Wirkung erst im Zeitpunkt, in dem die abgetretene Forderung entsteht. Daher liegt solange kein erworbenes Recht vor, als dieses selbst noch nicht entstanden ist. 15.15

III. Bedeutung für das Eherecht

1. Bedeutung für das Eheschliessungs- und Ehescheidungsrecht

a) *Eheschliessung*

Mit Inkrafttreten der neuen Bestimmungen über die Eheschliessung kommen ab dem 1. Januar 2000 nur noch diese zur Anwendung (**Art. 7 Abs. 1 SchlT ZGB**). Das Gleiche gilt für die Eheungültigkeitsgründe. Hat nach altem Recht ein Ungültigkeitsgrund vorgelegen und ist die Klagefrist bereits angelaufen, so wird zur Fristbestimmung nach neuem Recht die Zeit vor dem Inkrafttreten der neuen Eheungültigkeitsbestimmungen angerechnet. Dies kann jedoch nur für Ehen gelten, die gemäss Art. 107 ZGB befristet ungültig sind. Liegt ein unbefristeter Ungültigkeitsgrund vor, kann jederzeit eine Klage wegen Ungültigkeit erhoben werden (Art. 7 Abs. 2 SchlT ZGB). 15.16

b) *Ehescheidung*

Für **Scheidungen**, die **nach dem 1. Januar 2000** eingereicht wurden bzw. werden (Art. 7a Abs. 1 SchlT ZGB) oder zu diesem Zeitpunkt noch vor einem kantonalen Gericht hängig waren, gelten die neuen Bestimmungen über Scheidung und nachehelichen Unterhalt (Art. 7b Abs. 1 SchlT ZGB). Demgegenüber hält Art. 7a Abs. 2 SchlT ZGB im Sinne von Art. 1 SchlT ZGB fest, dass Scheidungsurteile, die vor dem 1. Januar 2000 rechtskräftig geworden sind, anerkannt bleiben. Das Bundesgericht entscheidet nach bisherigem Recht, soweit es Entscheide der Vorinstanz zu beurteilen hat, die vor dem Inkrafttreten des neuen Rechts ergangen sind (Art. 7b Abs. 3 SchlT ZGB, BGE 126 III 263 E. 2). Soweit beim Inkrafttreten des neuen Rechts nur einzelne Fragen in einer Scheidung rechtskräftig beurteilt waren, andere aber noch zur Beurteilung standen, mussten die einzelnen Teile des Scheidungsstreites nach unterschiedlichen übergangsrechtlichen Regeln behandelt werden. Von einem Rechtswechsel betroffen wurden nur jene Punkte, die noch nicht rechtskräftig entschieden waren. So konnte z.B. auf den Scheidungspunkt nicht zurückgekommen werden, wenn dieser rechtskräftig unter altem Recht entschieden wurde. Ebenfalls führte die Anfechtung eines unter altem Recht ergangenen Urteils mit einem ausserordentlichen Rechtsmittel nicht zur Anwendung des neuen Rechts. Bei ordentlichen Rechtsmitteln ist es aber möglich, dass eine kantonale Rechtsmittelinstanz neues Recht auf eine Scheidung anwendet, die erstinstanzlich unter altem Recht entschieden wurde (BGE 126 III 404). 15.17

15.17 a

Beispiele:

- BGE 126 III 449, insbes. Seite 451 E. 2 b/aa: «Entscheidet das Bundesgericht nach bisherigem Recht, weil der angefochtene Entscheid unter altem Recht ergangen ist, urteilt bei einer allfälligen Rückweisung auch die kantonale Instanz wiederum nach bisherigem Recht – dessen ungeachtet, dass der Entscheid nach dem Inkrafttreten des neuen Rechtes gefällt wird. (...) Eine andere Lösung liefe darauf hinaus, dass ein Scheidungsprozess bisherigem Recht unterstünde, wenn das Bundesgericht ein Rechtsmittel abweist bzw. eine Berufung gutheisst und in der Sache selbst entscheidet, neuem Recht jedoch, wenn ein kantonales Urteil aufgehoben wird und von der Vorinstanz neu zu beurteilen ist.»

15.17 b

- BGE 126 III 401: Grundsätzlich kann eine Scheidungsklage seit dem 1.1.2000 erst nach Ablauf einer vierjährigen Trennungsfrist eingereicht werden. Wenn jedoch unter früherem Recht vor Ablauf der 4 Jahre geklagt wurde, und die Scheidung aufgrund von Art. 7b Abs. 1 SchlT ZGB neuem Recht unterstellt wird, genügt es, dass die Frist bis zum Inkrafttreten des neuen Rechts abgelaufen ist.

15.18

Werden aufgrund eines rechtskräftigen altrechtlichen Scheidungsurteils nach dem 1. Januar 2000 noch **Unterhaltsforderungen** nach aArt. 151 und 152 ZGB geschuldet, so kommen nach Art. 7a Abs. 2 zweiter Halbsatz SchlT ZGB die neuen Bestimmungen über die **Vollstreckung** (Art. 131 f. ZGB) zur Anwendung.

15.19

Nach dem Inkrafttreten des neuen Rechts unterstehen **Änderungen** altrechtlicher Scheidungsurteile materiell weiterhin dem bisherigen Recht. Was die Verfahrensvorschriften betrifft, so sind hier jedoch die neurechtlichen Bestimmungen anzuwenden. Änderungen altrechtlicher Scheidungen betreffend die elterliche Sorge, den persönlichen Verkehr oder die Kinderalimente werden jedoch nach neuem Recht beurteilt (Art. 7a Abs. 3 SchlT ZGB). Mit dem Inkrafttreten des neuen Rechts tritt hier somit eine wesentliche Veränderung der bereits bestehenden Verhältnisse ein.

2.   Bestimmungen über die allgemeinen Wirkungen der Ehe

a)   *Wirkungen der Ehe im Allgemeinen*

15.20

Die Bestimmungen über die Wirkung der Ehe gelten in der heutigen Fassung seit dem 1. Januar 1988. Vor diesem Datum eingetretene Wirkungen des früheren Rechts bleiben anerkannt (**Art. 8 SchlT ZGB**).

15.21

Beispiel:

Gemäss dem heute gültigen Art. 162 ZGB bestimmen die Ehegatten gemeinsam die eheliche Wohnung. Nach der Fassung des früheren Rechts konnte der Ehemann den Ort der ehelichen Wohnung festlegen (aArt. 160 Abs. 2 ZGB). Eine nach altem Recht durch den Ehemann bestimmte eheliche Wohnung, die den Verhältnissen beider Ehegatten angemessen ist, blieb nach dem Inkrafttreten der neuen Gesetzesvorschrift eheliche Wohnung.

b) *Name und Bürgerrecht für vor dem 1.1.1988 abgeschlossene Ehen*

Mit der Revision des Eherechts änderten unter anderem auch die Bestimmungen 15.22
über den Familiennamen und das Bürgerrecht (Rz 07.01 ff.). Nach aArt. 161
Abs. 1 ZGB erhielt die Ehefrau mit der Heirat den Familiennamen und das Bürgerrecht des Ehemannes. Für Ehen, die unter diesem alten Recht geschlossen
wurden, sahen **Art. 8a und 8b SchlT ZGB** vor, dass die Ehefrau binnen eines
Jahres nach Inkrafttreten des neuen Eherechts die Möglichkeit hatte, sowohl ihren
Namen, den sie vor der Heirat trug, dem Familiennamen voranzustellen, als auch
das Bürgerrecht, das sie als ledig hatte, zusätzlich zu demjenigen, das sie durch
die Heirat vom Mann erworben hatte, wieder anzunehmen.

3. Güterrecht

Die **Art. 9-11a SchlT ZGB** regeln die güterrechtlichen Folgen für Ehen bei Gesetzes- 15.23
novellen. Art. 9 SchlT ZGB dürfte in der Zwischenzeit weitestgehend gegenstandslos
geworden sein. Er betrifft Ehen, die vor dem 1. Januar 1912 geschlossen wurden. Allenfalls könnte er noch im Zusammenhang mit erbrechtlichen Problemen Wirkung haben.

Die heute gültigen Bestimmungen, die das Güterrecht der Ehegatten regeln, sind seit 15.24
dem 1. Januar 1988 in Kraft. Sie ersetzten die ursprünglichen Regelungen des ZGB vom
10. Dezember 1907.

a) *Nach dem 1. Januar 1988 abgeschlossene Ehen*

Für Ehen, die nach dem 1. Januar 1988 geschlossen wurden, gilt der Grundsatz 15.25
von Art. 1 SchlT ZGB, wonach neurechtliche Tatsachen auch neuem Recht unterstehen (vgl. Rzn 15.04 ff.). Somit sind vorbehaltlos die **neuen Bestimmungen** anzuwenden.

b)   *Übersicht: Vor dem 1. Januar 1988 abgeschlossene Ehen*

15.26

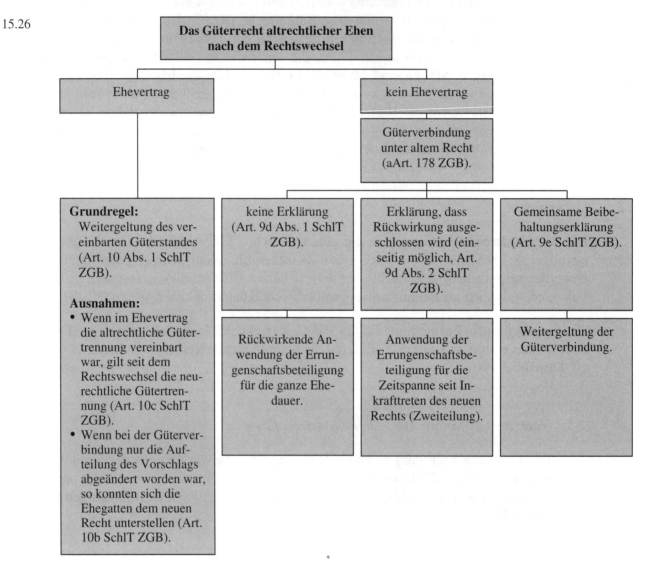

c)   *Vor dem 1. Januar 1988 abgeschlossene Ehen ohne Ehevertrag*

15.27   Sofern die Ehegatten keinen Ehevertrag vereinbart hatten, unterstanden sie nach altem Recht dem ordentlichen Güterstand der **Güterverbindung** (aArt. 178 ZGB).

aa)   *Grundsatz: Unterstellung unter das neue Recht*

15.28   Das neue Ehegüterrecht sieht die Errungenschaftsbeteiligung als ordentlichen Güterstand vor. Haben die Ehegatten bisher unter dem Güterstand der Güterverbindung gestanden, so gelten für sie **seit der Gesetzesnovelle** die Bestimmungen über die Errungenschaftsbeteiligung (Art. 9b Abs. 1 SchlT ZGB; vgl. dazu Rzn 11.13 und 12.01 ff.). Gemäss Art. 9d SchlT ZGB gelten nach dem Inkrafttreten des neuen Rechts für die güterrechtliche Auseinandersetzung des ordentlichen Güterstandes die Vorschriften über die Auflösung der Errungenschaftsbeteiligung

(Art. 204 ff. ZGB). **Für die ganze Dauer der Ehe** richtet sich die güterrechtliche Auseinandersetzung nach dem neuen Recht (Art. 9d Abs. 1 SchlT ZGB).

bb) Ausnahmen der Rückwirkung

Ist die **güterrechtliche Auseinandersetzung** infolge Gütertrennung oder Schei- 15.29
dung bis zum 31. Dezember 1987 **abgeschlossen** worden, so ist ausschliesslich
das alte Recht zum Zug gekommen (Art. 9a Abs. 2 SchlT ZGB).

Nach Inkrafttreten des neuen Rechts wird die güterrechtliche Auseinandersetzung 15.30
grundsätzlich für die ganze Ehedauer nach neuem Recht vorgenommen (Art. 9d
Abs. 1 SchlT ZGB). Jeder Ehegatte konnte jedoch ohne Zustimmung des anderen
die **rückwirkende Anwendung des neuen Rechts ausschliessen**. Jedoch musste
er dies dem anderen Ehegatten vor dem Inkrafttreten der neuen Güterrechtsbe-
stimmungen schriftlich mitteilen (**Art. 9d Abs. 2 SchlT ZGB**). Bei Auflösung des
Güterstandes sind diesfalls zwei Abrechnungen zu erstellen. Zuerst ist die güterrechtliche Auseinandersetzung nach altem Recht bis zum 31. Dezember 1987 und
danach für die spätere Zeit aufgrund der neuen Ausgangslage eine solche nach
neuem Recht durchzuführen.

Hatten die Ehegatten, die unter dem Güterstand der Güterverbindung standen, das 15.31
Bedürfnis, diesen Güterstand weiterzuführen, so konnten sie das mit einer gemeinsamen schriftlichen Erklärung tun. Diese **Beibehaltungserklärung** musste
beim Güterrechtsregisteramt innert Jahresfrist seit Geltung des neuen Rechts eingereicht worden sein (Art. 9e SchlT ZGB).

Bezüglich der Wirkungen der Beibehaltung des bisherigen Güterstandes ist zu be- 15.32
achten, dass dieser **gutgläubigen Dritten** nicht entgegengehalten werden kann
(Art. 9e Abs. 2 SchlT ZGB).

d) *Vor dem 1. Januar 1988 abgeschlossene Ehen mit Ehevertrag*

Die Ehegatten konnten im Rahmen des alten Güterrechts mit Ehevertrag ihren 15.33
Güterstand selbst festlegen und ändern (**aArt. 179 Abs. 2 ZGB**). Für neue Ehe-
verträge gelten nur noch die neuen Bestimmungen.

Anmerkung: 15.34

Bei der Abänderung eines unter altem Recht abgeschlossenen Ehevertrags kommt zwar das neue
Ehevertragsrecht zur Anwendung (Art. 1 SchlT ZGB). Innerhalb des beibehaltenen Güterstandes
auf Grund des ZGB von 1907 sind jedoch auch heute noch Änderungen im Rahmen des alten
Rechts möglich, wenn es sich bloss um eine Güterstandsmodifikation und nicht um die Wahl eines
Güterstandes handelt (vgl. BK-HAUSHEER/REUSSER/GEISER, Art. 182 N 28). Möglich ist somit
beispielsweise eine Änderung der Vorschlagsteilung gemäss aArt. 214 Abs. 3 ZGB, nicht mehr
dagegen die neue Begründung von Sondergut.

aa) *Grundsatz: Weitergeltung des ehevertraglich bestimmten Güterstandes*

Ein ehevertraglich vereinbarter Güterstand nach altem Recht behält seine Gültig- 15.35
keit und untersteht weiterhin den alten Bestimmungen (**Art. 10 Abs. 1 SchlT
ZGB**).

bb)   Ausnahmen

15.36
Haben die Ehegatten ehevertraglich die **Gütertrennung** vereinbart, so gelten für diese ab dem 1. Januar 1988 die neuen Bestimmungen über die Gütertrennung (Art. 10c SchlT ZGB).

15.37
Die Güterverbindung vom 10. Dezember 1907 kannte das Institut des **Sonderguts** der Ehegatten (aArt. 190 ff. ZGB). Mit dem neuen Gesetz gelten für dieses, soweit es auf Ehevertrag beruht, die Vorschriften über die Gütertrennung (Art. 10 Abs. 2 SchlT ZGB).

15.38
Unter altem Recht konnten die Ehegatten den ordentlichen Güterstand der **Güterverbindung** ehevertraglich **abändern**. Oft wurde dabei der gesetzliche Vorschlag abweichend aufgeteilt. Die Ehegatten, die ehevertraglich die (allenfalls abgeänderte) Güterverbindung vereinbart hatten, konnten sich innert Jahresfrist mit einer gemeinsamen schriftlichen Erklärung dem neuen Recht unterstellen (Art. 10b SchlT ZGB). Das neue Recht wird in diesem Fall rückwirkend auf die ganze Ehedauer angewandt (Art. 9d Abs. 1 SchlT ZGB). Diese Erklärung stellt das Gegenstück zur Beibehaltungserklärung in Art. 9e SchlT ZGB dar.

§ 16   Internationales Privatrecht

Literatur

GRUNDMANN STEFAN, Anerkennung und Vollstreckung ausländischer einstweiliger Massnahmen nach IPRG und Lugano-Übereinkommen, Diss. Basel 1996; HÄFELIN ULRICH/HALLER WALTER, Schweizerisches Bundesstaatsrecht, 5. Aufl., Zürich 2001; HEINI ANTON (Hrsg.), IPRG-Kommentar, Zürich 1993; SCHNYDER ANTON, Das neue IPR-Gesetz, 2. Aufl., Zürich 1990; SCHWANDER IVO, Einführung in das internationale Privatrecht, 3. Aufl., St. Gallen 2000; VOGEL OSCAR, Grundriss des Zivilprozessrechts, 7. Aufl., Bern 2001; WALDER-BOHNER HANS ULRICH, Einführung in das Internationale Zivilprozessrecht der Schweiz, Zürich 1989.

I.   Gegenstand des Internationalen Privatrechts

1.   Nationale Rechtsordnungen

Jeder Staat schafft im Laufe seiner Geschichte eine ihm eigene Rechtsordnung. Diese ist   16.01
durch die nationale historische, kulturelle, soziale, religiöse, politische und wirtschaftliche Entwicklung gekennzeichnet. Daher können die Rechtsordnungen der verschiedenen Staaten gerade auch im Bereiche des Familienrechts stark **voneinander abweichen**.

2.   Internationaler Sachverhalt

Die staatlichen Rechtsordnungen regeln grundsätzlich nur Sachverhalte, die eine **Bezie-**   16.02
hung zum Inland haben. Menschliche Aktivitäten und Lebensverhältnisse machen jedoch vor den staatlichen Grenzen nicht Halt. Diese staatlichen Grenzen werden von Menschen im Zusammenhang mit Handel, Arbeit oder auch privatem Glücksstreben täglich überschritten.

Liegt ein **internationaler Sachverhalt** vor, so stellt sich zum einen die Frage, welches   16.03
nationale Gericht (**Gerichtsstand**) zur Beurteilung zuständig ist und zum anderen, welches Recht (**anwendbares Recht**) zur Anwendung kommt.

Die **Anwendung schweizerischen Rechts** ist solange unbestritten, als es sich bei-   16.04
spielsweise um schweizerische Staatsangehörige handelt, die sich in der Schweiz vermählen. Handelt es sich jedoch um eine Scheidung in der Schweiz zwischen einer Brasilianerin und einem Schweden, die in Kanada geheiratet haben, so können sich die Scheidungsfolgen, je nach angewendetem Recht, stark unterscheiden. Unter Umständen lässt eine nationale Regelung die Scheidung gar nicht zu.

3.   Vorbehalt internationaler Vereinbarungen

Die Schweiz hat **zahlreiche bi- und multilaterale Staatsverträge** ratifiziert, welche   16.05
wesentliche Teile des internationalen Privatrechts abdecken.(vgl. dazu Rz 01.47). Sie

stehen mindestens auf der Hierarchiestufe der Bundesgesetze. Die Bundesverfassung steht zwar auf einer höheren Stufe als die Staatsverträge. Die rechtsanwendenden Behörden und das Bundesgericht sind jedoch gemäss Art. 191 BV verpflichtet, die von der Bundesversammlung genehmigten Staatsverträge anzuwenden, auch wenn sie der BV widersprechen. In diesem Sinn schreibt Art. 1 Abs. 2 IPRG vor, dass völkerrechtliche Verträge dem IPRG vorgehen.

4.   Anwendung bi- und multilateraler Verträge

16.06   Liegt ein internationales Verhältnis (Art. 1 Abs. 1 Ingress IPRG) vor, so gilt es, die Zuständigkeit der schweizerischen Gerichte oder Behörden und das anwendbare Recht abzuklären. Dabei sind zuerst die bi- und multilateralen Verträge zu konsultieren. Neben den Verträgen, die einen bestimmten Sachverhalt wie die Anerkennung von Ehescheidungen und Ehetrennungen regeln, sind auch solche zu beachten, welche die gerichtliche Zuständigkeit regeln bzw. das anwendbare Recht bestimmen. Im Folgenden werden die wichtigsten bi- und multilateralen Abkommen kurz erläutert, welche das **Familienrecht** betreffen.

a)   *Konvention zum Schutz der Menschenrechte und Grundfreiheiten (EMRK)*

16.07   Der EMRK (SR 0.101) kommt in der schweizerischen Gesetzeshierarchie eine besondere Stellung zu. Ihre Normen sollen einen **minimalen europäischen Standard** garantieren. Sie sind unmittelbar anwendbar, sobald sie über den verfassungsmässigen Schutz durch Bund und Kantone hinaus gehen.

16.08   Im Bereich des Eherechts haben die **Art. 8, 12 und 14 EMRK** eine besondere Bedeutung. Der Schutz des Privat- und Familienlebens, sowie der ehelichen Wohnung ist gemäss Art. 8 EMRK gewährleistet. Das Recht auf Eheschliessung wird durch Art. 12 EMRK garantiert, und Art. 14 EMRK schützt die Ehe, indem er jegliche Art der Diskriminierung verbietet.

b)   *Lugano-Übereinkommen*

16.09   Das Lugano-Übereinkommen (LugÜ, SR 0.275.11) regelt die **gerichtliche Zuständigkeit und** die **Vollstreckung** gerichtlicher Entscheidungen in Zivil- und Handelssachen. Seinem Wortlaut nach entspricht das LugÜ dem Europäischen Gerichtsstands- und Vollstreckungs-Übereinkommen (EuGVÜ) – auch Brüsseler Übereinkommen genannt – welches nur für die Mitglieder der Europäischen Union gilt. Im Gegensatz zum Brüsseler Übereinkommen untersteht das LugÜ nicht der Gerichtsbarkeit des Europäischen Gerichtshofes.

16.10   Obwohl das LugÜ gemäss Art. 1 Abs. 2 Ziff. 1 auf Personen-, Familien- und Erbrechtssachen grundsätzlich keine Anwendung findet, regelt Art. 5 Ziff. 2 LugÜ den **Gerichtsstand für Unterhaltsklagen**. Danach kann der Unterhaltsberechtigte an seinem Wohnort den Unterhaltsschuldner einklagen, sofern der Beklagte Wohnsitz in einem Vertragsstaat hat.

c) *Die Haager-Übereinkommen*

Die Haager-Übereinkommen bezwecken in erster Linie eine Erleichterung bei der **Anerkennung und Durchsetzung** von **familienrechtlichen Ansprüchen** im internationalen Umfeld. 16.11

aa) *Übereinkommen über die Anerkennung von Ehescheidungen und Ehetrennungen*

Das Übereinkommen über die Anerkennung von Ehescheidungen und Ehetrennungen (SR 0.211.212.3) findet Anwendung auf die Anerkennung von rechtswirksamen Ehescheidungen und Ehetrennungen eines Vertragsstaates in einem anderen (Art. 1). 16.12

bb) *Übereinkommen über das auf Unterhaltspflichten anzuwendende Recht*

Dieses Übereinkommen **regelt die Unterhaltspflichten** aus Ehe und Schwägerschaft sowie gegenüber Familie, Verwandtschaft und nichtehelichen Kindern (Art. 1, SR 0.211.213.01). Grundsätzlich gilt das am gewöhnlichen Aufenthalt der Unterhaltsberechtigten anzuwendende Recht (Art. 4 Abs. 2). 16.13

cc) *Übereinkommen über die Anerkennung und Vollstreckung von Unterhaltsentscheidungen*

Das Übereinkommen über die Anerkennung und Vollstreckung von Unterhaltsentscheidungen (SR 0.211.213.02) ist auf Entscheidungen über Unterhaltspflichten anzuwenden (Art. 1). Zum einen sind die **Voraussetzungen** (Art. 4-12) und zum anderen das **Verfahren** (Art. 13-17) der Anerkennung und Vollstreckung von solchen Entscheiden festgehalten. 16.14

dd) *Weitere das Familienrecht betreffende Übereinkommen*

- Strassburger bzw. Europäisches Übereinkommen über die Rechtsstellung der **unehelichen Kinder** (Mitgliedstaaten des Europarates, SR 0.211.221.131). 16.15
- Strassburger bzw. Europäisches Übereinkommen über die **Adoption** von Kindern (Mitgliedstaaten des Europarates, SR 0.211.221.310).
- Haager-Übereinkommen über die behördliche Zuständigkeit, das anzuwendende Recht und die Anerkennung von Entscheidungen auf dem Gebiet der **Annahme an Kindesstatt** (SR 0.211.221.315).
- Haager-Übereinkommen über das auf **Unterhaltsverpflichtungen gegenüber Kindern anzuwendende Recht** (SR 0.211.221.431).
- Haager-Übereinkommen über die **Anerkennung und Vollstreckung** von Entscheidungen auf dem Gebiet der **Unterhaltspflicht gegenüber Kindern** (SR 0.211.221.432).
- Brüsseler-Übereinkommen über die **Feststellung der mütterlichen Abstammung** ausserhalb der Ehe geborener Kinder (SR 0.211.222.1).
- Luxemburger- bzw. Europäisches Übereinkommen über die Anerkennung und Vollstreckung von Entscheidungen über das **Sorgerecht für Kinder** und die Wiederherstellung des Sorgerechts (Mitgliedstaaten des Europarates, SR 0.211.230.01).
- Haager-Übereinkommen über die zivilrechtlichen Aspekte **internationaler Kindesentführung** (SR 0.211.230.02).

- Haager-Übereinkommen über die Zuständigkeit der Behörden und das anzuwendende Recht auf dem Gebiet des **Schutzes von Minderjährigen** (SR 0.211.231.01).

- Erklärung zwischen der Schweiz und dem Deutschen Reich über den Geschäftsverkehr in **Vormundschaftssachen** (SR 0.211.231.022).

- New Yorker-Übereinkommen über die Geltendmachung von **Unterhaltsansprüchen im Ausland** (SR 0.274.15).

II. Das Bundesgesetz über das Internationale Privatrecht

16.16   Das Internationale Privatrechtsgesetz vom 18. Dezember 1987 ist seit dem 1. Januar 1989 in Kraft (**IPRG**, SR 291). Zum ersten Mal wurde für verschiedene Rechtsbereiche mit Auslandberührung eine einheitliche gesetzliche Regelung in Kraft gesetzt.

1. Gegenstand

16.17   Gegenstand des IPRG ist die **Regelung internationaler Sachverhalte**. Deren begriffliche Anknüpfung muss mit den gleichlautenden Begriffen des materiellen Rechts nicht übereinstimmen (vgl. u.a. Rz 16.22). Ob ein internationaler Sachverhalt vorliegt oder nicht, beurteilt sich je nach Sachgebiet nach unterschiedlichen Kriterien. So ist beispielsweise die Staatsangehörigkeit der Beteiligten im Eherecht Kriterium für das Vorliegen eines internationalen Sachverhalts, im Vertragsrecht jedoch nicht.

2. Wesentliche Grundsätze

16.18   In den gemeinsamen bzw. allgemeinen Bestimmungen (**Art. 1-32 IPRG**) werden Geltungsbereich, Zuständigkeit, anwendbares Recht, Wohnsitz, Sitz und Staatsangehörigkeit wie auch Anerkennung und Vollstreckung ausländischer Entscheidungen geregelt.

a) *Geltungsbereich*

16.19   Nach Art. 1 IPRG regelt das Gesetz **internationale Verhältnisse**, wobei sich der Umfang der Internationalität eines Sachverhalts je nach Normengruppe unterscheidet. So ist die Nationalität einer betroffenen Person im Eherecht wesentlich, aber im Arbeitsrecht ohne Bedeutung.

b) *Zuständigkeit*

16.20   Das IPRG regelt die direkte internationale Zuständigkeit von schweizerischen Gerichten und Behörden abschliessend. Enthalten die Bestimmungen des Besonderen Teils (**Art. 33 ff. IPRG**) keinen Verweis auf die Zuständigkeit, so kommt die **subsidiäre Bestimmung in Art. 2 IPRG** zum Zug, gemäss der die schweizerischen Gerichte am **Wohnsitz des Beklagten** (Art. 20 f. IPRG, Rz 16.22) zuständig sind. Führt diese Bestimmung zu keiner Lösung (z.B. weil der Beklagte keinen Wohnsitz in der Schweiz hat), so werden die zu Art. 2 IPRG subsidiären Bestimmungen in den Art. 3 bzw. 4 IPRG angewandt.

Art. 3 IPRG kommt zum Zug, wenn ein Verfahren **im Ausland unmöglich oder** 16.20 a
unzumutbar ist, der Sachverhalt einen genügenden Zusammenhang mit der
Schweiz aufweist und alle anderen Gerichtsstandsbestimmungen im IPRG (inkl.
Art. 2 IPRG) nicht greifen.

Art. 4 IPRG ist die **subsidiäre Gerichtsstandsklausel** für Arrestprosequierungen 16.20 b
im internationalen Verhältnis.

c) *Anwendbares Recht*

Hat ein Gericht einen internationalen Sachverhalt zu beurteilen, so ist auch das 16.21
anzuwendende Recht zu bestimmen. Die Gerichte und Behörden der Schweiz haben das **schweizerische IPR von Amtes wegen anzuwenden**. Neben den Kollisionsregeln des Besonderen Teils des IPRG, welche das anwendbare Recht bestimmen, ist auch immer der sog. Allgemeine Teil (Art. 13-19 IPRG) zu beachten.

Art. 13 IPRG postuliert unter der Marginalie «Umfang der Verweisung» die un- 16.21 a
eingeschränkte Anwendung des ausländischen Rechts, auf das verwiesen wird.

Nach Art 14 IPRG sind **Rückverweisungen** des ausländischen auf das schweize- 16.21 b
rische Recht (d.h. wenn das gemäss Schweizer IPRG anzuwendende Recht auf
das Schweizerische Recht zurückverweist, sog. Renvoi) grundsätzlich nur dann zu
beachten, wenn das IPRG die Beachtung (ausdrücklich oder stillschweigend) vorsieht.   In Fragen des Personen- oder Familienstandes sind solche Renvois jedoch
generell zu beachten, ohne dass dies extra vom IPRG vorgesehen sein müsste
(Art. 14 Abs. 2 IPRG).

Art. 15 IPRG, die sog. **Ausnahmeklausel**, erlaubt es, ausnahmsweise entgegen 16.21 c
den im Gesetz vorgesehenen Kollisionsregeln eine andere als die eigentlich anwendbare, mit dem zur Diskussion stehenden Sachverhalt in deutlich engerer Beziehung stehende Rechtsordnung anzuwenden.

Art. 16 IPRG bestimmt, dass das anzuwendende Recht **grundsätzlich von Amtes** 16.21 d
wegen, evtl. unter Mitwirkung der Parteien zu ermitteln ist, wobei der Nachweis
des Rechts in vermögensrechtlichen Streitigkeiten ganz den Parteien überbunden
werden kann. Wenn der Nachweis nicht gelingt ist als Ersatzrecht schweizerisches
Recht anzuwenden.

Der **Ordre Public** (Art. 17 IPRG) ist eine Generalklausel, die den Richter er- 16.21 e
mächtigt, ausnahmsweise ausländisches Recht nicht anzuwenden, wenn dies im
Einzelfall zu einem krass ungerechten Ergebnis führen würde. Sämtliche IPR-
Kollisionsregeln stehen unter dem Vorbehalt des Ordre Public.

16.21 f

Laut Bundesgericht liegt ein Verstoss gegen den Ordre Public vor, wenn «das einheimische
Rechtsgefühl in unerträglicher Weise verletzt wird, weil (...) grundlegende Vorschriften der
schweizerischen Rechtsordnung missachtet werden.» (BGE 122 III 348 E. 4a) oder «wenn funda-
mentale Rechtsgrundsätze verletzt sind" bzw. „der fragliche Akt mit der schweizerischen Rechts-
und Wertordnung schlechthin unvereinbar ist» (BGE 119 II 266 E. 3). Vgl. zum Ordre Public auch
BGE 116 III 327, insbes. S. 330 E. 2b sowie BGE 122 III 348 E. 3b.

16.21 g

Art. 18 IPRG schreibt die Anwendung von **Bestimmungen des schweizerischen Rechts**, welche aufgrund ihres besonderen Zwecks für internationale Sachverhalte **zwingend sind** (lois d'appliccation immédiate), vor, auch wenn an sich eine andere Rechtsordnung anwendbar wäre. Es handelt sich um Rechtssätze mit fundamentaler Bedeutung für den Staat und die Rechtsgmeinschaft, welche eine internationale Dimension aufweisen.

16.21 h

Art. 19 IPRG stellt das Gegenstück zu Art. 18 IPRG dar, indem er es erlaubt, anstelle des eigentlich anwendbaren Rechts **zwingende Bestimmungen einer anderen ausländischen Rechtsordnung** zu berücksichtigen.

d)   *Wohnsitz, Sitz und Staatsangehörigkeit*

16.22

Die **Art. 20-24 IPRG** bestimmen, was im Sinne des IPRG unter dem Begriff des Wohnsitzes, des Sitzes und der Staatsangehörigkeit zu verstehen ist. Dies kann insbesondere im Bereich des Familienrechts ausschlaggebend für die Bestimmung des anwendbaren Rechts sein.

e)   *Anerkennung und Vollstreckung ausländischer Entscheidungen*

16.23

Ausländische Urteile werden grundsätzlich anerkannt und vollstreckt, sofern sie nicht gegen den schweizerischen **Ordre public** verstossen (vgl. Rz 16.21 e f.).

3.   Die IPRG-Bestimmungen im Eherecht

16.24

Die IPRG-Bestimmungen zum Eherecht enthalten Vorschriften über die **Eheschliessung** (Art. 43-45a IPRG), die **Wirkungen der Ehe** im Allgemeinen (Art. 46-50 IPRG), das **Ehegüterrecht** (Art. 51-58 IPRG) und die **Scheidung und Trennung** (Art. 59-65 IPRG). Es fehlen somit, im Gegensatz zum ZGB, konkrete Bestimmungen über das Verlöbnis und die Eheungültigkeit. Im Weiteren enthält das IPRG keine Vorschriften bezüglich eheähnlichen (Konkubinat) oder gleichgeschlechtlichen Lebensgemeinschaften. Auf Grund der Tatsache, dass ausländische Rechtssysteme derartige Lebensgemeinschaften konkret regeln (Bsp. Dänemark), wären entsprechende Bestimmungen im IPRG angezeigt.

a)   *Eheschliessung*

aa)   *Zuständigkeit*

16.25

Für Eheschliessungen sind die **schweizerischen Behörden** zuständig, wenn einer der beiden Brautleute Wohnsitz in der Schweiz hat oder das Schweizer Bürgerrecht besitzt (Art. 43 IPRG). Fehlt den Brautleuten beides, so kann die zuständige Behörde die Eheschliessung in der Schweiz bewilligen. Die Ehe muss jedoch diesfalls im Wohnsitzstaat oder Heimatstaat beider Brautleute anerkannt werden. Die Bewilligung zur Eheschliessung in der Schweiz muss nur erteilt werden, wenn die Anerkennung der schweizerischen Heirat im entsprechenden Land beider Brautleute nachgewiesen wird. Bei der Heirat geschiedener Brautleute muss die Scheidung in der Schweiz ausgesprochen oder anerkannt sein. Ist dies der Fall, darf die Bewilligung nicht daran scheitern, dass das entsprechende Heimatland die Scheidung nicht anerkennt.

bb) Anwendbares Recht

Die Eheschliessung wird **nach schweizerischem Recht** durchgeführt 16.26 (Art. 44 IPRG). Besitzt einer der beiden Brautleute eine ausländische Staatsangehörigkeit, so genügt es, die Voraussetzungen für die Eheschliessung des Heimatstaates zu erfüllen. Wird dabei jedoch gegen den schweizerischen Ordre public (vgl. Rz 16.21 e f.) verstossen, so liegt ein Ehehindernis vor.

Beispiel: 16.27

Doppelehen und Ehen zwischen gleichgeschlechtlichen Paaren sind in der Schweiz unzulässig.

cc) Anerkennung und Vollstreckung ausländischer Entscheide

Im Ausland geschlossene **Ehen** werden in der Schweiz generell **anerkannt** 16.28 (Art. 45 IPRG). Die Anerkennung wird nur verweigert, soweit sie gegen den Ordre public verstossen (vgl. Rz 16.21 e f.) oder die Ehe im Ausland geschlossen wurde, um zwingendes schweizerisches Recht zu umgehen. Unmündige Ehegatten werden durch die Eheschliessung in der Schweiz oder mit der Anerkennung der Ehe mündig.

b) Wirkungen der Ehe im Allgemeinen

aa) Zuständigkeit

Der Gerichtsstand für **Unterhaltsklagen oder Eheschutzmassnahmen** leitet sich 16.29 aus dem Wohnsitz oder dem gewöhnlichen Aufenthaltsort der klagenden Partei her (Art. 46 IPRG). Schweizer Staatsbürger, die weder Wohnsitz noch gewöhnlichen Aufenthalt in der Schweiz nachweisen können, haben die Möglichkeit, am Heimatort zu klagen oder eine Massnahme zu verlangen (Art. 47 IPRG).

bb) Anwendbares Recht

Die Rechte und Pflichten der Ehegatten bestimmen sich nach dem **Recht des** 16.30 Staates, in dem diese ihren **Wohnsitz** haben (Art. 48 IPRG). Liegen zwei Wohnsitze in verschiedenen Staaten vor, so bestimmt sich das Recht nach dem engeren Zusammenhang zum entsprechenden Sachverhalt. Ausschliesslich schweizerisches Recht kommt zur Anwendung, falls das Gericht oder die Behörde des Heimatortes (Rz 16.25) zuständig ist. Für Unterhaltspflichten zwischen Ehegatten ist in Analogie zu Art. 1 Abs. 2 IPRG das Haager Übereinkommen über die Unterhaltspflichten anzuwenden (Art. 49 IPRG).

cc)   Anerkennung und Vollstreckung ausländischer Entscheide

16.31   Entscheide über **eheliche Rechte und Pflichten** werden in den Schranken des Ordre public (Rz 16.23 a f.) anerkannt, sofern sie im Staat des Wohnsitzes oder gewöhnlichen Aufenthaltes von Ehefrau oder Ehemann ergangen sind (Art. 50 IPRG).

*c)   **Ehegüterrecht***

aa)   Zuständigkeit

16.32   Für die güterrechtliche Auseinandersetzung im Falle des Todes eines Ehegatten sind gemäss Art. 51 IPRG die **schweizerischen Gerichte oder Behörden zuständig**, welche auch die erbrechtliche Auseinandersetzung vornehmen. Im Falle der Auflösung der Ehe durch Scheidung oder Trennung sind es die hierfür verantwortlichen Gerichte. Für andere Klagen und Massnahmen im Bereiche des Ehegüterrechts richtet sich die Zuständigkeit nach den allgemeinen Wirkungen der Ehe (Art. 46 und 47 IPRG). Die schweizerischen Gerichte oder Behörden sind somit zuständig, wenn ein Ehegatte seinen Wohnsitz oder gewöhnlichen Aufenthalt in der Schweiz hat, oder wenn bei fehlendem Wohnsitz oder Aufenthalt in der Schweiz dem Auslandschweizer oder seinem Ehegatten nicht zuzumuten ist, die Gerichte oder Behörden des Wohnsitz- oder Aufenthaltsstaates anzugehen.

bb)   Anwendbares Recht

16.33   Gemäss Art. 52 IPRG können die Brautleute oder Ehegatten ihren Güterstand dem Recht jenes Staates unterstellen, in dem sie beide nach der Eheschliessung Wohnsitz haben oder haben werden, oder dem Recht des Heimatstaates eines von ihnen. Erfolgt keine **Rechtswahl**, bestimmt sich das anwendbare Recht gemäss Art. 54 IPRG nach dem Recht des Staates, in dem beide Ehegatten (nicht notwendigerweise gemeinsamen) Wohnsitz haben oder zuletzt gehabt haben. Wenn die Ehegatten nie im gleichen Staat Wohnsitz hatten, ist das Recht des gemeinsamen Heimatstaates anwendbar. Lässt sich auch damit das anwendbare Recht nicht bestimmen, gilt die Gütertrennung des schweizerischen Rechts.

16.34   Bei **Wohnsitzwechsel** ist das Recht des neuen Wohnsitzstaates rückwirkend auf den Eheabschluss anwendbar, wenn die Rückwirkung nicht durch schriftliche Vereinbarung der Ehegatten ausgeschlossen wird. Ein Güterstandswechsel zufolge Wohnsitzwechsels tritt nicht ein, wenn die Ehegatten schriftlich die Weitergeltung des bisherigen Güterstands vereinbaren oder einen Ehevertrag abgeschlossen haben (Art. 55 Abs. 1 und 2 IPRG). Das anwendbare Recht ist mit Ausnahme der Form (Art. 56 IPRG) auch für den Ehevertrag massgebend. Die Wirkungen des Güterstandes gegenüber Dritten beurteilen sich schliesslich nach dem Recht des Staates, in dem der betroffene Ehegatte im Zeitpunkt der Entstehung des Rechtsverhältnisses seinen Wohnsitz hatte. Der gute Glaube des Dritten bleibt geschützt (Art. 57 Abs. 2 IPRG).

cc)   *Anerkennung und Vollstreckung ausländischer Entscheidungen*

Selbständige ausländische Entscheidungen betreffend das Ehegüterrecht werden   16.35
gestützt auf **Art. 58 IPRG** in der Schweiz anerkannt, wenn sie im Wohnsitzstaat
eines Ehegatten, im Staat des nach IPRG anwendbaren Rechts oder – im Zusammenhang mit Grundstücken – im Staat der gelegenen Sache ergangen sind oder
anerkannt werden. Hatte zum Zeitpunkt des ausländischen Entscheides der beklagte Ehegatte seinen Wohnsitz in der Schweiz, steht dieser Umstand der Anerkennung in der Schweiz entgegen. Bei Eheschutz-, Scheidungs-, Trennungs- oder
erbrechtlichen Verfahren richtet sich die Anerkennung nach der Entscheidung in
der Hauptfrage.

Übergangsrechtlich unterstehen die vor dem Inkrafttreten des neuen IPRG abge-   16.36
schlossenen Ehen auch hinsichtlich des Güterrechts ab dem Datum vom 1. Januar
1989 für die Zukunft dem neuen Recht (Art. 196 Abs. 2 IPRG). Das bedeutet aber
nicht notwendigerweise eine Änderung der Rechtslage. Diese bleibt unverändert,
wenn seitens der Ehegatten weder eine Rechtswahl getroffen, noch seit dem Eheabschluss ein Wohnsitzwechsel vorgenommen worden ist oder aber eine Rechtswahl gestützt auf Art. 20 und 31 Abs. 3 NAG erfolgte (Art. 54 Abs. 1 und
52 Abs. 2 IPRG).

d)   *Scheidung und Trennung*

aa)   *Zuständigkeit*

Für Scheidungs- und Trennungsklagen sind die **schweizerischen Gerichte** zu-   16.37
ständig (Art. 59 f. IPRG), wenn der Beklagte oder Kläger Wohnsitz in der
Schweiz hat oder der Kläger sich mindestens ein Jahr in der Schweiz aufgehalten
hat bzw. Schweizer Bürger ist. Ist es einem Schweizer Staatsbürger, der sich im
Ausland aufhält oder dort einen Wohnsitz begründet hat, nicht zuzumuten im
Ausland zu klagen, so hat er die Möglichkeit, an seinem Heimatort in der Schweiz
die Klage zu erheben. Dasselbe gilt für Klagen auf Ergänzung oder Abänderung
eines Scheidungsurteils (Art. 64 Abs. 1 IPRG).

bb)   *Anwendbares Recht*

Zuständige schweizerische Gerichte (Art. 59 und 60 IPRG) beurteilen Scheidun-   16.38
gen und Trennungen stets nach **schweizerischem Recht** (Art. 61 Abs. 1 IPRG).
Dies gilt für die Scheidung, Trennung, die entsprechenden vorsorglichen Massnahmen und die Nebenfolgen (Art. 61-63 IPRG). Als **Ausnahme** davon gilt für
verheiratete ausländische Staatsangehörige, dass das gemeinsame Heimatrecht
angewendet wird, wenn nur einer von ihnen Wohnsitz in der Schweiz hat. Vorbehalten bleiben Art. 61 Abs. 2 IPRG sowie die allgemeine Ausnahmeklausel
(Art. 15 IPRG) und der Ordre Public (Art. 17 IPRG). Sind während des Verfahrens vorsorgliche Massnahmen zu treffen, so werden diese nur nach schweizerischem Recht vollzogen. Ausnahmen gelten für den Unterhalt der Ehegatten und
die Kinder wie auch für die elterliche Sorge, da diese Frage in den Haager-Übereinkommen geregelt ist. Dasselbe gilt für die Ergänzung oder Abänderung von
Trennungs- oder Scheidungsentscheiden.

cc)   *Anerkennung und Vollstreckung ausländischer Entscheide*

16.39 Das schweizerische Recht anerkennt **grundsätzlich alle ausländischen Entscheide** über Scheidung und Trennung (Art. 65 IPRG). Dies kann auch für rechtlich relevante Handlungen ohne staatliche Mitwirkung gelten. So ist es im islamischen Recht möglich, die Ehe durch Verstossung aufzulösen und im jüdischen Recht kann die Scheidung durch Übergabe eines Scheidebriefs vollzogen werden (vgl. BGE vom 19. Oktober 2001 [5C. 173/2001], BGE 126 III 327, BGE 122 III 344).

Anhang I

Unterhaltsberechnung

1. Berufliche Vorsorge (Art. 122 ZGB)

Sachverhalt:

Ehemann (geb. 1961) und Ehefrau (geb. 1965) haben 1995 geheiratet und lassen sich im Jahr 2004 scheiden. Auf Anfrage hin meldet die Vorsorgeeinrichtung folgende Zahlen:

Austrittsleistung Mann:	1995:	Fr.	90'000
	2004:	Fr.	200'000
Austrittsleistung Frau:	1995:	Fr.	70'000
	2004:	Fr.	130'000

Berechnung:

Mann:	Fr.	200'000	Austrittsleistung im Zeitpunkt des Scheidungsurteils
	- Fr.	90'000	Austrittsleistung im Zeitpunkt der Eheschliessung
	- Fr.	43'222	Zins auf Austrittsleistung bei Eheschluss[1]
	Fr.	**66'778**	**zu teilender Betrag**
Frau:	Fr.	130'000	Austrittsleistung im Zeitpunkt des Scheidungsurteils
	- Fr.	70'000	Austrittsleistung im Zeitpunkt der Eheschliessung
	- Fr.	33'617	Zins auf Austrittsleistung bei Eheschluss[2]
	Fr.	**26'383**	**zu teilender Betrag**

Jeder Ehegatte hat Anspruch auf die Hälfte seines eigenen Betrages und die Hälfte des Betrages des anderen: (Fr. 66'778 + Fr. 26'383) : 2 = <u>Fr. 46'580.50</u>.

Weil der bei der **Frau** zu teilende Betrag kleiner ist als jener des Mannes, hat sie ihm gegenüber einen **Anspruch auf**: Fr. 46'580.50 – Fr. 26'383 = **Fr. 20'197.50**. Diesen Betrag hat sie in ihre eigene Vorsorgeeinrichtung einzubringen.

Nach der Aufteilung bestehen folgende Austrittsleistungen:

Ehefrau:	Fr.	130'000.00	Ehemann	Fr.	200'000.00
	+ Fr.	20'197.50		– Fr.	20'197.50
	Fr.	150'197.50		Fr.	179'802.50

---

[1] Berechnung mit Hilfe der Tafeln von STAUFFER/SCHAETZLE, Tafel 49: Ehedauer = 10 Jahre, Zinssatz = 4% (gemäss Art. 26 Abs. 3 FZG, Annahme) ⇨ Faktor 0.480244. Zins = 90'000 x 0.480244 = 43'222.

[2] Berechnung mit Hilfe der Tafeln von STAUFFER/SCHAETZLE, Tafel 49: Ehedauer = 10 Jahre, Zinssatz = 4% (gemäss Art. 26 Abs. 3 FZG, Annahme) ⇨ Faktor 0.480244. Zins = 0.480244 x 70'000 = 33617.

2. Nachehelicher Unterhalt (Art. 125 bzw. 133 ZGB)

berechnet nach der **Methode des betreibungsrechtlichen Existenzminimums mit allfälliger Überschussbeteiligung**

<u>Ausgangslage</u>: Ehepaar, 9 Jahre verheiratet, 7jährige Tochter. Der Ehemann ist ganztags erwerbstätig, die Ehefrau arbeitet 20 % und betreut in der restlichen Zeit die Tochter.

Einkommen Ehemann:	Fr.	6'800	Arbeitseinkommen[3]
	Fr.	250	Vermögensertrag
	Fr.	**7050**	**Total**
Grundbedarf Ehemann[4]:	Fr.	1'100	betreibungsrechtlicher Grundbetrag
	Fr.	1'300	Mietkosten
	Fr.	40	Berufsauslagen
	Fr.	210	Krankenkasse
	Fr.	2'650	Existenzminimum
	Fr.	80	Telefongebühren
	Fr.	30	Hausrat- und Haftpflichtversicherung
	Fr.	750	Steuern
	Fr.	**3'510**	**Grundbedarf des Ehemannes**
Einkommen Ehefrau	Fr.	1'210	Arbeitseinkommen[5]
	Fr.	870	Vermögensertrag
	Fr.	**2'080**	**Total**
Grundbedarf der Ehefrau[4]	Fr.	1250	betreibungsrechtlicher Grundbedarf
	Fr.	1'500	Mietkosten
	Fr.	80	Berufsauslagen
	Fr.	210	Krankenkasse
	Fr.	3'040	Existenzminimum
	Fr.	80	Telefongebühren
	Fr.	30	Hausrat- und Haftpflichtversicherung
	Fr.	750	Steuern
	Fr.	3'900	vorläufiger Grundbedarf der Ehefrau
	- Fr.	300	abzüglich Wohnkostenanteil der Tochter[6]
	Fr.	**3'600**	**Grundbedarf der Ehefrau**
Grundbedarf der Tochter[4]	Fr.	350	betreibungsrechtlicher Grundbedarf
	Fr.	100	Krankenkasse
	Fr.	300	Wohnkostenanteil[6]
	Fr.	**750**	**„Grundbedarf" der Tochter[7]**
Total Grundbedarf	Fr.	3'510	Ehemann
	Fr.	3'600	Ehefrau
	Fr.	750	Tochter
	Fr.	**7'860**	**Grundbedarf der Familie**

---

[3] Netto, unter Einschluss des 13. Monatslohnes, ohne Kinderzulagen (diese werden direkt an die Mutter weitergeleitet, Art. 285 Abs. 2 ZGB).

[4] Berechnet sich nach den Richtlinien über die Berechnung des Existenzminimums (Kreisschreiben der Aufsichtsbehörde in Betreibungs- und Konkurssachen für den Kanton Bern www.be.og/d/kreisschreiben.html).

[5] Netto, inkl. 13. Monatslohn.

[6] Geschätzt auf Grund der Gesamtwohnungskosten der Ehefrau.

[7] In Anführungszeichen, da nicht wie bei den Eltern vom betreibungsrechtlichen Grundbetrag ausgegangen wird, sondern von einem klar erhöhten Ansatz (vgl. z.B. Zürcher Tabellen).

Total Einkommen	Fr.	7'050	Ehemann
	Fr.	2'080	Ehefrau
	Fr.	**9'130**	**Total Einkommen**

Überschuss	Fr.	9'130	Total Einkommen
	- Fr.	7'860	Grundbedarf der Familie
	Fr.	**1'270**	**Überschuss**

Unterhaltsbeitrag Tochter:	Fr.	750	Grundbedarf Tochter
	Fr.	425	Überschussbeteiligung[8]
	Fr. 1'173.30		**Unterhaltsbeitrag des Vaters an die Tochter**

Unterhaltsbeitrag Frau:	Fr.	3'600	Grundbedarf Frau
	Fr.	425	Überschussbeteiligung[8]
	Fr.	4'025	Total
	- Fr.	2'080	Einkommen Ehefrau
	Fr. 1'925		**Unterhaltsbeitrag des Mannes an die Frau[9]**

---

[8] Grundsätzlich würde ein Überschuss von Fr. 423. 35 pro Person resultieren. Dieser wird aber der Einfachheit halber für die Rentenzahlungen auf Fr. 425.-- gerundet.

[9] Die Rente wird befristet bzw. gestaffelt werden, da es der Ehefrau mit zunehmendem Alter der Tochter zumutbar ist, ihre Erwerbstätigkeit auszuweiten, und sie voraussichtlich ab dem 16. Altersjahr der Tochter für ihren Unterhalt wieder vollständig selbst aufkommen kann.

Anhang II

Prüfungsprogramm Scheidungsunterhalt

Haftungskonzept in Art. 125 ZGB: verschuldensunabhängige, familienrechtliche «Haftung aus enttäuschtem Vertrauen» mit «Vorteilsanrechnung» und «Schadensminderungspflicht».

1. Wirkung der **Auflösung der Ehe** auf den **Lebensplan der Ehegatten** bzw. den nachehelichen Bedarf.

   a) **Die Ehe ist** (zufolge ihrer kurzen Dauer: Art. 125 Abs. 2 Ziff. 2 ZGB) **nicht lebensprägend**:

      ⇨ Bedeutet der kurze Unterbruch der wirtschaftlichen Selbständigkeit während der Ehe eine **Beeinträchtigung der nachehelichen Karriere**?

      - Ja: ehebedingter Scheidungsnachteil gegeben. Auszugleichen ist die Karriereneinbusse.

      - Nein: ehebedingter Scheidungsnachteil entfällt.

   b) **Die Ehe ist** (zufolge ihrer langen Dauer: Art. 125 Abs. 2 Ziff. 2 ZGB) **lebensprägend**:

      ⇨ **Auswirkung auf die Eigenversorgungskapazität**: Führt das mit der Scheidung enttäuschte Vertrauen auf die Dauerversorgung in der Ehe – angesichts des Verzichts auf volle wirtschaftliche Selbständigkeit im Sinne des vorehelichen Lebensplanes zu Gunsten der Ehe – nachehelich zu einer Unterversorgung im Vergleich zum gemeinsamen Lebensstandard (Art. 125 Abs. 2 Ziff. 1 und 3 ZGB) im Zeitpunkt der Scheidung (**ehebedingte Beeinträchtigung der Erwerbsfähigkeit**: Art. 125 Abs. 2 Ziff. 7 ZGB)?

      - Ja: grundsätzlich auszugleichender Scheidungsnachteil gegeben.

      - Nein: ehebedingter Scheidungsnachteil entfällt.

      ⇨ Reicht die im Scheidungszeitpunkt nach den Kriterien der Zumutbarkeit (Art. 125 Abs. 1 ZGB: BGE 115 II 6 ff.) zu beurteilende Eigenversorgungskapazität auch bei voller Ausschöpfung **nicht** zur **Eigenfinanzierung des letzten gemeinsamen Lebensstandards** (nachehelicher Unterschied der qualitativen wirtschaftlichen Leistungsfähigkeit: Art. 125 Abs. 2 Ziff. 3 und 8 ZGB)?

      - Ja: grundsätzlich auszugleichender Scheidungsnachteil gegeben.

      - Nein: ehebedingter Scheidungsnachteil entfällt zufolge ausreichender Eigenversorgungskapazität.

      ⇨ **Nacheheliche Erfüllung von ehelichen Aufgaben**, insbesondere bei der **Kinderbetreuung** (Art. 125 Abs. 2 Ziff. 6 ZGB): Verhindern Pflege und Erziehung von unmündigen Kindern, die als solche einen Unterhaltsbeitrag eines Elternteils an die Kinder i.S. von Art. 276 ff. ZGB bedeuten, im Verhältnis unter den geschiedenen Ehegatten die Ausübung der an sich im Scheidungszeitpunkt intakten Erwerbsfähigkeit ganz oder teilweise?

      - Ja: grundsätzlich auszugleichender Scheidungsnachteil gegeben.

      - Nein: ehebedingter Scheidungsnachteil entfällt unter diesem Titel, nicht aber notwendigerweise auch unter andern Gesichtspunkten.

⇨ **Risikoübernahme** zufolge der Ehe als länger dauernde Schicksalsgemeinschaft: Hat die lebensprägende Lebensgemeinschaft dazu geführt, dass die mangelnde Eigenversorgungskapazität – auch ohne ehebedingte Beeinträchtigung der Erwerbsfähigkeit – als gemeinsames Ehe- und nicht mehr blosses Ehegattenrisiko zu betrachten ist, nämlich vorab im Zusammenhang mit **Krankheit** (Art. 125 Abs. 2 Ziff. 4 ZGB), **Invalidität, Arbeitslosigkeit** (selbst unabhängig vom ehebedingten Altersnachteil i.S. von Art. 125 Abs. 2 Ziff. 4 ZGB), so dass ein Fall von **nachehelicher Solidarität im engeren Sinn** vorliegt?

- Ja: grundsätzlich auszugleichender Scheidungsnachteil gegeben.

- Nein: scheidungsbedingter Nachteil entfällt.

2. Auswirkung der Scheidung auf die **Leistungsfähigkeit** eines an sich Unterhaltsverpflichteten?

⇨ Reicht **überdurchschnittliche Sparquote** oder **zumutbare Mehranstrengung** nach der Scheidung zur Finanzierung des Mehrbedarfs zweier getrennter Haushalte auf bisherigem Niveau?

- Ja: **«Gebührender Unterhalt»** im Sinne von Art. 125 Abs. 1 ZGB = letzter gemeinsamer Lebensstandard.

- Nein: Der nacheheliche **Lebensstandard** ist mangels zusätzlicher Mittel für beide Geschiedene gleicherweise zu **senken**: **«Gebührender Unterhalt»** gemäss Art. 125 Abs. 1 ZGB = gleiche Lebenshaltung wie jener des Unterhaltsverpflichteten, aber tiefer als letzter gemeinsamer Lebensstandard.

⇨ Liegt **Mangellage** vor (nacheheliche Mittel decken die beiden Existenzminima der Geschiedenen nicht)?:

- Ja: die **Grenze** der Leistungsfähigkeit liegt beim **familienrechtlichen** (gegenüber dem Notbedarf nach SchKG um Steuern und gewisse Versicherungsprämien erweiterten) **Existenzminimum** des grundsätzlich Unterhaltsverpflichteten.

- Nein: gleichmässige Aufteilung des Überschusses unter die Geschiedenen.

Anhang III

Beispiel einer güterrechtlichen Auseinandersetzung

Sachverhalt

Franziska (F) und Heinrich (H) Gerber-Siegenthaler heirateten am 15. Mai 1993. Sie unterstehen dem ordentlichen Güterstand der Errungenschaftsbeteiligung. Während F im Zeitpunkt der Heirat über Aktien im Wert von Fr. 50'000 sowie ein Barvermögen von Fr. 15'000 (Sparheft) verfügte, setzte sich das Vermögen von H aus Obligationen im Wert von Fr. 40'000 und einem schon recht alten Auto (Wert: Fr. 4'000) zusammen. Beide Ehegatten brachten sodann verschiedene Möbel mit in die Ehe („Möbel F" = Fr. 10'000, „Möbel H"= Fr. 8'000). Alle weiteren noch benötigten Teile der Wohnungseinrichtung wurden durch den Verkauf der Aktien von F finanziert.

Anfangs 1994 ersetzten Gerbers die bereits etwas abgewetzte Polstergruppe (Eigengut von H) durch ein Designermodell (Finanzierung: je hälftig aus Erwerbseinkommen von F und H). H erwarb ferner aus seinem Erwerbseinkommen ein neues Auto für Fr. 25'000.

Am 1. September 1994 wurde den Ehegatten Gerber eine Tochter, Tanja, geboren. 1995 zog die Familie in eine ältere Eigentumswohnung um, deren Erwerb (Kaufpreis: Fr. 400'000) aus dem Erlös des Verkaufs von H's Obligationen (Fr. 60'000), Ersparnissen aus Arbeitserwerb des H von Fr. 40'000 sowie durch Aufnahme eines Kredites von Fr. 300'000 finanziert wurde. H wurde als Alleineigentümer der Wohnung im Grundbuch eingetragen.

1998 finanzierte F aus ihrem Anteil am Nachlass einer kurz zuvor verstorbenen Tante den dringend notwendigen Umbau des Bades (Kosten: Fr. 30'000). Der Verkehrswert der Wohnung betrug vor dem Umbau Fr. 450'000 (nachträgliche Schätzung). Amortisationen wurden bisher nicht geleistet.

Im September 1999 steht fest, dass die Ehe von F und H unheilbar zerrüttet ist. Am 28. September 1999 reicht Franziska Gerber die Scheidungsklage ein. Die massgeblichen Werte betragen in diesem Zeitpunkt:

- Wohnung   Fr.   544'000
- „Möbel F"   Fr.   5'000
- „Möbel H"   Fr.   4'000
- Polstergruppe   Fr.   8'000
- übrige Einrichtung   Fr. 40'000
- Auto H   Fr.   16'000
- Sparheft F   Fr.   12'000
- Lohnkonto H   Fr.   18'000
- Lohnkonto F   Fr.   2'000

Praktisches Vorgehen

1. **Feststellung des im massgeblichen Zeitpunkt (Klageeinreichung) vorhandenen Frauen- und Mannesvermögens**

   a) *Ersatzforderungen und Mehrwertberechnung*

   1. Mehrwertberechnung:

	Eigengut F	Errungenschaft H	Eigengut H	Hypothek	Total
Investitionen der Güter-massen		40'000	60'000	300'000	400'000
Beteiligungsverhältnis		2	3	15	20
Mehrwertanteile vor der 2. Investition (450'000-400'000)		5'000	7'500	37'500	50'000
Verteilung des Mehrwerts auf der Hypothek		15'000	22'500	↵	
Total der Ansprüche bzw. Vermögenswerte (Investitionen + Mehrwerte)		**60'000**	**90'000**	**300'000**	450'000

   2. Mehrwertberechnung:

	Eigengut F	Errungenschaft H	Eigengut H	Hypothek	Total
Bereits investierte Beträge (vgl. Berechnung 1)		60'000	90'000	300'000	450'000
Investition Badumbau	30'000				30'000
Total der Investitionen	30'000	60'000	90'000	300'000	480'000
Beteiligungsverhältnis	1	2	3	10	16
Mehrwertanteile bei der Auseinandersetzung (544'000-480'000)	4'000	8'000	12'000	40'000	64'000
Verteilung des Mehrwerts auf der Hypothek		16'000	24'000	↵	
Total der Ansprüche bzw. Vermögenswerte (Investitionen + Mehrwerte)	*34'000*	**84'000**	**126'000**	**300'000**	544'000

Ansprüche gegen das Eigengut H, in dem sich die Liegenschaft befindet:

- Anspruch der Errungenschaft H:

	Investition	Fr.	40'000
	Mehrwertanteil 1	Fr.	20'000
	Mehrwertanteil 2	Fr.	24'000
	Total	Fr.	84'000

- Anspruch des Eigenguts F

	Investition	Fr.	30'000
	Mehrwertanteil	Fr.	4'000
	Total	Fr.	34'000

b) *Vermögen Franziska Gerber*

	Aktiven	Passiven
Möbel F	5'000	
Polstergruppe: Miteigentum zu 1/2	4'000	
übrige Wohnungseinrichtung	40'000	
Sparheft	12'000	
Ersatzforderung (Art. 206 Abs. 1 ZGB) aus Badumbau	34'000	
Lohnkonto	2'000	
Vermögen		**97'000**
	97'000	97'000

c) *Vermögen Heinrich Gerber*

	Aktiven	Passiven
Wohnung	544'000	
Hypothekarschuld		300'000
Schuldanteil gegenüber Ehefrau (Umbau Bad, Ersatzforderung nach Art. 206 ZGB)		34'000
Polstergruppe, Miteigentum zu 1/2	4'000	
Möbel H	4'000	
Auto	16'000	
Lohnkonto	18'000	
Vermögen		**252'000**
	586'000	586'000

2. Ermittlung der Eigengüter

a) *Franziska Gerber*

	Aktiven	Passiven
Möbel F	5'000	
übrige Wohnungseinrichtung	40'000	
Ersatzforderung aus Umbau Bad (Art. 206 Abs. 1 ZGB)	34'000	
Sparheft*	12'000	
Wert Eigengut F		**91'000**
	91'000	91'000

* Erläuterung:

Es lässt sich nicht nachweisen, worauf die Verminderung des ersparten Vermögens zurückzuführen ist. Zu berücksichtigen ist deshalb der aktuelle Kontostand.

b) *Heinrich Gerber*

	Aktiven	Passiven
Eigentumswohnung*	544'000	
Hypothekarschuld*		300'000
Ersatzforderung EG F (Art. 206 ZGB)		34'000
Ersatzforderung ER H (Art. 209 ZGB)		84'000
Möbel H	4'000	
Wert Eigengut H		**130'000**
	548'000	548'000

* Erläuterung:

Die Wohnung ist Alleineigentum von H. Auf Grund des Übergewichts der Beteiligung (Verhältnis 3:2) ist sie seinem Eigengut zuzurechnen. Die Tatsache, dass die Errungenschaft H's für die gesamten Hypothekarzinsen aufkommt, führt zu keiner Umteilung der Hypothek, da es sich dabei um einen Beitrag an den Unterhalt der Familie handelt.

3. Berechnung des Vorschlags jedes Ehegatten

Die indirekte Berechnungsweise (Ermittlung der Errungenschaft durch Subtraktion des Eigengutes vom Gesamtvermögen) ist deshalb zu empfehlen, weil all diejenigen Vermögenswerte, deren Zugehörigkeit zum Eigengut nicht bewiesen ist, der Errungenschaft zustehen.

a) *Franziska Gerber*

Vermögen	97'000
– Eigengut	– 91'000
= Errungenschaft (Vorschlag)	6'000

b) *Heinrich Gerber*

Vermögen	252'000
– Eigengut	– 130'000
= Errungenschaft (Vorschlag)	122'000

4. Vorschlagsbeteiligung

Anspruch F und H je:		
	1/2 Vorschlag F	3'000
	1/2 Vorschlag H	61'000
	Total	**64'000**

Abrechnung:

Heinrich Gerber bezahlt Franziska Gerber **Fr. 58'000** (= 64'000 [Gesamtanspruch F] minus 6'000 [Vorschlag F]). Diese Summe vergrössert oder verringert sich um Fr. 4'000, je nachdem, welcher der Ehegatten die Polstergruppe (zum Verkehrswert) übernimmt.

5. Schlussabrechnung

Forderung F gegenüber H aus Güterrecht:

Vorschlagsbeteiligung	58'000
Ersatzforderung Eigengut	34'000
Total	**92'000**

Sachregister